횔덜린 산문집

횔덜린 산문집

프리드리히 횔덜린

장영태, 이영기 편역

편역자 장영태(張永太)
서울대학교 문리과대학과 대학원 독어독문학과를 졸업했다. 독일 뮌헨 대학교에서 독문학을 수학한 후 고려대학교 대학원에서 『횔덜린의 시학 연구』로 박사학위를 받았다. 홍익대학교 문과대학 독어독문학과 교수를 지냈고, 한국독어독문학회 회장과 홍익대학교 총장을 역임했다. 현재 홍익대학교 명예교수이다.
횔덜린의 『휘페리온』, 『횔덜린 시 전집 1, 2』, 『엠페도클레스의 죽음』, 『횔덜린 서한집』, 횔덜린 번역의 『소포클레스의 비극』을 비롯하여 H. R. 야우스의 『도전으로서의 문학사』, 캐테 함부르거의 『문학의 논리』 등을 번역했다. 저서로는 『횔덜린 : 생애와 문학·사상』, 『지상에 척도는 있는가 : 횔덜린의 후기 문학』, 『궁핍한 시대의 시인 횔덜린』, 『횔덜린 시 깊이 읽기』 등이 있다.

편역자 이영기(李榮基)
충북대학교 독일언어문화학과 교수이다. 중앙대학교 독어독문학과와 대학원을 졸업한 후, 독일 에를랑겐-뉘른베르크 대학교에서 독일 낭만주의와 프리드리히 횔덜린 연구로 박사학위를 받았다. 저서로는 『Friedrich Hölderlins Mythopoesie als Neue Mythologie』(독문)가 있고, 역서로는 프리드리히 슐레겔의 『루친데』, 『시문학에 관한 대화』가 있으며, 「낭만적 밤과 꿈」, 「"세라피온 원칙"과 시적 광기」 등 여러 편의 논문을 발표했다.

편집, 교정_김나무

© 2025 장영태, 이영기

횔덜린 산문집

저자 / 프리드리히 횔덜린
편역자 / 장영태, 이영기
발행처 / 까치글방
발행인 / 박후영
주소 / 서울시 용산구 서빙고로 67, 파크타워 103동 1003호
전화 / 02·735·8998, 736·7768
팩시밀리 / 02·723·4591
홈페이지 / www.kachibooks.co.kr
전자우편 / kachibooks@gmail.com
등록번호 / 1-528
등록일 / 1977. 8. 5
초판 1쇄 발행일 / 2025. 5. 30

값 / 뒤표지에 쓰여 있음

ISBN 978-89-7291-873-8 93850

차례

제1부
횔덜린의 산문 : 논고, 아포리즘, 비평문

제1장 학창 시절의 학습 보고서와 초록 10
그리스인들의 순수예술의 역사—페리클레스 시대 말까지 11
솔로몬의 잠언과 헤시오도스의 「일과 날들」 비교 36
스피노자의 학설에 대한 야코비의 편지들에 관하여 54

제2장 초기의 논고 60
자유의 법칙에 관하여 61
형벌의 개념에 관하여 64
판단과 존재 68
철학적 서한의 단편 71

제3장 시학적 논고 79
일곱 편의 성찰 80
시학 잡지 『이두나』의 내용에 대한 구상 86
우리가 고대를 바라보아야 할 관점 87
호메로스에 대한 메모 90
아킬레우스에 관하여 (1) 91

아킬레우스에 관하여 (2)　92
일리아스에 대한 한마디 말씀　94
시작(詩作)의 여러 방식에 관하여　96
시적 정신의 수행 방식에 관하여　103
문학 양식의 구분에 관하여　135
시의 파트에 관하여　144
문학 양식의 혼합에 관하여　145

제4장　비극론　146

비극적인 것에 관하여　147
몰락하는 조국……　169
비극의 의미　178

제5장　그리스 문학론　179

「오이디푸스 왕」에 대한 주석　180
「안티고네」에 대한 주석　193
핀다로스 단편에 대한 주석　207

[부록]　독일 관념론의 가장 오래된 체계 강령　220

제2부
편역자 해제

제1장 학창 시절의 학습 보고서와 초록에 관하여 227

제2장 초기의 논고에 관하여 240

제3장 시학적 논고에 관하여 250

제4장 비극론에 관하여 282

제5장 그리스 문학론에 관하여 294

[**부록**] 독일 관념론의 가장 오래된 체계 강령에 관하여 342

참고 문헌 345
횔덜린 연보 349
편역자 후기 367
인명 색인 371

일러두기

1. 이 책의 번역은 Friedrich Hölderlin의 *Sämtliche Werke und Briefe in drei Bänden, Band 2: Hyperion, Empedokles, Aufsätze, Übersetzungen*. Hrsg. von J. Schmidt, Frankfurt am Main, 1994를 저본으로 삼았으며, 이 저본에 분산되어 실려 있는 이론적 논고들을 생성 연대와 주제별로 정리, 분류하여 산문집으로 엮었다.
2. 숫자 주(1, 2……)는 저자의 주석이다.
3. 별 주(*, **……)는 편역자의 주석이다.
4. 한국어로 번역된 횔덜린의 저작을 인용한 경우 해당 서명과 쪽수를 병기했다.
5. 원문의 이탤릭체를 이 책에서는 고딕체로 표기했다.
6. 단행본, 정기 간행물 등은 겹낫표(『 』)로, 논고, 단편, 시 제목 등은 홑낫표(「 」)로 표시했다. 단, 논고의 제목에서 언급될 경우 낫표 없이 표기했다.
7. 횔덜린은 '핀다르', '호머' 등으로 표기했지만, 이 책에서는 '핀다로스', '호메로스' 등 국립국어원의 외래어 표기 지침에 따랐음을 밝힌다.

제1부

휠덜린의 산문 : 논고, 아포리즘, 비평문

제1장

학창 시절의 학습 보고서와 초록

그리스인들의 순수예술의 역사 —페리클레스 시대 말까지

솔로몬의 잠언과 헤시오도스의 「일과 날들」 비교

스피노자의 학설에 대한 야코비의 편지들에 관하여

그리스인들의 순수예술의 역사
― 페리클레스 시대 말까지*

순수예술의 본향은 다툼의 여지없이 그리스이다. 이러한 측면에서 보건대, 그 세련된 민족의 순수예술**의 생성과 성장은 누구에게나 흥미로울 것이 분명하다. 그러나 그리스인들의 순수예술의 역사에 대한 관심은, 철학자, 정치적 역사학자, 인간학자도 그들의 고찰을 위한 자양분을 거기서 찾지는 않을지라도, 이러한 흥미의 측면에서만 보편적인 현상은 아니다. 왜냐하면 언뜻 일별해보더라도 예술이 그리스인의 민족정신에 얼마나 큰 영향을 미쳤는지, 입법자들, 민중 교육자들, 장군들, 사제들이 그들의 신격화된 시인들로부터 무엇을 얼마나 얻어냈는지, 이들이 창조자들의 불멸의 작품들을 국가와 종교를 위해서 어떻게 이용했는지, 아름다움에 대한 감수성이 개인의 안녕에 얼마나 영향을 끼쳤는지, 모

---

* 아테네에서 최고의 문화적 전성기(기원전 443-기원전 430년)로서 당시의 지도적 정치가 페리클레스의 이름을 따서 부른 "예술의 황금시대".
** "순수예술"이라는 개념은 프랑스어 "beaux arts"에서 유래한다. 횔덜린의 시대에 당대의 표준적인 사전인 요한 게오르그 줄처의 『순수예술의 일반 이론(Allgemeine Theorie der schönen Künste)』(1771)에 의해 보편화되었다. 조형예술, 문학 그리고 음악이 이것에 해당한다. 이때 조형예술에는 조각, 건축뿐만 아니라 회화도 포함된다.

든 것이 얼마나 그 감수성만을 통해서 생명을 이어갔고 번성했는지, 아름다움에 대한 감수성이 그 폭과 강도로 그것이 아직 도달한 적이 없고, 지금까지 결코 도달하지 못했던 그 힘을 얼마나 나타냈는지가 눈에 띄기 때문이다. 사실 우리가 그리스에서 문화의 어떤 광채를 발견하기 전에 이집트인이나 페니키아인들에게서 예술은 오래 전에 어느 정도 성숙한 단계에 이르러 있었다. 그러나 그것의 전성기는 너무도 짧았고, 거기서 그 예술이 달성했던 완결성의 정도는 너무도 많은 비본질적인 기교로 인해서 후세에 어떤 모범을 보일 수 있기보다는 볼품이 없어지고 말았다. 동양은 예술의 편이 아니었고, 특히 조형예술의 편이 아니었다. 뜨거운 기후는 아주 자연스럽게 온화한 그리스와는 달리 육신과 정신의 풍자화를 만들어냈다. 오리엔탈리즘*은 경이롭고도 모험적인 것을 선호한다. 그렇지만 그리스의 창조적인 정신은 그것을 보다 더 아름답게 만들고 감각화한다. 그렇기 때문에 당초의 그리스는 기원전 2026년에 케크롭스(Kekrops) 치하의 아티카로 온 이집트인들이나, 기원전 2489년에 카드모스(Kadmos) 치하의 보이오티아에 정착했던 페니키아인들로부터** 그 장점에 대해 거의 주목을 받지 못했던 것이다. 그처럼 초기 그리스의 예술은 다만 배아기에 있었다. 이제 맨 먼저 발달한, 그리고 무엇인가가 깊이 들어 있는 원인들을 아직은 탐구할 수 없는 연소한 오성(悟性, Verstand)을 허구와 의인화로 메꾸는 환상은 이집트인들의 끔찍하게 숭고한 종교체계를 한층 더 인간적으로 만든다. 한편 자유롭고 쾌활한 그리스인은 명령조의, 그리고 어떤 면에서는 무시무시하기까지 한, 자신의 본성

---

* "오리엔탈리즘"은 "그리스적인 창조력"에 대한 대응으로서 동양의 특성을 말한다. 이 대립은 당시 요한 요아힘 빙켈만과 요한 고트프리트 헤르더에 의해서 널리 알려졌다.
** 케크롭스와 카드모스 왕은 모두 전설적인 인물로, 그들 치하의 정확한 연대는 알 수 없다. 역사학자 헤로도토스는 카드모스가 기원전 2000년경에 태어나 보이오티아를 세웠다고 기록했다. 횔덜린이 제시한 기원전 2026년 및 기원전 2489년의 전거는 찾을 수 없다.

가운데 엄격한 왕정 체질을 지니고 있는 동양의 데몬(Dämon), 초자연적인 힘에 적응할 수 없었다. 이제 세습군주는 하나의 데몬, 또는 하나의 인간이고자 한다. 그리스인은 자신의 신들에게 육체적인 아름다움을 꾸몄다. 그 육체적 아름다움이 그의 민족적 장점의 하나였기 때문이다. 그리스인은 신들에게 남성적 진지함과 함께 즐거운 기분을 부여했다. 그것이 그들의 재산이었기 때문이다. 그리스인은 신들에게 아름다움에 대한 감수성을 부여했고, 아름다움 때문에 그들을 지상으로 내려오게 했다. 그리스인은 자기 자신에 미루어 추론했고, 그렇게 모든 것을 아주 자연스럽게 생각했기 때문이다. 그렇게 해서 그리스인의 영웅들은 신들의 아들이 되었다. 또 그렇게 해서 신화(Mythe)가 생겨났다. 이 신화들은 곧장 시인들에 의해서 가공되었다. 이들의 시가(詩歌)는 종교와 선사학의 유일한 원천이었다. 그 때문에 다른 원인들과 더불어 무제한으로 존중되었다. 그리스인들은 그들의 헤라클레스(Herakles)처럼 오르페우스(Orpheus)를 신격화했다. 그들은 그들의 영웅들의 행위처럼 그의 현금(弦琴)의 강력한 작용을 상세히 묘사했다. 오르페우스 역시 오시안(Ossian)처럼 음유시인이자 영웅이었다. 그는 동시대인 이아손(Iason), 카스토르(Kastor)와 폴룩스(Pollux), 펠레우스(Peleus)와 헤라클레스의 모험에 동참했다. 그렇게 그는 아르고 호의 항해를 노래했다. 그의 찬가들은 태양을 향한 찬가들처럼 여전히 오리엔탈리즘의 성격을 지닌 것처럼 보인다. 적어도 태양 숭배의 희미한 영향과 그것에 해당하는 몇몇 원인인 것처럼 보이는 것이다. 그의 문하생, 아니면 친구가 리누스(Linus)와 무사이오스(Musaeus)이다. 오르페우스는 자주 열정적으로 이들에게 도움을 청했다. 이들은 고대 그리스*의 유일한 가인(歌人)들이다. 조각 예술 역시 그 당시 벌써 번창하

---

* 즉 태고의 그리스.

기 시작했다. 다이달로스(Daedalos)는 목재에 형상을 새겼다. 파우사니아스 시대에도 그런 목각상은 더러 남아 있었다. 파우사니아스는 이들 목각상에 대해서 볼품은 없었으나 그것들의 모습은 무엇인가 신적인 것을 지니고 있었다고 말한다. 다이달로스의 제자 중의 한 사람이 엔도에우스(Endoeus)이다. 그의 동시대인은 에우클레스(Eukles)의 아들, 아이기나 출신의 스밀리스(Smilis)였다. 불투명한 고대는 단편적인 것이 아닌 다른 것을 용납하지 않으며, 이 단편적인 것조차 여전히 불명확하게 서술하는 것밖에는 용납하지 않는다. 그렇지만 이 시대가 우리에게 남긴 흔적들 가운데서도 미래의 심미적인 민족을 앞서 보게 된다. 도처에 이 심미적 민족의 자유, 유쾌한 영웅의 용기, 감각적 미와 의식이 존재했다. 이 마지막 사실에 대한 증언을 빙켈만이 에우스타티우스의 주해에서 인용하고 있는, "벌써 헤라클레스 자손 시대에 알페우스 강변 엘리스 지역에서는 미의 경연이 개최되었다"[1]는 구절이 제공한다.

  이후 곧이어 손자뻘 되는 이들의 예술에 그처럼 쓸모 있는 창작의 원천인 트로이 전쟁이 터졌다.[*] 이 원천으로부터 창조했던 첫 번째 인물은 가장 위대한 인물이기도 한데, 바로 호메로스이다. 그는 경탄할 만한 영혼의 힘을 갖추고 있었던 것이 틀림없으며, 똑같이 대단한 균형 가운데 있었던 것도 틀림없다. 아름다움과 숭고함에 대한 그의 감수성, 그의 상상력, 그의 통찰력은 그리스에서는 다시 등장하기 어려웠고, 서구인들에게도 수 세기에 걸쳐서 한 번이나 나타날 듯 말 듯해 보인다. 따라서 아직까지는 기록 보유자

---

1 빙켈만,『고대 예술사(*Geschichte der Kunst des Altertums*)』, 제1부 제4장 제1절. (이후 빙켈만의 인용은 모두 이 저서이므로 서명은 생략한다/편역자)

* 횔덜린의 원주에는 트로이 전쟁이 기원전 2790년에 발발했다고 적혀 있으나, 트로이 전쟁은 기원전 1194-기원전 1184년 사이의 전쟁이다.

이다. 그러나 호메로스의 노래들의 불멸성에 대해서는 그가 노래했던 환경도 거의 똑같은 권리를 주장한다. 그의 아름다움과 숭고함에 대한 감수성에서는 낙원과 같은 이오니아가 모습을 내보이고, 그의 상상력에서는 그리스의 종교와 전통이, 그의 통찰력에서는 그가 여행길에서 관찰하면서 발견했던 다양한 대상들이 드러났다. 인물들, 축제들, 신체 운동, 그리스인의 통치 방식들, 이 모든 것이 호메로스를 유일무이한 인물로 만드는 데에 기여한 것이다. 그가 신세대에게서 그렇게 많은 비난을 받게 만든 그의 노래들의 인간적인 것과 민족적인 것이 그가 왜 그리스인들에게 그들의 모든 것이 되었는지, 왜 정치인과 최고 지휘관, 예술가와 철학자가 그를 찬찬히 읽었으며, 여느 때에는 그렇게 피상적인 민중이 그처럼 자주 그에게 귀를 기울였는지, 또한 그처럼 자주 그에게 황홀하게 되었는지의 주요한 이유들 중의 하나였던 것으로 보인다. 그의 생애에 대해서는 우리 시대에 이르기까지 신빙할 만하게 전해지는 것이 거의 없다. 쾨펜은 고대의 공평한 증언에 따르자면, 키오스가 그의 고향이거나 아니면 그가 주로 살았던 고장이었다고 주장할 수 있다고 생각했다.[2] 즉 쾨펜은 호메로스를 이오니아 이동기 또는 트로이 전쟁 이후 140년 시기의 사람으로 자리매김하고 있다.

　……그러나 호메로스와 가장 가까운 헤시오도스는
　신들과 신들의 부모와 이들 나라들을 낳았던
　혼돈에 대해서 이야기한다.

2　쾨펜, 『호메로스의 삶과 노래(Über Homers Leben und Gesänge)』(1788), 제1절. (횔덜린은 이 저서의 저자를 쾨페[Köppe]라고 쓰고 있으나, 사실은 요한 하인리히 유스투스 쾨펜[1755-1791]이다/편역자)

「천문학(Astronomica)」이라는 제목의 점성술 시의 저자 마르쿠스 마닐리우스는 이렇게 말한다. 몇몇 사람들은 그의 노래의 단순함으로 미루어볼 때, 그가 호메로스보다는 나이가 더 들었다고 결론을 내리고자 한다. 다른 사람들은—이 가운데는 키케로도 들어 있는데—그가 한 세기 후대에 살았다고 생각한다. 그러나 대부분의 사람들은 그가 호메로스와 동시대인이었다는 사실에 의견을 같이한다. 사람들은 삼각대(Dreifuße)라고 불리는 예언자의 좌석에 앉아서 이 에피그램(epigram)을 낭독했다.

헤시오도스는 [상품으로 받은] 삼각대를 헬리콘의 뮤즈들에게 바쳤다네.
그가 노래를 통해서 칼키스에서 신적인 호메로스를 이기고 나서.

호메로스와 헤시오도스 사이의 경연, 그것은 존경할 만한 경연이었다! 우리가 이 경연으로부터 얻은 가장 탁월한 것은 헤시오도스의 「일과 날들(Opera et Dies)」이라고 표제된 교훈시이다. 우리는 그것의 여기저기에 한 온화한 영혼이 박혀 있는 것을 발견한다. 그리고 시인으로서의 재능을 이미 일찍이 일깨웠고 노년에도 여전히 자양분을 주었던 자연에 관한 그의 적절한 묘사를 읽고 나면, 그가 자기 아버지의 양 떼에게 풀을 뜯게 했을 때, 뮤즈들이 그에게 월계수 열매를 맛보라고 주었다는 설화는 매우 자연스럽게 느껴진다. 그의 격언들은 솔로몬의 속담에 들어 있는 격언들과 많은 유사점을 지니고 있다. 테베인들은 그에게 청동의 입상을 세워주었고, 다른 한 입상은 제우스의 올림포스 신전에 세워졌다. 우리에게 전해져 내려오는 그의 다른 저술은 『신통기(Theogonia)』와 단편 「헤라클레스의 방패(Aspis Herakleous)」이다. 호메로스와 헤시오도스 이후로 한 세기가 지나서 리쿠르고스는 호메로스의 노래를 이오니아에서 그리스로 가져왔다. 그는 그것에서 그의 법률의 대부분을 기초했다.

앞선 세기처럼 정보와 생산에서 성과 없이 다시 한 세기가 흘러간다. 그러나 이제 올림피아데*가 시작된다. 이와 더불어 더 많은 특정한 학문이 시작된다. 올림픽 경기는 예술에 많은 영향을 끼쳤다. 자연은 자신의 것으로 육체의 아름다움에 기여했다. 경기를 통해서 육체는 수련을 쌓았다. 여기가 바로 그리스 예술가들이 남성적 아름다움의 이상을 파악한 지점이다. 이러한 과정을 거쳐서 이어지는 시대에 승리자들에게 입상을 세워주는 풍습이 보편화되었다. 입상들은 가장 성스러운 장소에 세워졌고, 민중들에 의해서 평가받고 찬양받았다. 이것은 예술가들과 경기자들에게 똑같이 강력한 촉진제였다.

『아티카의 축제(*Fasti Attici*)』에서 코르시누스는 작품에 대해서 부분적으로나마 어떤 흔적도 남아 있지 않은 고대의 많은 장인의 이름을 우리에게 알려준다. 이들의 이름과 작품의 제목 또는 명칭만으로도 그리스인들의 순수예술의 규모를 가늠하기에 충분하다. 그는 첫 올림피아데에 밀레투스 출신의 아르크티누스와 코린토스 출신 에우멜로스를 제시한다. 아르크티누스는 서사시 「아이티오피스(*Aithiopís*)」와 「트로이의 약탈(*Iliou Pérsis*)」을 썼다. 몇몇 사람들은 그를 호메로스의 제자로 여기며, 다른 사람들은 가장 오래 전의 시인으로 여긴다. 할리카르나소스의 디오니시오스가 "우리가 알고 있는

---

* 신화시대로까지 거슬러 올라가는 올림픽 경기는 기원전 776년 경기에서의 수상자 기록을 통해서 처음으로 역사적으로 증명되었다. 기원전 776년부터 기원전 393년 또는 기원전 426년 테오도시우스에 의해서 폐지되기까지 4년 주기의 올림픽(올림피아데, 즉 올림피아기[紀])은 연도 계산의 기준이었다.

가장 오래된 시인은 아르크티누스"라고 말하고 있기 때문이다. 그러나 짐작건대 이것은 그가 다루었던 소재만을 고려했을 경우에만 타당하다.

에우멜로스는 델로스를 위한 행진곡을 썼고, 꿀벌에 관한 시, 그리고 서사시 「유로피아(*Europia*)」도 썼다. 코르시누스는 제6회 올림피아데에 플루타르코스의 「로물루스(*Romulus*)」*에 이어서 시리아인 안티마코스**를 배속시킨다. 제15차 올림피아데에는 아르킬로코스를 위치시킨다. 이것은 스칼리거를 따른 것인데, 그는 『투스쿨룸 대화(*Tusculanae Disputationes*)』***에서 이 시인이 로물루스 시대 디오니시오스 문하에서 살았다고 주석한다. 이 시인은 전투에서 어느 카론다인의 손에 쓰러졌다고 전해진다. 그는 단장격(短長格, Iambus)의 창시자이다.

제18차 올림피아데부터 우리는 조형예술에 대한 정보를 다시 접하게 된다. 불라르코스가 출현했다. 그는 우리가 아는 최초의 그리스 화가이다. 빙켈만은 플리니우스를 인용하며 그가 그린 그림들 중 한 전투 장면을 그린 그림은 황금의 값어치였다고 말한다. 회화는 트로이 전쟁 이전에는 아직 미지의 분야였다. 이 예술 분야가 조각보다 뒤늦은 것은 자연스러운 일인데, 그것은 회화가 자연에서 훨씬 더 멀리 떨어져 있기 때문이다. 크레테 출신의 아리스토클레스는 의심의 여지없이 불라르코스와 동시대인이었다. 엘리스 지역에는 그의 손에 의해 헤라클레스의 입상이 하나 세워졌다.[3]

나는 다시 한 위대한 시인, 전투적인 티르타이오스로 돌아온다. 라케다이

---

* 로마의 전설적인 창건자에 관한 작품.
** 안티마코스는 시리아인이 아니라 이오니아인으로서 기원전 8세기에 살았다.
*** 키케로의 작품.
[3] 빙켈만, 제2부 317쪽.

모니아인들은 메세니아인들과의 전쟁 중에 한 장군을 보내달라고 델포이 신전에 청원했다. 그들은 아테네인들 가운데서 장군을 데려가라는 응답을 받았다. 아테네인들은 그들에게 창피를 줄 셈으로 절름발이 시인을 주었다. 티르타이오스는 세 차례나 패배했다. 그러자 라케다이모니아인들은 벌써 군대를 후퇴시키려고 했다. 그때 티르타이오스가 시인으로 등장했다. 그의 시는 조국애와 용기를 북돋았다. 감동을 받은 라케데몬니아인들은 결정적으로 승리했고, 이 위대한 남자에게는 시민권을 주어 감사를 표했다. 티르타이오스의 네 편의 전쟁가가 전해진다. 그는 다섯 편의 전쟁가, 비가와 생활 규칙을 썼다고 한다.

이 시대 즈음에 메팀나 출신의 아리온이 살았다.[4] 그는 현금의 반주에 맞추어 자신의 시가를 노래했다. 그는 디오니소스 송가를 고안했고, 그 노래에 원무를 결합시켰다. 추측하건대 테르판드로스는 그와 동시대인이었다. 그는 현금의 4개 현에다 3개 현을 새로 추가시켰고, 여러 악기에 맞게 시가를 썼다. 그리고 이것들은 본보기가 되었다. 새로운 리듬을 시문학에 도입했고, 사건의 진행과 실제 생활을 음악 경연을 위한 찬가에 도입했다. 그는 호메로스식의 랩소디 노래 방식을 악보로 기록했다.[5] 나는 그 당시 그리스인들의, 특히 라케다이모니아인들의 민족정신 위에 얼마간의 빛을 비추고 있는 테르판드로스의 주변 사정을 접했다. 이들은 테르판드로스가 칠현금을 고안함으로써 음악의 간결성을 해치고 음악을 여성적으로 그리

---

4 『젊은 아나카르시스의 그리스 여행(Reise des jüngern Anacharsis durch Griechenland)』 (1790), 제2부 48쪽. (바르텔레미의 프랑스어 저서의 독일어 번역판. 이하 아나카르시스/편역자)

5 아나카르시스, 48쪽.

고 시시하게 만들어버렸다고 그를 법적으로 고발했다. 그러나 그들은 후일 그에게 무죄를 선언했고, 이제 그들이 애용하게 된 칠현금에 새로 4개의 현을 추가한 티모테오스에게로 심한 비난의 화살을 돌렸다.[6] 코르시누스는 이 시대에 레스보스 섬 출신의 레스케스와 리디아 사람인 알크만을 배치한다.[7] 알크만은 라케다이모니아의 한 고을인 메소아테스로 가서 한 왕가의 노예가 되었다. 곧 그의 재능이 주인의 주목을 받았다. 그는 자유의 몸으로 풀려났고, 서정시인으로 교양을 쌓았다. 제40차 올림피아데를 앞두고 코린토스 출신 클레오판테스는 타르퀴니우스 프리스쿠스와 함께 이탈리아로 갔다. 거기서 이들은 로마인들에게 그리스의 회화를 보여주었다.[8] 플리니우스 시대까지만 해도 라누비움*에는 그가 그린 아틀란티스 그림과 헬레네 그림이 남아 있었다.

추측하건대 이 시대 무렵 콜로폰에서 크세노파네스가 태어났다.[9] 그는 자신의 행위를 글로 썼다. 바로 이 시대에 밈네르모스가 들어선다. 르 페브르는 그에 대해서 말한다. "밈네르모스가 몇몇 작품을 키루스 대왕 치하에서 완성했을 개연성이 매우 높다. 우리는 그가 특출나게 아름다운 영혼의 소유자이며, 특히 사랑의 아름다운 환희를 노래한 것이 고대의 위대한 자랑거리의 하나였다고 주장할 수 있는 근거가 되는 이 작가의 단편들을 충분히 가지고 있다. 그의 표현은 매우 편안하다. 그 표현 여기저기에 그리스

---

6   코르시누스, 『아티카의 축제』(Florenz, 1751) 제3권, 제34차 올림피아데. (이하 코르시누스/편역자)
7   코르시누스, 제30차 올림피아데.
8   빙켈만, 제2부 321쪽.
*   로마에서 남동쪽으로 32킬로미터 거리에 있는 고대 도시. 현재 라누비오.
9   코르시누스, 제37차 올림피아데.

고대의 풍부함이 확연히 드러난다. 우리는 어렵지 않게 밈네르모스가 매우 노련하게 작업한 것이 틀림없음을 알아차리게 된다. 우리는 심지어 몇몇 작품을 통해서 그를 오비디우스와도 견줄 수 있다. 이 로마 시인의 표현이 그리스 시인의 표현처럼 그렇게 절실하지도 충만하지도 않다는 사실만으로도 말이다."[10]

호메로스와 헤시오도스 이래 영웅 서사시와 교훈시에서 행해진 시도들의 결과물들은 그것을 쓴 시인들의 문화와 고유한 정신보다는 호메로스와 헤시오도스의 감동을 불러일으키는 시가들의 덕을 본 것으로 보인다. 티르타이오스, 아르킬로코스 그리고 밈네르모스는 물론 예외이다. 이들만이 아니라 더 많은 이들이 예외를 이루고 있는지 나는 감히 주장할 용기가 없다. 그러나 이제[11] 시인의 땅 이오니아에 다시 한 쌍의 시인이 등장한다. 이들은 호메로스와 헤시오도스처럼 그 양식에서 독창적이고, 상상력과 감성에서 그들처럼 열렬하고 부드러우며, 서술과 표현과 어투에서 그들처럼 매혹적이다. 이 한 쌍은 알카이오스와 사포이다. 이들의 시인으로서의 가치는 세기를 아울러 가장 섬세한 판정관 호라티우스에 의해서 인정받았다. 호라티우스는 자주 자신의 노래에서 격정적인 알카이오스와 한때 자신을 가르치기도 했던 불운한 사포를 회상한다. 사포는 대부분의 비평가와 문학자들에 의해서 가혹하게 심판을 받았다. 그러나 누가 지금도 여전히 그녀와 같은 한 여인의 탈선을 비난하려 하겠는가. 그녀가 자신의 민중으로부터 모욕을 당하고, 파온으로부터 버림을 받고 멸시를 당했으며, 고향을 떠나 달아

---

10 『그리스 시인들의 생애 개설(*Les vies des poëtes grecs*)』(1766), 41쪽. (레마르크 형제와 르 페브르 공저/편역자)
11 코르시누스, 제44차 올림피아데.

나게 되었다면, 그 누구라도 그녀를 오히려 동정하지 않겠는가. 자신의 재능과 교양을 그처럼 풍부하게 펼칠 자격을 가졌고, 당대의 많은 여성들보다 출중했던 그녀가 삶의 기쁨에서 내쫓기고, 어떤 영혼으로부터도 동정받지 못한 채 불운과 격정의 궁지 가운데서 절벽에서 몸을 던졌다면, 누가 그녀를 동정하지 않겠는가! 기를 꺾는 운명을 아랑곳하지 않고, 그녀의 과감하고 남성다운 정신이 노래 속에 우뚝 서 있는 것을 본다면, 그리고 모방할 수 없는 열정으로 자신의 감정을 묘사하고, 그런 가운데에서도 냉정한 관찰자처럼 그 감정의 작은 움직임에도 심취하는 것을 본다면, 누군들 그녀를 경탄하지 않을 수 있겠는가! 명백한 비방(誹謗)이거나 그녀의 불행한 사랑의 무의식적 표현인 그녀의 염문을 비난하기보다는 누구나 그녀를 경탄하지 않겠는가. 후세는 그녀를 열 번째 뮤즈라고 불렀다. 많은 사화집(詞華集) 편집자들은 그녀에게 한 송이 꽃을 바쳤다.[12] 대략 제103차 올림피아데에 그 시대 가장 저명한 조각가 실라니온에 의해서 그녀의 입상이 세워졌다. 알카이오스의 생애는 특히 젊은 시절 이리저리로 내던져진 끝없는 혼란과 불안정 때문에 관심거리가 되었다. 원인은 그의 억제할 길 없는 공명심이었다. 우리는 불행한 사포만큼 이 거친 사람을 동정하지는 않는다. 알카이오스는 영웅의 명성을 쟁취하고자 했다. 그리고 패배했다. 알카이오스는 반란을 부추겼다. 그리고 추방되었다. 할 수 있는 일은 포도주와 사랑으로 자신을 위로하는 일이었다. 젊음의 혈기로 그는 전제군주들의 비위를 거스르는 송가들을 썼다. 유연한 나이에 들어서는 환희의 신들, 사랑과 전쟁의 모험, 여행과 유배 생활을 노래했다. 사포가 자신의 감정을 표현할 때의 바로 그

---

12 *Cephalae Anthol. graeca a Reiskio edita.* Lips. 1754.

열정과 매혹적인 묘사로 그는 전투와 전제군주들에 대해서 썼다. 사포만큼이나 대가답게 그는 온화함과 아나크레온 풍의 반대편에 서서 이것들을 겨냥했다. 두 시인의 운명과 정신적인 작업에는 그들의 고향의 기후와 문화가 크게 영향을 미쳤다.

  지금까지 나의 역사 서술의 대상은 주로 이오니아였다. 이제 나는 아테네인들에게로 가려고 한다. 그리고 거의 끝까지 이들에게 머물 생각이다. 지금까지는 문학이 거의 유일한 대상이었다. 이것조차 오직 그리스에서 만개했던 개별적인 부분들에 관한 것이었다. 아테네인들에게서는 순수예술이 이전과 이후 세계의 어느 다른 민족들에게서는 찾아볼 수 없는 완결성과 다양성에 도달했었다. 비극, 송가와 가요, 조각, 회화 그리고 건축술이 모든 후속 시대의 이상이 되었다. 우리는 그들 가운데서 모든 장점이 펼쳐지기 시작하는 위대한 시기의 예비 단계를 여기저기에서 마주친다. 솔론은 입법자로서의 재능을 시적 재능과 결합시켰다. 솔론은 여러 방면에서 예술과 민중의 교양의 틀림없는 결합을 관철시켰다. 그는 어떤 웅변가도 사전에 자신의 삶에 대한 엄밀한 검증을 따르지 않은 채 공적인 일에 관여하지 못하도록 규정했다. 그는 호메로스 또한 보살폈다. 음유시인들은 어느 한 장소에서 끊임없이 같은 말을 반복할 수 있었고, 어느 개별적인 부분에 속해 있는 것을 다른 부분으로 옮기거나, 여러 다른 부분들을 가지고 하나의 개별적인 특별한 부분으로 짜맞추었다. 줄여 말하자면 그들은 영원불멸의 노래들을 볼품없게 만들어서 그 노래들의 전적인 특출함, 그것들의 가치가 민중의 눈에서 영원히 상실되는 일이 발생하는 것이다. 따라서 솔론은 이러한 자의적인 짜맞춤과 반복을 금지했다. 그의 뒤를 이은 전제군주들도 순수예술을 장려했다. 이를 통해서 그들은, 로마인들에게 아우구스투스가 한 것처럼, 백성들의 주목을 정치적인 상황에서 다른 쪽으로 돌리려고 했다. 그렇지만 그들의 의도는 하나도 중요시되지 않았다. 페이시스트라토스는 여기저기에 흩어져 있는 호메로스의 시가들을 정리했는데,[13] 그 정리를 통해서 우리가 지금도 그의 시가를 향유하고 있다. 그는 신전과 김나지움, 우물로 아테네를 미화했다. 건축술의 본보기인 제우스 신전은 그의 치하에서 시작되었다.[14] 그의 시대에 포킬리데스, 이솝 그리고 테오그니스가 살았다. 테오그니스는 아티카 출신이었고, 포킬리데스는 밀레투스 출신이었다. 전자로부터 우리는 도덕률을 전해 받았고, 포킬리데스의 이름으로 전해지는 교훈시는 다른 시인의 작품일 가능성이 있다.[15] 이솝은 프리기아의 코티쿰 출신이었다. 그는 노예로 태어났고, 조용히 인간에 대한 지식과 그의 우화에 빠지지 않고 등장하는 공익적인 삶의 지혜를 창작했다. 사모스의 한 철학자는 마침내 그의 재능을 보고 그에게 자유를 허락했다. 그는 오히려 자유의 편으로 태어났던 것이다. 그에게 인간은 다 같은 인간이었다. 그는 전제군주 페이시스트라토스에게 신랄한 진리를 말해주었다. 바로 이러한 진리에 대한 사랑이 그가 델포이 신들의 미움을 사게 했다. 잔인한 그들은 곧 그를 낭떠러지에서 밀어서 떨어뜨릴 구실을 찾아냈던 것이다.[16] 페이시스트라토스의 아들이자 후계자인 히파르코스는 아버지와 똑같은 의도, 열성 그리고 똑같은 재능으로 순수예술을 돌보았다. 그는 짧은 도덕률을 시구에 얹었고, 그것들

---

13 키케로, 『수사학(De oratore)』 제3권, 33장. (이하 키케로/편역자)
14 아나카르시스, 제2부 285쪽.
15 함베르거, 『세계의 시작부터 1500년까지 저명한 저자들에 관한 신뢰할 만한 정보 (Zuverlässige Nachrichten von den vornehmsten Schriftstellern vom Anfange der Welt bis 1500)』(1756), 110쪽. (이하 함베르거/편역자)
16 함베르거, 104쪽. 코르시누스, 제34차 올림피아데.

을 소위 헤르메스의 석주*에 새기게 하거나 공공의 장소에 전시하도록 했다. 그는 아버지가 정리한 시가들을 아테네 여신 대축제 기간 중 어느 특정한 시기에 낭독하는 행사도 열었다.17 그는 아나크레온과 시모니데스를 좋아했다. 아나크레온은 사모스의 참주 폴리크라테스 치하에 살았던 명망가였다. 히파르코스는 그를 자기가 있는 곳으로 불렀다. 그러나 그는 참주가 죽고 나자 다시 고향으로 돌아왔다. 그는 85년의 즐거운 삶을 누리고 세상을 떠났다.18 그의 노래의 정신은 두루 알려졌다. 시모니데스는 케오스의 이울리스 출신의 교훈시 시인이었다. 그는 제55차 올림피아데에 태어나 제78차 올림피아데 때 세상을 떠났다. 그는 80세인데도 시문학 분야에서 상을 받았다.19

솔론 이후 **조각 작품**도 양이 더 많아졌다. 이제 조각 작품의 정신은 **체계적이고 관념적****이었다. 그리스인들은 그들의 신과 신적 영웅들을 조형할 때 이집트인들처럼 기이하고 기괴한 것으로 빠질 수 없었다. 그들은 신과 신적인 영웅들의 천성 안에 흩어져 있는 장점들에서 하나의 전체를 종합해냈고, 그다음에는 신들과 신적 영웅들을 형상화했다. 알려져 있는 대로 고양된 평온 안에, 이 가시적인 솟구치는 힘 안에 특성적인 것이 들어 있다는 구분점을 두고 그들을 형상화했던 것이다. 그렇게 해서 조각 작품들은 이상화되었

---

* 길의 신인 헤르메스의 이름을 따서 부른 경계 표지석.
17 아나카르시스, 제2부 174쪽.
18 함베르거, 112쪽.
19 함베르거, 129쪽.
** 빙켈만은 그리스 조각 작품의 사실성이 부여하는 개별적인 형상체의 아름다움 너머에 있는 관념적인 것에의 이끌림을 지적한다. 그러나 또한 "비례"를 통한 체계성의 강조도 빙켈만에서 유래한다.

다. 그러나 예술가들은 상상 속의 이상적 초안은 사라지고 만다는 사실을 곧장 알아차렸다. 그들은 일정한 규칙을 제시하려고 시도했다. 이상의 특징적인 부분이 전체에 대한 균형으로, 비율로 실현되게 하는 기준으로서의 규칙을 제시하고자 했던 것이다. 그런데 대가들과 제자들이 그 규칙들을 너무 충실하게 따랐다. 그 때문에 윤곽에서는 단조로움과 경직성이, 신들의 형상에서는 표현의 결핍, 즉 부자연스러운 만곡부(彎曲部)가, 영웅들에게서는 과장된 억센 근육이 나타났다. 빙켈만의 『고대 예술사』는 제1장 4절의 끝에* 테살리아에 있는 스페르치온 강에서 자신의 아들이 트로이에서 무사히 돌아오면 아들의 머리카락을 주겠노라고 서약하는 아킬레우스(Achilleus)의 아버지 펠레우스를 보여주는 스토쉬 박물관** 소장의 한 삽화를 모사하고 있다. 펠레우스는 옆으로 큰 물통 위로 몸을 숙이고 곱슬머리를 흔들어 물방울을 털어낸다. 그러나 몸체의 구부림이 너무 대담하고 힘줄이 과하게 팽팽하며 근육이 지나치게 튀어나와서 보는 이가 영웅을 불안하게 여기게 된다. 플리니우스는 이 시기의 조각가로 우선 디포이노스와 스킬리스를 든다.[20] 이들은 대략 제50차 올림피아데 때 크레타에서 출생했다. 이들은 대리석을 다뤘던 최초의 조각가들이다. 그들은 고향을 떠나 시키온으로 갔다. 그곳에는 그들보다 앞서, 또는 그들과 더불어 최초의 조각 학교가 세워졌다. 여기서 그들은 아폴론, 다이아나 그리고 헤라클레스 상을 조각했다. 그러나 플리니우스가 말하는 대로라면 이들보다 앞서서 키오스에 조각가 말라스, 그의 아들 미키아데스 그리고 그의 손자 안테르무스가 살았다. 안테르무스의

---

*   "제4장 1절의 끝에"의 오기(誤記)이다.
** 필리프 폰 스토쉬(1691-1757) 남작이 피렌체에 세웠던 박물관.
20 플리니우스, 『자연사(*Naturalis Historia*)』 제34권, 제4장.

두 아들이자 저명한 예술가인 부팔로스와 안테르무스*는 제60차 올림피아데 때 살았다. 이 명문가에는 조상부터 이 올림피아데의 시작에 이르기까지의 예술가들이 속했던 것이다. 간략하게 줄이기 위해서 나는 이 시기에 속하는 것으로 생각할 수 있는 몇몇 예술가들은 건너뛰겠다. 빙켈만은 파우사니아스를 인용해서 이 시기의 많은 예술가를 언급하고 있다.[21] 이처럼 그리스의 순수예술이 거의 도달할 수 없는 정점에 이르렀던 위대한 시기를 향한 준비가 여기저기에서 이루어지고 있었다.

두 명의 젊은 영웅 하르모디오스와 아리스토게이톤은 최초로 자유의 위대한 작업을 시작했던 영웅들이었다. 모든 것은 과감한 행동을 통해서 고무되었다. 전제군주들은 살해되거나 추방되었고, 자유는 이전의 품위로 복원되었다. 아테네인은 자신의 힘을 비로소 만끽했다. 그리스의 위대함의 영원한 동반자인 예술은 엄청난 발전을 기록한다. 뛰어난 거장들이 출현했고, 곧바로 더 뛰어난 제자들이 이들을 추월했다. 아이스킬로스는 비극을 썼고, 소포클레스는 그것을 완성했다. 엘라다스는 페이디아스에게 모범이 되었다. 또한 아겔라다스는 폴리클레이토스에게 모범이 되었다. 폴리클레이토스와 페이디아스는 세기의 거장이 되었다.

그러나 갑자기 먹구름이 그리스를 뒤덮는다. 이 먹구름은 다시 피어오르는 자유를 그 싹에서부터 망가뜨리는 것처럼 보였다. 크세르크세스가 헬레스폰토스를 넘어 막강한 군사력으로 침범해왔다. 그러나 그리스인들은 기적을 행했다. 그리스의 소규모 군대는 그 당당한 페르시아인이 여러 번 굴

---

* 안테르무스 2세로 이해된다.
21 빙켈만, 317쪽.

욕을 느끼게 했고, 그 결과 그들은 치욕을 안고 자기 왕국으로 되돌아갔다. 그리스인들은 그들의 위대함의 정점에 서 있는 자신을 보았다. 각각의 개별 국가는 다른 국가의 힘을 경탄해 마지않았다. 각 국가는 다른 국가에게 자신의 장점을 보여주려고 했다. 그들은 특히 이러한 장점들의 본질적인 한 부분을 특히 예술의 완전무결에 두었고, 그 때문에 이러한 완전무결을 향상시키기 위해서 전력을 다했다. 예술은 이제 그 역량을 펼쳐 보일 비범한 활동의 여지를 가지게 되었다. 아테네는 제75차 올림피아데 때에 페르시아인들에 의해서 파괴되었다. 아테네를 복구하던 시절에 예술가 아겔라다스와 오나타스, 아게노르와 글라우키아스가 살았다. 아겔라다스는 폴리클레이토스의 스승이었다. 엘리스 근처에 그의 손으로 세워진,[22] 제66차 올림피아데에서 승리를 거둔 클레이스테네스의 동상이 있었다. 그는 또한 제우스도 조형했다. 아이기나 섬 출신 오나타스는 시라쿠사이의 왕 게론의 입상을 제작했다. 아게노르는 조국의 해방자 하르모디오스와 아리스토게이톤의 입상을 제작했다. 페르시아인들이 전제군주의 살해 이후 4년이 되어 세워졌던 그들의 입상을 치워버렸었기 때문이다. 아이기나 섬 출신 글라우키아스는 그리스의 경기에서 1,300번이나 승리를 거두었던 타소스 출신의 테아게네스의 입상을 제작했다.[23]

당시 그리스의 창조적 정신에 비극보다 더 알맞은 것은 없었다. 민중은 위대한 인물들, 열정, 줄거리와 사건의 서술에서 무엇인가 매혹적인 것을 발견한다. 그러나 그리스인들의 종교, 축제, 자유, 생동감과 진지함이 예술의 모든 분야에서와 마찬가지로 비극에 대해서도 그들을 예민하게 만들었

---

23 빙켈만, 327쪽.

다. **아이스킬로스**의 한 연극에 대한 평가는 그들에게 정치적인 토론만큼 중요했다. 아이스킬로스는 전적으로 당시의 성격에 맞추어 작품을 썼다. 아무리 냉정한 사람이라도 그의 프로메테우스를 경탄하지 않을 수 없었다. 그러나 그의 연극들에 의해 그렇게 쉽게 감동받지는 않는다. 그의 표현은 당대인만큼이나 숭고하고, 당당하며 전투적이다. 그는 50명의 복수의 여신을 무대에 올리기도 했다. 어린아이들이 놀라서 죽었다. 거기다가 합창대의 인원이 15명으로 축소되었다. 아이스킬로스는 영웅이기도 했다. 사람들은 그와 그의 형제들이 마라톤 전투에서 보여준 용기를 찬양한다. 우리는 그로부터 일곱 편의 비극을 전해 받았다. 그는 제63차 올림피아데에 아티카의 엘레우시니아에서 태어나, 제78차 올림피아데 때 사망했다. 호라티우스는 아이스킬로스에 대해서 이렇게 말한다.

Post hunc(Thespitem) personae pallaeque repertor honestae
Aeschylus, et modicis instravit pulpita tignis,
Et docuit magnumque loqui nitique cothurno.[24]

이 라틴어를 빌란트는 이렇게 번역했다.

"그[테스피스]를 이어서 아이스킬로스는 두 번째 비극 작가, 또는 영웅극의 이름에 진정으로 공헌했던 참된 아버지. 그는 가면과 바닥이 높은 구두를 창안했고, 연극 무대를 확장했으며 의상을 고상하게 만들었다. 그리고 더한 것

---

[24] 호라티우스, 『제2서신서(*Epistularum Liber secundus*)』 제3권, 278-280행.

은 비극적인 뮤즈의 참된 음조이다."*

그리고 덧붙여 말한다.

"내가 여기서 아이스킬로스의 신적인 넋에 대한 경외심 때문에 호라티우스보다 조금 더 말했다는 것을 고백한다. 그럼에도 불구하고 이것이야말로 호라티우스의 정신이다. 왜냐하면 아이스킬로스에 대한 그의 존경심을 의심하는 것은 복수의 여신들과 「아가멤논(Agamemnon)」의 작가를 아무런 의식도 행하지 않고 테스피스와 한 부류에 던져버리는 것만큼이나 큰 죄악일 터이기 때문이다."

웅변가 **고르기아스**는 아이스킬로스와 동시대인이었다. 델포이 근처에는 그의 입상이 하나 세워졌다.[25] 그러나 이제 우리는 앞에 있었던 모든 것을 간단히 잊게 만드는 한 사람을 만난다. 그는 **핀다로스**이다. 우리는 그리스인들이 그를 신격화했던 것을 경탄한다. 아테네의 왕실에는 보석 장식의 머리띠를 두른 그의 청동 입상이 서 있었다. 델포이에는 그가 아폴론을 노래할 때 앉았던 의자가 마치 성유물처럼 보존되어 있었다. 플라톤은 그를 어떤 때는 신적인 사람, 어떤 때는 가장 현명한 사람이라고 불렀다. 사람들은 목양의 신 판(Pan)이 숲속에서 그의 노래를 부른다고 말했다. 정복자 알렉산드

---

* 인용된 구절의 한국어 번역(이상섭, 『아리스토텔레스의 〈시학〉 연구』, 문학과지성사, 2002, 제3부 제3장, 255-276쪽)에서 크리스토프 마르틴 빌란트가 자신의 번역에서 "호라티우스보다 더 말했다"는 부분은 "그리고 더한 것은 비극적인 뮤즈의 참된 음조이다"를 지칭한다.

25 키케로, 제32장.

로스 대왕이 자신의 조국 테베를 파괴했을 때, 그는 한때 시인 핀다로스가 살았던 집을 소중히 여겨 보존했고 그의 가족들도 보호했다.

나는 핀다로스의 찬가가 시문학의 최고봉이라고 말하고 싶다. 서사시와 희곡은 규모가 크기는 하지만, 그런 사실이 그것들을 핀다로스의 찬가 문학에 이르게 하지는 못한다. 그는 간결한 축약을 통해서 서사 문학의 서술과 비극의 열정을 결합시키고 있어 자신의 영혼 속에서 그의 강력한 힘이 펼쳐지기를 원하는 독자에게 그만큼 많은 역량과 노력을 요구하는 것이다. 핀다로스는 매우 많이 썼다고 한다. 그러나 우리는 다만 그리스의 경기(競技)에 따라 창작된 승리가들만 온전히 전해 받고 있다. 그의 아버지는 플루트 연주자였고, 그 역시 플루트 연주 강습을 받았다고 전해진다. 그가 좋아했던 철학자는 피타고라스였다. 그는 대략 제81차 올림피아데 때 사망했다.

모든 찬란한 작품들을 한데 모아서 그리스를 문화의 최고 경지로 올려놓은 한 사람이 아직 언급되지 않았다. 그가 나타났고, 그와 함께 예술의 황금기가 도래했다. 모든 재능을 다 갖추고, 곧 작용하게 될 것이 틀림없이 작용하도록 하는 모든 열정으로 무장한 **페리클레스**가 등장했던 것이다. 그는 조용히 생각에 잠긴 채로 젊은 날을 보냈다. 그러나 젊은 영혼 안에서 자라난 계획들은 그만큼 더 강력했다. 그는 천성적으로 흔치 않은 달변가였다. 그는 이러한 재능을 가능한 한 최대로 완벽하게 발휘하고자 했다. 이것에는 이유가 있었다. 그는 체조 훈련을 통해서 자신의 몸을 단련했고, 철학을 통해서 정신을 확장하고 세련되게 했다. 그의 과감한 계획의 측면에서도 마찬가지였다. 그는 외적으로는 페이시스트라토스와 완전히 유사했다. 내면적으로도 그의 명예욕, 그의 노련함, 그의 계획들과 닮았다. 이제 페리클레스가 처음으로 등장했지만 어떤 주장을 위해서가 전혀 아니었고, 오직 웅변가로서의 필연성 때문이었다. 민중은 그를 신격화했다. 가장 중요한 명예직이 그에게 주어졌다. 몇몇 수수한 정치적인 우회로를 거친 다음 그는 이를 받아들였다. 자제(自制)에 대한 그의 기대는 가장 위대한 것이었다. 자연이 그것을 도왔다. 자연은 어떤 관여 없이도 순수예술에 대한 그리스인들의 열광을 최고의 수준으로 이끌 수 있는 천재를 낳았다. 그리고 이 열광은 페리클레스를 그 목적에 이용해야 했다. 그렇지만 이 부분은 나의 역사 기술의 범위 밖에 있다. **소포클레스**가 곧 탁월하게 스승 아이스킬로스를 모범으로 삼아 등장했다. 그가 가진 장점들은 스승 아이스킬로스로 하여금 그의 명성을 두려워하게 했다. 소포클레스는 아테네인이었고, 영육을 아울러 섬세하게 교양을 쌓았고, 음악과 무용 예술의 대가였다. 그는 열여섯 살 때 아테네 시민들에게 그들의 살라미스 해전 승리를 현금의 반주에 맞추어 연극적인 몸짓과 함께 노래했다. 그리고 모든 것이 이 젊은이의 마음을 사로잡았다. 스물다섯 살에 그는 처음으로 한 편의 비극을 가지고 민중 앞에 등장했다. 그는 스무 차례에 걸쳐 상을 받았다. 이 위대한 작가에 대한 아테네인들의 존경심은 마침내 페리클레스에게 그를 최고위 국가관리직의 동료로 천거하는 데까지 이르렀다. 소포클레스는 아흔다섯 살에 그의 비극 중 한 편이 성취했던 승리를 기뻐하다가 세상을 떠났다. 아이스킬로스가 전투적인 개척자 정신으로 작품을 쓴 것처럼, 소포클레스는 그의 개화된 시대 정신으로 작품을 썼다. 당당한 남성다움과 여성적인 부드러움의 조합, 순수하고 심사숙고한, 그러나 그토록 따뜻하고 황홀한 표현, 페리클레스 시대에 고유했던 그 표현! 곳곳에 취향에 이끌린 열정이 있다. 소포클레스는 아이스킬로스와 에우리피데스 사이에 존재한다. 에우리피데스는 참으로 여성적이고 감성적이다.

이제 나는 페리클레스 시대의 **조각 예술**에 이르렀다. 파우사니아스 외에 플리니우스는 우리에게 이에 대한 상세한 무엇인가를 제공해준 유일한 인물이다. 과거로부터 이어지는 모든 세기에 걸쳐서 가장 으뜸의, 가장 위대한 예술가는 페이디아스이다. 그는 스승 엘라다스 아래에서 성장했다. 엘라다스와 그의 동시대인들에게 고유했던 체계적인 것, 페이디아스가 보았던 엄격한 윤곽은 그에게 정밀함을 가르쳤고, 그것은 그의 완벽성을 위한 필수적인 준비 요소였다. 그러나 그의 창조적인 정신은 이러한 속박이 자신의 예술의 효능을 확연히 제약한다는 사실을 곧바로 알아차렸다. 그리하여 그는 그 속박을 자신의 상상력의 이상(理想)에 손해를 끼치지 않는 정도에서만 활용했다. 그러나 이러한 이상은 창조 정신에서 직접적으로 솟아나는 것이었다. 그것은 형상에 더 많은 표현을 부여했지만, 바로 그 점을 통해서 고귀한 단순성, 즉 조각품의 고유한 외면을 해칠지도 모르는 모든 번잡에서 벗어나게 했다. 그렇게 해서 그의 제우스상이 태어났다. 그것은 화를 내고 있는 제우스가 아니었다. 분노는 일시적이며, 조각상은 조형대로 영원히 서 있는 것이다. 분노는 형태를 일그러뜨린다. 그리스인의 형상은 최고도로 생각할 수 있는 품위와 함께 아름다워야 한다. 분노하는 제우스는 말하자면 페이디아스의 손길 아래에서 진지한 제우스가 되었다. 위엄 있는 평온이 신들의 형상의 특징이었다. 페리클레스는 이 위대한 인물을 평가할 줄 알았다. 페이디아스의 지휘 아래 당시 아테네의 모든 뛰어난 기념비들이 세워졌다. 그의 다른 걸작품 가운데 아테나상은 가장 탁월한 작품이다. 그러나 이 아테나상이 그의 비극적 죽음의 원인이었다. 페리클레스에게는 쉽게 알아볼 수 있는 적들이 있었다. 이들은 세력가들이었고, 그들의 편에 선 사람들이 많았다. 그렇지만 이들은 페리클레스를 감히 직접적으로 공격하지는 않았다. 증오는 그에게 공을 들인 친구들과 측근들을 향했다. 페이디아스는 아테나 입상을 장식하는 데에 써야 할 금의 일부를 횡령했다고 고발당했다. 그 위대한 인물은 자신의 무죄를 밝혔지만, 그에게는 사슬에 묶인 채로 죽는 길밖에는 없었다. 그의 가장 저명한 제자는 아테네의 **알카메네스**와 파로스의 **아고라크리토스**이다. 이 두 조각가는 경연에서 아프로디테상을 제작했다. 알카메네스가 상을 받았는데, 그것은 공로 때문이라기보다는 그가 아테네인이었기 때문이었다. 아고라크리토스는 편파적인 심판관에게 복수하고자 했다. 그는 자신이 만든 [아프로디테] 입상을 람누스 사람들에게 팔았는데, 그 입상을 네메시스(Nemesis), 즉 복수의 여신이라고 명명했다. 플리니우스가 일련의 가장 저명한 인사들 가운데 두 번째로 이름을 부른 사람은 시키온 출신인 **폴리클레이토스**이다. 그의 스승은 아겔라다스였다. 폴리클레이토스는 장려한 형상의 완벽한 비례를 갖춘 한 입상을 조각했는데, 이에 놀란 예술가들이 그 입상을 규범(Regel)이라고 불렀다. 세 번째 인물은 엘레우테라이 출신의 미론이다. 그가 제작한 소가 그를 특히 유명하게 만들었다. 네 번째 인물은 **레지오 출신의 피타고라스**이며, 다섯 번째 인물은 **레온티노이 출신의 피타고라스**이다.* 미론은 이 두 조각가에게 경연에서 패배했다. 레온티노이 출신의 이 조각가는 신경과 혈관을 표현한 첫 번째 조각가였고, 머리카락의 형상화에 정밀성을 더했다. **스코파스**의 시대도 이 시기에 해당된다. 그의 아프로디테상은 프락시텔레스의 그것과 세기를 걸쳐 우열을 다투었다. 그는 시기적으로 제95차 올림

---

* 횔덜린은 플리니우스의 기술을 오해하여 레온티스쿠스(Leontiscus)라는 이름의 조각가를 "레온티노이 출신의 피타고라스"라 하고, 또 플리니우스의 기술에서는 "레지움 출신의 피타고라스"라고 한 것을 "레온티노이 출신의 조각가"라 하고 있다.

피아데에 해당하는 세 명의 젊은 예술가, 브리악시스, 티모테오스 그리고 레오카레스와 함께 카리아의 왕 마우솔로스의 묘석을 제작했다. 그런데 지면이 허락한다면, 더욱이 이 시대의 화가들, 다른 화가들과 나란히 팜필로스와 폴리그노토스에 대해서 할 말이 그만큼 많을 것이기 때문에 나는 페리클레스 시대를 훨씬 지나 너무 멀리 가게 될 것이다. 그렇기 때문에 알렉산드로스 대왕까지 이어지는 순수예술의 풍요의 시기에 대해서는 입을 다물겠다. 다만 에우리피데스와 같은 인물, 데모스테네스, 프락시텔레스, 리시포스, 메난드로스, 아펠레스, 제욱시스 그리고 이 시대의 마지막 작품이자 가장 찬란한 작품, 다른 식으로 말하자면 로마 황제 시대의 산물인 라오콘(Laokoon)을 거명할 필요를 느낀다. 예술이 프톨레마이오스 왕조 치하에서 계속 모방으로 쇠퇴하고 차츰 생명을 다하기 전까지 지속적으로 만개한 가운데 얼마나 아름다웠는지를 보여주기 위해서 말이다.

(1790년 여름)

솔로몬의 잠언과 헤시오도스의 「일과 날들」 비교

이 시론 「솔로몬의 잠언과 헤시오도스의 일과 날들 비교」를
지극히 존경하는 슈누러 교수님께 바칩니다.
— 뉘르팅겐 출생 요한 크리스티안 프리드리히 횔덜린, 1790년 9월 17일

동양과 막 형성 중인 그리스의 미숙한 철학은 모든 이들에게 흥미로울 것이 분명하다. 그것의 품위와 단순성이 무시할 수 없는 것이기도 하려니와 그것의 도덕률이 우리의 윤리체계와의 대조를 통해서 많은 관찰의 동기를 제공해줄지도 모르기 때문이다. 그리스와 동양의 유사한 저술가들의 비교를 통해서 고찰이 한층 더 다변화되고 확충되는 것이 매우 자연스러운 일인 것은 틀림없다. 따라서 나는 이중의 고려를 통해서 앞서 언급한 헤시오도스와 솔로몬의 교훈시 사이의 비교를 시도해보겠다.

나는 우선 두 저술의 요약을 앞에 놓고, 이어서 두 저술의 상이점과 유사점을 찾아볼 것이며, 이 저술들의 심미적 속성(시의 형식)과 철학적 가치(시의 소재)를 덧붙일 것이다.

나는 우선 잠언에 대한 하나의, 물론 불완전한 개관을 시도하고자 한다.

잠언의 첫 아홉 개의 장은 나머지 장들과 확실히 구분된다. 이 나머지 장들은 부분적으로는 솔로몬 자신에 의해서, 부분적으로는 다른 이들에 의해서, 그들의 이름 또는 솔로몬의 이름으로 기록되지 않았나 생각된다. 첫 아홉 개 장에서는 관련성이 쉽게 발견된다. 짧은 예고에 이어서 저자는 말문을 연다.

"주님을 경외하는 것이 지식의 근본이다."(제1장 7절)

그리고 나서 저자는 고대의 현자[헤시오도스]의 고유한 호명의 방식에 따라 우리가 도입부의 다른 부분들을 향해서 준비하도록 이야기를 계속한다. 그 요약을 이어지는 서술에서 듣게 될 것이다. 저자는 10절 이하에서 고대의 고유한 덕목, 독실하고 올바른 범절을 반대의 경우를 들어서 엄격하게 가르친다.

나의 아이야, 악인들이 너를 꾀더라도, 따라가지 말아라."(제1장 10절)

그리고 저자는 20-33절, 지혜의 의인화와 함께 서두[제1장]를 마친다. 저자는 제1장에서 우리에게 제기한 실마리를 이어지는 장[제2장-제9장]에서도 상당히 정확하게 따른다. 제2장에서 그는 신성(神性)에 대한 경외가 모든 덕망의 근본이라는 잠언을 상술한다. 그가 제1장에서 보편적으로 엄하게 가르쳤던 덕망을 더 명백하게 그리고 다시금 반대의 경우를 예로 들며 규정한다. 신성에 대한 경외가 그대의 마음 안에 자리하게 되면, 지혜가 그대의 진심 안으로 다가올 것이며, 그리하여 그대는 사악한 길에서 멀어지고, 거짓으로 말하는 사람에게서도 멀리 떨어지며, 유혹하며 간통을 저지르는 여인도 멀리하게 되리라고 말한다.

그는 잇따르는 서술에서 주로 이 두 부분을 고려하고 있다. 제3장에서 저자는 이 장의 주문장인 "주님을 경외하는 것이 지식의 근본이다"를 상술하고, 신에 대한 경외의 유익한 결과를 서술하기를 계속한다.

그는 서두에서와 마찬가지로 제1장 10-19절에서 면밀하게 규정하면서, 두 부분으로 나누었던 그의 도덕률에 대한 예비적 언급에 따라서 제4장 8-16절에 이른다. 그것에 관련된 여러 곳에 흩어져 있는 구절들을 종합해 보면, 다음의 두 가지 명제가 도출될 수 있을 것이다.

1. 의로워라, 이것은 저자의 정신에 따른 것이다. 선과 명예를 기만과 폭력을 통해서가 아니라 근면과 지혜로움을 통해서 얻도록 힘쓰라.
2. 창녀를 피하라.

이 두 가지 명제는 제4장 14-27절, 제5장, 제6장 1-19절, 20절, 제8장에 교차적으로 제시되고 있다. 제8장과 제9장에서 저자는 제1장의 서두 끝머리에서와 마찬가지로 지혜를 의인화한다. 그것은 첫 아홉 개 장의 계획으로 보인다. 나는 기타의 장은 건너뛰겠다. 그것들을 내가 요약해서 표현하기는 힘겹기 때문이다. 따라서 나는 이제 헤시오도스의 교훈시로 넘어가겠다.

처음 열 개 시행은 작자를 특정하기 어렵다. 클레리코스는 어떤 늙은 음유시인이 이 서두를 써넣었다고 말한다. 그리고 스칼리거는 파우사니아스를 근거로 주석한다. 즉 이 시행들은 이 시의 원 수기본(手記本)에는 들어 있지 않았으며, 따라서 위작이라는 것이다.

헤시오도스는 따라서 세상을 지배하는 욕망의 의인화로 제11행을 시작한다. 에리스 족속*은 이중적이라고 그는 말한다. 한쪽은 검은 밤을 낳았다. 어떤 필멸의 자도 이 족속을 사랑하지 않는다. 필멸의 자들은 불멸의 신들의 충고에 따라 어쩔 수 없이 이 족속을 섬기는 것이다. 다른 한쪽은 드높은 크로니다스**에게 대지의 뿌리와 인간을 심었다. 이쪽은 훨씬 나은 편이다. 앞쪽은 다툼과 불화를 조장한다. 후자는 게으른 자들을 일하도록 내몬다.

이어서 그는 심판을 통해서 자신의 하찮은 재산을 뺏으려 했던 형 페르세스를 향해 말한다. "남의 피해를 고소해하는 에리스 족속으로 인해서 일상의 일을 방해받지 말라."

이어서 그는 사악한 에리스 족속과 매우 명백한 관련이 있는 악의 근원에 대한 신화로 넘어간다. 신들은 인간들에게 삶의 지혜를 숨겼다. 한때 인간들은 행복한 만족감으로 들판의 열매들을 먹고 살았다. 그때 판도라***와 그녀와 한패가 된 궁핍과 근심의 떼가, 이와 더불어 단순함과 순진무구함 가운데 노동으로 먹고사는 것이 아니라 거짓과 폭력으로 욕망을 만족시키려고 하는 사악한 에리스 족속이 등장했다. 바로 이것을 통해 신화는 시대에 대해서 말한다. 그리고 이 시의 첫 부분은 그만큼까지 나아간다.

이 시의 다른 부분은 선한 에리스 족속에 관계된다. 이 부분은 두 개의 하부 장으로 나누어진다. 첫 번째 하부의 장은 정확하게 솔로몬적이다. 그리고 두 번째 하부의 장은 첫 하부의 장과는 다른 측면에서 특징적이다.

---

*   싸움과 경쟁의 그리스 여신들.
** 크로노스의 아들로서 제우스는 "크로노스 족속"이라 불리는데, 횔덜린은 참조문헌에 기록된 관례적이지 않은 표기 "크로니다스(Kronidas)"를 그대로 받아 쓰고 있다.
*** 제우스의 명령에 따라 헤파이스토스(Hephaistos)가 만든 여인. 인간들에게 큰 화를 초래한다.

그 안에는 소박한 처세술들이 제시된다. 나는 교훈시를 잠언과 비교하기 위해서 간단히 첫 번째 하부의 장을 선택하겠다.

나는 우선 형식의 유사성을, 그리고 이어서 소재의 유사성을 찾아낼 것이다. 비슷한 사례인 양쪽 대상들에서는 짧고 간결한 문체가 눈에 띈다. 양쪽의 제시된 신화들에서는 문단들이 길고 얽혀 있다. 모든 것이 그리스어의 너무 풍부하다고 할 불변화사[접속사, 전치사]로 연결되어 있다. 여러 군데에 소위 말해서 비본질적인 표현 방식에 따르는 형용사들이 덧붙어 있다. 예컨대 56행*과 여러 다른 구절들이 그렇다. 우리는 자주 비난을 듣지만 그래도 소박하고 민중적인 호메로스적인 말의 축복을 발견하게 된다. 헤시오도스가 자신의 시의 본질적으로 교훈적인 부분에 이르면 모든 서사적인 장식은 떨어져나가는 것처럼 말이다. 말하자면 문장들은 3행 이상으로 이루어지는 경우가 드물고, 다만 불변사 δε**를 통해서 연결된다. 솔로몬의 교훈시에서 문체상의 짧음과 간결함은 자세한 설명이 필요치 않다. 그것은 「일과 날들」에서 보다 더 확연하다.

평행법(Parallelismus)에서도 헤시오도스는 잠언의 저자와 유사하다. 특히 대립적인 진술에서 그렇다. 그렇게 그는 311행에서 말한다.

"일은 결코 수치가 아니다. 그러나 빈둥거리는 것은 수치이다."
"가난에서는 부끄러움이, 그러나 부유함에서는 당당함이."(319행)
"선한 이웃이 커다란 축복인 것과 같이, 사악한 이웃은 하나의 불행."(346행)

---

*   실제는 82행이다.
** 이 그리스어는 주로 정렬의 기능("그러면", "이제")만을 가진다. 본래 대립적인 기능("그러나", "오히려")이나 병렬적 기능("그리고", "또한")은 약화된다.

두 시의 추상적 개념의 의인화 역시 매우 유사하다. 잠언 제1장 20절과 8장에서의 지혜의 의인화, 「일과 날들」 11-26행에서의 인간적인 의지의 의인화와 256-262행에서의 정의의 의인화가 그 예가 될 것이다.

"동정녀 디케, 제우스의 혈통을 이어받아
올림포스에 깃들어 있는 신들에게서도 성스럽게 공경받네."

이러한 사상은 잠언 제8장 22절에서 지혜를 두고 현란하게 상술된다. 지혜가 자신에 대해 이렇게 말한다.

"주님께서 일을 시작하시던 그 태초에
주님께서 모든 것을 지으시기 전에
이미 주님께서 나를 데리고 계셨다 등등."

마지막으로 두 시인 사이의 유사성은 헤시오도스가 그의 교훈을 가지고 형 페르세스를 향하고, 몇몇 증언에 따르면 솔로몬 역시 언제나 그의 아들인 르호보암으로 알려진 아이를 향해 "나의 아이야"라는 호명 아래 자신의 지혜를 설파한다는 사실에도 있다.

나는 이제 실제적인 유사성에 다가가겠다.

서술에서 두 시 작품이 가장 크게 일치하고 있는 첫 번째 요소이자 주요한 명제는 이미 위에서 제시되었던 명제이다.

A) 의로워라 ― 재산과 명예를 거짓과 폭력을 통해서가 아니라 근면과 다

른 이들에 대한 정당한 행위를 통해서 얻도록 하라. 그렇지 아니하면 가난이 그대에게 닥칠 것이며 그대의 집안에 치욕이 닥칠 것이다.

나는 이 명제를 해체하려고 한다. 유례 문구가 너무 겹쳐지지 않도록 하기 위해서이다.

(a) 재산은 근면을 통해서 얻으라.

헤시오도스는 299-301행에서 말한다. "일하라, 페르세스여, 고귀한 이여, 그렇게 해서 굶주림이 그대를 원망하도록, 이와는 달리 아름답게 화환을 건 데메테르, 이 존경할 만한 자가 그대를 사랑하고 양식으로 그대의 곳간을 가득 채우기를."
솔로몬은 제12장 11절에서 이렇게 말한다. "밭을 가는 사람은 먹을 것이 넉넉하다."

(b) 근면을 통해서 명예를 얻도록 하라.

헤시오도스는 312-314행에서 말한다. "그대가 일하게 되면, 곧 게으른 자가 시샘하리라. 그대가 부유함에 이르듯이 명예와 존경이 부유함을 뒤따르며 그대는 신처럼 모습을 보이리라."
솔로몬은 같은 교훈을 제12장 24절에서 말한다. "부지런한 사람의 손은 남을 다스린다."

(c) 타인에 대한 정당한 행위를 통해서 너의 재산을 얻으려 하라.

헤시오도스는 342-345행에서* 이 점에서 어느 정도는 처세론적으로 말한다. "너를 사랑하는 이를 만찬에 초대하되, 적대적인 자들은 피하라. 너의 이웃에 가까이 사는 사람을 누구보다 먼저 초청하라. 왜냐하면 집에서 무엇인가 너에게 일어난다면 이웃들은 아무런 준비 없이도 서둘러 오지만, 사촌들은 준비를 하고 올 것이기 때문이다. 선한 이웃이 커다란 축복인 것처럼, 사악한 이웃은 하나의 불행이다. 명예가 그에게, 고귀한 이웃에게."

솔로몬은 제11장 25절에서 보다 더 일반적으로 그리고 보다 더 고상하게 말한다. "풍부하게 축복을 내리는 영혼은 살찌고, 실컷 마시게 하는 자는 자신도 실컷 마시게 된다."

(d) 왜냐하면 거짓과 폭력으로 부유해지고 높아지기를 바라는 자는 곤궁과 불명예에 빠지기 마련이기 때문이다.

「일과 날들」 282-284행 : "여전히 고의적으로 속임수로 서약된 증언으로 거짓을 말하고 의로움을 해치는 자, 구제할 길 없이 저주를 받는다. 또한 그의 족속은 앞으로 어둠에 빠지리라."

그리고 나아가 321-326행 : "왜냐하면 직접적인 폭력으로 부를 취하거나 혀로 그것을 강탈했다면(이익을 취하고자 하는 시도가 인간들의 오성을 오도하

---

* 횔덜린은 342-347행을 인용하고 있다.

고 몰염치로 부끄러운 일이 재촉되는 경우가 자주 일어나는 것처럼) 신들은 간단히 그를 어둠으로 덮어버리기 때문이다. 가정은 쇠하고, 그 사람에게 부는 오로지 짧은 시간 동안만 간직될 뿐이다."

솔로몬의 잠언 제1장 11-19절은 이익을 탐내는 시도들과 그것의 위험을 매우 강하게 묘사한다. 나아가 제10장 2절은 이렇게 말한다. "부정하게 모은 재물은 쓸모가 없다."

그리고 같은 장 3절은 또한 말한다. "주님은 악인의 탐욕을 물리치신다."

잠언에 제시되는 두 번째 중심 명제는 다음과 같다.

B) 음란한 여자를 피하라.

헤시오도스는 솔로몬도 사용하고 있는 어휘를 가지고 이 명제를 다만 가볍게 언급한다. 373행에서 그는 말한다. "달콤하게 수다를 떨며 너의 초막으로 찾아온 여인이 흔드는 엉덩이로 너의 오성을 현혹케 해서는 안 된다."

솔로몬의 잠언 제2장 16절 : "지혜가 너를 음란한 여자에게서 건져준다."

나는 지금 완전하지는 않지만 비교를 해보았다. 이제 나는 부분적으로는 시들의 형식(이 시들의 심미적 특성)을 고려하고, 또다른 측면에서는 이 시들의 소재(철학적 관심사)를 고려하여 몇몇 소견을 덧붙이고자 한다.

이것에 해당하는 사항이 수없이 많다는 것은 의심의 여지가 없다. 그러나 나의 제약으로 그것에 해당하는 것을 줄이고, 이 적은 수효도 가장 중요한 것들이 아닐 수도 있다는 점에 대해 용서를 빌어야만 하겠다. 「일과 날들」에서 특징적으로 교훈적인 부분과 솔로몬의 잠언 사이에서 내가 인지한 첫 번째 유사성은 짧고 간결한 문체이다.

간결성(Kürze)은 숭고(Erhabenheit)의 인정된 특성이다.* "하느님이 말씀하셨다, 빛이 생겨라, 그러니 빛이 생겼다"는 말씀은 드높은 시문학의 정화(精華, summum)로 평가된다. 우리가 인지하는 순간에 우리로서는 가늠할 수 없는 것, 또는 인지의 순간에 그 경계에 대해서 어떤 명확한 표상을 가지지 못하는 그러한 모든 것을 우리는 숭고하다고 부른다. 이러한 가늠할 수 없는 것은 공간에서나 시간에서 하나의 확장적인 또는 연속적인 대상일 수 있다. 간결한 표현의 숭고함은 후자의 속성에 속한다. 나는 두 시 작품의 경구들은 그리스와 동방의 세련되지 못한 주민들에게는 그렇게 일상적인 양식(糧食)이 결코 아니었으며, 사상의 새로움 역시 청자의 영혼 안으로 작용하기 위해서 간결성에 동조했다는 점을 언급하고자 한다.

그러나 이 두 작가가 이러한 간결성에서 일치하게 된 근원은 무엇일까? 간단하게 대답할 수 있을지도 모른다. 즉 진리를 가능한 한 짧고 간결하게 표현하는 것이 동방과 아직은 세련되지 못한 그리스의 관례였다고 말이다. 그렇다면 이러한 관례는 어디에서 유래한 것일까? 모든 민족의 신탁과 잠언의 간결성은 도대체 어디에서 기원하는가? 쉽게 말하려는 전통이 있었던가? 또는 이 사안은 그것의 심리적인 근거를 가지고 있는가? 언어와 개념들의 궁핍을 감안하고서도 나는 두 가지 상황이 존재한다고 거의 믿는다. 연로한 사람은 젊은이보다 짧게 말한다. 평신도 판관들로 이루어진 재

---

* "짧음", 간결성은 수사학적 전통에서 이상적인 문체였다. "숭고"는 횔덜린에게도 중요한 위(僞)롱기누스(Pseudo-Longinus)의 저술 『숭고에 관하여(Peri hypsous)』와 관련해서 18세기에 하나의 심미적인 주도 카테고리였다.

판은 십자군을 위한 연설에서의 교황 우르바노 2세보다는 짧게 말한다. 스파르타인들은 아테네인들보다 짧게 말한다. 이러한 간결성은 잠언의 간결성과 상당한 연관성을 지니고 있다. 그러나 잠언에서 어떤 전통이 운위될 수는 없는 것이다.

심리학은 우리에게 거의 보편적으로 활발한 진술들은 영혼의 가장 긴장된 비범한 관여가 증가하고 증강되는 정도만큼 감소한다는 사실과 그 본성에 따라서 다른 것들처럼 그렇게 간단히 말로 표현되지 않는, 예컨대 심오하거나 새롭게 고안된 진리의 우월감과 같은 사고들이 존재한다는 사실을 말해준다. 간단히 말해서 영혼은, 1) 외부 대상들을 덜 전할수록, 그만큼 더 강렬하게 그리고 지속적으로 자기 자신에 열중하게 된다. 2) 영혼은 개별적인 것에 시간을 덜 허비할수록, 그만큼 더 많이 일반적인 것에 관심을 가진다는 사실을 말해준다.

나는 이 두 법칙이 간접적으로나 직접적으로 제시된 간결성과 관련된 모든 경우에 해당하는 것의 바탕에 놓여 있다는 사실을 믿는다.

더 이상의 다른 설명은 나의 목적에 비추어서 너무 장황할 것 같다.

나는 나의 두 가지 비교 대상의 두 번째 유사성, 즉 추상적 개념의 의인화에 이르렀다.

추상적 개념의 의인화는 표현의 간결성처럼 그것의 심미적 가치를 지니고 있다. 우리는 우리의 감각 능력과 욕구 능력에 작용하지 않는 것을, 우리가 내렸던 판단이 우리 자신의 판단이며 모방해서 말하는 것이 아니라는 전제 아래에서, 아름답고 숭고한 것*이라고 부르지 않는다. 그러나

---

* "아름다운 것"과 "숭고한 것", "아름다운"과 "숭고한"이라는 개념은 18세기의 미학적 주

이제 어떤 대상도 어떤 **총체적 표상**(Total-Vorstellung)의 외부에서는 우리의 감각 능력과 욕구 능력에 작용하지 않을 것이다. 우리가 분석하는 경우, 우리가 명백한 개념을 가지고 있는 경우, 우리는 전적으로 느끼지 않는다. 그러나 시인은 감각 능력과 욕구 능력에 작용하고자 하며, 같은 말이기는 하지만, 아름다움과 숭고함을 목표로 삼는다. 시인은 그 특성상 더 많은 분석, 해체를 자극하는 추상적 개념들을 그것들이 명료한 개념 또는 총체적 표상으로 바뀌도록 표현해야만 하는 것이다. 다시 말하면 그는 그 추상적 개념을 구체화해야 한다. 그리고 이것이 추상적 개념의 의인화의 성과이다.

그러나 추상적 개념의 의인화는 고대 시인들에게 어떤 목적이라기보다는 필연이었다. 환상은 덜 세련된 민중들에게서는 항상 전개되는 첫 번째 영혼의 힘이다. 따라서 모든 신화, 전설 그리고 신비, 즉 추상적 개념의 의인화가 발생한 것이다.

형식에서의 세 번째 인지된 유사점은 평행법이다.

이 비교의 심미적 가치, 그것의 화음, 그것의 단호함에 대해서 헤르더는 많이 그리고 멋있게 말한 바 있다.* 그러나 그 자체의 근거는 어디에 있는가? 언어와 개념들의 결핍에만 있지 않은 것은 분명하다.

판도라와 세계 연대**의 신화에서 헤시오도스는 분명 언어가 부족하지

    도개념으로 상호 상쇄적인 관계에 있다. "아름다운"은 사랑스럽고 호감이 가는 것, 조화롭고 마음에 드는 것을, "숭고한"은 열정적이며 위대한 것을 지칭한다.

* 헤르더의 『신학 연구에 관한 편지들(Briefe, das Studium des Theologie betreffend)』 (1785년 개정판)의 아홉 번째 편지의 말미.

** 헤시오도스는 「일과 날들」에서 세계 연대(Zeitalter)를 금, 은, 청동, 영웅, 철의 시기로 나누어 서사를 전개한다.

않았다. 우리는 개념들의 결핍이 전제되기 어렵고, 언어의 결핍은 더욱이나 전제되지 않는 오비디우스와 다른 이들에게서도 그것을 발견한다.

나는 그 근거가 표현의 간결성에 있다고 생각한다. 이러한 간결성은 다툼 가운데 리듬과 함께 나타난다. 3음절의 문장은 화음을 내면서 확고하게 등장한다. 여기에는 음절의 조화가 있을 것이다. 그러나 귀는 문장들의 조화를 원한다. 귀는 리듬을 원하는 것이다. 그리고 리듬은 분명하게도 3음절의 고립된 문장에서는 발생할 수 없다. 시인은 이 리듬의 확고함과 화음을 고려하는 가운데 한 문장을 엮어주어야만 한다. 그러나 이 문장에서 의미가 나란히 가지 않으면, 모든 화음도 분명히 무효화되고 만다. 이 간결성에서 한 개념에서 다른 개념으로의 이행(移行, Übergang)은 균열이 될지도 모르기 때문이다. 나는 솔로몬이나 헤시오도스와 같은 시인은 세련되지 못한 나머지 이것을 분석할 수가 없었을 터이지만, 느낄 수는 있었다고 생각한다.

형식상 마지막 유사성은 솔로몬의 자신의 아들을 향한, 그리고 헤시오도스의 자기 형 페르세스를 향한 부름(Anrede)이다. 나는 이것이 전혀 비본질적이지 않다고 생각한다. 고대의 대부분의 교훈시에서 이와 똑같은 현상이 발견되기 때문이다. 오르페우스는 자신의 제자 리누스와 무사이오스를 향해 말한다. 잠언의 마지막 장에서 (헤르더의 『신학 연구에 관한 편지들』 열한 번째 편지에 따르면) 아굴(Agur)은 이디엘(Ithiel)과 우갈(Uchal)에게 말한다.*
헤시오도스는 페르세스를, 베르길리우스는 마이케나스를 부른다.

세르비우스는 이러한 일이 "교훈은 교사의 그리고 학생의 개성을 필요로

---

* 마지막 장(제31장)이 아니라 제30장에 나오는 장면이다.

하기 때문에" 일어난다고 말한다.* 그러나 베르길리우스의 경우는 최소한 여기에 해당하지 않는 것이 분명하다.

두 저자의 소재에서의 유사성 또는 윤리학이 아직 남아 있다. 이들의 윤리론은 구체적이고, 대중적이며 비체계적이다.

이들의 윤리론은 구체적이다. 즉 제시되는 유일한 동기는 부와 명예이다. 무엇 때문에 이러한가? 내 생각에는 아래의 소견이 어느 정도 그것의 원인으로 평가될 수 있을 것이다.

1) 부와 명예는 그들의 도덕적인 가치에 있어서 세련된 민중들에게서와 같이 그렇게 떨어지지 않았다. 부는 여전히 의로운 사람의 특징이다. 부는 인색한 조상의 유산이 아니라 근면과 현명한 가계 운영의 대가이기 때문이다. 부는 금과 은의 부자연스러운 소유가 아니라 적절한 넓이의 토지와 그것이 산출해 내는 것이다. 이것은 따라서 탐닉이나 폭리를 통해서 그렇게 쉽게 해를 입을 수 없다. 명예는 세련된 민중들 사이에서 그렇게 자주 오용되는 국외적인 권리가 아니라, 근면하고 영리하며 정직한 이를 향한 가정적이며 시민적인 사회의 존경과 신뢰이다. 따라서 이러한 동기들은 처음에 그럴듯해 보이는 것처럼 비윤리적인 것이 아니다.

2) 온화한 도덕적 감각들, 보편적인 인간애의 쾌적한 감정, 고상한 희생 행위에 동반되는 자부심이 보편적으로 생겨나기에는 기관(機關)들이 너무도 덜 세련되었다.

---

* 이 인용구는 베르길리우스의 『농경가(*Georgica*)』에 대한 라틴어 문법학자 세르비우스의 주석에 나오는 문구이다. 베르길리우스의 작품집에서 인용한 것으로 보인다.

3) 인간의 완성과 같은 멀리 떨어져 있는 보편적 윤리적 목적이 떠오르기에는 오성이 가까이 놓여 있는 현상들에 아직은 너무 몰두한다.

이들의 윤리론은 대중적이다. 조상이 손자를 엄하게 가르치는 아주 단순한 문장들, 헤시오도스의 소박한 행동 규칙이 이를 말해준다. 이것은 철학인가?

1) 그러나 우리들에게 그처럼 일상적으로 대두되는 문장들도 당시의 가인과 청자의 눈에는 분명 진기한 보배였다. ─ 많은 다양한 경험을 통해서 생성된 많은 것을 그 목적에 맞게 수집하고 그것을 그토록 간결하고도 설득력 있게 언어로 표현했던 사람이 위대하고 현명한 인물로 주목받았을 것이 틀림없다. 나는 「일과 날들」의 짧고 본질적으로 교훈적인 부분이 헤시오도스로 하여금 많은 노력을 치르게 했을 것이며, 『일리아스(*Illias*)』와 『오디세이아(*Odysseia*)』의 많은 서사시편들이 호메로스에게 그러했듯이 헤시오도스에게 많은 감사를 마련해주었다고 말하고 싶다. ─ 그리고 오늘날 자주 전문용어들의 후광이 떨어져 나간다면, 많은 문장이 그처럼 일상적으로 보이지 않을까? 나중에는 전문용어임에도 불구하고 일상적으로 보일 것이다.

2) 이론적인 것은 별도로 분리된 신분의 유일한 용무라기보다는 차라리 대화의, 때때로의 언급에 관한 사안이었다. 어떻게 고대의 현자들이 평범한 삶의 영역 밖에 놓여 있었던 문장들에 이르게 되었으며, 그들이 그것에 이르렀을 때, 그들은 누구에게 그것을 진술해야 했던가?

3) 한 편의 교훈적 시에서의 소박한 행동 규칙들은 어쩌면 오늘날 그럴 수

있을 만큼 비본질적이지 않다. 경작은 높은 이들과 낮은 이들의 일이었다. 경작은 여전히 불완전했고, 따라서 행동 규칙은 높은 신분의 사람들과 낮은 신분의 사람들에게 지혜였던 것이 분명하다. 경작은 게으름 또는 기만과 폭력성 사이에서 가장 최선의 유일한 것이었다. 그리하여 헤시오도스는 자신의 민족에게 하나의 구체적인 윤리론을 저술하려고 마음을 먹자마자 경작을 떠올릴 수밖에 없었다. 짧게 말해서 경작은 헤시오도스의 「일과 날들」 안에서 우리의 실천적 철학에서의 국법이나 전쟁법만큼 훌륭하게 쓸모가 있다.

동방과 그리스의 현자들의 윤리론은 결론적으로 체계적이지 않다. 어떤 체계도, 어떤 전문용어도, 어떤 학술적 원리도, 어떤 구분도 아니다.
이것이 불가능했다는 사실은 앞의 설명을 통해서 어느 정도 분명해졌다. 그러나 우리는 그 현자들을 이 때문에 유감으로 생각하거나 다행이라고 칭찬해야 할까? 우리는 우리의 체계들을 자랑스럽게 여길 수 있을 것인가? 우리가 지식의 형식적인 면에서나 질료적 측면에서 많이 진보했다는 사실에는 의심의 여지가 없다. 그러나 우리의 체계들은 그것들이 우리에게 이용을 보장하는 만큼 흠결도 가지고 있는 것은 아닐까? 그것의 본질은 논리적인 맥락이다. 논리적으로 정리되어 있는 이념들은 점점 더 강력하게 영혼 안에서 밀착하여, 계획적인 전체의 부분으로 고찰하건대, 점점 더 많은 이념들과 더 깊은 진리를 일깨운다. 내가 체계의 효용성에 대해서 더 이상 말할 필요는 없을 것이다. 체계 없는 철학 연구는 일종의 난센스이다.
그러나 논리적인 맥락에서 보면 사실에서는 부정확했던 것이 옳은 것으로 결론이 났던 일이 자주 있지 않았던가? 이런 방식으로 실제의 가능성이

전가되었던 것은 아닌가? 위대한 독단적 철학자 크리스티안 볼프*의 경우도 이런 것이 아닌가? 이외에도 많다. 나는 종파 정신이 그전부터 체계의 필연적인 하나의 결과는 아니었다고 하더라도, 매우 일상적인 결과였다고 생각한다. 한 유일한 명제가 의심의 대상이 되면 철학자는 쉽사리 자신의 모든 의견을 고수하는데, 그것은 의심된 명제가 자신의 원리의 필연적인 결과였거나, 아니면 그가 내린 결론들의 한 중요한 지지대였기 때문이다. 그는 그 명제를 그 자신이 처음에 믿었거나 믿고 싶었던 것보다 더 많은 확실성으로 옹호했다. 반대자는 더 나아갔고 그렇게 해서 파당이 발생한 것이다.

이처럼 어떤 체계의 본질적인 부분들, 용어, 원리 그리고 구분점들은 그것의 유용성과 함께 폐해도 지니게 된다. 전문용어는 명제의 정확한 규정을 위해서 필수적이지만 매우 자주 애매성과 언어철학을 동반하기도 한다. 보편적인 원리들은 필요하다. 체계는 그것이 생겨난 근거로서의 어떤 관점도, 그것이 추구할 수 있는 어떤 목적도 지니지 않기 때문이다. 그러나 일반적인 원리들로부터는 그렇게 쉽사리 부당한 결론이 도출되거나, 어떤 보편적인 원리가 추론되기 위해서 부당한 전제들이 가정될 수 있다. 구별도 그렇다. 구별은 그것들을 통해서 도달하게 되는 분명한 이념들 때문에 유용하지만 또 그만큼 그것들을 통해서 이를 수 있는 궤변들 때문에 불확실하기도 하다.

나의 목적에서 더 이상 벗어나지 않기 위해서, 나는 시간과 힘이 덜 부족

---

* 칸트가 보기에 볼프는 비판 이전에 "독단론"의 대변자였으며, 따라서 자신의 "비판론"의 대척자였다. 칸트는 『순수이성 비판(Kritik der reinen Vernunft)』 제2판의 서문에서 볼프를 가리켜 "모든 독단적 철학자들 가운데 가장 위대한 철학자"라고 썼다.

한 누군가 다른 이가 이러한 시도를 훨씬 확정적이고, 더 완벽하게 실행하리라는 신념과, 존엄하신 은사님께서 이 미숙한 논고를 관대하게 받아주시기를 삼가 바라는 청원과 함께 마치고자 한다.

(1790년 여름)

스피노자의 학설에 대한 야코비의 편지들에 관하여

1. 레싱은 스피노자주의자였다.[2쪽]* 신성(神性)에 대한 정통적 개념들은 그의 것이 아니었다. 그는 이런 개념을 받아들일 수 없었다. "하나이자 모두인 것!(Εν και Παν!)"** 그는 이외 달리 아는 것이 없었다. "그가 누구의 이름을 따서 자신에게 붙여야만 한다면, 그는 스피노자 이외의 어느 누구도 알지 못했을 것이다."[12쪽] "그를 온전히 안다고 하더라도 그는 그에게 아무런 도움이 되지 않을지도 모른다. 차라리 전적으로 그의 친구가 되어야 한다. 스피노자의 철학 이외의 어떤 다른 철학은 존재하지 않을 테니까."[13쪽]

결정론자가 설득력을 갖추고자 한다면, 숙명론자가 되어야 한다. 그러면 다른 기타의 것들은 저절로 존재하게 된다. ─스피노자의 정신은 태고의 것, 즉 무

---

* 이하 [ ] 안의 출처는 횔덜린이 이 초록의 대본으로 삼은 야코비의 저술 『멘델스존에게 보낸 편지에 담긴 스피노자의 학설에 관하여(*Über die Lehre des Spinoza in Briefen an den Herrn Moses Mendelssohn*)』(1785) 제1판의 해당 쪽수이다.
** 야코비의 글에서 레싱의 성구로 인용되고 있는 이 핵심 표현은 스피노자 자신은 사용한 적이 없다. 이 표현은 소크라테스 이전의 철학자 크세노파네스와 파르메니데스가 처음 쓴 것으로 전해진다. 횔덜린은 소설 『휘페리온(*Hyperion*)』의 「최종 직전고」에서 그리스어로 이 어구를 사용한 바 있다.

(無)에서 무의 생성(a nihilo nihil fit)* 이외 다른 정신이 아니었을 것이다. 이것을 가장 추상적인 의미로 받아들이면서 스피노자는 유한한 것에서의 모든 생성을 통해서, 그것에서의 모든 변화를 통해서 **무에서 무엇인가**가 만들어진다는 사실을 발견했다. 말하자면 그는 무한한 것의 유한한 것으로의 모든 이행을 거부했던 것이다. 이 대신에 하나의 **내재적 연장**(延長, Ensoph)**을 설정했다.[14쪽]*** 이것이 우주의 원인(原因)인 한에서 그는 이것에게 오성도 의지도 부여하지 않았다. "왜냐하면 의지와 오성은 **대상이 없이**는 존재하지 않기 때문이다. 그리고 최초 원인의 초월적인 **전일성**과 절대적인 무한성에 따르면 **대상은 존재하지도 않는다**. 또한 대상에 앞서서 어떤 개념을 생성시키거나, 관련을 맺을 수 있는 무엇인가가 있기 전에 어떤 특정한 의지를 가진다는 것은 불합리하다는 것이다.

그렇게 해서 우리는 작용들의 어떤 무한한 연속(Reihe)을 받아들여야만 한다. "작용들의 어떤 무한한 연속은 불가능하다는 이의 제기는 반박된다. 왜냐하면 **무에서** 생성되지 않는 모든 연속은 전적으로 무한한, **규정할 수 없는**(indeterminabilis) 연속이기 때문이다. 그리고 이때의 작용들은 단순한 작용이 아니다. 왜냐하면 내재적인 원인은 항상 그리고 어디서든

---

* 17세기와 18세기의 철학사와 교리사에서 이러한 견해는 엠페도클레스에서 유래한 것으로 정리되어 있으며, 고대 자연철학의 기본 명제로 취급되었다. 이 명제는 "무에서의 창조(creatio ex nihilo)"라는 기독교의 교의와는 모순을 이룬다.
** 중세 유대교 신비주의인 카발라(Kabbala)에 따르면 이 우주는 에너지의 유출(Emanation)을 통한 신적 무한성(히브리어로 Ensoph)에서 생성된다. 이 "내재적 연장"이라는 개념은 "무한한 것의 유한한 것으로의 이행"이라는 사상에 맞서며, 스피노자가 "신은 곧 자연(deus sive natura)"으로 표현한 무한한 실체를 의미한다.
*** "결정론자가……내재적 연장을 설정했다.": 야코비와 레싱의 한 대화를 재현하고 있는 원전을 고려할 때, 이 부분에서는 야코비의 생각이 그 요점이다.

존재하기 때문이다. 더구나 연속과 지속에 대한 **표상**은[16-17쪽] 단순한 **현상**이다. 다시 말해서 **다양한** 것을 무한한 것 안에서 관조하기 위해서 우리가 이용하는 형식일 뿐이다.

  2. **야코비**는 세계의 분별 있는 인격적 원인을 믿는다. 그는 스피노자의 이론들을 분명히 보고 있어서, 그것들이 그의 내면에서 거의 특성화된다. 그러나 스피노자의 **실증적인** 학설의 주요 부분만을 논박함으로써 그는 자구책을 찾는다. 그는 숙명론에서 숙명론과 그것과 결부된 모든 것에 반(反)하는 결론을 직접적으로 이끌어낸다. "순전히 작용하는 그러나 어떤 최종 원인도 아닌 것이 존재한다면, 전체 자연 안에서 사유의 능력은 단순히 방관에 지나지 않을 뿐이다. 그 사유 능력의 유일한 용무는 작용하는 힘들의 메커니즘을 수행하는 일이다. 정동(情動, **Affekt**)들도 그것들이 감각들과 사유들을 **포함하고 있는** 한 작용하지 않는다. 그리고 실제로는 모든 진술에 대해서 **아무것도 모르고 있는** 그 무엇이, 그리고, **그러한 한**, 감각과 사유에 의해서 완전히 노출된 그 무엇이 우리를 움직인다. 감각과 사유는 연장, 운동, 속도 기타 등등의 개념들일 뿐이다." a) 그러나 레싱은 사유를 최우선의 중요한 것으로 생각하고, 표상들과 함께 모든 것이 보다 더 높은 원리에 의존적이기 때문에 그것에서 모든 것을 이끌어내려고 하는 것은 인간적인 선입견에 속한다고 이의를 제기한다. 예의 그 작용보다 무한히 더 탁월한, 보다 더 높은 힘이 존재한다는 것이다. 모든 개념을 능가할 뿐만 아니라 완전히 개념의 밖에 놓여 있는 그 힘의 향유 방식도 존재할 수 있다는 것이다. 그러나 이것이 개념들의 가능성을 무효화하지는 않는다. ─ 스피노자에게는 모든 것에 대한 **통찰**은 유효했다. 그러나 통찰이 유한한 숙명의 존재인 **인간을 위해**, 인간이 그

유한성을 벗어나는 데의 도구인 한에서만 그렇다는 것이다. 그는 의도에 따라서 행동하는 우리들의 가련한 방식을 최고의 방법으로 생각하고, 사유를 상위에 놓는 것과는 거리가 멀었다.* b) 야코비는 세계 초월적인 (extramundan) 신성에게서** 어떤 만족할 만한 표상을 지어낼 수 없다는 것, 즉 라이프니츠의 원리들이 스피노자의 원리에 종언을 고하지 않는다고 고백한다. 단자(Monade)들은 그것의 결합체와 함께 그로 하여금 연장과 사유, **실재성** 자체를 그가 이미 알았던 만큼도 납득할 수 없도록 한다고 그는 말한다. 그는 곧바로 안다는 것이다. 그에게는 심지어 무엇인가가 곧바로 손에 잡히는 듯한 생각이 들기도 한다는 것이다.

레싱은 **분명히 스피노자적인** 라이프니츠의 한 구절을 그에게 제시한다. 거기에서는 신에 대해서 이렇게 말하고 있다. 즉 **신은 영원한 확장, 그리고 수축 가운데 머물고 있다.** 이것이 어쩌면 **세계의 창조와 존속**인지도 모른다. 그리고 야코비는 어떤 학설 체계도 라이프니츠의 것만큼 스피노자주의에 일치를 이루는 것은 없다는 사실을 발견한다. 1) 멘델스존은 예정조화설(Harmonia praestabilita)이 스피노자에게 있다는 사실,*** 2) 두 사람이 기본적으로 **자유**

---

* 스피노자는 그의 『에티카(*Ethica*)』에서 목적론적인 (최종적인) 세계 해석에 대해서 단호하게 반대의 입장을 취한다. 그는 이 세계 해석을 인간 영역에서의 의식을 조건으로 하는 의도성의 단순한 투사로 인식한다. 그는 인간들이 "모든 것을 하나의 목적을 위해서 행한다"는 사실을 확인한다. 이와 함께 이들의 인식의 관심은 "최종 원인"을 향해 있으며, 이러한 최종적으로 겨냥된 원인들(그중에는 어떤 창조신의 표상도 들어 있다)은 인간적인 투사(허구/가설) 외에 아무것도 아니라는 것이다.
** 기독교가 범신론의 내재론과 반대로 가정하고 있는 바의 "세계 초월적인 신성에게서".
*** 멘델스존(1729-1786)은 『철학적 저술집(*Philosophische Schriften*)』에서 스피노자를 "예정된 조화"의 고안자로 표현했다. 라이프니츠에게 예정조화설은 본질적인 세계 해명의 모델이다. 즉 신은 모든 개별적인 실체들(단자들)을 처음부터 조화로운 음조에 맞추었다는 것이다.

에 대한 같은 학설을 가지고 있으며, 이들의 이론을 구분하는 것은 다만 착각일 뿐이라는 사실을 공공연하게 제시한 바 있다.

자유에 대한 우리의 감정을 스피노자는 자신의 움직임을 가능한 한 계속 하려고 노력하고 있다고 생각하고 또 알고 있기라도 하듯이 여기는 돌맹이를 예로 들어 설명한다.*

라이프니츠는 이와 동일한 내용을 북쪽을 향해서 움직이려는 욕망을 지니고 있으며, 자성(磁性) 물질의 눈치챌 수 없는 운동을 깨닫지 못하는 가운데, 다른 원인과는 무관하게 방향을 바꾸고 있다고 생각하는 자침(磁針)을 예로 들어 설명한다.

최종 원인들을 라이프니츠는 일종의 욕망, 일종의 내재적 지향(Appetitum, Conatum immanentem)을 통해서 해명한다. 스피노자도 그렇다. 그는 이런 의미에서, 최종 원인들을 완벽하게 유효화할 수 있었다. 그리고 그에게서 외부적인 것, 그리고 욕망의 표상이 영혼의 본질을 형성할 수 있었다.

라이프니츠의 경우 스피노자의 경우에서와 마찬가지로 개개의 최종 원인은 작용하고 있는 최종 원인을 전제한다. 사유는 실체(Substanz)의 원천이 아니다. 오히려 실체가 사유의 원천이다.[17-26쪽]

야코비는 완전한 회의론을 불가피하게 만드는 철학에서 빠져나온다. 그는 스피노자를 사랑한다. 왜냐하면 스피노자는 어떤 다른 철학자보다도 야코비를 어떤 사물들은 진화되기를 용납하지 않는다는 완벽한 신념으로 더 가까이 인도했기 때문이다. 그렇기 때문에 우리는 사물들 앞에서 눈을 감아버릴 필요가 없으며, 오히려 그것들을 우리가 발견한 그대로 받아들여야만 한다.

---

* 스피노자, 『유고 전집(Opera Posthuma)』(1677), 제62번 서한, 584-585쪽.

탐구자의 가장 큰 공적은 현존재를 드러내고 밝히는 일이다. 해명은 그에게 목표를 향하는 수단과 방법이며, 그 목표는 가장 가까운 목표이지 결코 최종적인 목표는 아니다. 그의 최종적인 목표는 해명되지 않는 것[29, 31쪽] 즉 풀 수 없는 것, 직접적인 것, 단순한 것이다.

(1790년 말 또는 1791년 초)

제2장

초기의 논고

자유의 법칙에 관하여

형벌의 개념에 관하여

판단과 존재

철학적 서한의 단편

자유의 법칙에 관하여*

상상력**의 자연상태라는 것이 있다. 그것은 오성이 조직화한 표상들의 무질서와 함께 무법칙성을 공유하기는 하지만, 상상력의 자연 상태를 질서 있게 만들어야 하는 법칙을 고려하면 표상들의 무질서와는 아마도 구별되어야 한다.

내가 생각하는 상상력의 이 자연 상태는, 이 무법칙성은 [상상력의] 도덕적 [조직화]이며, 이 법칙은 자유의 법칙이다.

표상들의 무질서에서는 상상력이 그 자체로, 자연 상태에서는 [상상력이] 욕구 능력과 관련되어 관찰된다.

상상력이 이론적으로 관찰되는 표상들의 무질서 속에서는 잡다한 것(das Mannigfaltige)의 통일, 지각들의 질서가 가능했겠지만, 이는 우연적이다.

욕구 능력과 관련되어 관찰되는 상상력의 이 자연 상태에서는 도덕적 합

---

* 이 제목은 필사본에는 원래 없으나 1914년 횔덜린 전집의 편집자 프란츠 칭커나겔이 제시한 것이다.
** "상상력(Einbildungskraft)"은 18세기에 일반적으로 사용되었던 "Phantasie"를 대신하는 개념으로서 여기서는 오성을 넘어서는 생산적 표상 능력을 의미한다.

법칙성이 가능하겠지만, 이는 우연적이다.

경험적 욕구 능력의 한 측면, 즉 자연이라 불리는 것과 유사한 것이 있는데, 이것은 불가피한 것이 자유와, 제약된 것이 제약되지 않은 것과, 감각적인 것이 성스러운 것과 친교를 맺고 있는 것처럼 보일 경우에 가장 두드러진다. 충동의 도덕성이라고 말할 수 있을 자연적 순수함의 상태인 것이다. 그리고 그 충동과 동일한 결을 가지는 상상력이야말로 천상적이다.

하지만 이 자연 상태는 그 자체로 역시 자연적 원인들에 좌우된다.

그렇게 어울려 있는 것은 단순한 행운에 불과하다.

욕구 능력이 상상력과 함께 자유의 법칙 아래 놓여 있지 않다면, 방금 암시한 바와 같은 상태와 유사한 어떤 확고한 상태는 결코 없을 것이며, 그 상태의 유지는 적어도 우리에 의해 좌우되지는 않을 것이다. 그 반대의 상황이 우리가 저지할 수도 없는 사이에 바로 일어날 것이다.

하지만 자유의 법칙은 자연의 도움을 전혀 고려하지 않으면서 **명령한다.*** 자연은 자유의 법칙의 실행에 유익할 수도 있고 그렇지 않을 수도 있다. 자유의 법칙은 명령한다. 오히려 그것은 자연 안에서의 저항을 전제한다. 그렇지 않으면 그것은 **명령하지** 못할 것이다. 자유의 법칙이 우리에게 나타날 때, 처음에는 처벌하면서 나타난다. 우리의 모든 덕의 시작은 악으로부터 생겨난다. 도덕성은 따라서 자연을 결코 신뢰할 수 없다. 왜냐하면 도덕성이 도덕성이기를 멈춘 적이 없었다 하더라도, 그렇게 때로는 [도덕성의] 규정 근거들이 자유가 아니라 자연에 놓여 있더라도, 단순한 자연을 통

---

*   여기서 "자유"는 칸트적 의미에서 도덕적 자기규정의 자율적 능력, 즉 감각(Sinnlichkeit)/자연(Natur)의 자극들로부터 독립적인 능력을 의미한다.

해 생겨날 수 있을 적법성*은 매우 불안한, 시간과 상황에 따라 변할 수 있는 것이기 때문이다. 자연적 원인들이 다르게 규정되는 바와 마찬가지로, 이러한 적법성은 [이후 원고는 소실]

(1794년)

---

* "도덕성(Moralität)"과 "적법성(Legalität)"의 개념 쌍을 이해하기 위한 단초는 칸트의 『실천이성 비판(Kritik der praktischen Vernunft)』에서 찾아볼 수 있다. 칸트는 "의무에 맞게(pflichtmäßig) 행위했다"는 의식과 "의무로부터(aus Pflicht) 행위했다"는 의식을 구별하면서 도덕적 가치는 행위의 적법성, 즉 도덕법칙에 맞는 행위에 있지 않고, 행위의 도덕성, 즉 도덕법칙으로 인한 행위에 있다고 했다. 요컨대 "행위들의 모든 도덕적 가치의 본질적인 면은 도덕법칙이 의지를 직접적으로 규정한다는 점에 있다."

형벌의 개념에 관하여

고대인들의 네메시스*는 그녀가 불러일으키는 공포 때문이 아니라 그녀의 비밀로 가득한 기원 때문에 밤의 딸로 묘사되었던 것 같다.**

원칙들***의 적대자들이 모두 저마다의 주장과 함께 하나의 순환논법에 빠져든 것은 그들의 불가피한 숙명이다. (증명.)

지금의 경우는 그들에게 다음과 같을 것이다. "형벌은 정당한 저항의 견딤이며 악한 행위들의 결과이다. 그렇지만 악한 행위들이란 거기에 형벌이 뒤따르는 그런 행위들이다. 그리고 형벌이 뒤따르는 곳에는 악한 행위들이 있다." 원칙들의 적대자들은 악한 행위가 무엇인지 그 자체로 존속하는 기준을 제시할 수 없을 것이다. 만일 그들이 논리 정연하여 이를 따르면, 결과

---

* 그리스 신화에서 복수의 여신으로 알려진 네메시스는 엄밀한 의미에서 "처벌하면서 정의를 세우는" 여신이며, 헤시오도스의 『신통기』에서 밤의 딸로 소개된다.

** 이 첫 문장은 일종의 "신화적 모토"로서 제목과 이 텍스트의 두 번째 문장 사이에 나중에 삽입되었다.

*** "원칙들(Prinzipien)"은 여기서 더 이상 근거가 있을 수 없는 무조건적 타당성을 가진 공리를 의미한다. 따라서 경험주의와 회의주의를 대변하는 자들은 그러한 원칙들과 그로부터 나온 추론의 "적들"이다.

가 행위의 가치를 규정해야만 하기 때문이다. 이를 피하고자 한다면, 그들은 원칙에서 출발할 수밖에 없다. 적대자들이 그렇게 하지 못하고 행위의 가치를 그것의 결과에 따라 규정한다면, 이러한 결론은―도덕적으로 봤을 때―보다 높은 어떤 것에 근거한 것이 아니다. 그리고 저항의 정당성은 "형벌은 형벌이니까"라는 한마디 말 이상도 아니다. 그리하여 기계 장치나 우연 혹은 자의(恣意)가 제멋대로 내게 어떤 불쾌한 일을 가한다면, 나는 자신이 악의 있게 행동했음을 알게 되고, 나는 이제 더 이상 물어볼 필요가 없다. [지금] 일어나는 일은 그것이 벌어지고 있기 때문에 당연히 일어나고 있는 것이다.

실제로 그런 경우는 형벌의 원래 개념이 작동하는 도덕적 의식에서인 것 같다. 도덕적 의식에서는 말하자면 도덕률은 우리에게 [형벌과 고통을 통해] 부정적으로 통보되는데, 끊임없이 그럴 수밖에 없다. 하지만 사실에 있어서는 법(das Gesetz)*은 활동적 의지이다. 왜냐하면 하나의 법률은 활동적이지는 않고 단지 추정된 행위에 불과하기 때문이다. 이 활동적 의지는 의지의 다른 어떤 행위에 맞서야 한다. 우리는 무엇을 원해서는 안 된다. 이것이 우리를 향한 의지의 직접적 목소리이다. 따라서 우리가 원할 수밖에 없는 무엇은 도덕률에 반(反)하는 것이다. 하지만 도덕률이 무엇인지 우리는 그것이 우리의 의지와 대립되어 있었던 예전에도 알지 못했고, 그것이 우리의 의지

---

* 통상적으로 "법"을 지칭할 때 독일어에서는 "das Recht(lat. ius)"와 "das Gesetz(lat. lex)"를 구분한다. "das Recht"는 공동체의 의지에 기반한 인간적, 도덕적 질서로서 "자연법(Naturrecht)", "법철학(Rechtsphilosophie)", "법의 정신"과 같은 개념에 적용되며, "das Gesetz"는 한 국가의 주권적 권력의지가 표명된 것으로 입법기관에 의해서 형식적인 절차에 따라 제정된 구속력을 가진 규범형식의 총합을 의미한다. 이후 텍스트에서 "법"으로 번역된 것은 모두 후자의 의미이다.

와 대립되어 있는 지금도 알지 못한다. 우리는 단지 도덕률의 저항을, 즉 도덕률에 반하는 무엇을 우리가 원했다는 사실의 결과로서 겪고 있는 것이며, 우리는 이러한 결과에 따라 우리의 의지의 가치를 규정한다. 우리는 저항을 겪었기 때문에 우리의 의지를 악한 것으로 간주하며, 우리는 그 저항의 정당성을 더 이상 보이는 그대로 살펴볼 수 없다. 그리고 이런 경우, 우리는 우리가 [지금] 겪고 있다는 사실에서만 그 경우를 인지한다. 그 경우는 다른 모든 겪음과 다르지 않다. 그리고 도덕률의 저항이라고 명명하는 그 저항으로부터 내가 악한 의지를 추론하는 바로 그 정당함으로 나는 모든 겪어낸 저항으로부터 악한 의지를 추론한다. 모든 견딤은 형벌이다.

그렇지만 인식근거와 현실근거* 사이에는 한 가지 차이점이 있다.[1] 한번은 "나는 법의 저항에서 법을 인식한다"고 말하는 것과, 그리고 다음번에는 "나는 법의 저항 때문에 법을 인식한다"고 말하는 것은 결코 동일한 것이 아니다. 원칙들의 모든 적대자는 앞서 언급한 순환논법을 만들 수밖에 없다. 그들에게 법의 저항은 법의 현실근거이다. 만일 그들이 법의 저항을 경험하지 못한다면, 그들에게는 법이 전혀 작동하지 않는 것이다. 그들의 의지가 위법적인 이유는 단지 자신들이 이러한 위법을 느끼기 때문이다. 그들이 어떤 형벌도 겪지 않는다면, 그들은 또한 악하지도 않다. 형벌은 악에 뒤따르는 것이다. 그리고 악한 것에는 형벌이 뒤따른다.

그렇다면 인식근거와 현실근거 사이의 차이로는 별로 도움이 된 것 같지 않다. 나의 의지에 반하는 법의 저항이 형벌이며, 그렇기에 나는 형벌에서

---

* 칸트는 『실천이성 비판』에서 "인식근거(ratio cognoscendi)"와 "현실근거(ratio essendi)"를 구분한다.
1 형벌이 없고 법도 없는 것은 이상적, 법이 없고 형벌도 없는 것은 현실적.

비로소 법을 인식한다면, 우선 나는 형벌에서 법을 인식할 수 있는가? 그리고 그다음으로 나는 내가 알지 못했던 어떤 법률의 위반으로 인해 형벌을 받을 수 있는가? 의문스럽다.

  이에 대해서 다음과 같이 답변할 수 있다. 형벌을 받은 것으로 간주되는 한 이는 불가피하게 법의 위반을 그것 자체 안에 전제하며, 위반을 형벌로 판단하는 한 이는 불가피하게 형벌에서 [이후 원고는 소실]

(1795년 초)

판단과 존재*

판단(Urteil)은, 가장 궁극적이고 엄밀한 의미에서 보면 지적 직관(intellektuale Anschauung)** 속에 가장 긴밀하게 결합된 객체와 주체의 근원적인 분리이다. 이를 통해 객체와 주체가 비로소 가능해지는 분리이기에 근원-분리(Ur-Teilung)인 것이다.*** 분리의 개념에는 이미 객체와 주체의 상호관계라는 개념이 놓여 있으며, 객체와 주체를 부분으로 하는 하나의 전체를 필연적으로 전제한다. "나는 나다"라는 말은 **이론적인** 근원-분리[= 판단](으)로서의 이 근원-분리라는 개념에 가장 적합한 예이다. 왜냐하면 실천적인 근원-분리[= 판단]에서 자아는 **자기 자신**이 아니라 **비(非)자아**에 대립하고 있기 때문이다.

---

* 제목과 텍스트의 배열은 슈투트가르트 전집(StA)을 따른 것이다.
** 칸트는 『실천이성 비판』에서 "'나'라는 표상에서 나 자신에 대한 의식은 전혀 직관이 아니고, 사유하는 주체의 자발성에 대한 지적 표상"이라고 했다. 이와 달리 피히테에게 지적 직관은 "직접적인 의식"으로서 자신의 행위를 스스로 직관할 수 있는 자아의 근원적 능력을 의미한다.
*** 독일어 동사 "urteilen(판단하다)"는 "근원적", "원초적"이라는 의미를 가진 접두어 "ur"와 "나누다", "분리하다", "분할하다"의 의미를 가진 "teilen"으로 구성되어 있다.

현실성과 가능성은 간접적인 의식과 직접적인 의식과 마찬가지로 차이가 있다. 내가 어떤 대상을 가능하다고 생각한다면, 나는 그 대상이 현실적으로 존재한다고 여겨지게 하는 앞서 이루어진 의식을 단지 반복하는 것에 지나지 않는다. 우리가 생각할 수 있는 가능성 중에서 현실성이 아니었던 가능성은 하나도 없다. 그런 까닭에 가능성의 개념은 이성의 대상들에게도 전혀 해당되지 않는다. 왜냐하면 이성의 대상들이란 존재해야 하는 것으로서 의식 속에 나타나는 것이 결코 아니라, 단지 필연성의 개념에 불과하기 때문이다. 가능성의 개념은 오성의 대상들에 해당되며, 현실성의 개념은 지각과 직관의 대상들에 해당된다.

존재(Sein)는—객체와 주체의 결합을 표현한다. 주체와 객체가 부분적으로 결합되어 있을 뿐만 아니라, 분리되어야 하는 것의 본질을 해치지 않고서는 어떤 분리도 이루어질 수 없을 만큼 결합되어 있는 경우에만 오직 **존재 그 자체**에 관해 말할 수 있다. 지적 직관이 그런 경우이듯이 말이다.

그러나 이러한 존재는 동일성(Identität)과 혼동되어서는 안 된다. 내가 "나는 나다"라고 말한다면, 주체(나)와 객체(나)는 분리되어야 하는 것의 본질을 해치지 않고서는 어떤 분리도 이루어질 수 없을 만큼 결합되어 있는 것이 아니다. 반대로 자아는 자아에 의한 자아의 이러한 분리를 통해서만 가능하다. 자기의식 없이 내가 어떻게 "나!"라고 말할 수 있겠는가? 그런데 자기의식은 어떻게 가능할까? 내가 나를 나 자신에게 대립시키고, 나를 나 자신으로부터 분리시킴으로써, 하지만 이러한 분리에도 불구하고 나를 대립된 나 속에서 동일한 나 자신으로 인식함으로써 가능하다. 그렇지만 어느 정도까지 동일한 나 자신으로 인식하는 것일까? 이렇게 나는 질문할 수 있고, 질문해야만 한다. 다른 관점에서 보면, 나는 스스로에게 대립되어 있기 때문이다. 따라서 동일성은 전적으로 이루어지는 객체와 주체의 결합이 아니며, 또한 동일성=절대적 존재가 아니다.*

(1795년 4-5월)

---

* 헤겔에게 보낸 1795년 1월 26일자 편지에서 횔덜린은 이 도식을 다음과 같이 설명한다. "절대자아로서의 나는 어떤 의식도 지니지 않는다네. 내가 어떤 의식도 지니지 않는 한, 내가 (나 자신에 대해) 무(無)인 한, 절대자아는 (나 자신에 대해) 무인 것이라네."(『횔덜린 서한집』, 장영태 옮김, 인다, 2022, 141-142쪽)

철학적 서한의 단편*

A** 그대는 나에게 묻는다. 인간들이 자신의 본성에 따라 곤경에서 벗어나서 자신의 세계와 한층 더 다양하고 한층 더 내밀한 관계에 있다 할지라도, 인간들이 물리적이고 도덕적인 제약(Notdurft)***에서 벗어나는 **한에 있어서는** 항상 인간적으로 보다 높은 삶을 영위하고, 그리하여 인간들과 그들의 세계 사이에 기계적 연관 이상의 보다 높은 **연관**, 즉 보다 높은 **숙명**이 있다고 할지라도, 인간들은 그 연관 속에서 자기 자신과 자신의 세계를, 그리고 그들이 소유하고 존재하고 있는 모든 것이 결합되어 있다고 느끼기 때문에 실제로 이러한 보다 높은 연관이야말로 인간들에게는 가장 성스러운 숙명이라 할지라도, 무엇 때문에 인간들은 자신과 자신의 세계 사이의 그 연관

---

* 슈투트가르트 전집(StA)은 이 텍스트에 「종교에 관하여(*Über Religion*)」라는 제목을 붙였으나 이 제목이 텍스트의 내용을 제한하는 인상을 줄 여지가 있어서 프랑크푸르트 전집(FHA)에 따라 위의 제목을 택했다.
** 이 논고에 있는 A, B, C 표기는 편역자가 삽입한 것으로서 슈투트가르트 전집(StA)은 A-B-C의 순서를, 프랑크푸르트 전집(FHA)은 B-A-C의 순서를 따른다.
*** "Notdurft"라는 표현은 "곤경", "곤궁"이라는 사전적 뜻을 가지는데, 여기서는 "자유로운 상태(Freisein)"와 대립되는 "강제된, 제약된, 제한된 상태(Gezwungensein)"를 의미한다. 이 단어는 문맥에 따라 곤경, 곤궁, 제약, 필요로 번역했다.

을 굳이 **표상해야** 하며, 무엇 때문에 인간들은 엄밀하게 보자면 실제로 사유할 수도 없으며 감각들 앞에 놓여 있지도 않은 자신의 숙명에 관한 하나의 이념 혹은 하나의 이미지를 만들어야 하는가?

그렇게 그대가 나에게 묻는다면, 나는 그대에게 다만 이렇게 답변할 수 있으리라. 인간은 자신의 운명을 **회상하는** 한에 있어서는 자신의 삶에 대해 **감사**할 수 있고, **감사**하기를 바라는 한에 있어서는 곤경에서도 벗어나며, 인간은 자신이 그 안에서 활동하고 있는 요소*와의 보다 한결같은 연관 또한 한층 더 한결같이 **느끼며**, 인간은 자신의 활동과 이와 결부된 경험들 속에서 곤경에서 벗어나면서, 필요의 충족보다 한층 더 무한하고 한층 더 한결같은 충족을 경험한다고. 인간의 행위가 올바른 것이고, **자신에 비해**, 즉 자신의 역량과 자신의 노련함에 비해 지나치게 원대하지 않다면, 인간이 너무 불안해하고 너무 불명확하지 않다면, 다른 측면에서 보자면 지나치게 걱정스러워하고 지나치게 편협하고 지나치게 절제하지 않는다면 말이다. 하지만 인간이 올바르게만 이에 착수한다면, 자신에게 고유한 모든 영역**에서 제약된 삶 이상의 삶이, 보다 높은 삶이, 즉 필요한 것의 충족 이상의 충족이, 보다 무한한 충족이 그에게는 있게 된다. 그리하여 이제 저마다의 충족이 **실제적 삶의** 순간적 정지이듯이, 그처럼 보다 무한한 충족 또한 그러하다. 다만 필요의 충족에는 **부정적 충족**이 따른다는 **이러한** 커다란 차이점이 있

---

* 횔덜린은 "요소(Element)"라는 표현을 이후에 등장할 "영역" 개념과 동의어로 사용하고 있다.

** 횔덜린은 "영역(Sphäre)" 개념을 피히테의 『자연법의 토대(*Grundlage des Naturrechts*)』(1796)에서 가져왔다. 피히테에게 (인간의) "영역"은 "법적 관계들에 있어서 자유와 자기규정을 위한 전제조건"을 의미한다면, 횔덜린에게 "영역"은 한 개체가 자신의 생활세계와 상호작용하는 구체적인 생활영역, 즉 존재와 행위의 공간을 의미한다.

다. 예컨대, 동물들은 배가 부르면 잠을 자기 마련이다. 이렇듯 보다 무한한 충족에는 **실제적 삶**의 정지가 뒤따르기는 하지만, 이는 삶을 정신 속에서 일으키고, 인간의 역량은 자신에게 충족을 주었던 실제적 삶을 정신 속에서 반복한다. 이러한 정신적 반복에 고유한 완전성과 불완전성이 그를 다시금 실제적 삶으로 몰아넣을 때까지. 내가 말하는 것은, 제약된 연관 이상으로 보다 무한한 저 연관, 인간이 자신의 요소 가운데서 경험하는 보다 높은 저 숙명은 인간에 의해서 보다 무한하게 느껴지고 인간을 보다 무한하게 충족시킬 터인데, 이러한 충족으로부터 인간이 자신의 실제적 삶을 반복하는 정신적 삶이 생겨난다는 것이다. 그러나 인간과 그의 요소 사이의 보다 높고 보다 무한한 연관이 그의 실제적 삶 가운데 있는 한, 이 연관은 단순히 **사유** 속에서도, 단순히 **기억** 속에서도 반복될 수 없다. 왜냐하면 단순한 사유는 아무리 고결하더라도 오로지 **필연적인 연관**만을, 즉 범할 수 없으며 구속력 있고 불가결한 삶의 법칙들만을 반복할 수 있기 때문이다. 그리고 인간이 자신에게 고유한 이러한 영역을 벗어나서 삶의 보다 내밀한 연관을 과감히 사유하는 바로 그 정도만큼 인간은, 특별한 사례들 없이도 통찰되어 증명될 수 있다는 점에 본질이 있는 자신의 고유한 특성 또한 거부하게 된다. 삶의 필연적 관계들 이상의 보다 무한한 저 관계들은 사유될 수도 있겠지만 그저 단순히 사유될 수는 없다. 사유가 그 관계들을 남김없이 파헤치지는 못하기 때문이다. 그리고 삶의 보다 무한한 저 연관을 규정하는 한층 더 높은 법칙들이 있다면, 안티고네가 공적인 엄격한 금지에도 불구하고 자신의 오빠를 매장했을 때 언급하는 쓰여 있지 않은 신적인 법칙들이 존재한다면,*—그

---

* 소포클레스의 「안티고네(*Antigone*)」에서 안티고네는 폴리네이케스(Polyneikes)의 매장을

리고 보다 높은 저 연관이 한낱 몽상이 아니라면 그와 같은 것이 있음이 틀림없는데—내가 말하노니, 그러한 것들이 있다면, 그것들이 단순히 그 자체로만 파악되고 삶 속에서 파악되어 표상되지 않는 한, 그것들은 불충분하다. 일단은 삶의 연관이 보다 무한해지는 바로 그 정도로 [인간의] 활동과 그것의 요소, 처리 방식, 그리고 그것이 관찰되는 영역, 즉 법칙과 그 법칙이 행사되는 특별한 세계가 보다 무한히 결합되어 있기 때문이며, 그리고 바로 그러한 까닭에 아무리 그 법칙이 교양 있는 인간을 위한 보편적 법칙이라 할지라도 어떤 특별한 경우 없이는 결코 추상적으로 사유될 수는 없을 것이다. 만일 그 경우에서 자신의 고유성, 즉 법칙이 행사되는 영역과의 내적인 결합을 받아들이려 하지 않는다면 말이다. 그렇다면 인간이 자신의 영역과 함께 머물 수 있는 보다 무한한 연관의 법칙들은 그 연관을 가능하게 만들어 주기 위한 조건들에 불과할 뿐이며 연관 자체는 아닌 것이다.

따라서 이러한 보다 높은 연관은 단순히 사유 속에서 반복될 수 없다. 그렇게 사랑과 우정과 친교의 의무에 관해서, 환대의 의무에 관해서, 적에게 관대해야 할 의무에 관해서 말할 수 있다. 이런저런 삶의 방식, 이런저런 지위, 이런저런 나이나 성별에 무엇이 어울리고 무엇이 어울리지 않는지 말할 수 있는 것이다. 그리고 우리는 실제로 삶의 한층 더 섬세하고 한층 더 무한한 관계들로부터 일부는 어떤 오만한 도덕을, 일부는 어떤 공허한 예의범절을 혹은 어떤 피상적인 취미규칙 또한 만들어냈다. 그리고 우리는 확고한 개념들을 지니고서 우리가 고대인들보다 더 계몽되어 있다고 믿고 있다. 고대인들은 저 섬세한 관계들을 종교적인 관계로 여겼는데, 다시 말해 관계

금지하는 크레온 왕에 맞서 "신들의 변함없는 불문율"을 주장한다.

들 자체가 아니라 그 관계들이 일어나는 영역을 지배하는 정신으로부터 고찰되어야 하는 그러한 관계들로 여겼던 것이다. (추가 설명.)[1]

그리고 이것이야말로 대부분의 우리에게 결여되어 있는 보다 높은 계몽이다. 한층 더 섬세하고 한층 더 무한한 저 관계들은 따라서 그것들이 일어나는 영역을 지배하고 있는 정신으로부터 고찰되어야 한다. 그러나 이러한 정신은, 이러한 보다 무한한 연관은, [원고에서 공란]

B 신성에 관해서 그[=인간]가 말한다면, 그것도 어떤 쓸모 있는 기억이나 직업의식에서가 아니라 가슴에서 우러나서 말한다면, 그는 다른 것이 아니라 이것*을 두고 하는 말이며 이것을 의미하는 것이 틀림없다. [이에 대한] 증명은 몇 마디 말이면 된다. 자기 자신으로부터도, 자신을 둘러싸고 있는 대상들로부터도 인간은 기계장치 이상의 것, 즉 하나의 정신, 하나의 신**이 세계 가운데 존재한다는 것을 경험할 수 없다. 하지만 자신을 둘러싸고 있는 것과 함께 인간이 서 있는 보다 생동적이고, 제약을 벗어난 관계 속에서는 아마 경험할 수 있을 것이다.

그리하여 각자가 활동하고 경험하는 자기 고유의 영역을 가지는 한에서 저마다 모두 이에 따라 자기 자신의 신을 가지게 될 것이다. 그리고 다수의

---

[1] 어느 정도까지 고대인들은 정당했던가? 그들이 옳았던 이유는, 우리가 이미 살펴본 것처럼, 그 [종교적] 관계들이 육체적이고 도덕적으로 필연적인 것에서 벗어나 있는 바로 그 정도로 특정한 기본경험들의 형식과 종류에 있어서 절대적으로 사유될 수 있는 처리방식과 그것의 요소 역시 더 분리될 수 없도록 결합되어 있기 때문이었다.

* 무엇을 지칭하는지 텍스트에서 분명하게 드러나지 않는다.
** 여기서 "정신"은 실재하는 교조주의적 성격의 종교에서 말하는 인격적 신이 아니라 종교적 관계 속에서 모든 것을 "하나로 일치시키는 유일한 것(das Einige und Einigende)"이다.

인간들이 인간적으로, 즉 제약에서 벗어나 활동하고 겪게 되는 공동체적 영역을 가지고 있는 한에서만, 그들이 공동체적 신성을 가지고 있는 한에서만 말이다. 그리고 모든 인간이 동시에 살아가는 어떤 영역이 존재하고, 그 영역과 제약된 것 이상의 관계에 있다고 느낀다면, 하지만 역시 그런 한에 있어서만, 인간 모두는 하나의 공동체적 신성을 가진다.

그러나 여기서 잊지 말아야 하는 것이 있다. 인간은 다른 사람의 처지에 있어볼 수 있고, 다른 사람의 영역을 자기 자신의 영역으로 삼을 수도 있다는 점이다. 따라서 자신이 세계와 더불어 서 있는 특별한 관계들에서 형성되는 신적인 것에 관한 감각 방식과 표상을 인정하는 것이 어느 누군가에게는 당연히 그렇게 어렵지 않을 수 있다―어쩔 수 없이 그 표상이 어떤 격렬하고, 오만하거나 예속적인 삶에서 생겨났다면, 이로부터는 항상 이러한 삶을 지배하는 정신에 관한 똑같이 곤궁하고 격렬한 표상 역시 형성된다. 그리하여 이러한 정신은 항상 전제군주나 노예의 형상을 띠게 된다. 하지만 인간은 제한된 삶 가운데에서도 무한히 살 수 있다. 그리고 그의 삶에서 그에게 생기는 어떤 신성에 대한 제한된 표상 역시 무한한 표상일 수 있다. (설명.)

따라서 한 사람이 다른 사람의 제한된, 하지만 순수한 삶의 방식을 인정할 수 있는 것처럼, 그는 다른 사람이 신적인 것에 관해서 가지는 제한된, 하지만 순수한 표상 방식 역시 인정할 수 있다. 오히려 인간의 욕구란 이런 것이다. 인간이 마음이 상하고 화가 나지 않는 한, 정의롭거나 부당한 투쟁에서 억압받지 않고 격앙하지 않는 한, 신적인 것에 관한 자신들의 다양한 표상 방식들을 그밖의 관심사에서와 마찬가지로 서로서로 어울리게 하는 것이며, 그리하여 개별적 표상 방식을 그것들의 조화로운 전체 속에서 파악하면서 그것들이 가지는, 그리고 가질 수밖에 없는 제한성에 자유를 부여하는 것이며, 그리고 동시에, 저마다의 모든 특별한 표상 방식에는 각자가 지닌 특별한 삶의 방식의 의미 또한 담겨 있는 까닭에 이를 삶의 방식들의 조화로운 전체 속에서 파악하면서 이러한 삶의 방식의 불가피한 제한성에 자유를 부여하는 것이다. [원고에서 공란, 이후 전후의 맥락이 없는 짧은 텍스트는 번역 불가]

C 계속을 위한 힌트.

종교적 관계들이 한편으로는 지적이고 도덕적이며 법적 관계들과, 다른 한편으로는 물리적이고 기계적이며 역사적 관계들과 가지는 차이. 그리하여 종교적 관계들은 한편으로는 그 부분들 안에 개성, 자율성, 상호 간의 제약, 지적 관계들의 부정적이며 동일한 병존을 지니며, 다른 한편으로는 내적 연관성, 한편의 다른 편에 대한 소여(所與), 물리적 관계의 부분들을 특징짓는 불가분성을 그 부분들 안에 가진다. 그리하여 종교적 관계들은 그것들의 **표상**에 있어서는 지적이지도 역사적이지도 않으며, 지적-역사적, 즉 **신화적**이다. 이는 그것들의 소재뿐만 아니라 표현에도 해당된다. 따라서 종교적 관계들은 소재의 측면에서 단순히 이념들이나 개념들 혹은 특성들을 내포하고 있지 않으며, 단순한 사건들, 사실들 역시 포함하지 않는다. 즉 두 가지를 분리해서가 아니라 두 가지를 하나 속에 가지고 있는 것이다. 더욱이 개성적 부분들이 더 많은 비중을 차지하여 그것들이 중심 부분이 되는 경우, 내적 내용은 표현이며 외적 형태는 한층 더 역사적으로 될 것이며(서사적인 신화), 그리고 사건들이 중심 부분이자 내적 내용일 경우, 외적 형태는 한층 더 개성적이 될 것이다(극적인 신화). 다만 잊어서는 안 될 것은, 개인적 부분들과 역사적 부분들은 본래의 중심 부분, 즉 신화의 신(Gott der

Mythe)과 관련해서는 항상 부수적인 부분들에 지나지 않는다는 점이다.[2]

신화의 표현 역시 그러하다. 신화의 부분들은 한편으로는 짜맞추어 있어서 그것들의 일사분란하고 상호적이며 적절한 제약을 통해 어느 한 부분도 지나치게 두드러지지 않으며, 바로 이를 통해 각 부분이 일정 정도의 독립성을 지닌다. 그리고 그러한 한도 내에서 표현은 지적 특성을 가지게 된다. 다른 한편으로는 신화의 각 부분들이 필요 이상으로 조금 더 나아가는 가운데, 바로 이를 통해 그것들은 그렇지 않았더라면 물리적이며 기계적 관계의 부분들에게만 속하는 불가분성을 얻게 된다.

그러므로 모든 종교는 그 본질에 따르면 시적일 것이다.

여기서 이제 여러 종교가 하나의 종교로 통합되는 것에 관하여 이야기할 수 있다. 이 종교에서는 각자가 자신의 신을 그리고 모두가 하나의 공동체적 신을 시(문학)적 표상 속에서 숭배하며, 각자가 자신의 보다 높은 삶을 그리고 모두가 하나의 공동체적인 보다 높은 삶을, 즉 삶의 축제를 신화적으로 찬미한다. 더 나아가 종교 창시자들에 관해서도, 그리고 사제들에 관해서도 말할 수 있을 터인데, 종교 창시자야말로 이러한 관점에서 사제이다. (한 가정의 가업과 운명을 상속하는 것이 아버지들이 아니라면,) 만일 종교 창시자가 [여기서 중단]

(프랑크푸르트 시절, 1796년 2월-1798년 8월)

---

2   서정적 신화는 아직 규정되지 않았다.

제3장

시학적 논고

일곱 편의 성찰

시학 잡지 『이두나』의 내용에 대한 구상

우리가 고대를 바라보아야 할 관점

호메로스에 대한 메모

아킬레우스에 관하여 (1)

아킬레우스에 관하여 (2)

일리아스에 대한 한마디 말씀

시작(詩作)의 여러 방식에 관하여

시적 정신의 수행 방식에 관하여

문학 양식의 구분에 관하여

시의 파트에 관하여

문학 양식의 혼합에 관하여

일곱 편의 성찰*

열광에는 등급이 있다. 가장 아래 등급인 유쾌함에서부터 전쟁터 한가운데에서 심사숙고하면서 정신을 강하게 유지하는 장군의 열광에 이르기까지 무한한 열광의 사다리가 있는 것이다. 이 사다리를 오르내리는 것이 시인의 소명이자 기쁨이다.

—

우리는 복합문장에서 구절을 전치(轉置)할 수 있다. 그러나 복합문장 자체의 전치가 역시 더 크고 더 효과적일 것이 틀림없다. 이유 뒤에 결과가, 결과 뒤에 목표가, 목표 뒤에 목적이, 그리고 부문장들은 항상 주문장 뒤에 달리는 복합문장의 논리적 위치는 시인들에게 거의 쓸모가 없다는 사실은 분명하다.

---

* 표제 없이 육필로 전해진다. 횔덜린 전집에는 편집자에 따라 다른 제목으로 수록되어 있다. 슈투트가르트 전집(StA)과 독일 고전주의자 출판사 전집(KA)에는 「성찰들(*Reflexionen*)」로, 뮌헨 전집(MA)에는 「프랑크푸르트 아포리즘(*Frankfurter Aphorismen*)」이라는 표제로 실려 있다.

―

어느 누구는 한층 큰 불길에, 다른 누구는 한층 약한 불길에 필요한 정도에서 심사숙고를 유지하는 것이 각 개인에게 주어져 있는 열광의 한도이다. 냉정함이 그대를 떠나는 바로 그 지점이 그대의 열광의 한계이다.* 위대한 시인은 결코 자신을 버리고 떠나지 않는다. 그는 자신이 뜻하는 만큼만 자신 위로 고양하기를 바란다. 우리는 깊이로 떨어지는 것과 마찬가지로 높이로도 **떨어질** 수 있다. 깊이로 떨어지는 것은 유연한 정신이, 높이로 떨어지는 것은 깨어 있는 사유에 들어 있는 중력이 막아준다. 감정이 옳고 따뜻하며 명료하고 힘차다면, 그것은 능히 시인의 최고의 냉정과 심사숙고이다. 그것은 정신에게 고삐이자 박차이다.** 감정은 그 따뜻함을 통해서 정신을 촉진하고, 애정 어림과 바름과 투명함을 통해서 시인에게 한계를 정해주고, 그를 붙들어 그가 길을 잃지 않도록 한다. 그처럼 감정은 동시에 오성이자 의지이다. 그러나 그것이 너무 여리거나 나약하면, 그것은 치명적이며 한 마리의 좀먹는 벌레가 된다. 정신이 제약을 당하면, 감정은 순간적인 제약을 너무 두렵게 느끼고, 너무 따뜻하게 되며, 투명성을 잃고 이해할 수 없는 불안과 함께 정신을 무한으로 몰고 간다. 한편 정신이 한층 더 자유롭고,

---

* 1796년 11월 24일 실러는 횔덜린에게 "열광 가운데에서 냉정을 잃을" 위험에 대해 쓴 적이 있다. 그렇지 않아도 횔덜린 역시 가치 있는 문학은 오로지 합리적인 힘과 불합리한 힘, "열광"과 "심사숙고", "도취"와 "냉정"의 조화로운 합동 작용에서만 생성된다는 전통적 사고를 받아들였다. 이러한 사고는 "깨어 있는 도취(sobria ebrietas)"라는 공식적 언명에 반영되어 있다. 이 "깨어 있는 도취"는 시 「반평생(Hälfte des Lebens)」의 시구 "너희 사랑스러운 백조들/ 입맞춤에 취해/ 성스럽게 깨어 있는 물속에/ 머리를 담그네"의 바탕을 이룬다.

** 위(僞)롱기누스의 『숭고에 관하여』에서의 언급 참조. "왜냐하면 그들(위대한 인물들)은 때때로 박차를 필요로 하지만, 똑같이 고삐도 필요로 한다."

순간적으로 규칙과 소재를 초월하게 되면, 감정은 그전에 제약을 두려워했던 것처럼 정신이 길을 잃을 위험을 두려워하면서, 감정은 차가워지고 둔감해진다. 그리고 정신을 피곤하게 만들어 정신은 가라앉고 정체하며, 넘치는 의심으로 인해서 지치게 된다. 이렇게 감정이 일단 병들게 되면, 시인은 감정을 알고 있는 한, 어떤 경우에도 감정에 의해서 똑같이 겁을 먹지 않도록 하고, 더욱 신중하게 감정을 주목하며, 가능한 한 오성을 이용해서 그것이 제약적이건 자유롭게 하는 것이건 간에 감정을 바로잡는 것 이외 달리 더 나은 것을 할 수가 없다. 정신이 이렇게 여러 차례 버텨나가면, 감정에게 자연스러운 안정성과 일관성을 다시 부여하게 된다. 통틀어 말하자면 정신은 개별적인 동기를 통해서 의도하고 있는 전체를 이루고자 하지 않는 데에, 그리고 순간적으로 불완전한 것을 참아내려고 하지 않는 데에 익숙해져야 한다. 정신의 욕망은 대상이 요구하는 정도와 방식에 따라서 끝내 자신의 전체의 중심 음조가 이길 때까지 매 순간 자신을 뛰어넘는 일이어야 한다. 그러나 정신은 약함에서 강함으로의 점진적인 강세를 통해서만 자신을 뛰어넘을 수 있다고 생각할 필요는 없다. 그렇게 되면 정신은 진실하지 못하게 되고 지나치게 긴장하게 된다. 정신은 심각함에서 잃은 것을 경쾌함에서 얻으며, 고요가 격렬함을 그리고 신중함이 충동을 아름답게 대체한다는 것을 틀림없이 느끼게 된다. 그렇게 해서 정신의 계속된 작업에는 그 이전의 음조를 어느 정도도 뛰어넘지 않은 필연적인 음조는 존재하지 않으며, 전체가 다른 방식이 아니라 바로 이 방식을 통해서 구성되는 이유만으로 이것이 지배적인 음조*가 된다.

---

*   문맥상 횔덜린의 "지나친 긴장"에 대한 경고에 상응한다.

―

자신의 전체 체계 안에 제때 제자리에 놓음으로써 오류조차도 진리가 될 때, 그것이 가장 참된 진리이다. 가장 참된 진리는 자신과 밤을 밝히는 빛이다. 비시적(非詩的)인 것일지라도 예술작품의 전체 안에 제때 제자리에서 표현됨으로써 시적인 것이 될 때, 그것이 가장 뛰어난 시이기도 하다. 그러나 이를 위해서 가장 필요한 것은 신속한 파악이다. 그대가 여전히 소심하게 머뭇거리고, 그것에 얼마나 많은 것이 걸려 있는지, 그것으로부터 얼마나 많이 또는 얼마나 적게 형성해낼지 알지 못한다면, 어떻게 그것을 옳은 위치에서 사용할 수 있겠는가. 우리가 모든 개별적인 것을 그것에 마땅한 전체의 자리 안으로 위치시키는 일은 영원한 즐거움이며, 신적인 기쁨이다. 그 때문에 오성 없이는, 또는 철저히 유기화된 감정 없이는 어떤 특출함도 어떤 생명도 존재하지 않는다.

―

도대체 인간이 힘과 감각의 기민함 때문에 손해를 보아야 한다면, 정신의 보편성에서 무엇을 얻겠는가? 결국, 다른 한쪽이 없으면 어느 한쪽은 아무 것도 아니지 않는가!

―

기쁨에서 그대는 순수함 자체를, 인간과 다른 피조물들을 이해해야만 하고, 그것들의 "모든 본질적인 것과 독특한 것"을 파악해야 하며, 모든 관계들을 차례차례 인식해야 한다. 필요성이 등장하기 전에 기쁨으로부터 사유로부터 생생한 직관이 **한층 더 객관적으로** 생겨날 때까지 그것들의 연관 안에 있는 그것들의 구성 분자들을 계속해서 반복해야 한다. 오로지 필요에서 오는 오성은 항상 한쪽으로 편향되기 마련이기 때문이다.

이와는 달리 사랑이 (가혹한 운명과 금욕적인 도덕 때문에 마음과 감각이 소심해지고 혼탁해지지 않았을 때) 기꺼이 부드럽게 발견해내고 어떤 것도 간과하지 않을 때, 또한 사랑이 소위 말하는 방황 또는 결함(그것들이 존재하는 것의 안에서 또는 그것들의 위치와 움직임을 통해서 전체의 음조에서 순간적으로 벗어난 부분들)을 발견한 경우, 사랑은 그만큼 더 내면적으로 느끼고 관찰한다. 그렇기 때문에 모든 인식은 아름다움의 탐구로부터 시작해야 한다. 왜냐하면 슬퍼하지 않은 채로 삶을 이해할 수 있는 자가 많이 얻기 때문이다. 덧붙여 말하자면, 몽상과 열정 역시도 좋다. 삶에 접촉하거나 그것을 인식하기를 원치 않는 정신 집중, 그리고 삶 자체가 그 무한성으로부터 생성될 때의 절망도 그렇다. 필멸의, 변화의, 시간적 제약의 깊은 감정은 인간을 불타오르게 한다. 그리하여 인간은 많이 시도하고, 자기의 모든 힘을 발휘하며, 안일에 빠지는 것을 용납하지 않게 된다. 끝내 어떤 참되고 사실적인 것이 인식과 관여를 위해서 다시금 발견될 때까지 키메레[괴물]를 이기려고 고군분투한다. 좋은 시절에는 몽상가가 드물다. 그러나 인간에게 크고 순수한 대상들이 결핍된 때에는 그는 이것저것에서 어떤 환상을 지어내고 두 눈을 감아버린다. 그리하여 그것에 관심을 가지게 되고 그것을 위해서 살 수 있게 되는 것이다.

—

모든 것은 특출한 것들이 열등한 것을, 한층 아름다운 것들이 야만적인 것을 너무 심하게 자신에게서 제외하지 않고, 그렇다고 너무 심하게 양측이 서로 뒤섞이지 않으며, 그것들과 다른 쪽 사이에 존재하는 거리를 정해진 것으로 냉정하게 인식하고, 이러한 인식으로부터 활동하고 인내한다는 사실에 달려 있다. 그것들이 심하게 고립되면, 영향력은 상실된다. 그리고 그것들은 각자의 고독으로 몰락한다. 너무 심하게 그것들이 서로 뒤섞이게 되면, 다시금 어떤 올바른 영향도 가능하지 않다. 왜냐하면 그들은 그들과 같은 편에 대해서나 다른 편에 대해서 거부적으로 말하거나 행동하기 때문이며, 이쪽에 결여되어 있는 지점을, 그들이 우선적으로 사로잡힐 수밖에 없는 지점을 간과하기 때문이다. 또는 너무도 심하게 이들을 표준으로 삼고, 그들이 정화시켜야 할 잘못된 관습을 반복하기 때문이다. 이 두 경우에서 그들은 아무런 작용도 하지 않으며, 사라져버릴 수밖에 없다. 왜냐하면 그들은 항상 아무런 반향도 없이 되는대로 입장을 말하거나, 애걸복걸하면서 고독하게 머물러 있기 때문이다. 또는 그들이 이질적인 것, 더 천박한 것을 너무 예속적으로 받아들이고 그럼으로써 질식에 이르기 때문이기도 하다.

(1797-1798년)

시학 잡지 『이두나』의 내용에 대한 구상

자연 산물로서 자신의 명예를 훼손하는 일. 현학적인 비평과 전기, 오로지 언쟁에나 알맞은 모든 공론은 우리의 목적 밖에 있다.

   소박함, 차가운 경박함이 아닌 것, 쉽고 명료한 질서, 전체적인 것의 요약 —허세롭게 불손한 비약들과 기묘한 표현이 아닌 것.

(1799년 6-7월)

우리가 고대를 바라보아야 할 관점

우리는 교양, 경건함 등을 꿈꾼다. 그런데 우리는 이것을 전혀 소유하고 있지 않다. 이것은 받아들여진 것이다.—우리는 독창성과 자주성을 꿈꾼다. 우리는 우리가 무엇인가 새로운 것을 말하고 있다고 생각한다. 그런데 이 모든 것은 역시 반작용이다. 즉 우리가 고대(古代, Altertum)를 향해서 취하는 굴종에 대한 일종의 부드러운 복수와 같은 것이다. 다시 말하자면 우리가 받아들였던 것 그리고 실증적인 것에 의해서 억제되거나, 또는 격렬하게 월권하면서 배운 모든 것, 주어진 그리고 실증적인 모든 것에 대항하는 하나의 살아있는 힘으로서 반항하는 길밖에 사실상 거의 다른 선택의 여지가 없어 보인다. 이때 가장 어려운 점은 고대가 미개한 것을 계발하고, 근원적 자연적인 것을 완성하여, 예술을 위해서 태어난 인간이 자연스럽게 그리고 여기저기에서 조야한 것, 무지한 것, 유치한 것을 계발하고, 이미 인간에게 가공되어 주어진 것보다는 훨씬 더 마음에 드는 것을 얻어내려는 우리들의 근원적인 충동에 고대가 전적으로 대립해 있는 것처럼 보인다는 점이다. 그리고 모든 민족의 몰락의 일반적인 원인이었던 것, 다시 말해서 그들의 독창성, 그들의 고유하고 생동하는 천성이 실증적인 형식들과 그들의 조상들이 형성해놓았던 호화로움 아래 굴복하고 말았던 것이, 우리가 학습이나 경험을 통해서 내면화한 거의 무한한 앞선 세계가 우리에게 작용하고 압박하는 가운데, 한층 더 커진 정도로 우리의 운명인 것처럼 보인다는 점이다. 다른 측면에서 보면 그 무엇도 우리가 처해 있는 바로 이러한 상황보다 더 유리해 보이지 않는다. 앞서 이야기한 교양 충동(Bildungstrieb)이 맹목적으로 작용하는가 아니면 의식을 가지고 작용하는가, 교양 충동이 어디에서 발생하여 어디로 향하는지를 알고 있는지의 여부에는 차이가 있다. 왜냐하면 인간들의 교양 충동이 방향을 상실하고, 천박한, 심지어 잘못된 방향을 취하거나 자신의 적절한 위치를 놓치는 것이 인간의 유일한 결점이기 때문이다. 또는 교양 충동이 그 적절한 위치를 발견했더라도, 교양 충동을 그 목적으로 인도해야 할 수단들과 함께 도중에 중단해버린다면[1] 그것도 인간의 유일한 결점이기 때문이다. 이러한 일이 어지간해서는 거의 일어나지 않게 되는 것은,[2] 그 교양 충동 자체가 어디서 생겨나고, 어디로 향하고 있는지를 안다는 사실, 교양 충동이 자신의 목표를 향해서 가는 가장 본질적인 방향을 알고 있다는 사실, 교양 충동이 취할 수 있는 우회로 또는 샛길도 우리에게 미지의 것은 아니라는 사실, 우리의 앞에 그리고 우리를 둘러싸고 교양 충동으로부터 생성된 모든 것을 우리가 그 충동이 자신의 산물을 통해서 도처에서 그렇게 분명해지는 공동체적 근원적인 근거에서 생성된 것으로 여긴다는 사실을 통해서 보장된다. 그 충동이 자신의 산물들과 함께 도처에서 나타나고, 그 결과 우리는 그 충동이 우리의 앞과 주변에서 취했던 가장 본질적인 방향들을, 우리를 에워싼 그 충동의 혼란 역시

---

1 예들은 생생하게 제시되어 있다.
2 주로 눈으로 보고 파악하건대.

인식하게 된다. 또한 이제, 우리가 생생하게 그리고 도처에서 동일하게 모든 교양 충동이 근원으로 받아들이고 있는 그 동일한 근거에서, 우리가 통찰에서 반복하지 않는[3] 이전에 생성된 순수한 또는 불순한 방향들에 의해서 우리 자신의 방향을 결심한다. 그리하여 우리는 인간의 모든 작품과 행위의 근원을 통해서 모두와 동등하고 일치적임을 느낀다. 그것들이 위대하거나 또는 보잘것없다 하더라도. 그러나 우리가 취하는 **특별한 방향에서는**……[4] [여기서 원고 중단]

(1799년 6-7월)

---

3   순수한 방향들을 우리는 반복하지 않는다, 그 이유는 [여기서 중단됨]
4   우리의 특별한 방향인 **행동**. 실증적인 것에 대한 반작용. 같은 것의 **사실적인 교체 통합**을 통한 죽은 자의 되살림.

호메로스에 대한 메모

주의. 호메로스에 대한 편지들에서는 우선 성격이, 그다음에는 상황이, 그 다음에는 성격극에서 성격과 주역(主役) 때문에 존재하는 줄거리를, 그리고 음조의 교체에 대해서 [언급할 것이다.]

(1799년)

아킬레우스에 관하여 (1)

그대가 아킬레우스에 대해서 말한 것이 나를 기쁘게 해주네. 아킬레우스는 영웅들 가운데 나의 총아(寵兒)이며, 그만큼 강하고 또 부드러운 영웅이라네. 그는 영웅들의 세계에서 가장 잘난, 동시에 가장 덧없는 꽃봉오리라네. 호메로스는 그가 "그처럼 때 이른 죽음을 맞게끔 태어났다"*고 했는데, 그만큼 그가 아름답기** 때문이라네. 나는 그 연로한 시인이 그런 이유만으로도 그를 사건의 진행에 거의 등장시키지 않고, 적진 트로이를 앞에 둔 소동 가운데서 가능한 한 모욕을 덜 당하도록 자신의 영웅을 막사 안에 앉혀놓고 다른 영웅들이 떠들도록 버려둔다고 생각하고 싶기도 하다네. 그는 오디세우스(Odysseus)에 대한 사건들을 충분히 서술할 수 있었다네. 오디세우스는 그대가 황금을 가지고는 훨씬 간단히 계산을 끝낼 수 있는 것을 오래도록 세어서야 계산할 수 있는 동전 부스러기로 가득 찬 자루라네.

(1799년)

---

* 호메로스, 『일리아스』(이준석 옮김, 아카넷, 2023) 제1권, 352행 참조.
** 여기서 "아름다운(schön)"은 그리스어 καλός가 가지는 의미 "아름다운, 고상한, 온당한"처럼 의미의 폭이 넓다.

아킬레우스에 관하여 (2)

그러나 나는 무엇보다도 그의 아킬레우스 때문에 모든 시인 중 그 시인을 가장 사랑하고 또 경탄한다네. 그가 어떤 사랑과 정신을 가지고 이 인물을 꿰뚫어 보고, 두드러지게 보이게 했는지 무엇에도 비할 바 없다네. 지혜와 어리석음을 함께한 노년의 아가멤논(Agamemnon)과 오디세우스와 네스토르(Nestor)를 생각해보게. 떠버리 디오메데스(Diomedes), 맹목적으로 광분하는 아이아스(Aias)를 생각해보고, 이들을 탁월하고 전능한, 침울할 만큼 감수성이 예민한, 신들의 아들 아킬레우스, 이 자연의 귀염둥이와 비교해보게. 그리고 이 시인이 그를, 사자의 힘과 정신과 기품으로 가득 찬 젊은이를 조숙함과 조야함 사이에 세운 것을 생각하면, 그대는 아킬레우스의 성격에서 예술의 기적 하나를 발견할 것이네. 이 젊은이는 고상하고 충실하며 경건한 사나이 헥토르(Hektor)와 가장 대조를 이룬다네. 그가 풍성하고 아름다운 천성의 영웅인 반면에, 헥토르는 전적으로 의무와 섬세한 도덕적 의식에서 영웅이라네. 이 두 영웅은 친화적인 만큼 대비적이라네. 바로 그 점에서 아킬레우스가 종국에는 헥토르의 숙적으로 등장하는 것이 한층 더 비극적으로 보인다네. 호의적인 파트로클로스(Patroklos)는 아킬레우스와 사랑스럽고도 다정하게 어울리고, 이 도전적인 친구와 아주 잘 조화를 이룬다네.

우리는 호메로스가 가슴속의 영웅을 얼마나 높이 평가했었는지를 잘 알고 있네. 우리는 아킬레우스의 분노를 노래하려고 했다는 호메로스가 왜 그를 거의 등장시키지 않는지 자주 의아했네. 그는 신의 아들이 트로이를 목전에 두고 일어난 야단법석 가운데서 모독을 당하게 하고 싶지 않았던 것이네.

그 이상적인 인물은 일상적으로 등장해서는 안 되었던 것이네. 그리고 그는 그를 뒤로 물러나 있게 하지 않고서는 달리 더 영광스럽고 더 애정 어리게 그를 노래할 수 없었던 것이네(탁월한 천성의 그 젊은이는 무한한 존재로서, 권세를 믿고 뽐내는 아가멤논으로부터 무한히 상처를 입었다고 느끼기 때문이네). 그렇게 해서 사람들이 군대 안에서 그 유일한 자를 아쉬워했던 그날부터 시작하여 그리스인들의 모든 상실은 군대와 그 종복들의 숫자를 능가하는 그의 우월성을 환기시킨다네. 또한 시인이 우리 앞에 그를 나타나도록 하는 드문 순간들은 그의 부재를 통해서 그만큼 더 많은 조명을 받게 된다네. 이 순간들은 또한 경이로운 힘으로 묘사되네. 그리고 그의 고통과 분노가 최고조로 치솟고 난 다음, 뇌우가 무시무시한 폭발을 향해서 맹위를 떨치고 나서, 신들의 이 아들이 미리 알고 있는 자신의 죽음을 바로 눈앞에 두고 모든 것과 심지어는 나이 든 아버지 같은 프리아모스(Priamos)와도 화해하는 마지막에 이르기까지, 그 젊은이는 비탄하고 응징하고 말할 수 없이 감동하면서, 그러고 나서 다시금 엄청나게 오랫동안 차례로 번갈아가면서 변화무쌍하게 등장한다네.

이 마지막 장면은 이전에 일어났던 모든 것을 뒤로하고 천상적이라네.

(1799년)

일리아스에 대한 한마디 말씀

우리는 가끔 여러 인간의 장점에 관해서 우리 스스로 단정적이지 않다. 그리고 가까이 지내는 사람들 가운데 누구를 가장 사랑하느냐는 질문을 받은 어린아이들처럼 우리는 대부분 당황하게 된다. 각자가 자신의 장점과 약점을 지니고 있기 때문이다. 어떤 사람은 자신이 살고 있는 곳에서 완전히 자신을 실현하면서, 우리에게 바람직하다고 여겨진다. 그것은 그의 심성과 그의 오성이 제약된, 그러나 인간적인 천성에 걸맞은 상황에 따라서 형성되었기 때문이다. 우리는 이러한 인간을 자연스러운 인간이라고 부른다. 왜냐하면 그와 그의 소박한 영역(Sphäre)은 하나의 조화로운 전체이기 때문이다. 그러나 이와는 반대로 다른 이들과 비교하면 힘과 그리고 다시금 심오한 감정과 정신이 그에게는 결핍되어 있는 것처럼 보인다. 다른 사람은 그의 힘과 사유의 위대함과 강력함 그리고 끈기를 통해서, 용기와 희생정신을 통해서 우리의 관심을 더 많이 끈다. 그러나 우리의 생각으로는 많은 경우에 있어서 그는 너무 긴장하고, 너무 불만스러워하고, 너무 강압적이고, 너무 일방적이며, 너무 심하게 세계와 갈등을 빚는 것 같다. 또다른 사람은 자신의 내면적 힘의 더 큰 조화를 통해서, 그가 감명을 주는 완벽성과 통합과 영혼을 통해서,

바로 그 때문에 그를 에워싼 대상, 세계가 개별적으로나 전체적으로 그에게 가지고 있는, 또 그에게 가질 수 있는 그리고 대상에 대한 그의 진술에 들어 있는 의미를 통해서 우리를 사로잡는다. 또한 무의미성이 모든 다른 것 이상으로 우리를 고통스럽게 하는 것처럼, 그가 바라보고 느끼는 그의 방식을 우리가 충분히 접근 가능하게 하고, 온전히 이해할 수 있도록 만들어주는 한, 우리와 우리가 살고 있는 것을 진실로 의미 있게 받아들이는 인물은 우리에게 특별히 반가울 터이다. 그러나 우리는 그가 전체의 정신을 느끼는 가운데 개별적인 것을 너무도 도외시한다고, 다른 이들이 진짜 나무들을 앞에 두고 숲을 보지 않을 때, 그가 숲을 넘어 저편에 있는 나무들을 잊고 있다고, 그가 모든 영혼 옆에서 상당히 어리석으며, 그 때문에 다른 사람들에게 불가해하다고 생각하고 싶은 기분이 드는 일도 드물지 않다.

우리는 다시금 스스로에게, 어떤 인간도 자신의 외적인 삶 가운데 동시에 모든 것일 수 없다는 것, 이 세계 안에서 하나의 현존과 의식을 지니기 위해서 무엇인가에 대한 결정이 내려져야만 한다는 것, 성향과 상황들이 누구에게는 이러한, 다른 누구에게는 또다른 특성을 정해준다는 것, 이러한 특성은 대부분 표면에 나타난다는 것, 그러나 우리가 놓치고 있는, 그렇기 때문에 어떤 진정한 인물에게서는 전적으로 부족함이 없는 다른 장점들은 더 많이 뒷전에 놓인다는 것을 말하게 된다. 이러한 장점들은…… [여기서 원고 중단]

(1799년)

시작(詩作)의 여러 방식에 관하여

우리는 가끔 여러 인간의 장점에 대해서 우리 스스로 단정적이지 않다. 각자는 자신의 강점과 함께 자신의 고유한 약점을 지니고 있기 때문이다. 어떤 이는 그가 몰두했던 특정한 방향으로 나가는 데에 함께했던 단순성과 정밀성과 거침없음으로 우리에게 좋은 느낌을 준다. 그의 삶의 순간들은 중단 없이 어렵지 않게 이어지고, 모든 것이 그에 있어서는 제자리와 때를 가지고 있다. 어떤 흔들림도, 어떤 장애도 없다. 그는 일상적인 것에 머물기 때문에 큰 수고와 커다란 회의에 노출되는 일도 드물다. 확실하고 분명하며 항상 한결같고 가다듬어져 있으며, 장소와 순간에 적합하게 그리고 전적으로 현재에 임하고 있어서, 우리가 지나치게 긴장하거나 들뜬 기분에 젖어 있지 않다면, 또한 마땅찮은 기분이 아니라면, 그는 우리를 우리 자신인 대로 놓아두며 우리가 쉽게 그와 좋은 관계를 맺게 한다. 말하자면 그는 우리를 여러 가지 많은 일로 끌고 가지 않으며, 우리의 관심을 심각하게 끌지도 않는다. 그러나 우리도 이러한 일을 항상 원치 않으며, 특히 강렬한 충격 아래에서는 우선 그러한 교류 외에, 우리가 가장 쉽게 균형과 평온과 명료함을 되찾게 되는 대상 이외에 어떤 다른 필요성을 느끼지 않는다.

우리는 이렇게 서술한 성격을 특별히 **자연스럽다**(natürlich)고 부른다. 그리고 우리가 이러한 경의를 표하는 것은, 언어와 표상 방식을 통해서 모든 것은 물에서 생성되었다*고 주장했던 칠현(七賢) 중의 한 사람만큼 정당하다. 윤리적 세계에서 자연은 실제로 보이는 것처럼 진보 가운데 항상 가장 단순한 관계와 삶의 양식으로부터 출발한다면, 예의 그 소박한 성격들이 근원적인 성격, 가장 자연스러운 성격이라고 불리는 것은 근거가 없는 것이 아니기 때문이다. [이후 원고의 중간 부분은 망실]

……소통되었고, 그러므로 그것에 관해서 자신의 의견을 표명하고 싶은 모든 사람에게는 우선 확실한 개념과 말로써 설명하는 것이 꼭 필요하다.
여기서도 마찬가지이다.
주로 서사시에 속하는 자연스러운 음조는 해당 시의 외면에서 쉽게 인식이 가능하다.
호메로스의 돋보이는 한 구절에서 이러한 음조에 관해서 전반적으로 지적할 수 있는 바로 그 요점을 인지할 수 있다(훌륭한 시에서는 한 구절이 작품 전체를 대변할 수 있는 것처럼, 우리는 이 시와 음조에서도 그 사실을 발견하게 된다). 나는 이를 위해서 아가멤논과 화해하고 아카이아인들을 트로이에 대항하는 전투에 다시 임하도록 도울 것을 분노하는 아킬레우스에게 설득하는 포이닉스(Poinix)의 연설을 선택한다.

나는 너를 진심어린 충실로 사랑하면서

---

* 탈레스의 이론이었다.

한 소년으로 길러놓았다, 신 같은 아킬레우스야, 너는

다른 누구와도 잔치에 가려 하지 않았고

궁전 안에서 음식을 먹으려 하지 않았지.

내가 너를 내 무릎 위에 앉히고

썰어둔 음식과 술잔을 너에게 건네기 전에는.

네가 말썽꾸러기 어린아이인 시절에

너는 자주 입에서 포도주를 뿜어 나의 옷 앞자락을 적시었다.

그렇게 나는 너로 인해 많은 일을 겪었고 많은 것을 참아냈다.

나는 신들께서 내 자신의 아이들을 나에게 허락하지

않을 것을 잘 알고, 너, 신과 같은 아킬레우스를 아들로 선택했다.

네가 언젠가는 비극적인 운명에서 나를 지켜주길 바라면서.

그러니 오, 아킬레우스야! 너의 위대한 기개를 억누르려무나!

그렇게 비정한 생각은 너에게 어울리지 않는단다.

탁월함, 명예와 위력이 훨씬 뛰어난 신들조차도 때로는 굽힐 줄을 안단다.[1]

상세한, 끊임없는, 정말로 진실한 음조가 눈에 들어온다.

또한 그렇게 해서 서사시 역시 전반적으로 현실적인 것을 고수한다. 우리가 그것을 (단순히) 그것의 특징을 따라서 고찰한다면, 그것은 일종의 생동감 넘치는 성격 묘사(Charaktergemälde)이다.* 그리고 이러한 관점에서 철저

---

[1] 이것은 포스의 번역이라는 것을 짧게 언급할 필요가 있겠다. 그 번역을 아직 알고 있지 못한 분들께는 나 역시 유감스럽게도 이 번역을 알게 된 지 얼마 되지 않았다는 사실을 고백한다. (『일리아스』 제9권, 485-498행/편역자)

* 앞의 단편 논고 「일리아스에 대한 한마디 말씀」에서처럼, 이것은 이 논고의 끝에 이르기까지의 주도적인 표상이다. 횔덜린은 이것으로써 서사 문학, 특히 호메로스의 문학에

히 음미할 때, 『일리아스』가 비로소 정당하게 모든 측면에서 관심을 끌고 또 설명된다.[2] 성격 묘사에는 자연스러운 음조의 기타의 장점들이 결정적인 위치에 나타나 있다. 모든 것이 우선적으로 영웅에서 나와서 영웅으로 되돌아간다는 사실, 시작점과 대단원과 결말이 그와 결부되어 있다는 사실, 모든 인물과 상황이 그것들의 전체적인 다양성 가운데 일어나고 진술된 모든 것과 함께, 하나의 선(線) 안에서 점들이 영웅 자신의 가장 지극한 개성을 띄우면서 등장하는 순간을 향해 있다는 사실, 이러한 **눈에 보이는** 구체적인 통일성은, 우리가 쉽게 통찰하게 되는 것처럼, 그 본래의 목적을 성격의 묘사에 두고 있는, 그리하여 주인공 안에 중심 근원이 놓여 있는 그러한 작품을 통해서만 가능한 것이다.

그처럼 이러한 목적에서 성격들을 그것들의 한계 내에서 보여주는, 그리고 이것들을 다양하고 조심스럽게 명암을 두어 나타내는 자연스러운 음조에 고유한 평온하고 신중한 행동이 나오는 것이다. 예술가가 언급되고 있는

대한 전통적인 규정에 가담한다. 당대의 표준적인 편람인 줄처의 책 『순수예술의 일반 이론』에는 "……여기에는 특히 주요 인물들과 주요 사건에 대한 뛰어난 묘사가 해당된다. 이를 통해서 서사시인은 특히 구분된다. 그의 가장 중요한 의도는 우리에게 전적으로 주목할 만한 인물들을 완벽하게 알도록 하고, 이들의 기질, 이들의 행동들을 우리가 아주 가까이에서 보도록 만드는 일이다.……그리고 그것을 통해서 시인은 고상하게 천부적 재능의 인간으로 그리고 인간을 아는 자로 자신을 내보인다. 그리하여 그는 모든 주요 인물들이 자신들의 고유한 성격과 심성에 따라, 그들의 기질과 그들이 고유한 원칙에 따라 행동하도록 한다. 우리는 인물들을 이들의 심성에 대한 서술을 통해서가 아니라 그들의 행동과 언사를 통해서 알게 된다. 호메로스가 제시하고 있는 영웅들의 묘사들이 바로 그렇다. 각자는 자신의 특별한 개성적 특성을 가지고 있는 것이다"라고 설명되어 있다.

2 그리고 성격들이 묘사되고 있는 사건들과 상황들이 그렇게 상세하게 전개되면, 매우 흥분된 나머지 일상의 분위기와 생활 방식으로부터 내쫓기지 않은 채 그 안에서 사는 인간들 앞에 그것들이 바로 그렇게 나타나기 때문에, 그것은 탁월하다.

문학 양식에서 그렇게 신중한 것은 그가 이러한 처리를 유일하게 시적인 것이라고 생각해서가 아니다. 그가 극단과 대립을 피하는 것은 그것이 어떤 경우에도 쓸모가 없다고 생각해서가 아니다. 그는 올바른 위치에서는 인물의, 사건의, 사유의, 열정의, 장면들의, 감각의 시적으로 참된 극단과 대립이 존재한다는 사실을 잘 알고 있다. 그는 그것들이 지금의 작품에 걸맞지 않은 한, 그것들을 배제할 뿐이다. 말하자면 그는 하나의 확고한 입장을 선택해야만 했다. 이 입장은 이제 개인, 그의 주인공의 성격이다. 그가 어떻게 천성과 교양을 통해서 특정한 고유한 현존을, 하나의 현실성을 얻게 되었는가이다. 그러나 그야말로 이 인물의 이러한 개성도 극단적인 것들 가운데서 필연적으로 지워진다. 만일 호메로스가 자신의 흥분하기 쉬운 아킬레우스를 그렇게 애정 어리게 그리고 조심스럽게 혼잡에서 끌어내지 않았다면, 우리는 아마도 신들의 이 아들을 그를 에워싼 요소들과 거의 구분하지 않았을 것이다. 그리고 그의 파트로클로스가 마주 앉아서 그의 노래가 끝날 때까지 말없이 기다리고 있는 가운데, 칠현금으로 마음을 달래고 병사들의 승리의 행위를 노래하면서 태평하게 막사에 있는 그를 발견한 바로 그곳에서 우리는 그 젊은이를 정통으로 눈앞에 떠올릴 뿐이었을 것이다.

그러니까 이제는 이렇게 표현된, 그에게 가장 문제가 되는 인물의 개성을 보존하기 위해서, 서사시인은 그처럼 철저히 신중하다.

또한 서사적인 인물들이 처하는 상황들이 그렇게 정확하고 상세하게 그려진다면, 그것은 시인이 이러한 장황함에 모든 시적 가치를 두기 때문이 아니다. 다른 어떤 경우에 그는 상세한 묘사를 상당한 정도로 피할지도 모른다. 그러나 그의 입장이 인물들의 개성, 현실성, 특정한 현존인 여기에서는 주변을 에워싼 세계도 이러한 입장에서 등장할 수밖에 없다. 또한 주변의 대상들이 이러한 입장에서 바로 예의 그 정밀성을 통해서 나타난다는 사실을 우리는 우리 자신을 견주어 경험한다. 그처럼 우리는 우리들의 고유한 가장 일상적인 분위기 안에서 방해받지 않고, 우리가 살고 있는 상황을 그렇게 자주 의식하게 된다.

내가 주제에서 벗어나는 것을 걱정하지 않아도 된다면, 나는 많은 것을 첨언하고 싶다. 서술된 상황을 통한 이러한 상세함은, 그들이 개인 자체이며, 아직은 자세히 규정되어 있지 않은 한, 단순히 성격들의 반사일 뿐이라는 사실을 덧붙여 말하겠다.* 주변의 환경은 여전히 다른 방식으로 인물에 적용될 수 있다. 『일리아스』에서, 어쩌면 그것을 위해서 형성된, 아킬레우스의 개성은 결국 다소를 불문하고 그를 에워싸고 있는 모든 것과 각자에게 전해진다. 상황들에게 뿐만 아니라 인물들에게도 전해지는 것이다. 죽은 파트로클레스를 추모하기 위해서 열린 격투 경연에서 눈에 띄거나 띄지 않게 그리스 군대의 다른 영웅들은 거의 모두 자신의 색깔을 띄고 있다. 그리고 마침내 나이든 프리아모스는 온갖 고통 가운데에서 그의 적이었던 영웅 앞에서 회춘하는 것처럼 보인다.

그러나 이 마지막 장면은 그것이 지금까지 관찰되고 서술되었던 것처럼,

---

* "또한 서사적 인물들이 처하는 상황들이 그렇게 정확하고 상세하게 그려진다면……서술된 상황을 통한 이러한 상세함은……단순히 성격들의 반사일 뿐이라는 사실을 덧붙여 말하겠다.": 이 구절 역시 서사시, 특히 호메로스의 서사시에 대한 전통적인 규정과 상통한다. 줄처는 같은 책에서 이렇게 설명한다. "그 때문에 그[서사시인]는 모든 것을 역사가보다 한층 더 상세하게 그리고 생생하게 묘사한다. 그는 우리에게 전혀 보고하지 않는다. 자신의 언어로, 또는 자기 자신의 표현법으로, 인물들이 누구이며, 마치 사건들이 이미 다 지나가기나 한 것처럼 그들이 무슨 말을 했으며, 무슨 행동을 했는지 보고하지 않는 것이다. 대신 그는 각각을 우리가 그들을 보는 듯이 상상하도록 우리의 눈앞으로 가져온다. 그는 그들이 우리들의 눈앞에서 행동하도록 하여, 우리가 모든 움직임을 직접 보고 그들의 언사를 직접 듣는 듯이 생각하도록 만든다."

그것의 **단순한** 특성을 통해서 이미 자연스러운 음조*를 넘어서는 것을 우리는 어렵지 않게 보게 된다.

이러한 특성만으로 그것은 이미 우리에게 긍정적으로 작용한다. 그것의 상세함, 그것의 부단한 변화, 그것의 현실성을 통해서 말이다.

(1799년)

---

* 서사시의 음조로 부여된, "현실성"이라는 기준에 따른 "자연스러운 음조" 규정은 이 단편 논고의 마지막에 이르러 또다른 음조 내지는 음조들을 고려하면서 상대화된다. 음조론을 도식으로 정리한 횔덜린의 「음조의 교체(*Wechsel der Töne*)」에서 서사시에도 음조들의 다양한 양식들이 부여되고 있는 것도 이것에 해당한다. 전통적으로는 찬가나 비극처럼 "최고의" 문학 양식에 속하는 서사시가 이에 걸맞은 "한층 더 높은", 다시 말해서 품위 있는, 격정적인 "음조"라고 불렸다. 역시 줄처의 말이다. "마지막으로 우리는 서사적 음조도 살펴보아야 한다. 시인은 그가 노래하는 거대한 대상에 완전히 사로잡혀 있기 때문에, 그의 음조 역시 극도로 격정적이고, 장엄하다.……게다가 서사시의 드높고 격정적인 음조는 드높고 비범한 언어를 또한 요구한다."

시적 정신의 수행 방식에 관하여

시인이 일단 정신을 마음대로 제어할 수 있게 되면, 시인이 모두에게 공통적이며 각자에게 고유한 공동체적인 영혼을 느끼고, 그 영혼에 자신을 바치며, 그것을 확고하게 붙들고, 그것을 확인했다면, 나아가 정신이 자신과 다른 이들 안에 재생산되는 경향의 자유로운 운동, 즉 조화로운 교체와 진전을 시인이 확인했다면, 시인이 정신의 이상(理想) 안에 앞서서 보인 아름다운 진행과 자신의 시적 추론 방식을 확신하고 있다면, 시인이 모든 부분의 공동체와 일치된 동시성에서 관계되는 정신의 가장 근원적인 요구와 자신을 떠나 아름다운 진전과 교체 가운데 자신과 타인들 안에서 재생산하라고 명령하는 다른 요구 사이에 필연적인 갈등이 발생한다는 사실을 통찰했다면, 이러한 갈등이 항상 그를 붙들고 실행의 길로 계속 이끌고 간다면, 더 나아가 이것들이 감각적인 내용에 따라서가 아니라 정도에 따라서 조화로운 교체 역시 포기되고, 정신적 형식의 (동시적 또는 일체적 존재의) 동일성이 서로 다른 경우에도 일단 모든 부분의 앞서 말한 공동체와의 친화, 그리고 정신적인 내용이 전혀 느껴질 수 없으리라는 사실을 시인이 통찰했다면, 교체하는 부분들이 **감각적인 내용의 상이성**의 경우에도 **감각적인 형식** 안에서 교체와 진전 아래 동일하게 머물지 않는다면, 더 나아가 앞서 말한 조화로운 교체와 진전이 다시금 느껴질 수 없으며, 하나의 공허하고 가벼운 환영이라는 사실을 시인이 통찰했다면, 시인이 **정신적인 내용**(모든 부분의 친화)과 **정신적인 형식**(모든 부분의 교체) 사이의 **앞서 말한 갈등**, 정신의 머무름과 진전 사이의 갈등이 바로 정신의 진전에서, 정신적 형식의 교체에서 **소재의 형식이 모든 부분에서 동일하게 머문다**는 사실을 통해서 해소되고, 이 소재의 형식은 조화로운 교체 가운데, 교체를 통해서 부분들의 근원적인 친화성과 일치성 때문에 상실될 수밖에 없었던 만큼을 대체한다는 것, 이것이 정신적인 형식에 맞서 객관적인 **내용**을 만들어내며, 이 정신적인 형식에게 그것의 완전한 의미를 부여한다는 것, 다른 한편 정신적인 내용의 영속성을 동반하는 **소재의 질료적 교체**가 정신적 내용의 다양성, 정신이 **자신의 진전 가운데** 형성하며, **일치성과 영원성의 요구** 안에 매 순간 붙잡혀 있는 정신적인 욕구를 충족시킨다는 것, 바로 이러한 질료적인 교체가 정신적인 내용과는 반대로 객관적인 형식, 형태를 형성한다는 것을 통찰했다면, 다른 한편 시인이 **질료적 교체와 질료적인 동질성 사이의 갈등**은 질료적 동질성(materielle Identität)[1]의, 열정적이며 중단

---

1   질료적 동질성? 그것은 근원적으로 질료적 교체 이전에 소재 안에 들어 있는, 정신 가운데 관념적인 교체 이전에 일치성이었던 것, 바로 그것임에 틀림없다. 그것은 모든 부분의 감각적인 접촉점인 것이 분명하다. 그 소재가 일단 자신의 전체적인 기질 안에 현재화되고, 그것이 시인에게 준 인상이 우발적일 수 있는 첫 만족을 추구했을 때, 정신의 취급을 위해서 수용할 만하고 효과적인 것으로 알맞다고 생각되었다면, 정신이 자신 안에 그리고 다른 정신 안에 재생산되는 목적을 위해서도 그렇다고 생각되었다면, 소재가 이러한 추구 다음에 다시금 감각되고, 그것의 모든 부분 안에 다시 소환되며, 아직은 언급되지 않은 채 느껴진 작용 안에 포함되어 있다면, 정신처럼, 시인에 의해서, 자유로운 관심을 통해, **자기화되고**, 확인되었어야만 한다. 그리고 이 작용이 본래 소재의 정체성이다. 왜냐하면 그 작용 안에 모든 부분이 집약되어 있기 때문이다. 그러나 그것은 미정인 채로 버려져 있다. 소재는 아직 전개되지 않은 상태이다. 소재는 자신의 모든 부분을

을 회피하는 전진의 상실이 항상 앞으로 향해 울리는 모든 것을 균형 있게 하는 **정신적인 내용**으로 대체된다는 사실을 통해서 **해소된다**는 것, 또는 주안점과 인상을 향한 보다 **빠른** 진전을 통해서, 이러한 질료적 동시성을 통해서 생성되는 질료적 다양성의 상실은 항상 교체되는 관념적인 정신적 형식으로 대체된다는 것을 통찰했다면, 반대로 어떻게 정신적이며 평온한 내용과 정신적이며 교체적인 형식, 이것들이 일치하지 않는 한, 그 사이의 갈등, 그리고 질료적 **교체**와 중심 요소를 향하는 질료적이며 **동일한** 진전 사이의 갈등이 역시 한쪽을 다른 한쪽처럼 **느낄 수 있도록** 만드는지를 시인이 통찰했다면, 마지막으로 시인이 어떻게 한편으로 정신적인 내용과 관념적인 형식의 갈등이, 다른 한편으로 질료적인 교체와 동질적인 진전 사이의 갈등이 휴지점과 중심 요소에서 결합되고, 또한 이것들이 이 안에서 결합될 수 없을 때도, 바로 이 점에서 그리고 바로 이러한 이유에서 느껴질 수 있고, 느껴지게 되는지를 통찰하고, 이러한 사실을 알았다면, 시인에게는 모든 것이 관념적인 내용에 대한 그리고 관념적인 형식에 대한 소재의 수용성(Rezeptivität)에 달려 있다. 만일 그가 다른 한쪽처럼 어느 한쪽을 확신하고 마음대로 제어할 수 있다면, 그러니까 소재의 수용성을 정신의 수용성처럼 확신하고 제어할 수

통해서 분명하게 발언되어야만 한다. 그리고 바로 이를 통해서 그것의 총체적 인상 가운데 소재는 생동감의 측면에서 약화되어야만 한다. 소재는 그래야만 하는 것이다. 왜냐하면 발설되지 않은 작용 가운데 소재는 시인에게는 현재화되지만, 다른 이들에게는 그렇지 않기 때문이다. 더욱이 발설되지 않은 작용 가운데 정신은 이것을 실제로 아직 재생산하지 않았기 때문이다. 이 작용은 그에게 그것을 위해서 소재 안에 들어 있는 것을 인식할 능력만을, 그리고 재생산을 실현할 노력을 부여한다. 따라서 소재는 분배되어야 하고, 총체적 인상은 유보되어야 한다. 정체성은 하나의 지점에서 다른 지점으로 떠나려는 노력이 되어야 한다. 여기에서 총체적 인상은 시발점과 중간 지점과 종결점이 가장 내면적인 연관에 서 있다는 사실, 그리하여 종결과 함께 종결점이 시발점으로, 그리고 시발점이 중간 지점으로 되돌아간다는 사실을 충분히 발견하는 것이다.

있다면, 중심 요소들에서 결함을 면할 수 있을 것이다.

이념적인 것을 위해서, 이것의 내용을 위해서, 은유를 위해서 그리고 이념적인 것의 형식과 전이를 위해서 뛰어나게 수용적인 소재는 이제 어떻게 얻어져야 하는가?

소재는 주관적으로 또는 객관적으로 서술되고 그려지는 일련의 소여(Begebenheiten) 또는 관조(Anschauungen), 현실성(Wirklichkeiten), 아니면 주관적으로 또는 객관적으로 표시할 일련의 지향(Bestrebungen), 표상(Vorstellungen), 사상(Gedanken) 또는 열정(Leidenschaften), 필연성(Notwendigkeiten)이거나, 주관적 또는 객관적으로 형성할 일련의 환상(Phantasien), 가능성(Möglichkeiten)이다.[2] 이 모두 세 가지의 경우에서 각 소재는 이념적 취급의 소질을 가지고 있어야 한다. 말하자면 이야기되고 서술되는 소여에 대해서, 관조에 대해서, 또는 묘사되는 사상과 열정에 대해서, 또는 형성되어야 할 환상에 대해서 어떤 진정한 근거가 존재한다면, 그리고 소여 또는 관조가 옳은 지향에서, 사상과 열정이 정당한 사실에서, 환상이 아름다운 감각에서 생성된 경우 말이다. 시의 이러한 근거, 시의 의미는 표현, 표현된 것, 감각적 소재, 시 안에서 본래 진술된 것 사이에 이행(Übergang)을 형성해야만 한다. 시의 의미는 두 가지로 말할 수 있다. 정신으로서는 관념적인 것으로, 소재로서는 묘사로 이중적으로 말할 수 있는 것이다. 다시 말해서 적용하거나 또는 적용하지 않은 채* 이해되는 한에서 그렇다. 적용되지 않은 채로라는

---

[2] 느낌이 의미라면 표현은 비유적이고, 정신적인 처리는 삽화적으로 드러난다. 지적 직관이 의미라면, 표현 즉 질료적인 것은 열정적이며, 정신적인 처리는 스타일을 통해서 더 많이 드러난다. 의미가 한층 더 본래적인 목적이라면 표현은 감각적이며, 자유로운 처리는 은유적이다.

* 실천적으로나 또는 이론적으로.

말은 시적 처리 방식 이외 다른 것을 말하는 것이 아니다. 시적 처리 방식은 독창적으로 그리고 판단에 따라서, 모든 진정한 시적인 실행 안에서 인지될 수 있기 때문이다.* 실천적이라고 언급한 것은 시적 처리 방식에 대한 그때마다의 영향권(Wirkungskreis)의 적절성을 표현한다. 즉 요소 안에 담겨진 예의 시적 처리 방식을 실현할 가능성을 표현하는 것이다. 그렇게 해서 우리는 그때마다의 요소들 안에는 객관적으로 그리고 사실적으로 관념적인 것이 관념적인 것을, 생동하는 것이 생동하는 것을, 개별적인 것이 개별적인 것을 마주하고 있다고 말할 수 있다. 다만 의문스러운 것은 이러한 영향권 아래에서 무엇이 이해될 수 있느냐 하는 점이다. 이 영향권은 그 안에서 그리고 그것과 접하여 매번의 시적 과업과 실행이 이루어지며, 정신이 자신과 다른 정신 안에서 재생산되는 정신의 매체(das Vehikel des Geistes)이다. 이 영향권은 그 자체가 **즉자적**(卽自的, an sich)으로는 시적 정신보다 더 크지만, **대자적**(對自的, für sich)으로는, 즉 자신과 거리를 둔 상태에서는 그렇지 않다. 영향권은 세계의 연관 안에서 관찰되는 한에서 시적 정신보다 크다. 그러나 그것이 시인에 의해서 포착되고 동화되는 한에서는 그것에 종속된다. 영향권은 경향에 따라서, 그 지향하는 내용에 따라서는 시적 처리에 대립한다. 또한 시인은 자신의 소재를 통해서 너무 쉽게 잘못으로 이끌리게 된다. 이러한 소재를 생동하는 세계의 연관에서 취해 시적 제약에 거슬리게 하기 때문이며, 이러한 소재가 단순히 수단으로서 정신에 기여하지 않으려 하기 때문이다. 소재가 올바르게 선택된 경우라 할지라도 그것의 가장 가까

---

* 천부적 재능(ingenium, 창조적인 것)과 판단(iudicium)은 함께 작용해야 한다는 전통적인 사상을 받아들이고 있다.

운 첫 번째 진전은 정신을 고려한 경우 대립이자 박차이며, 문학적 충족을 고려한다면, 그것의 두 번째 진전은 부분적으로 충족되지 않거나 부분적으로 충족될 것이 분명하다. 등등.

시적 정신이 자신의 과업에서 그때마다 요소들과 영향권과 함께 마주하는 이러한 모순에도 불구하고, 이 영향권이 시적 정신을 얼마나 선호하는지, 그리고 어떻게 갈등이 해소되는지, 시인이 자신의 매체로 선택한 요소들 안에 시적 처리를 위한 일종의 수용성이 어떻게 담겨 있는지, 그리고 시인이 전체적인 시적 처리 방식을 그것의 은유적인 것, 과장된 것, 그리고 그것의 특성을 통해서 당초의 경향 안에서의 저항에도 불구하고 곧장 대립되어 있는, 그렇지만 중간 지점에서 시적 정신과 결합하는 요소들과의 상호작용을 통해서 실현시키라는 모든 요구를 어떻게 실행하는지가 제시되어야만 한다.

표현(묘사)과 자유로운 이념적 취급 사이에 시의 근거제시(Begründung)와 의미(Bedeutung)가 놓여 있다. 시의 근거제시와 의미는 시에게 그것의 진지함, 견고함, 진리를 부여해주는 바로 그것이다. 시의 근거와 의미는 자유롭고 관념적인 취급이 공허한 수법으로, 그 묘사가 무가치로 떨어지지 않도록 시를 지켜준다. 시의 근거와 의미는 시의 정신적 감각적인 것, 형식적 질료적인 것이다. 그리고 관념적인 취급이 그것의 은유, 전이, 에피소드를 통해서 한층 더 통합적이라면, 표현, 묘사는 그것의 특성, 열정, 개성을 통해서 보다 더 분리적이다. 그리하여 의미는 이 둘 사이에 위치한다. 의미는 스스로 여기저기에 대칭을 이루고 있다는 점에서 특징적이다. 의미는 정신이 형식에 따라 대립된 모든 것을 화해시키는 대신에 모든 일치적인 것을 분리하고, 모든 자유로운 것을 고정하며, 모든 특별한 것을 일반화한다는 점에서 특징적이다. 왜냐하면 의미에 따르면 취급된 것은 단순히 하나의 개별적인 전체가 아니며, 전체에 대해 조화롭게 대립된 것과 결합된 전체도 아니며, 오히려 하나의 전체 자체이기 때문이다. 또한 조화롭게 대칭된 것과의 결합은 형식에 의거해서가 아니라 개별적인 경향에 의거해서, 대립된 것을 통해서 가능하다. 의미는 대칭을 통해서, 극단적인 것의 접촉을 통해서 조화시킨다는 점에서 특징적이다. 극단적인 것들은 내용에 따라서가 아니라 방향을 통해서, 그리고 대립의 정도를 통해서 화해가 가능하기 때문이다. 그리하여 이것은 심지어 **가장 모순적인 것까지도 화해시키며**, 철저히 과장한다는 점에서 특징적이다. 의미는 어느 한쪽이 다른 한쪽과 친화적인 형식적 대칭을 통해서 전진하지 않고, 오히려 형식에 따라서 한쪽이 다른 한쪽으로서의 동일한, 내용상의 대칭을 통해서 전진한다는 점에서 특징적이다. 따라서 소박한(naiv) 그리고 장렬한(heroisch) 그리고 이념적인(idealisch) 경향은 그 경향들의 객체 가운데 서로 모순된다. 그러나 이러한 경향들은 모순과 지향의 형식을 통해서 화해가 가능하며, 활동의 법칙에 따라서 일치된다. 말하자면 가장 보편적인 것에서, 즉 삶 가운데에서는 일치적이다.

바로 이 의미들을 통해서, 이러한 과장된 처리를 통해서 관념적인, 조화롭게 대립된 것과 결합된 것이 단순히 아름다운 삶으로서가 아니라, 삶 자체로서도 고찰된다. 그러니까 다른 상태로서도 자격이 있는 것으로 고찰된다. 즉 어떤 다른 조화롭게 대칭된 것이 아니라, 직접적으로 대칭된 것, 어떤 극단적인 능력을 가진 것으로 고찰되는 것이다. 그 결과 이 새로운 상태는 앞의 상태와 오로지 삶 자체의 이상을 통해서 화해가 가능하다. 바로 이를 통해서 시인은 이념적인 것에게 시작, 방향, 의미를 부여하는 것이다. 이러한 형상체 안에서의 이념적인 것은 그것으로부터 시작해서 그것으로 되돌아가는 시의 주관적인 근거이다. 또한 다양한 정취(情趣, Stimmung) 안에서의 내면적인 이념적 삶이 파악되고, 삶 자체로서, 보편화가 가능하고 확정할 수 있으며 분리가 가능한 것으로 고찰될 수 있기 때문에, 주관적인 근거제시의 여러 가지 형태들 역시 존재한다. 즉 한편으로는 감각으로서 이념적인 정취가 파악되어서, 그 정취가 시의 주관적인 근거, 전체적인 과업에서 시인의 중심 정취가 되고, 바로 감각으로서 그 정취가 확인되기 때문에, 그 정취는 근거제시를 통해서 **보편화가 가능한 것으로** 고찰된다.―또는 이념적 정취가 지향으로 확정되면, 그것은 전체적인 과업에서 시인의 중심 정취가 된다. 그 정취가 지향으로 확정되어 있다는 사실은 그것이 근거제시를 통해서 **이룰 수 있는 것으로** 고찰되도록 해준다. 또는 그 정취가 지적 직관으로 확인되면, 이것은 전체적인 실행에서 시인의 기본적인 정취이다. 그리고 바로 이 기본 정취로서 그것이 확인되는 일은 그것이 **실현 가능한 것으로** 고찰되게 한다. 그리고 이렇게 주관적인 근거 설정은 객관적인 근거 설정을 요구하고 규정하며, 이것을 예비한다. 이 첫 번째의 경우에 소재는 우선 보편적인 것으로, 두 번째의 경우 성취적인 것으로, 세 번째의 경우에는 발생적인 것으로 파악된다.

일단 자유로운 이념적인 시적 삶이 그렇게 고정되면, 그리고 그 삶이 고정되고 나서 그 삶에 그 삶의 의미성이 보편화가 가능한 것으로, 성취할 수 있는 것으로, 실현 가능한 것으로 주어지고, 삶은 이러한 방식으로 삶 자체의 이념을 통해서 자신의 직접적으로 대칭되어 있는 것과 결합되고, 과장되게 받아들여졌다 하더라도, 시적 정신의 처리 방식에는 여전히 시인이 자신에게 정취가 아니라 음조를, 의미와 방향이 아니라 사실성을 부여하는 통로인 하나의 중요한 요점이 [아직] 빠져 있다.

순수한 시적인 삶으로 고찰하건대, 시적인 삶은 **자신의 내용에 따라서**, 조화로운 것 자체와 시간적인 결여 덕분에, **조화롭게 대립되어 있는 것과 결합되어 있는 무엇으로서 자신과** 철저히 일치한다. 그리고 형식의 교체를 통해서만 그것은 대립된다. 근거를 통해서가 아니라 오로지 지향의 방식을 통해서, 그 삶은 한층 더 공중을 맴돌거나, 한층 더 지향적이거나 또는 한층 더 투기적으로만, 다소를 불문하고 우발적으로만 중단된다. 삶의 이념 자체를 통해서, 일치성 가운데의 결핍을 통해서, 시적 성찰에 의해서 결정되고 근거가 잡힌 삶을 **고찰하건대**, 그것은 이념적으로 특징적인 정취로서 시작한다. 그것은 더 이상 조화롭게 대립된 것과 결합되어 있는 것 자체가 아니며, 그것은 특정한 형식 안에 있는 그 자체로서 존재한다. 그리고 정취의 교체 가운데 전진한다. 이때 매번 뒤따르는 정취는 앞선 정취에 의해서 결정되며, 내용에 따라서, 즉 이들이 포착되어 있는 기관에 따라서 이들에 대칭된다. 또한 한층 더 개별적인, 한층 더 보편적인, 한층 더 충만한 한도 내에서 서로 다른 정취들은 순수한 것이 자신의 대칭을 발견하는 것에서만, 다시 말해서 노력의 방식 안에서만 결합한다. 삶 자체로서, 그리하여 순수하게 사적인 삶은 더 이상 발견할 수 없게 된다. 왜냐하면 매 교체하는 정취 안에서는 특별한 형식으로 자신의 직접적으로 대칭된 것과 결합되며, 따라서 더 이상 순수하지 않기 때문이다. 전체적으로 그것은 오로지 노력하는 것으로서만 그리고 노력의 법칙에 따라서 오로지 삶 자체로서만 존재한다. 그리고 이러한 견지에서 개별적인 것(질료적인 것), 보편적인 것(형식적인 것) 그리고 순수한 것의 갈등이 지배적임이 틀림없다.

   매 특별한 정취에 붙잡힌 채, 순수한 것은 그것을 붙잡은 기관과 모순을 이룬다. 그것은 다른 기관의 순수한 것과 모순을 이룬다. 교체에 저항하는 것이다.

보편적인 것은 특별한 기관(형식)으로서, 특유의 정취로서 이러한 정취를 통해서 보편적인 것을 붙잡고 있는 순수한 것과 모순을 이룬다. 보편적인 것은 전체 안에서의 노력으로서 그것 안에 붙잡혀 있는 순수한 것과 모순을 이룬다. 그것은 특유의 정취로서 가장 가까이 놓여 있는 정취와 모순을 이루는 것이다.

개별적인 것은 그것이 붙잡고 있는 순수한 것과 모순을 이룬다. 그것은 가장 가까이 놓여 있는 형식과 모순을 이루며, 개별적인 것으로서 교체의 보편적인 것과 갈등을 빚는다.

시적 정신의 처리 방식이 그 과업을 이것으로 종결짓는 것은 가능하지 않다. 만일 이 처리 방식이 참된 방식이라면, 그것 안에서는 무엇인가가 다르게 발견될 수 있는 것이 분명하다. 그리고 시에게 그것의 의미를 부여하는 처리 방식은 순수한 것에서부터 이러한 발견으로의 이행일 뿐이며, 이 발견으로부터 순수한 것으로 되돌리는 이행이라는 사실이 틀림없이 밝혀질 것이다. (정신과 기호 사이의 결합 수단.)

이제 정신에 직접적으로 대립된 것이, 그러니까 그 안에 정신을 내포하고 그것을 통해서 대립 설정이 가능한 기관이 **그것을 통해서** 조화롭게 결합되어 있는 양상이 오직 형식적으로 대립되어 있을 뿐만 아니라 형식적으로 결합되어 있는 것으로도 고찰되고 파악될 수 있다면, 그 기관이 그것을 통해서 서로 다른 조화로운* 정취들이 질료적으로 대립되고 형식적으로 결합되어

---

* 이 번역의 대본인 요헨 슈미트가 편집한 독일 고전주의자 출판사 전집(KA)에는 이 부분이 "unharmonisch(부조화의)"로 되어 있다. 이러한 독법은 프리드리히 바이스너의 슈투트가르트 전집(StA)을 그대로 따른 것이다. 그러나 디트리히 자틀러의 프랑크푸르트 전집(FHA)은 "harmonisch(조화로운)"로 읽고 있다. 정반대로 읽고 있는 것이다. 특히 요한 크로이처가 편집, 출판한 『횔덜린, 이론적 저술(Hölderlin, Theoretische Schriften)』

있는 것으로서만이 아니라, 그것을 통해서 그 정취들이 질료적으로도 결합되어 있으며 형식적으로 대립되어 있는 것으로서도 고찰되고 파악될 수 있다면, 결합적이고 단순히 형식적인 삶 자체로서, 그리고 특별하고 질료적인 삶으로서 결합적이지 않으며 오로지 대립적이고 분리적인 것으로서만이 아니라, 그것이 질료적인 것으로서 결합적으로 고찰되고 파악될 수 있다면, **정신의 기관이 조화롭게 대립되어 있는 것을 가능하게 만들기 위해서 어느 한편의 조화롭게 대립되어 있는 것에게는 물론 다른 한편의 조화롭게 대립되어 있는 것에게도 수용적이지 않으면 안 되는 그런 기관으로 고찰될 수 있다면**, 그리하여 그것이 순수하게 시적인 삶에게 형식적인 대칭인 한 형식적인 결합이기도 해야 하며, 그것이 일정한 시적 삶과 그것의 정취에게 질료적으로 대립적인 한, 그것은 질료적으로 결합적이기도 해야만 하여, 제한적이며 결정적인 것이 단지 부정적이기만 한 것이 아니라 긍정적이기도 하며, 그것이 말하자면 조화롭게 결합되어 있는 것에서 별도로 다른 한편에게처럼 어느 한편에 대립되어 있는 것으로 고찰되어 의미를 고려하는 가운데, 오로지 철저한 갈등만을 결과로 초래했던 정신의 그 행위는 대립적이었던 만큼이나 통합적인 행위가 된다.

    정신의 행위는 그러나 어떻게 이러한 질감(Qualität)으로 파악되는가? 가능한 것으로 그리고 필연적인 것으로? **삶 자체를 통해서만은 아니다.** 이 정

(2020)도 자틀러의 독법을 따르고 있다. 자틀러는 횔덜린 육필본의 재현인 일차적 대위 텍스트 표현(Lineare Textdarstellung)에서 하등의 의심 없이 "harmonisch"(FHA 14, 302쪽 330행)를 읽어낸 것이다. 슈미트의 읽기 중 "서로 다른 부조화의 정취들"에서 "서로 다른"과 "부조화"의 동의 반복은 횔덜린이 의미하고 있는 대립적인 것의 조화라는 일관된 요구에 비추어 자틀러의 읽기가 옳은 것으로 판단된다. 따라서 이 부분은 자틀러의 독법을 따랐다.

신의 행위가 오로지 본질적으로 대립을 이루고 형식적으로 결합을 이루면서 삶을 직접적으로 규정하는 것으로 고찰되는 한에서 그 행위는 가능하며 또 필연적이기 때문이다. 또한 단순히 일치성 자체를 통해서가 아니다. 그 행위가 단순히 형식적으로 대립을 이루는 것으로 고찰되는 한에서 그 행위는 가능하고 또 필연적이기 때문이다. 그러나 일치적인 것의 **통일**(Einheit des Einigen)이라는 개념 안에, 그러니까 조화롭게 결합되어 있는 것 중에서 다른 것과 마찬가지로 어느 하나가 대립과 통합의 요점 안에 존재한다. 그리고 이러한 요점 안에서, 대립을 통해서 유한한 것으로 보였던 정신은 그것의 무한성을 **통해서 느껴질 수 있다**. 그 자체로 기관과 갈등을 겪었던 순수한 것은 바로 이러한 기관 안에 스스로에게 현재화하고 이러한 의미에서만 하나의 생동하는 그 무엇이다. 그 **생동하는 것**(ein Lebendiges)이 여러 가지 다른 정취 안에 존재하는 경우, 기본 정취에 바로 뒤따르는 것은, 바로 그 **중심점**(Mittelpunkt)으로 이어지는 **연장된 요점**일 뿐이다. 거기에서는 조화롭게 대립되어 있는 정취들이 서로 만난다. 그러므로 바로 강력한 대조 가운데, 첫 번째의 이념적 정취와 두 번째의 인위적으로 성찰된 정취 사이의 대조 가운데, (조화롭게 결합되어 있는 정신과 삶 사이에 놓여 있는, 중심점에서 만나고, 중심점에서 현재화되고 있는) **가장 질료적인 대립** 가운데서 만난다. 바로 (그것이 지향하는 바, 결합의 지점과 연관하여) 스스로 대립되어 있는 이러한 가장 질료적인 대립 가운데 정신의 행위들이 **조화롭게 대립되어 있는 정취의 상호 간의 특성에서만 생성**될 때, 이 정신의 모순된 **지향적 행위들** 안에서 만난다. 바로 거기에서 가장 무한한 것이 가장 잘 느껴질 수 있도록, 가장 부정적이고 긍정적으로 그리고 과장되게 표현된다. 요점을 향하는 모순된 지향 가운데의 무한한 것의 표현이라는 이러한 대립을 통해서, 이 요점에서의 이것의 만남을 통해서 조화롭게 대립되어 있으며 생생한, 밑바탕에 담겨 있는 감각의 동시적인 친밀성과 구분은 대체된다. 그리고 동시에 한층 더 분명하게 자유로운 의식에 의해서 한층 더 발전된 형상으로, 보다 더 보편적으로, 형식에 따른 고유한 세계로서, 세계 가운데 세계로서, 그리고 영원한 것을 향한 영원한 것의 목소리로서 표현된다.

시적 정신은 자신의 과업에서 관찰한 처리 방식을 통한 조화롭게 대칭된 삶에 만족할 수가 없다. 또한 과장된 대칭을 통한 그러한 삶의 파악과 확인에도 만족할 수 없다. 시적 정신이 그런 단계에 이르렀다면, 그리고 시적 정신의 과업이 조화로운 일치성과 의미와 에너지에도 부족함이 없으며, 조화로운 정신 자체에나 조화로운 교체에도 부족함 없다면, 그것은 필연적이다. 일치적인 것이 (그 자체로서 관찰될 수 있는 한에서) 구분이 불가한 것으로 스스로 지양되거나 **공허한** 무한성으로 변화되어야만 하는 것이 아니라면, 또는 대립의 교체 가운데에서, 가능한 한 여전히 조화롭지만 동일성을 잃지 않으며, 따라서 전체적이거나 일치적인 그 무엇이 더 이상 아니며, 분리된 요소들(말하자면 일련의 원자들)의 무한성으로 용해되어야 한다면, ―나는 말하겠다, 그렇다면 시적 정신은 자신의 일치성에서 그리고 조화로운 진행 과정에서 하나의 무한한 관점을 부여받는다는 것은, 과업에서 조화로운 진행과 교체 가운데 모든 것이 앞으로도 뒤로도 가는 통일성을, 그리고 이러한 통일성에 대한 자신의 **철저히 특징적인 연관**을 통해서, 관찰자를 위한 객관적인 연관뿐만 아니라, 느껴진 그리고 느껴질 수 있는 연관과 전체성을 대립들의 교체 가운데 획득한다는 것은 필연적이라고 말이다. 조화로운 교체에 정신이 결코 개별적인 요소를 통해서가 아니라, 다시금 하나의 개별적인 요소를 통해서가 아니라, 다른 요소들처럼 한 요소를 통해서 지속하면서 그리고 서로 다른 정취 안에 현재화되어 머물도록, 조화로운 교체와 함께 하나의 실마리 또는 하나의 회상(Erinnerung)을 지니는 것은 정신의 마지막 과제이다. 이처럼 정신은 전적으로 일단 일치적인 것으로서 일치적인 것의 분계점, 그다음 대립된 것으로서 일치적인 것의 결합점, 끝내는 양자가 동시에 존재하는 무한한 특성 안에, **무한한 통일성 안에** 현재화된다. 그리하여 그 통일성 안에는 조화롭게 대립되어 있는 것이 일치적인 것으로서 대칭되어 있지도, 대칭되어 있는 것으로 통일되어 있지도 않으며, 이 양자가 하나 안에서 일치적으로 대칭되어 있는 것으로서 밀접하게 결합되어 있는 것으로 느껴지고, 그렇게 느껴진 것으로 창작된다. 이러한 감각이 본래 시적인 특성이다. 천부적 재능(Genie)도 기술(Kunst)도 아니며,* 시적 개성(poëtische Individualität)이다. 그리고 이것에만 감동의 정체성**이 부여되고, 이것에 천부적 재능과 기술의 완결, 무한한 것, 신적 요소의 현재화가 주어진다.

시적 개성은 따라서 단순히 일치적인 것의 대립이 결코 아니며, 또한 단순히 연관, 대립된 것과 교체적인 것의 결합도 결코 아니다. 그것 안에는 대립되어 있는 것과 일치적인 것이 항상 같이 들어 있다. 그렇다면, 시적 개성은 그것의 순수성과 주관적인 정체성에서, 근원적인 의미로서, 다시 말해서 그 시적 개성이 조화롭게 대립된 삶 가운데 더불어 작용하는 대립과 결합의 행위에서 수동적일 수 있다. 그러나 조화로움으로 대립되어 있음으로서 조화롭게 대립되어 있는 것과 상호작용으로서 일치적인 것이 그 안에

---

* 일종의 삽입구로 보이는데, "천부적 재능만도 기술만도 아니다"로 이해된다. 이어지는 문구 "천부적 재능과 기술의 완결"은 천부적 재능(ingenium)과 기술(ars)의 전통적인 관련으로 거슬러 올라간다.
** "감동의 정체성"은 감동의 상태만을 말하는 것이 아니라 결부된 자기 확신도 의미한다.

서 하나로 파악된 시적 개성의 마지막 행위에서, 시적 개성은 자신을 통해서 파악될 수도 없고, 파악되어서도 안 되며, 스스로 대상이 될 수도 없고, 되어서도 안 된다. 시적 개성이 무한히 일치적이며 생동하는 통일성 대신에 죽은 그리고 죽이는 통일성이어서도, 무한히 실증적으로 변화된 것*이어서도 안 된다면 말이다. 왜냐하면 시적 개성 안에서 일치성과 대립이 분리할 수 없이 밀접하게 결합되어 하나를 이루고 있다면, 시적 개성은 대립된 일치적인 것으로도, 결합이 가능한 대립된 것으로도 성찰에 나타날 수 없기 때문이다. 시적 개성은 그러니까 전혀 나타날 수 없다. 아니면 실증적인 무(無), 무한한 정지의 특성을 띄고 나타날 뿐이다. 그것은 모든 과장** 중의 과장이며, 시적 정신의 가장 과감한 마지막 시도이다. 시적 정신이 자신의 수행 방식을 통해서 근원적인 시적 개성, 시적인 자아를 파악하려고 시도한다면, 시적 정신이 이러한 개성과 그 개성의 순수한 대상, 즉 일치된 생동하는 조화로운 상호작용하는 삶을 지양하려고 시도한다면 말이다. 시적 정신은 그렇게 하지 않을 수 없다. 왜냐하면 시적 정신은 자신의 과업을 행할 때, 모든 것을 **자유**와 함께여야 하기 때문이다. 또한 시적 정신이 고유한 세계를 형성하며, 본능이 자유를 동반하는 모든 것이어야 하기 때문에, 자연히 그것이 존재하는 본래적인 세계에 속하는 가운데, 시적 정신은 자신의 이 개성을 확인해야 하기 때문이다. 그러나 시적 정신은 자기 스스로를 통해서 그리고 자체 안에서 자신의 개성을 인식할 수 없기 때문에, 외적 대상

---

* 횔덜린은 헤겔처럼 "실증적(positiv)"이라는 용어를 역사적으로 일정한 형태를 이미 갖춘 것, 구체적으로 고착되고 분리된 것이라는 의미로 사용했다.

** 이 텍스트의 앞 부분에서 이미 사용된 적이 있는 "과장된(hyperbolisch)"이라는 용어는 "모든 이론적으로 사유할 가능성을 넘어선"이라는 의미를 가진다.

이 필수적이다.* 말하자면 순수한 개성은 오로지 대칭을 이루고 있는 것도 오로지 연관을 맺고 있는 것도 아니며, 그 개성이 추정할 수 있는 여러 특별한 시적 특성들 가운데, 어떤 하나를 받아들이도록 결정되어 있다. 그렇기 때문에 순수한 개성을 통해서나 다른 특성을 통해서, 이제 선택된 개성과 이제 선택된 소재를 통해서 특정된 그 개성의 특성이 인지 가능하고 자유와 함께 포착될 수 있다.

(주관적인 천성 안에서 자아는 오직 대립적인 것으로, 또는 연관적인 것으로 인식될 수 있으나, 주관적인 천성 안에서 자아는 삼중의 특성으로 말미암아 시적 자아로 인식될 수는 없다. 왜냐하면 자아는 주관적인 천성 안에서 자신을 나타내며, 그 자체로 자신을 통해서 구분되기 때문이다. 그렇게 해서 인식된 것은 항상 인식하는 자와 인식과 함께 합쳐서만이 시적 자아의 삼중적 천성을 이루는 것이 분명하다. 또한 인식자에 의해서 인식된 것으로 파악되지 않고, 인식하는 것으로 파악되지 않으며, 인식에 의해서 인식된 것으로나 인식하는 것으로 파악되지 않으며, 인식자에 의해서 인식으로 파악되지도 않는다. 이 세 가지의 별도로 분리되어 사유된 질감의 어느 것을 통해서도 대립하면서 조화롭게 대립을 이루고 있는 것으로, [형식적으로] 결합하면서 조화롭게 대립을 이루는 것으로, 하나 안에 포괄하면서

---

* 횔덜린은 이 동일성의 문제를 헤겔에게 보낸 편지(1795년 1월 26일)에서 피히테에 대한 논쟁을 통해서 표명한 바 있다. 대략 같은 시기에 쓴 논고 「판단과 존재」의 마지막 구절에서도 같은 논리를 펼친다. "그러나 이러한 존재는 동일성과 혼동되어서는 안 된다.……자기의식 없이 내가 어떻게 '나!'라고 말할 수 있겠는가? 그런데 자기의식은 어떻게 가능할까? 내가 나를 나 자신에게 대립시키고, 나를 나 자신으로부터 분리시킴으로써, 하지만 이러한 분리에도 불구하고 나를 대립된 나 속에서 동일한 나 자신으로 인식함으로써 가능하다.……따라서 동일성은 전적으로 이루어지는 객체와 주체의 결합이 아니며, 또한 동일성 = 절대적 존재가 아니다."(이 책의 69-70쪽 참조.)

조화롭게 대립을 이루는 것으로, 삼중의 천성 안에서의 순수한 시적 자아로서 대립과 결합으로 꾸며지지는 않는다. 반대로 그 자아는 자신과 스스로 사실적인 모순에 머무는 것이다.[3] — 그러니까 자아가 그 자체로 그리고 자

---

[3] 말하자면 자아가 자신의 주관적인 천성에서 자기 자신으로부터 자신을 구분하고 대립시키는 통일체로서 조화롭게 대립되어 있는 것 안에 위치시키는 가운데, 조화롭거나 조화롭게 대칭되어 있는 것 가운데 통합하는 통일체로서 존재하는 한에서, 이것이 대립되어 있는 한에서, 이것은 대립의, 자신을 알고 있는 구분된 것의 사실성을 부인해야 하고, 주관적인 천성 안에 있는 구분 행위를, 자아의 정체성을 인식하기 위해서 자아는 자신을 통일체로 만드는 착각과 자의(恣意)를 해명하지 않으면 안 된다. 이 경우 그것에서 인식된 동일성 자체도 하나의 착각이다. 자아는 스스로를 의식하지 않는다. 또는 통일체가 아니다. 또는 자아는 자신의 구분을 (독단적으로) 사실적으로 받아들인다. 말하자면 자아가, 그의 주관적인 천성에서, 구분하는 자 또는 통합하는 자로서 현존하느냐에 따라서 자아는 구분하는 자로서 또는 통합하는 자로서 종속적으로 자리를 잡는다. 그리고 이것이 자아가 자신을 지양하지 않고는 포기할 수 없는 그의 주관적인 천성 가운데, 절대적으로 독립적으로 그의 행위들 가운데 일어나야 하기 때문에 자아는 대립하는 자로서도 결합하는 자로서도 **자기 자신, 자기의 행위를** 인식하지 않는다. 이러한 경우 자아는 다시금 자신을 동일한 것으로 인식할 수가 없다. 왜냐하면 자아가 처하고 있는 여러 행위들은 그의 행위가 아니기 때문이다. 자아는 한번도 이러한 행위에 포괄된 것으로 자신을 위치시킬 수가 없다. 왜냐하면 이러한 행위들은 그에 의존하지 않기 때문이다. 자기 스스로로부터 구분되는 것은 자아가 아니라, 자아가 쫓김을 당한 것처럼 태도를 취하고 있는 그의 천성이다.

그러나 자아 역시 이제 자신의 천성의 조화롭게 대립되어 있는 것과의 동일체로서 자신을 위치시키고자 한다면(기술과 천부적 재능, 자유와 유기적인 필연성 사이의 모순을, 이 영원한 매듭을 칼로 잘라버리고자 한다면) 그것은 아무런 도움이 되지 않는다. 그렇게 되면 대립과 결합의 구분이 실제적이지 않으며, 그렇게 해서 그의 조화롭게 대립된 삶 가운데의 자아도, 자아 안의 조화롭게 대립된 삶도 통일체로서 인식이 가능하지 않게 된다. 왜냐하면 자아는 하나의 추방된 자아이기 때문이다. 그리고 여전히 조화롭게 대립되어 있는 것이 자신의 자아 안에서 통일체로 인식이 가능하다. 왜냐하면, 이것은 추방된 자아로서, 통일체로 인식이 가능하지 않기 때문이다.

따라서 모든 것은 자신을 지양하지 않은 채 포기할 수 없는 그의 주관적 천성과 오직 상호작용 가운데 머물지 않으며, 자아가 자신이 원한다면 포기할 수 있는 대상을 자유롭게 선택하게 된다는 결론에 도달한다. 그 결과 이 대상을 통해서 철저히 적합하게 규정되고 자아를 규정하기에 이른다.

여기에 자아가 조화롭게 대립된 삶 가운데 통일체로서, 그리고 조화롭게 대칭된 것이

신을 통해서 자신과 구분되지 않는 한에서만, 자아가 제3의 것을 통해서 확정적으로 구별할 수 있도록 되었을 때, 그리고 이 제3의 것이 자유롭게 선택되었던 한, 그것의 영향과 결정들 안에서 순수한 개성이 지양하지 않고, 오히려 이 순수한 개성에 의해서 고찰될 수 있으며, 동시에 하나의 선택을 통해서 결정되고, 경험적으로 개성화되고 특성화된 것으로 고찰되는 한, 그럴 경우에만 자아가 조화롭게 대립되어 있는 삶 가운데 통일체로서, 그리고 거꾸로 조화롭게-대립되어 있는 것이 자아 안에 통일체로 나타나고 아름다운 개성 안에 대상으로 되는 것이 가능하다.)

a) 그러나 이것이 어떻게 가능한가? 보편적인 것을 통해서?

b) 자아가 시적 개성을 통해서 자신을 인식하고 행동하는 것이 그런 방식으로 가능하게 된다면, 시적 표현에 어떤 결과가 그것으로부터 발생하는가?* (자아는 주관적, 객관적인 시도를 통해서 순수한 통일로의 지향을 인식한다.)

a) 인간이 이러한 단독적인 존재 안에, 스스로와 함께하는 이러한 삶 가운데, 자연스럽게 현존하는 세계와의 자연스러운 연관 사이와, 자연스럽게 현존하는 그러나 **자유로운 선택**으로 자신의 영역으로 선발된 것으로 앞서 인식된 그리고 모든 영향 가운데 자신의 의지 없이는 그를 규정하지 않는 세계와의 한층 더 높은 연관 사이, 이러한 모순된 **중간 상태**(Mittelzustande)에 놓여 있다면, 인간이 소년기와 성숙한 인간성 사이, 기계적으로 아름다운 그리고 인간적인 아름다운 삶 사이의 예의 중간 상태에서 자유롭게 아름

순수한 (시적인) 개성 안에 들어 있는 자아 가운데 통일체로서 인식이 가능하게 될 가능성이 담겨 있다. 순수한 주관적인 삶은 자신의 대상의 선택을 통해서 자유로운 개성으로, 자체 내의 통일성과 동일성으로 비로소 옮겨지게 된다.

* 이 물음에 대한 답변은 뒤에 나오는 "표현과 언어를 위한 힌트"(128쪽)로 보인다.

다운 삶을 살았다면, 그리고 이러한 중간 상태가 얼마나 전적으로 자기 자신과의 모순 가운데 1) 순수한 자아와 정체성을 향한 노력의 2) 의미성과 구분을 향한 노력의 3) 조화를 향한 노력의 필연적인 모순 가운데 지속적으로 머물고 있는지, 그리고 얼마나 이러한 모순 가운데서 이러한 노력들 각각이 스스로 지양되고 또 실현 불가능한 것으로 자신을 드러내야만 하는지, 말하자면 얼마나 인간이 체념하고, 소년기로 되돌아가거나 성과 없는 모순들 가운데 스스로 힘을 소모해야만 하는지 인식하고 경험했다면, 그리고 인간이 이러한 상태에 계속 머물고 있다면, 그를 이러한 비극적인 진퇴양난에서 구해내는 한 방편이 있다. 그리고 젊은이처럼, 어떻게 자유로울 수 있는가의 문제, 문명화된 인간의 독립성과 일상적인 평범한 인간의 적응 가운데, 어린아이처럼 세상에서 어떻게 사느냐의 문제는 다음과 같은 규칙을 따르는 가운데 저절로 해결된다.

"**자유로운 선택으로**(mit freier Wahl) 그대를 외적 영역과의 조화로운 대립(harmonische Entgegensetzung)으로 옮겨놓아라. 마치 그대가 그대 자신 안에 **조화로운** 대립 안에 있지만, 자연에서 그대가 그대 자신 안에 머물고 있는 한, 더욱 인지할 수 없도록 그 안에 있듯이."

왜냐하면 여기에 이러한 규칙을 따르는 가운데, 앞선 상태에서의 태도와는 중요한 차이가 놓여 있기 때문이다.

이전 상태에서, 다시 말해서 독자적 존재(Alleinsein)의 상태에서 조화롭게 대칭된 자연은 인식 가능한 통일체가 될 수 없었다. 왜냐하면 지양됨이 없이는, 구분의 사실성, 즉 **인식**의 사실성의 지양 없이는 자아는 활동적인 통일체로 자신을 세우고 인식할 수 없으며, 통일체의 사실성, 동일성의 기준, 즉 행동을 지양하지 않고서는 고통을 겪는 통일체로 자신을 세우고 인식할 수 없기 때문이다. 또한 자아가 자신의 통일성을 조화롭게 대립되어 있는 것 안에서, 그리고 조화롭게 대립되어 있는 것을 그 통일성 안에서 인식하려고 노력하는 가운데, 그처럼 절대적으로 그리고 독단적으로 활동적인 통일체로서, 또는 고통을 겪는 통일체로서 자신을 설정해야만 하는 상황은 자아가 스스로를 통해서 자신을 인식하기 위해서 자기 스스로와 함께 서 있는, 따라서 구분하는 일이 그에게 어려워지는, 자연스러운 내면적인 결합을 오로지 부자연스러운 (스스로 지양하는) 구분을 통해서만 대체할 수 있기 때문에 발생한다. 또한 자아는 태생적으로 자신의 상이성(Verschiedenheit) 가운데 스스로와 일체(Eins)이며, 자아가 자유를 통해서 스스로에게 부여하고 있는 인식을 위해 필연적인 상이성은 다만 극단적인 것에서만 가능하기 때문에, 즉 **이러한 방식을 통해서** 실현하는 시도적 사고에서의 노력을 통해서만 스스로가 지양되기 때문이다. 또한 자아가 (주관적인) 조화롭게 대립되어 있는 것 안에 위치하고 있는 한 자아는 (주관적인) 조화롭게 대립되어 있는 것 안에서 자신의 통일성을, 그리고 (주관적인) 조화롭게 대립되어 있는 것을 자신의 통일성에서 인식하기 위해서 필연적으로 자신을 포기할 수밖에 없으며, 자아가 (주관적인) 조화롭게 대립된 것 안에 위치하지 않고, 또 그 반대인 한에서 스스로를 성찰할 수밖에 없기 때문이다. 그러나 자아가 (주관적인) 조화롭게 대립되어 있는 것 안에서 자신의 존재의 이러한 포기를, 그리고 그것 안에서의 비존재(Nichtsein)에 대한 이러한 성찰을, 자신과 조화롭게 대립되어 있는 것의, 주관적으로 조화로운 그리고 대립적인 것과 통일성의 지양 없이는 행할 수 없기 때문에, 자아가 이러한 방식으로 행하는 시도들은 그 시도들이 이러한 방식으로 실현될 경우에 스스로를 지양하는 그러한 시도들일 수밖에 없다.

이것은 따라서 독자적 존재의 (자기 존재의 예감의) 상태와 인간이 어떤 외부의 환경과 자유로운 선택을 통해서 조화로운 대립에 위치하는 새로운 상태 사이의 차이이다. 그리하여 인간은 바로 이 조화로운 대립과 그렇게 내면적으로 결합되어 있지 않기 때문에, 그것 안에 놓인 이상, 이 조화로운 대립과 제 자신을 포기할 수 있다. 그리고 그것 안에 놓여 있지 않는 한, 스스로를 성찰할 수 있다. 이것이 왜 그가 스스로에서 벗어나는가의 이유이며, 이것이 외부 세계에서의 자신의 수행 방식을 위한 규칙이다. 이러한 방식을 통해서 그는 자신의 통일성과 개성에 들어 있는 그의 규정, 즉 자체 안에 조화롭게 대립되어 있는 것에 대한 인식에 도달한다. 그리고 다른 한편 자신의 동일성에 대한, 조화롭게 대립되어 있는 것 안에서의 자신의 통일성과 개성에 대한 인식에 도달한다. 이것은 그의 존재의 참된 자유이다. 그리고 그가 이러한 외적인 조화롭게 대립된 영역에 지나치게 의존하지 않으며, 제 자신과처럼 그 영역과 동일화되지 않음으로 그가 결코 그 영역을 도외시할 수 없고, 또한 스스로에 지나치게 의존적이지도 않으며, 독립적인 자로서 자신을 거의 도외시할 수 없다면, 그리고 그가 지나치게 자신을 성찰하지 않고, 자신의 영역과 시대도 너무 지나치게 성찰하지 않는다면, 그는 자신의 숙명의 옳은 길을 걷고 있는 것이다. 그가 세계와 일치했고 그 세계를 전혀 포기할 수 없었던 일상적 삶의 어린 시절, 자유가 없고 그 때문에 조화롭게 대립된 것 안의 자기 자신에 대한 인식도, 자기 자신 안에 있는 조화롭게 대립된 것에 대한 의식도 없고, 스스로에 대해 고찰할 때 순수한 삶 안에서 어떤 확실성, 독자성, 고유한 동일성도 없었던 그 어린 시절, 이 시절은 그에 의해서 소망의 시간으로 생각된다. 이때 인간은 객관적인 삶에게 자신을 온통 바치는 가운데 조화롭게 대립된 것 안에서 자신을, 그리고 그 자신 안에서

이 조화롭게 대립된 것을 통일체로 인식하려고 노력한다. 그러나 이때 조화롭게 대립된 것 안에서 인식 가능한 동일성의 불가능성이, 이미 주관적으로 제시되었던 것처럼, 객관적으로 제시된다. 그는 이러한 상태에서 자신의 주관적인 천성 가운데의 자신을 전혀 알지 못하고, 객관적인 천성 가운데 오로지 객관적인 삶이기 때문에, 그가 주관적인 인간이 자신의 주관적인 영역에서 포기할 수 있는 것보다 더 포기할 수 없는 자신의 영역 안에서, 주관적인 인간처럼 자신의 영역에서 조치를 취하는 것을 통해서만 조화롭게 대립되어 있는 것 안에서, 통일성을 인식하려고 노력할 수 있다. 그는 조화롭게 대립되어 있는 것 안에 있는 것처럼 그 안에 위치하게 된다. 그는 그 객관적인 영역이 조화로운 한, 자신을 대립시키는 자로 만들고, 객관적인 영역이 대립되어 있는 한, 자신을 통일시키는 자로 만드는 가운데 스스로를 인식하려고 노력해야만 하고, 객관적인 영역 안에서 스스로를 구분하려고 노력해야 한다. 그러나 그가 이러한 상이성 가운데 자신을 인식하려고 노력한다면, 그는 자신과 함께 처해 있는 갈등의 현실성을 자신의 면전에서 부정할 수밖에 없고, 이 모순된 처리 과정을, 그가 조화롭게 대립되어 있는 것 안에서 자신의 정체성을 인식하기 위해서 자신을 표현할 뿐인 착각과 자의로 생각할 수밖에 없다. 그러나 그다음에는 그의 동일성 역시 인식된 것으로서 하나의 착각이다. 아니면 그는 구분을 사실로 간주한다. 말하자면 그가 그의 객관적인 영역 안에서 무엇을 구분할 것으로 생각하느냐, 아니면 동일한 것으로 생각하느냐에 따라서 통합하는 자로 또는 구분하는 자로 행동한다. 이때 자신을 통합하는 자로서 그리고 구분하는 자로서 종속시키는 것이다. 그리고 이러한 일이 그가 자신을 지양시키지 않고는 포기할 수 없는 그의 객관적인 영역에서 절대적으로 종속적으로 일어나야 하기 때문에, 그는 통합하는 자로서도 대립시키는 자로서도 **스스로 자신의 행위를** 인식하지 않는다. 이러한 경우 그는 자신을 동일한 것으로 다시 인식할 수 없다. 왜냐하면 그가 처해 있는 여러 다양한 행위들은 그의 행위들이 아니기 때문이다. 그는 자신을 전혀 인식하지 못한다. 그는 구분 가능한 그 무엇이 아니다. 그의 영역은 그가 이렇게 기계적으로 태도를 취하는 영역이다. 그러나 그가 이제 그의 영역과 일치적인 것으로 자신을 위치시키려 하고, 그가 항상 통합하고 하나 가운데(in Einem) 인식하려고 노력하며 또 노력해야만 하는 삶과 개성의 갈등을 가장 드높은 친밀성을 통해서 해소시키고자 하더라도, 그가 자신의 영역을 포기할 수 없도록 그의 영역 안에서 그렇게 태도를 취하는 한, 이것은 아무런 도움도 되지 않는다. 왜냐하면 너무도 친밀하게 자신의 영역 안에서 살고 있어, 바로 그 때문에 구분 행위와 통합 행위의 대립의 극단을 통해서만 자신을 인식할 수 있기 때문이다.

그러니까 지나치게 주관적인 상태나 지나치게 객관적인 상태에서, 신적이며 조화롭게 대립되어 있는 것 안의 통일체로서 자신이 포함된 것으로, 거꾸로 신적인 것, 일치적인 것, 조화롭게 대립되어 있는 것을 통일체로서 자신 안에 포함하고 있는 것으로 인식한다는 사실에 근거하여 자신의 사명을 달성하려는 인간의 시도는 헛된 일이 된다. **왜냐하면 이것은 오로지 아름답고 성스러우며 신적인 감각을 통해서만 가능하기 때문이다.*** 즉 오직 행복하

---

* "인간은……신적인 감각을 통해서만 가능하기 때문이다.": 이 단언에 이 논고 전체의 핵심이 담겨 있다. "지나치게 주관적인 상태나 지나치게 객관적인 상태에서"라는 언급은 주관적, 객관적인 상태의 조화로운 결합의 요구라는 관점에서 이해되어야 한다. 이러한 결합은 이어지는 이 문장의 끝에 이르는 부분에서 완성된 상호성으로 규정된다. 이때 "통일성"의 부각과 "인식"의 결론적인 강조는 완성된 상호성 자체만이 아니라, 우리가 그 상호성을 동일성을 촉진하는 방식으로 인식하는 데에도 목적을 두고 있다. "왜냐하면

고, 오직 숭고하고 강렬하고, 오직 일치적이고 평온해서가 아니라, 이 모든 것이 동시적이기에 아름다운 감각을 통해서 가능하기 때문이다. 또한 그것이 오직 이기적이지 않게 그 대상에 헌신해서만도, 오직 이기적이지 않게 그 내면적인 근거 위에 서서만도, 오직 이기적이지 않게 그것의 내면적인 근거와 그것의 대상들 사이를 오가서만도 아니고, 이 모든 것이 동시적이기에 성스러운 감각을 통해서 가능하기 때문이다. 그리고 그 감각이 단순한 의식이나, 내면적 그리고 외적인 삶의 상실과 더불어 단순한 (주관적 또는 객관적) 성찰이나, 내면적 그리고 외적인 조화의 상실과 더불어 (주관적으로 또는 객관적으로 규정된) 단순한 노력이나, 지적 직관과 그것의 신화적이며 형상적인 주체, 객체처럼 단순한 조화뿐만도 아니고,* 의식과 통일성의 상

이것은 오로지 아름답고 성스러우며 신적인 감각을 통해서만 가능하기 때문이다"라는 이유의 문장은 인식 행위의 사실에 해당한다. 이에 따르면 인식은 "감각"을 통해서만 가능하다. 이러한 감각에 대해서는 세 차례에 걸쳐 강조된다. 감각은 "모든 것이 동시적"이라는 것이다. 이러한 "감각"의 세 가지 규정—"아름다운", "성스러운", "신적인"—은 함축성 있게 사용되고 있으며 이어지는 구절에서 자세한 구분을 통해서 설명된다. "……이기 때문에 아름다운", "……이기 때문에 성스러운", 그리고 "……이기 때문에 신적인" 등으로 말이다. 그리고 이 세 가지의 설명은 "모든 것이 동시적"이라는 언급으로 수렴된다.

* "지적 직관"이라는 용어에 대해서는 논고 「판단과 존재」의 각주 및 해제 참조. 논고 「문학 양식의 구분에 관하여」에는 이렇게 언급되어 있다. "이러한 양식의 모든 작품들에는 하나의 지적 직관이 바탕에 깔려 있다. 이 지적 직관은 살아 있는 모든 것과의 일치 이외에 결코 다른 것일 수 없다. 그것은 제약된 심성으로서는 느껴질 수 없고, 그 심성의 극도의 노력 가운데 예감될 수 있지만, 정신에 의해서 인식될 수 있다. 그리고 그것은 절대적 분리와 고립의 불가능성에서 생성된다." 「시적 정신의 수행 방식에 관하여」에서 "지적 직관"은 "단순한 조화"로, "의식의 상실과 더불어"라는 서술을 통해서 아직은 의식의 지평에도, 초월적인 "감각"의 지평에도 서 있지 않고, 따라서 "형상적인 것"의 영역에, 즉 무의식적인 심미적 객관화의 영역에 머물고 있는 단순히 "신화적인 것"의 질감이 부여된다. 「판단과 존재」에 대한 논고는 지적 직관을 존재와 대등하게 취급했다. "지적 직관"의 기본적인 개념 규정은, 논고 「문학 양식의 구분에 관하여」에서 "살아 있는 모든 것과의 일치"로 규정되었고, 논고 「판단과 존재」에서는 존재—지적 직관의

실과 함께 이 모든 것이 동시적이기에 신적 감각을 통해서 가능하기 때문이다. 또한 그렇기에 초월적인 감각을 통해서 가능하기 때문이다. 또한 그 감각은 소위 말하는 고유한 특성의 통합과 상호작용 가운데 지나치게 쾌적하고 감각적이지 않고, 지나치게 정력적이며 거칠지 않으며, 지나치게 내면적이고 공상적이지 않고, 너무도 이기적이지 않게, 즉 자기를 망각하고 그 대상들에게 너무 헌신하지도 않으며, 너무도 **이기적이지** 않게, 다시 말해 너무도 **독립적으로** 자신의 내면적인 토대 위에 머물지 않으며, 너무도 이기적으로, 다시 말해 너무도 우유부단하게 그리고 공허하고도 미결정적으로 그것의 내면적인 토대와 대상들 사이를 부유하지 않으며, 지나치게 성찰하고, 자신을 의식하고, 너무도 날카롭게 그렇지만 이 때문에 내면적 및 외적인 토대를 의식하지 않은 채가 아닌 가운데 가능하기 때문이다. 또한 너무도 동요하고, 너무도 그 내면적이고 외적인 토대에 매몰되어서, 이 때문에 내면과 외부의 조화를 의식하지 않은 채도 아니며, 너무 조화롭게, 그러나 이 때문에 자기 자신 그리고 내면적, 외적 토대를 지나치게 덜 의식하지 않으며, 바로 이 때문에 지나치게 불확정적으로, 그리고 본래 무한한 것, 즉 감각을 통해서 **규정된** 실제적인 무한성으로, 외부에 위치하도록 결정된 그러한 무한한 것의 덜 감각적으로 그리고 오로지 한층 짧은 기간의 능력으로 의식되는 가운데 그 감각은 가능하기 때문이다. 줄여서 말하자면, 그 감각은 삼중의 특성 가운데 있기 때문에 가능하다. 그리고 이 삼중의 특성 가운

적합성을 통해서 "주체와 대상의 결합"으로 한층 더 엄밀하게 규정된(1795년 9월 4일 실러에게 보낸 편지[『서한집』, 170쪽] 및 1796년 2월 24일 니트함머에게 보낸 편지[『서한집』, 190-191쪽]에서의 언급 참조) "조화"이기 때문에, "그것의 신화적이며 형상적인 주체, 객체"라는 어법에서 "주체, 객체"라는 나열은 주체와 객체의 결합에 대한 단축적 표현으로 이해된다.

데 어느 하나에 일방적으로 노출되지 않기 때문에 오로지 가능한 것이다. 반대로 그 삼중의 특성에서 근원적으로 한층 더 결정적이며 한층 더 인식 가능하게 그러나 또한 보다 더 분리적으로 그 특성들이 소유하고 있는 모든 힘이 생긴다. 마찬가지로 그 힘들, 그리고 그것의 특성들과 표현들도 다시금 그것들 안에서 그리고 상호 연관성과 생동하는, 스스로 존속하는 확실성을 통해서 특성들의 기관(Organ)으로서, 그 특성에 귀속하면서 자신의 제약성 가운데 스스로에 제약되지 않는 자유와 그 특성들의 전체성 안에 포괄되어있는 완벽성을 획득한다. 이미 말한 바 있는 세 가지 특성은 생동하는 통일성 가운데 조화롭게 대립되어 있는 것을 또는 그 조화롭게 대립되어 있는 것 가운데 통일성을 인식하려는 노력으로서 주관적 또는 객관적 상태 안에 자신을 표현할 수 있다. 왜냐하면 바로 이러한 서로 다른 상태는 이 상태들의 결합에서처럼 이러한 감각에서 발생하기 때문이다.

S*

표현과 언어를 위한 힌트**

언어는 앞에서 언급되었던, 그리고 그 안에 통일성으로서 일치적인 것이,

---

* 이 약자로 이 논고의 본론은 중단된다.
** 「엠페도클레스의 죽음에 대한 기초」를 포함하고 있는 논고 「비극에 관하여」와 나중에 「오이디푸스 왕에 대한 주석」 및 「안티고네에 대한 주석」의 결구에서처럼 중심적인 내적 과정의 전개에 이어서 "표현", 즉 문학적 실현에 대한 언급이 이어진다. 정신이 모든 실현에 앞서 내면적인 과정으로서 수행했던 것의 표현에 대한 언급이 이어지고 있는 것이다. 앞선 중심 부분이 동일성을 실현시키는 인식의 영역으로 이어졌기 때문에 이제는 인식을 통한 경과에서 비로소 가능한 "표현"과 "언어"가 연결된다. 횔덜린은 새로운 장의 첫 부분에서 "인식"과 "언어"를 하나로 연관시키면서 "표현"과 "언어"의 연결과 인식의 중재 기능을 강조한다. 이 부분은 본문 120쪽 b)의 물음 "자아가 시적 개성을 통해서 자신을 인식하고 행동하는 것이 그런 방식으로 가능하게 된다면, 시적 표현에 어떤 결과가 그것으로부터 발생하는가?"에 대한 답변으로 여겨진다.

그리고 그 역으로도 포함되어 있다고 언급되었던 인식과 같은 것은 아닌가? 그리고 이것은 삼중의 양식을 지니고 있었다는 사실 등등.

어느 하나가 다른 어느 것을 위해서 가장 아름다운 요소는 본래적인 **표현**(Äußerung), 가장 정상적인 언어, 가장 생동하는 의식이, 특정한 무한성*에서 한층 더 보편적인 무한성으로의 이전(移轉)이 놓여 있는 그 지점에 놓여 있어야만 하지 않는가?

확고한 지점은 일련의 기호의 관계들과 국부적 색채들과 명암 처리의 특성과 정도를 결정하는 바로 그곳에 놓여 있는 것은 아닌가?

언어의 모든 평가는 우리가 가장 확실한 그리고 가능한 한 가장 오류가 없는 **특성 표지**에 따라서 그것이 아름답게 서술된 진정한 감각의 언어인지를 시험하는 데로 환원되는 것은 아닌가?**

인식이 언어를 예감하는 것처럼, 언어는 인식을 회상한다.

인식은 그것이 1) 삶의 아직 성찰되지 않은 순수한 감각이었고, 그 안에 특정한 무한성이 포함된 이후 언어를 예감하며, 2) 그것이 내면적인 성찰과 노력과 시작(詩作)의 불협화 가운데 반복되었고, 이제 내면적으로 자신을 재발견하고 재생산하려는 이 헛된 시도 이후에, 제 시간을 가져야만 하는 이러한 침묵의 시도 이후에, 자신을 초월해 나와서 전적인 무한성 안에서 자신을 재발견하며, 즉 동기 없는 순수한 정취를 통해서, 마찬가지로 인식이 획득했고 또 획득할 수 있었던 근원적으로 생동하는 감각의 반향을 통해서, 모든 내면적 시도의 총체적인 작용을 통해서, 이러한 보다 드높은 신적

---

* "특정한 무한성"은 여기서 "특별한 것 안의 보편적인 것"을 의미한다.

** 125쪽의 언급 "왜냐하면 이것은 오로지 아름답고 성스러우며 신적인 감각을 통해서만 가능하기 때문이다"를 명백히 되새기고 있다.

인 감수성을 통해서 그것의 전반적인 내면적 및 외적인 삶을 지배하고 소유하게 된 이후에, 인식은 언어를 예감한다. 무한성을 향해서 수용적인 정취로 정화된 근원적인, 생동하는 삶의 감각이 무한한 것 안에서의 무한한 것으로서, 생동하는 전체 안에서의 정신적 전체로서 자신을 발견하는 바로 이 순간에 언어가 예감된다고 우리는 말할 수 있다. 그리고 이제 근원적인 감각 가운데 하나의 성찰이 일어난다면, 그것은 단순한 정취에 이르기까지 더 이상 해체적이며 보편적이며, 형성적이지 않다. 그것은 감정(Herz)에게 그것이 감정으로부터 취했던 모든 것을 되돌려준다. 그것은 그것이 이전에 정신적으로 승화시키는 기술이었던 것처럼 생명을 주는 기술이다. 또한 다른 울림을 에워싼 하나의 마법적인 울림으로 그것은 잃어버린 생명을, 그 생명이 근원적으로 느껴졌던 것만큼 온전히 다시 느껴질 때까지, 한층 더 아름답게 불러낸다. 또한 그 때문에 인간에게 무한한 삶이 현재화되고, 인간이 가장 추상적인 것으로서 모든 것을 그만큼 더 내면적으로 받아들이는 근원적인 단순성으로부터 가장 드높은 형식으로 자신을 형성하는 것이 삶 자체의 행보와 사명이라면, 생동하는 것과 정신적인 것의, 형식적이며 질료적인 주체-객체의 이 지극한 대립과 합일로부터 정신적인 것에는 그것의 생명을, 생동하는 것에는 그것의 형태를, 인간에게는 그의 사랑과 그의 감정을, 그의 세계에게는 감사를 되돌려주는 것이 그의 사명이다. 그리고 충족된 예감, 그리고 희망 이후 마지막으로, 즉 **표현** 안에 교양의 절정이 최고의 삶 가운데 최고의 형식이 존재했을 때, 그리고 본래 표현의 시작에서처럼 오로지 그 자체에서도, 그 표현이 정신으로부터 삶을 그리고 삶에서부터 정신을 불러내는 표현의 계속처럼 노력에서도 아니고, 그 표현이 최고의 형식 가운데서 근원적인 삶을 발견했을 때, **정신과 삶이 양측에서 동등할 때**, 그리고 그것의 발견, 즉 무한한 것 안에서 무한한 것을 인식한 때, 감정과 삶의 단순히 근원적인 단순성이 아닌 이러한 마지막이자 세 번째의 완성 이후, 인간이 얽매이지 않고 제약된 무한성 가운데 있는 것처럼 자신을 느낄 때, 예의 감각이 순수한 형식적인 정취로 정화되어, 삶의 전적인 그리고 이상인 무한성을 받아들일 때의 단순히 성취된 정신의 단순성이 아닌 무한한 삶으로부터 다시 생명을 얻은 정신, 행복이 아닌, 이상이 아닌, 성취된 작품과 창조가 오로지 표현 가운데 발견될 수 있다. 그리고 [이것은] 표현의 바깥에서는 오로지 그 표현의 결정된 근원적인 감각에서 솟아오른 이상 가운데서만 기대될 수 있다. 결정된 무한성이 그렇게 넓게 삶 속으로 소환되고, 무한한 것이 그렇게 넓게 정신화되어서 정신과 삶에서의 하나가 다른 하나와 동일한 이러한 제3의 완성 이후 드디어 기대될 수 있는 것이다. 이러한 제3의 완성 이후 결정된 것이 점점 더 생동하고, 근원적인 감각이 정신으로서 **그 표현 가운데** 시작했고 감정이 그 생명을 얻었던 보다 드높은 무한성이 생동한 것으로 그 표현 가운데에 존재했던 것처럼 바로 그렇게 정신화되듯이, 바로 그렇게 근원적인 감각은 생명으로서 현시된다.

  그리하여 이것이 인간의 행보와 사명 자체인 것처럼 보인다면, 이와 동일한 것이 모든 그리고 개개 문학의 행보와 사명이다. 또한 이것은 인간이 근원적인 소년기에서 솟아올라와 대립된 시도 가운데 첫 번째 삶의 최고의 형식을 향해서, 순수한 반향을 향해서 분투했고, 그처럼 무한한 삶 가운데서 무한한 정신으로서 자신을 느끼는 것과 같다. 또한 인간이 교양의 이러한 단계에서 비로소 실제로 삶을 떠맡고 자신의 활동과 자신의 사명을 예감하듯이, 시인은, 그 역시 근원적인 감각에서 출발해서, 대립된 시도들을 통해서, 음조를 향해서, 같은 감각의 가장 드높고 순수한 형식을 향해서 분투했고 전적으로 자신의 전체적인 내적이고 외적인 삶이 그 음조와 함께 포함된 것을 보는 이 단계에서 그는 자신의 언어를 예감한다. 그리고 이 언어를 가지고 지금의 문학 그리고 동시에 모든 시문학(Poësie)에 대한 본질적인 완성을 예감하는 것이다.

그 단계에 그것이 감정에서 취했던 모든 것을 감정에 되돌려주고, 시인과 그의 미래의 시의 정신을 위해 생명을 주는 기술인 새로운 성찰이 들어선다는 것은 이미 언급된 바 있다. 이는 시인과 그의 시의 근원적인 감각을 위해서 그것이 정신적으로 승화시키는 기술이었던 것과 마찬가지이다. **이러한 창조적인 성찰의 산물이 언어이다**. 말하자면 시인이 자신의 전체적인 내적이고 외적인 삶 가운데서 자신의 근원적인 감각의 순수한 음조에 포괄됨을 느끼는 가운데, 그리고 자신의 세계를 둘러보는 가운데, 이 세계는 그에게 그처럼 새로운 미지의 세계이다. 그의 모든 체험, 지식, 관조, 사유, 예술과 자연의 총체가 그의 내면과 외면에 표현되면, 모든 것은 마치 처음인 듯하고, 바로 그 때문에 파악되지 않고, 결정되지 않았으며, 공공연한 소재와 삶 가운데 해체되어 그에게 현재화된다. 그리고 무엇보다 중요한 것은 그가 이 순간에 그 어떤 것도 주어져 있는 것으로 취급하지 않는다는 것, 어떤 것도 실증적이라고 추정하지 않는다는 점이다. 자연과 예술이 그가 이것들을 알게 되고 보고 있는 대로, 언어가 **그를 위해서** 거기에 존재하기 전에는 **말하지 않는다는 것**, 즉 지금 그의 세계에서 알려져 있지 않고 이름 불리지 않은 것을 비교하고 그의 정취와 합치하는 것을 발견하는 가운데, 그를 위해 정밀하게 알려지고 이름 불리기 전에는 말하지 않는다는 점이다. **왜냐하면** 만일 무한한 소재와 무한한 형식에 대한 성찰 이전에 자연과 예술의 어떤 언어가 그를 위해 특정한 형태 가운데 존재한다면, **그리하여** 그가 자신의 영향권 안에 있지 않다면, 그는 그의 창조를 벗어날 것이기 때문이다. 또한 자연의 또는 예술의 언어, 어느 하나 또는 다른 한쪽의 모든 표현의 방식 (modus exprimendi)은 처음부터 그의 언어가 아니며, 그의 삶과 그의 정신으로부터 **생성된** 산물이 아니라 예술의 언어로서 그것이 특정한 형태로 나에게 현재화되자마자 이미 예술가의 창조적인 성찰을 결정하는 하나의 행위이다. 이것은 그가 자신의 세계로부터, 자신의 외적이고 내적인 삶의 총합으로부터, 이러한 세계로부터 자신의 정신의 음조를 표시하기 위해서, 자신의 정취로부터 바탕에 깔려 있는 삶을 이 상통하는 기호를 통해서 불러내기 위해서 소재를 택했던 그 행위이다. 따라서 그가 나에게 이러한 기호를 거론하고, 나의 세계에서 소재를 빌리는 한에서 나로 하여금 이러한 소재를 기호로 옮기도록 부추긴다. 이 경우 규정된 자로서의 나와 규정하는 자로서의 그 사이에는 예의 중요한 차이가 존재한다. 그는 스스로를 이해가 가능하고 파악이 가능하도록 만드는 가운데, 그는 생기 없고, 비물질적인, 바로 이 때문에 덜 대립 가능하고 무의식적인 정취로부터 전진한다. 그가 이 정취를 1) 그것의 조화의 무한성 가운데 유사한 소재의 형식과 질료에 걸친 상대적인 총체성을 통해서 그리고 이상적으로 교체하는 세계를 통해서, 2) 그것의 확실성과 본래의 유한성 가운데 그것의 고유한 소재의 표현과 나열을 통해서, 3) 그것의 경향, 특수한 것 가운데의 그것의 보편성 안에서, 그것의 고유한 소재의 무한한 소재에 대한 대립을 통해서, 4) 그것의 척도 가운데, 그것의 무한한 조화의 아름다운 확실성과 통일성과 확고함 가운데, 그것의 무한한 동질성과 개성과 태도 가운데, 거기에 모든 지칭된 부분들이 부정적으로 그리고 바로 이 때문에 명시적으로 그리고 감각적으로 연관을 맺고 통합되는, 말하자면 무한한 형식이 무한한 소재와 연관을 맺고 통합하는 모든 것을 한계 짓는 요소의 시적 산문에서, 이 **요소를 통해서** 무한한 형식이 하나의 형상을, 약함과 강함의 교체를, 무한한 소재가 하나의 화음을 가지게 되며, 한층 더 밝음과 한층 더 낮은 소리의 교체를, 그리고 이 양 측면이 느림과 빠름 가운데 끝내 움직임의 정지 가운데 부정적으로 일체를 이루는 것을 통해서, 항상 그 요소와 그 요소의 밑바탕에 놓여 있는 활동, 일반적인 한계 가운데 동시에 일반적으로 관계를 맺고 통합적인 **무한한 아름다운** 성찰을 통해서 이 정취를 설명한다.

(1800년 상반기)

문학 양식의 구분에 관하여*

서정적인, 외양으로 이념적인 시는 그 의미에서는 소박하다(naiv). 그것은 하나의 감정의 지속적인 은유이다.**

서사적인, 외양으로 소박한 시는 그 의미에서는 장렬하다(heroisch). 그것은 위대한 노력의 은유이다.

비극적인, 그 외양으로 장렬한 시는 그 의미에서는 이념적이다. 그것은 지적 직관의 은유이다.

서정적 시는 그것의 **기본 정서*****에서 한층 더 **감각적인** 시이다. 이 정서는

---

* 그로데크(W. G.)와 자틀러는 이 논고가 가장 이르게는 1800년 여름에 쓰였다고 주장한다. 이 텍스트는 「시적 정신의 수행 방식에 관하여」처럼, 시인 자신이 보려고 쓴 것으로 보인다. 텍스트의 몇 군데 공란은 원고의 손실 때문이 아니라 횔덜린이 쓰기를 중단했다가 다시 시작한 부분이다.

** 횔덜린은 고전적 시학과 수사학에서 정의되는 장식(ornatus)으로서의 은유(Metaphor)가 아니라 "보이지 않고 잡히지 않는 것을 보이게 하고 손에 잡히게 해주는" 생생한 이미지의 생성으로서, 은유를 문학과 동의어로 보고 있다. 블루멘베르크(B. H.)가 그의 『은유학을 위한 이론적 틀(*Paradigmen zu einer Metaphorologie*)』(1960)에서 제기한 인식의 도구로서의 절대적 은유(absolute Metaphor)와 일맥상통한다. 블루멘베르크는 "문학적 은유의 힘은 철학적 개념의 힘보다 더 강하다"고 주장한다.

*** 횔덜린은 이 논고에서 동의어를 자주 구사한다. 특히 "기본 정서"는 "기본 음조"와 함께,

가장 쉽게 주어지는 일치성을 내포하기 때문이다. 바로 그 때문에 이 시는 외양으로 현실성과 쾌활함과 우아함을 그렇게 제대로 지향하지 않는다. 이 시는 감각적인 연관과 표현을 매우 심하게 기피하기 때문에(순수한 기본 음조가 바로 그런 방향으로 기울어지려 하기 때문에) 이 시는 그 형성과 구성에서 흔쾌히 경이롭고 초감각적이다. 또한 이 시가 이념적인 형상을 통해서처럼, 자신의 현실성, 자신의 생동함을 한층 더 직접적인 표현에서처럼, 자신의 고양(高揚, Erhebung)을 향하는 경향을 잃지 않고 있는 장렬하고 활동적인 불협화들은, 고양과 생명을 결합하는 이러한 장렬하며 활동적인 불협화들은, 이 시가 한편으로는 감각적인 것으로 떨어질 수 없고 또 그러고자 하지도 않으며, 다른 한편 자신의 기본 음조인 내면적인 삶을 부인할 수 없고 그러고자 하지도 않으면서, 이 시가 빠져 있는 모순의 해소이다. 만일 예컨대 검객 디아고라스를 노래한 핀다로스의 한 찬가*의 기본 음조처럼, 이 시의 기본 음조가 어떻든 보다 더 장렬하고 내용상 더욱 풍성하다면, 만일 그 기본 음조가 이념성을 잃을 필요가 거의 없다면, 서정적 시는 소박하게 시작한다. 만일 기본 음조가 보다 더 이념적이고, 예술 특성, 본래의 것이 아닌 음조에 보다 더 친화적이라면, 다시 말해서 친밀성을 잃을 필요가 거의 없다면, 서정적 시는 장렬하게 시작한다. 만일 기본 음조가 가장 친밀하며, 그것이 내용에서, 더 많게는 고양에서 내용의 순수성을 잃어야만 한다면, 서정적 시는 이념적으로 시작한다.

  서정적인 시에서 그 강조점은 보다 더 직접적인 감각의 언어에, 가장 친

  "의미"는 "본래적 음조"와 함께, "표현"은 "예술 특성"과 함께 사용하고 있다.

* 핀다로스의 「올림피아 송시(*Olympische Ode*)」 제7번.

밀한 것에, 지체함에 놓이며, 태도는 장렬한 것에, 방향은 이념적인 것에 놓인다.

서사적인, 외양으로 **소박한 시**는 그 **기본 정서**에서 **한층 더 격정적인**, 한층 더 장렬한, 한층 더 비유기적인 시이다. 따라서 서사적 시는 그것의 실행에서, 그것의 예술 특성에서 에너지와 운동과 생명보다는 정밀함과 평온과 구상성을 지향한다. 이 시의 기본 정서의 자신의 예술 특성과의 대립, 본래적 음조의 자신의 비본래적인 음조와 은유적인 음조의 대립은 이념적인 음조를 통해서 해소된다. 이 이념적인 음조에서는 자신의 협소하게 한계 짓는 예술 특성에서처럼 한편으로는 생명을 그렇게 많이 잃지 않으며, 자신의 기본 음조의 한층 더 직접적인 표출에서만큼 신중함도 그렇게 많이 잃지 않는다. 여러 가지 다른 분위기일 수 있는 이 시의 기본 음조가 한층 더 이념적이라면, 그 기본 음조는 생명을 덜 잃지만, 이에 반해서 조직화, 전체성을 향한 성향을 더 많이 지니고 있다면, 그 시는 자신의 기본 음조, 장렬한 음조로 **노여움을 노래하소서, 여신이여**($\mu\eta\nu\iota\nu\ \alpha\epsilon\iota\delta\epsilon\ \vartheta\epsilon\alpha$)*라고 시작할 수 있다. ─그리고 장렬하게 서사적일 수 있는 것이다. 정력적인 기본 음조가 이념적인 성향을 덜 가지고 있고, 이와는 달리 소박한 특성인 예술 특성과 더 많은 친화성을 지니고 있다면, 이 시는 이념적으로 시작한다. 기본 음조가 그것의 본래적인 성격을 그렇게 많이 지니고 있어, 그러한 이유로 그 음조가 이념적인 것으로의 성향을, 그러나 소박성으로의 성향을 더 많이 잃어야만 한다면, 이 시는 소박하게 시작할 것이다. 시의 기본 음조와 예술 특성을 결합하고 중재하는 것이 시의 정신이라면, 그리고 이 정신이 고수되어야 한

---

* 호메로스, 『일리아스』 제1권, 첫 행. 이 뮤즈의 소환으로 『일리아스』는 시작된다.

다면, 그리고 이러한 정신이 서사적인 시에서 이념적인 것이라면, 서사적인 시는 주로 이러한 것에 머물러야만 한다. 이에 반해서 여기서 정력적인 음조인 기본 음조에 대부분 강조점이 주어지고, 예술 특성으로서 소박한 것에 방향이 주어지며, 모든 것이 그 안에 집중되고, 그 안에 확연히 눈에 띄고 개성화되어야만 한다.

비극적인, **외양으로는 장렬한 시**는 그 기본 음조로는 이념적이다. 그리고 이러한 양식의 모든 시에는 살아 있는 모든 것과의 일치 이외 다른 것일 수 없는 하나의 지적 직관이 바탕에 깔려 있는 것이 분명하다. 이 일치는 제약된 감수성을 가지고서는 느껴질 수 없으며, 지극히 높은 노력을 통해서도 예감될 뿐이지만, 정신에 의해서는 인식될 수 있다. 그리고 이 일치는 절대적인 분리와 결합의 불가능성에서 기인한다. 그리고 이것은 우리가 실제적인 분리와 이와 더불어 현실적으로 질료적인 것이자 덧없는 것, 또한 결합과 이와 더불어 모든 현실적으로 정신적인 것이자 영속적인 것, 그 자체로서 객관적인 것, 그 자체로서 주관적인 것이 역시 일치적으로 근원적인 것의 한 상태일 뿐이라고 말하는 것을 통해서 가장 쉽게 표현된다. 그 근원적인 한 상태에 시는 깃드는데, 시는 자신에게서 떠날 수밖에 없기 때문이다. 시 안의 결합의 방식은 항상 동일하게 남아 있어서는 안 되기 때문이다. 질료에 따르면, 일치적인 것의 부분들은 모든 것이 모든 것을 만나기 위해서 항상 그 자체의 한층 더 가깝고 한층 더 먼 연관에 머물러서는 안 되기 때문에 제 자신에게서 떠날 수밖에 없는 것이다. 또한 각 부분은 저마다의 전체적 권리를, 저마다의 삶의 전체적인 척도를 얻게 되고, 진행 가운데 각 부분은 완벽성에서 전체와 동일하게 된다. 이와는 반대로 전체는 진전 가운데 확실성에서 부분들과 동일하게 되고, 전체는 내용을, 부분들은 친화성을, 전체적인 것은 생명을, 부분들은 활력을 얻으며, 전체는 진전 가운데 스스로를 많이 느끼고, 부분들은 진전 가운데 더 많이 충족되는 것이다. 왜냐하면 내용이 풍부한 전체는 자신의 확실성과 생동감과의 일치성 가운데서 자신을 느끼지 않는다는 것과 이러한 감각적인 일치를 통해서, 그러니까 간단히 결합되어서 하나의 전체를 이루는 부분들은 자신을 느끼지 않는다는 것은 영원불멸의 법칙이기 때문이다. 그리하여 생동감, 확실성, 부분들의 통합은 그것들의 전체가 느껴질 때 **그것들의** 한계를 넘어서며, 고통 그리고 **가급적** 절대적인 결단과 분리로 변한다고 우리는 말할 수 있다. 그러면 **전체는 이러한 부분들을 통해서** 비로소, 마치 그것들이 한층 평온한, 그렇지만 한층 제약된 전체성 가운데 요동하는 상태에서 자신을 느끼는 것과 마찬가지로 그렇게 생생하게 그리고 확실하게 자신을 느낀다고 우리는 말할 수 있다. (예컨대 서정적인[한층 더 개성적인] 정서가 그러한 것처럼, 거기 개성적인 세계가 그것의 가장 완전한 삶과 가장 순수한 일치성 가운데 해체를 지향하고 있는 그곳, 개성적인 세계가 개성화되는 지점, 세계의 부분들이 한데 만나는 곳에서 부분들이 사라지는 듯이 보이는 거기, 거기 최초로 개성적인 세계가 그것의 전체성 가운데 스스로를 느끼는, 거기 최초로 느끼는 자와 느낌의 대상이 분리되려고 하는 가장 친밀한 감정 가운데, 보다 더 개성적인 일치성이 가장 생생하게 또 가장 확정적으로 현재화되고, 반향하는 거기, 서정적인[한층 더 개성적인] 정서가 그러한 것처럼). 전체를 느낄 가능성(Fühlbarkeit)은 부분들과 전체가 느끼게 될 가능성이 가장 높은, 부분들과 그것들의 중심에서 분리가 진전되는 바로 그 정도와 비율만큼 높아진다. 지적 직관에 담겨 있는 일치성은 그것이 자신을 벗어나는 정도만큼 구체화된다. 부분들이 전체 가운데 중심점에 더 가까울 때, 부분들이 너무도 일치적이라고 느끼기 때문에, 또는 부분들이 부수적인 부분들로서 중심에서 멀리 떨어져 있거나, 또는 생동감에 따라서, 그 부분들이 소위 말해서 부수적 부분들이 아니거나, 소위 말해서 본질적인 부분들도 아닐 때, 그 부분들이 그 완결성에 따라서 충분히 일치적으로 느끼지 않기 때문에, 오히려 아직은 부분들로 되지 않았거나, 이제 비로소 분리 가능한 부분들이기 때문에, 부분들의 분리가 일어나는 정도만큼 일치성은 구체화된다. 또한 여기 일치성 안에서의 정신의 과잉 가운데, 그리고 구체성을 향한 이것의 노력 가운데, 모든 보다 더 결정적으로 그리고 필연적으로 존재하는 것은 한층 더 불확정적인 것, 필연적이지 않은 존재를 필연적으로 만들기 때문에, 모든 한층 더 유기적인 것이 포함될 수밖에 없는 분할 가능한 무한한 비유기적인 것의 노력 가운데, 이 분할이 가능한 무한한 것의 지고한 일치성의 상태 안에서 모든 유기적인 것이 이 포함된 모든 부분들과 나누고 있는 분리를 향한 노력 가운데, 이러한 **제우스의 필연적인 자의**(notwendige Willkür des Zeus) 가운데, 실제적인 분리의 이념적인 시작이 놓여 있는 것이다.*

이것에서부터 실제적인 분리는 부분들이 그것들의 극단적 긴장 가운데 있는 그 지점까지, 부분들이 가장 강력하게 서로 저항하는 지점까지 계속된다. 이러한 갈등으로부터 실제적인 분리는 다시금 제 자신으로 되돌아간다. 말하자면 부분들이, 적어도 근원적으로 가장 밀접한 부분들이 그것들의 특수성을 통해서, **이러한** 부분들로서 전체의 이러한 위치에서 지양되고, 하나의

---

* "필연적인 자의"는 근원적인 전체가 분리로 넘겨질 수 있다는 생각에 담겨 있는 사유의 난점을 표현하는 의식적으로 역설적인 언술이다. 제우스는 분리가 가능하며 분리의 경향을 지니고 있는 존재의 근원적인 통일성과 정체성에 대한 신화적인 은유이다. "이념적인 시작"이라는 표현은 그 시작이 오로지 분리만이 인지 가능한 모든 "사실적인" 경험의 저편에서 표상 가운데 상정될 수 있는 시작을 의미한다.

새로운 일치성이 생성되는 그곳으로 되돌아간다. 첫 번째 일치성에서 두 번째 일치성으로의 이전은 갈등의 예의 최고조의 긴장이다. 그리고 그 지점에 이르기까지의 결말은 첫 번째 일치성보다는 더 이념적이고, 두 번째 일치성보다는 더 사실적이라는 점에서, 첫 번째 일치성에서는 모티브가 이념적으로 결정하는 가운데, 개별적이기보다는 전체에서 성찰된다는 점에서, 두 번째 일치성에서는 열정과 개체에서 생성된다는 점에서 후퇴와 구분된다.

이러한 기본 음조는 서정적인, 한층 더 개성적인 기본 음조보다는 생동감이 덜 하다. 그 때문에 그 기본 음조는 그것이 한층 더 보편적이며 또한 가장 보편적인 음조이기 때문에, [공란]

비극적 시의 기본 음조 가운데 시의 중간적 특성에 대한 성찰과 감각으로의 성향이 더 많고, 반대로 묘사로의 경향이 덜하고, 현세적 요소가 덜하다면, 그 의미가 심오하고 그 태도와 긴장과 활동력이 한층 강하고 섬세한 시는 언어적 표현을 통해서 그렇게 신속하고 쉽게 자신을 내보이지 않는 것이 자연스러운 일이라면, 의미와 모티브들이 표현에 한층 더 가까이 있고, 한층 더 감각적이라면, 이 비극적 시는 결국 이념적인 기본 음조로부터 시작한다. [공란]

지적 직관이 보다 더 주관적이고, 「안티고네」처럼 분리가 주로 집중적인 부분들에서 시작한다면, 양식(Styl)은 서정적이다. 지적 직관이 더 많이 부수적 부분에서 시작하고 보다 더 객관적이라면, 양식은 서사적이며, 그것이 최고조로 분리 가능한 것에서 시작하고, 「오이디푸스 왕(Oedipus Rex)」처럼 제우스로부터 시작한다면, 양식은 비극적이다.

감각은 시에서 이념적으로 **말하고**—격정은 소박하게—환상은 정력적으로 말한다.

그처럼 시에서 이념적인 것은 다시 (격정에 따라서) 감각에 작용하고, 소박한 것은 (환상에 따라서) 격정에, 정력적인 것은 (감각에 따라서) 환상에 작용한다. [중간 음조의 도식은 번역 생략]*

각 문학 양식, 즉 서사적, 비극적 그리고 서정적 문학 양식에서 **한층 더 소재가 풍부한** 기본 음조는 소박한 양식을 통해서, **한층 더 집약적이고 감각이 풍성한** 기본 음조는 이념적인 양식을 통해서, **한층 더 정신이 풍부한** 기본 음조는 정력적인 양식을 통해서 표현된다. 정신이 한층 더 풍부한 기본 음조에서 분리가 무한한 것에서 일어난다면, 그 분리는 우선 집중적인 부분 또는 중심에 작용하기 때문에, 분리는 이것들에 전달될 수밖에 없다. 그리고 분리가 하나의 받아들여진 분리인 한, 분리는 형상적으로 자신을 표현할 수 없으며, 자신의 전체성을 재생산하면서도 역시 자신을 표현할 수 없다. 분리는 다만 반응할 수 있을 뿐이며, 이것은 활동적인 시작이다. 분리를 통해서 근원적인 분리에 의해서 영향을 받았던 대립적인 중심 부분이 반응한다. 그러나 중심 부분은 한층 감수성이 예민한 부분으로서 그것을 그처럼 신속하게 재생산하지 않았고, 이제 비로소 반응했던 것이다. 중심 부분들의 작용과 반작용을 통해서, 본래의 분리를 통해서 작동되었던, 그러나 다만 변동에의 경향

---

* 이 번역의 대본인 슈미트의 판본(KA)에는 음조의 도식 전개가 이 논고에 포함된 것으로 편집되어 있으나 미하엘 크나우프의 판본(MA)에는 별도의 논고로 편집되어 있다. 쓴 시점이 다르고, 맥락이 다르다는 것이다. 본 번역에서 이 부분은 크나우프의 견해를 따라서 이 논고에 포함시키지 않았다.

에까지만 이르렀던 부수적인 부분들이 실질적인 표현에까지 움직여진다. 이러한 표현을 통해서 근원적으로 분리하는 행위가 그것의 완전한 표현에 이르기까지, 중심 부분들 등등은 실질적인 표현을 향해 추동된다.

분리가 중심에서부터 시작한다면, 그것은 한층 감수성이 예민한 중심 부분을 통해서 일어나거나 한다. 그다음 이 중심 부분은 이념적인 형성을 통해서 재생산되며, 분리는 나누어 [원고 중단]

(1800년 상반기)

시의 파트에 관하여

표현, 시의 감각적이고 일반적이고 개성적인 특성은 항상 일정하다. 그리고 여러 다른 파트들 각각이 자체 안에서 다르다면, 각 파트 내에서 첫 번째는 다른 파트의 첫 번째와 동일하고, 각 파트의 두 번째는 다른 파트의 두 번째와 동일하며, 각 파트의 세 번째는 다른 파트의 세 번째와 동일하다. 표현 양식, 그 [원고 중단]

(1800년)

문학 양식의 혼합에 관하여

비극적 시인이 서정적 시인을, 서정적 시인이 서사적 시인을, 서사적 시인이 비극적 시인을 탐구하는 것은 좋은 일이다. 왜냐하면 비극적인 것 안에 서사적인 것의 완성이, 서정적인 것 안에 비극적인 것의 완성이, 서사적인 것 안에 서정적인 것의 완성이 들어 있기 때문이다. 이 모두의 완성이 이 모두의 혼합된 표현이라면, 각각에 들어 있는 세 가지 측면 중 하나도 가장 뚜렷한 측면인 것이다.

(1800년)

제4장

비극론

비극적인 것에 관하여

몰락하는 조국……

비극의 의미

비극적인 것에 관하여*

비극적 송시

비극적 송시는 최고의 불꽃으로 시작한다.** 즉 순수한 정신, 순수한 내면적 친밀성(Innigkeit)***은 경계선을 넘어선 것이다. 순수한 내면적 친밀성은

---

* 『엠페도클레스의 죽음』(프리드리히 휠덜린, 장영태 옮김, 문학과지성사, 2019)에 수록된 논고와 편역자의 해제를 수정, 보완하여 재수록했다.

** 휠덜린은 전통적인 송시 이론에 접합하고 있다. 그의 설명은 규모가 작고 아나크레온적인 송시와는 반대로 축제적이고 고양된 음조와 감정의 열정적인 고양으로 특징지어지는 차원 높은 송시에 연관되어 있다. 그가 "최고의 불꽃"을 언급한 것은 바로 이 차원 높은 송시의 우수성을 의미한다.

*** 이 개념은 우선 독일 신비주의자들의 설교에서 만나게 된다. 이때 이 개념은 경건한 마음을 의미할 수 있다. "내면적인(innig)"이라는 말은 경건한 사람, 외부 세계를 등진 사람의 감성의 특징을 의미하기도 한다. 경건주의와 괴테 시대에서 이 개념의 수용은 내향성(Inwendigkeit)과 외향성(Auswendigkeit)이라는 두 반대어를 통해서 시작되었다. 브릴(J. B.)의 주장에 따르면 기독교도는 "외향적인" 기독교를 통해서가 아니라 오로지 "내향적인" 기독교를 통해서만 축복을 받을 수 있다. "내향적인 것"은 "외향적인 것"의 상위에 위치해야 하고, 영원한 것이 시간적인 것의 상위에, 초감각적인 것이 감각적인 것의 상위에, 그리고 심성의 정신이 육신의 상위에 놓여야 한다고 주장하는 것이다. 라이프니츠는 이러한 사상을 변용하여 "참된 신비적 신학"으로 수용했다. 이러한 규정들의 전제 아래에서 "내면적 친밀성"은 경건주의에서 외형으로의 분산에 대한 반대를, 신의 감득의 조건을 나타내게 된다. "내면적인 자는 빛을 얻을 것이오, 흩어지는 자는 그렇지 못할 것이다." 은총의 힘과 신의 현명함은 "오로지 조용한 내면적인 심성들에서만 계시된다." 그리하여 "신은 우리에

필연적으로 그리고 불꽃 없이도 접촉으로 기울어지는 삶 가운데의 결합들을 충분히 알맞게 유지하는 데에 실패했다는 말이다. 말하자면 의식, 성찰, 또는 신체적 감수성이 문제가 될 때, 그것의 상당히 집중적인 조화를 통해서 절제보다는 극단으로의 경향을 지니고 있는 결합들을 적절하게 유지하는 데에 실패했다. 그렇기 때문에 내면적 친밀성의 극단을 통해서 갈등이 발생했다. 비극적 송시가 순수한 것을 표현하기 위해서 바로 서두에 그려내는 갈등이 그것이다. 그다음 비극적 송시는 계속해서 자연스러운 행위를 통

게 내면적으로 친밀하다"는 경구가 널리 알려진다. 온 생명은 친밀로 고양되어야만 한다. 이어서 "내면적 친밀성"의 개념은 종교적인 연관으로부터 훨씬 벗어나서 "세속화"된다. 이제는 참된 예술가의 특성을 나타내게 된 것이다. 레싱이 디드로(D. D.)를 번역하면서 "intim(친밀한)"이라는 단어를 "innig(내면적, 친밀한, 진지한)"으로 옮긴 것이다. 예술가는 "규칙을 통해서가 아니라 전혀 다른 무엇, 훨씬 간접적이고, 훨씬 내면적이며, 한층 어둡고도 확실한 그 무엇을 통해서 이끌리며 빛을 낸다." 괴테는 무엇인가 "완전한 것을 만들어내려고 할 때" 내면적 친밀성에 머물러 있어야만 하는 "예술가"를 "분산된 삶"을 살고 있는 "세속인"과 구분한다. 쇼펜하우어는 예술의 특징으로 "내면적인 것, 진지함과 참됨"을 지적하고 있다. (낭만주의자들에게는) 문학의 언어 안으로 "내면적"이 들어선다. 횔덜린의 시구 "모든 것은 내면적이다"(KA 1, 430쪽)를 하이데거는 "모든 것은 상처를 입을 수 없는 것의 온전한 현전 안에 집결되어, 이 다칠 수 없는 것의 내부에 들어 있기 때문에, 존재한다.⋯⋯모든 것은, 총체적 현전의 내면적 친밀성으로부터 드러나 보이는 가운데 존재하는 것이다"라고 해석하고 있다.

헤겔에게 내면적 친밀성은 실체성, 본질성의 주관적 형식이며 "스스로에 깃들어 있는 자유정신, 주관성의 절대적 고유 의미"이다. 그의 미학에서는 전래되는 종교적 및 예술적 의미들이 결합되어 있다. 이슬람교 문학의 동양적인 것에는 일종의 "유쾌한 내면적 친밀성"이 융성하고 있는데, 그것은 "고유한 제 자신"을 포기하고 그 대신 "자신의 그렇게 해서 확장되고 자유로워진 내면에 신적인 것의 내재성 내지 고유성"을 붙들어 잡기 때문이다. 그리고 이러한 희생을 통해서 바로 전체성을 얻기 때문이다.

이러한 여러 층위의 의미를 가지고 있는 이 용어를 한국어로 옮기는 일은 간단한 문제가 아니다. 내향성, 지적 직관, 종교적인 엄숙성, 진지성을 어떻게 하나의 단어로 옮길 수 있겠는가. 이 난관을 우선 우주적인 진리의 깨달음을 향하는 내면의 진지한 노력과 지향의 의미로서 "내면적 친밀성"을 역어로 삼는다.

해서 구분의 극단으로부터 출발해서 순수한 것에 대해서 전적으로 구별이 없는 다른 쪽의 극단으로 나아간다. 즉 어떤 종류의 곤경도 인정하지 않는 것으로 보이는 초감각적인 것의 극단으로 향하는 것이다. 거기서부터 송시는 순수한 감각성과 한층 완화된 내면적 친밀성으로 전도된다. 왜냐하면 근원적으로 한층 드높고, 한층 신적으로 과감한 내면적 친밀성은 송시에서는 극단으로 나타나기 때문이다. 또한 비극적 송시는 그것의 첫 시작의 음조 가운데 출발의 기점으로 택했던 극단적인 내면적 친밀성의 정도를 더 이상 단순하게 완화시킬 수가 없기 때문이다. 송시는 말하자면 음조가 방향을 취했던 그 위치를 체험했기 때문이다. 송시는 구분과 무차별의 극단을 초월하지 않으면 안 된다. 동시에 분명하게 투쟁의 필요성을 올바르게 인식하는 데에 이르는 과정인 고요한 신중성과 감수성으로 나아가야만 하는 것이다. 고요한 신중성을 위한 투쟁은 그 자체가 한층 강화된 노력을 요구한다. 이리하여 송시는 그것의 처음 음조와 그것의 고유한 특성이 대립을 이루고 있다는 사실을 인식하기에 이른다. 그리고 송시는 만일 이 신중한 상태에서 비극적으로 끝날 수 없을 경우에는 그것의 반대쪽으로 넘어갈 수밖에 없다는 사실을 인식하게 된다. 그러나 송시는 자신의 반대쪽을 대립으로 인식하고 있기 때문에, 대립하고 있는 양측을 결합시키는 이상적인 것은 한층 더 순수하게 대두된다. 원초의 음조는 다시금 신중함과 더불어 재발견되고, 그리하여 송시는 거기로부터 출발해서 적절하고 한층 자유로운 성찰 또는 감각을 통해서, 한층 확실하고 자유롭게 근본적으로 (다시 말해서 이질적인 것의 체험과 인식으로부터) 처음의 음조로 되돌아가게 되는 것이다.

[비극의] 일반적인 기초

비극적 문학에 표현되는 것은 가장 깊은 내면적 친밀성이다. 비극적 송시는 친밀성을 가장 실증적인 구분들을 통해서 표현한다. 사실적인 대립들을 통해서 표현하는 것이다. 그러나 이러한 대립들은 감정의 직접적인 언어로서 형식에 더 많이 들어 있다. 비극적 시는 표현 안에 내면적 친밀성을 더 많이 감추고 있으며, 그 내면적 친밀성을 더 강한 구분들 가운데 표현한다. 왜냐하면 비극적 시는 보다 더 심오한 내면적 친밀성, 보다 더 무한한 신성(神性)을 표현하기 때문이다. 감정은 더 이상 직접적으로 표현되지 않는다. 모든 시가, 그러니까 비극적 시도 마찬가지로 시적인 삶과 현실로부터, 시인의 고유한 세계와 영혼으로부터 생성되어야만 한다면, 나타나는 것은 더 이상 시인과 그의 고유한 체험이 아니다. 왜냐하면 우리가 자기 자신의 정감(情感, Gemüt)과 체험을 이질적인 유추의 소재로 옮길 수 없을 때, 도처에 진정한 진리는 결핍되고, 어떤 것도 이해될 수 있거나 생명으로 이어질 수 없기 때문이다. 비극적으로 극적인 시를 통해서도 시인이 자신의 세계 안에서 느끼고 체험하는 신성이 표현된다. 비극적으로 극적인 시는 시인에게는 그의 삶 가운데서 그에게 현재화되거나 현재화되었던 생동하는 것의 표상이다. 그러나 내면적 친밀성의 이러한 표상은 도처에서 상징에 더욱 가까이 접근해야만 하는 바로 그 정도에서 자신의 마지막 근거를 부인하거나 부인하지 않을 수 없다. 내면적 친밀성이 더욱 무한하고, 더욱 표현할 수 없고, 부정(不正, nefas)*에 더욱 가까워지면 가까워질수록, 감정들을 그 한

---

* 소포클레스의 비극 「오이디푸스 왕」에 붙인 「오이디푸스 왕에 대한 주석」에 이 단어가 사용되었다. 거기에 횔덜린은 "모든 것을 알고 있으면서 오이디푸스의 정신은 부정을 실제로" 발설하고 있다고 썼다. 로마인들에게는 신적인 금지사항/계명을 범하는 것을

계 안에 고착시키기 위해서 표상이 더욱 엄격하고도 더욱 냉엄하게 인간과 그의 감각된 요소를 구분하지 않으면 안 될 경우, 표상은 그만큼 감정을 덜 직접적으로 표현하게 된다. 표상은 감정을 소재에 따라서 뿐만 아니라 형식에 따라서 부정해야만 하는 것이다. 소재는 하나의 보다 더 과감하고 보다 더 낯선 비유이자 그 비유의 예여야만 하고 형식은 대칭과 분리의 성격을 더 많이 지녀야만 한다. 일종의 다른 세계, 낯선 환경들, 낯선 인물들이 소환된다. 그렇지만 모든 과감한 비유와 마찬가지로, 이 모든 것들은 기본 소재에 적합해야만 한다. 이 모든 것들은 외적인 형상체에서만 이질적이다. 왜냐하면 만일 비유의 소재에 대한 내면적인 이 친화성이, 표상의 기초에 담겨 있는 특징적인 내면적 친밀성이 가시적인 것이 아니라면, 장소의 변위, 이질적 형상체가 해명될 수 없기 때문이다. 이질적인 형식들이 이질적이면 이질적일수록 그것들은 그만큼 더 생동할 것이 틀림없다. 시의 가시적인 소재가 기초에 놓여 있는 소재와 시인의 마음과 세계에 덜 유사할수록, 그만큼 시인이 자신의 세계 안에서 느꼈던 정신, 신성은 예술적으로 낯선 소재를 통해서 덜 부정되어도 된다. 그러나 이러한 예술적으로 낯선 소재를 통해서도 내면적인 것, 신적인 것은 기초에 놓여 있는 감정이 내면적이면 내면적일수록 그만큼 더 커진 구분의 정도를 통해서와 다름없이 표현되어도 되고 또 표현될 수 있는 것이다. 그렇기 때문에 1) 비극(Trauerspiel)은 그 소재와 그 형식에 따라 극적이다. 다시 말해서 a) 비극은 시인이 선택한 시인 자신의 정감과 자신의 고유한 세계와는 다른 한층 낯선 제3의 소재

의미하는 "부정"이라는 개념을 횔덜린은 한층 포괄적인 의미로 사용했다. 횔덜린에게 이 개념은 가지고 모든 한계를 넘어섬을 의미한다. 말하자면 무한성으로의 접근을 의미하는 것이다.

를 포함한다. 왜냐하면 시인은 자신의 총체적 감정을 그 소재에 투입하기 위해서 그리고 그 소재 안에, 마치 하나의 그릇 안에서인 것처럼 그 총체적 감정을 담아내기 위해서 유추적으로 그 소재를 충분히 추구했기 때문이다. 유추해볼 때 소재가 낯설면 낯설수록, 그만큼 더 확실하게 총체적 감정이 그 소재에 투입되고 보존된다. 왜냐하면 가장 내면적인 감정은 그것이 참된 시간적 감각적인 관계들을 부정하지 않는 바로 그 정도에서 무상함에 노출되어 있기 때문이다. (그 때문에 이것은 서정적 법칙이기도 하다. 내면적 친밀성이 그 자체로 덜 심오할 때, 그러니까 붙들어 잡기가 더 쉬울 때, 육체적 및 지적인 연관성이 부인되기가 더 쉬울 경우에 말이다.) 바로 그 때문에 비극적 시인은, 그가 가장 심오한 내면적 친밀성을 표현하는 한, 자신의 인격, 자신의 주관성을 완전히 거부한다. 또한 자신에게 대두되는 객체마저 거부하는 것이다. 그는 자신의 인격 내지 주관성을 낯선 개성으로, 낯선 객관성으로 전이시킨다. 그리고 기초에 놓여 있는 총체적 감정이 극의 음조를 부여하는 주인공을 통해서, 주요 상황을 통해서 가장 잘 드러날 때, 극의 대상, 즉 운명이 자신의 비밀을 가장 명료하게 표현할 때, 극이 자신의 주인공과 대결하면서 동질성의 형상을 가장 잘 취할 때 [바로 동질성이 주인공을 가장 강렬하게 장악할 때] 역시 그러하다. 심지어 [이후 문장 단절, 10행 후]

생성된 순수한 내면적 친밀성을 향한 잘못된 시도들이 마음 가운데에 지니고 있는 해로운 결과는 다시금 고통을 겪는 일을 통해서 **자발적으로**, 새로운 알맞거나 알맞지 않은 시도를 통해서 다루어지지 않으며, 오히려 한 단계 높거나 낮게 서 있는 같은 길을 가고 있는 어떤 다른 것에 의해서 편리하게 이행된다. 그리하여 잘못된 개선 시도들에게서 공격을 당한 마음은 단순히 제 자신의 자발적 행위를 통해서 방해를 받는 것이 아니라 어떤 낯설면서 동시에 잘못된 어떤 것의 앞지르는 행위에 의해서 더 많이 변경되며, 따라서 더 격렬한 반응을 겪도록 정해진다.

엠페도클레스에 대한 기초

순수한 삶에서는 자연과 예술*은 단순히 조화롭게 대립되어 있다. 예술은 자연의 꽃이고 자연의 완성이다. 자연은 여러 가지 서로 다른 형태의, 그러나 조화로운 예술과의 결합을 통해서 비로소 신적인 것이 된다. 존재할 수 있는 각개가 온전하고 일자(一者)가 다른 일자와 결합하며, 특별한 자로서 존재할 수 있는 것으로 온전히 존재하기 위해서, 필연적으로 지닐 수밖에 없는 다른 일자의 결핍을 보충할 때, 거기에 완성은 존재한다. 신적인 것은 이 양자의 한가운데에 있다. 보다 유기적이고 보다 예술적인 인간은 자연의

---

* 자연과 예술의 대립은 이 글 전체를 규정하고 있다. 슈미트 편집의 전집에서는 이 대립을 일련의 반대 항목들로 아래와 같이 도식화하여 보여준다.

자연	예술
비유기적	유기적
보편적으로	특별하게(개별적으로)
보편성	개별성
객체	주체
수동적	능동적
무의식적	의식적
말없이	언어
비유적이지 않은	비유적인, 조형적인
"시칠리아의 울창한 자연"	아그리겐트 시민의 예술정신
무정부적인 자유로움	초정치적인
압도적인 자연	부정적인, 심사숙고의, 자유정신다운 과감성
고의적이지 않은	의지
이해할 수 없는	정신(사유, 정리, 구분, 파악)

꽃이다. 보다 더 비유기적인(aorgischer)* 자연이 순수하게 유기화되고, 순수하게 자신의 방식대로 훈련된 인간에 의해서 순수하게 느껴질 때, 그 인간에게 완성의 감정을 부여한다. 그러나 이러한 삶은 오로지 감정 안에만 존재할 뿐 인식을 위해 존재하는 것은 아니다. 만일 이러한 삶이 인식 가능해야 한다면, 그 삶은 대립된 것들이 서로를 혼동하는 내면적인 친밀성의 과잉 가운데서 스스로부터 갈라진다는 사실을 통해서, 그리고 지나치게 자신을 내맡기고 자신의 존재와 의식을 망각했던 유기적인 삶이 자발성과 예술과 성찰의 극단 안으로 옮겨간다는 사실을 통해서 자신을 묘사할 수밖에 없다. 이와는 달리 자연은 최소한 성찰하는 인간에 대한 작용을 통해서 비유기적인 것의, 파악 불가능성의, 감각 불가능성의, 한계 설정 불가의 극단으로 넘어가 마침내 양측은 서로 대립된 상호작용이 계속되는 것을 통해서 애초에 만난 것처럼 근원적으로 일체가 되기에 이른다. 결국 자연은 형성하며 가꾸는 인간을 통해서, 교양 충동과 형성 능력 자체를 통해서 보다 더 유기화되었던 것이다. 반대로 인간은 보다 더 비유기화되고, 보다 더 일반화되고 무한해졌다. 이 두 가지의 서로 대립되어 있는 것, 즉 일반화된, 정신적으로 생동하는, 예술적으로 순수하게 비유기적인 인간과 자연의 잘

---

* 휠덜린은 논쟁에서 중심적이고 체계적인 의미를 지니고 있는 "비유기적"이라는 용어를 스스로 만들어낸 것으로 보인다. 휠덜린은 비활성적이며 또한 활성적인(비유기적인 그리고 유기적인) 자연의 대칭이 아니라 한편으로는 무형태적인 것, 무의식적인 것 그리고 다른 한편으로는 형상체와 의식의 대립을 겨냥하고 있다. 어떤 유기화, 구조화의 원리에 종속되어 있지 않은 무형식적인 자연은 "비유기적"이다. 이와는 반대로 "유기적인 것"은 형상화된 것, 개별적인 것, 의식된 것을 말한다. 능동적으로 전환해서 말하자면, 형태화시키는 힘과 충동이다. 사변적인 카테고리들은 "비유기적"이면서 "유기적"이다. 삶 가운데서 한쪽은 다른 한쪽 없이 생각할 수 없다(그렇기 때문에 휠덜린은 형용사를 홀로 비교급으로 사용한다. "보다 더 비유기적인" 자연과 같은 방식으로 말이다).

갖추어진 형상(Wohlgestalt der Natur)*이 만나게 될 때, 이 감정은 어쩌면 느껴질 수 있는 것의 최상의 느낌에 해당할 것이다. 이러한 감정은 어쩌면 인간이 경험할 수 있는 최상의 감정에 속한다. 왜냐하면 지금의 조화는 그에게 이전의 전도된 순수한 관계를 생각나게 해주기 때문이다. 인간은 자신을 느끼고 자연을 이중으로 느끼게 된다. 그리고 결합은 한층 더 무한하다.

한가운데에는 개별자의 죽음이 놓여 있다. 다시 말해서 유기적인 것이 자신의 개성을, 극단에 이르게 되었던 자신의 특수한 현존재를 내려놓는 순간이 놓여 있는 것이다. 비유기적인 것은 자신의 보편성을 처음에서처럼 이념적인 혼합 가운데서가 아니라, 사실적이며 지극히 드높은 투쟁 가운데 내려놓는다. 그러한 내려놓음은 특수한 것이 자신의 극단에 이르러서 차츰 더 자신을 보편화하고 비유기적인 것의 극단에 맞서서 활성화될 때 일어난다. 특수한 것은 중심점에서부터 차츰 더 자신을 떼어내야만 하는 데 반해서, 비유기적인 것은 특수한 것의 극단에 맞서 행동하면서 더욱더 자신에게 집중하며, 더욱더 중심을 획득하고 가장 특수한 것으로 될 수밖에 없다. 그리고 그 지점에서 비유기적인 것으로 변화된 유기적인 것은 비유기적인 것의 개성을 붙잡고 있는 가운데 자기 자신을 재발견하고 자신에게로 되돌아가는 것처럼 보인다. 그리고 대상은, 즉 비유기적인 것은 그것이 개성을 취하는 바로 그 순간에, 비유기적인 것의 가장 높은 극단에서 유기적인 것이 자신을 또한 발견하는 가운데, 제 자신을 발견하는 것처럼 보인다. 그리하여 이러한 순간에, 최고의 적대감이 이러한 탄생 가운데 가장 높은 화해가 실제로 존재하는 것처럼 보인다. 그러나 이러한 순간의 개별성은 최고의 다툼의 산물이며 그것의 보편성도 최고의 다툼의

---

* 이것은 유기적인 비유기적 상태이다. 다시 말하자면 여기에서는 대립들이 무너진다.

산물에 지나지 않는다. 이리하여 화해가 진전되는 것처럼 보이고, 유기적인 것이 다시 한번 제 자신의 것인 방식대로 이 순간에 작용하며 유사하게 비유기적인 것이 작용하게 되면, 그 결과 유기적인 것에 의해 제기되는 인상들은, 다시 말해서, 비유기적으로 비롯되고 있는 이 순간에 포함된 개성에 의해서 제기되는 인상들은 다시 한번 더욱 비유기적으로 되고자 한다. 반면에 비유기적인 것에 의해서 제기된 인상들은, 다시 말해서, 유기적으로 비롯되고 있는 이 순간에 포함된 보편성에 의해서 제기되는 인상들은 다시 한번 더욱 특수해지려고 한다. 그렇게 해서 결과적으로 결합의 순간은, 마치 망상(Trugbild)*처럼, 점점 더 해체되고 만다. 왜냐하면 그 순간은 유기적인 것에 맞서서 비유기적으로 반응하고, 그 순간이 유기적인 것으로부터 점점 더 거리를 두기 때문이다. 그런데 엄밀하게는 이 순간의 죽음을 통해서 이 순간이 유쾌했던 적대적인 극단이 한층 더 아름답게 화해되고 순간의 생명 가운데 있었던 것보다 더 아름답게 결합되기 때문이다. 이 결합은 이제 개별적인 것 안에 있지 않으며, 따라서 지나치게 내면적이지 않기 때문이다. 동시에 신적인 것은 더 이상 감각적으로 나타나지 않으며, 결합의 행복한 기반은 그것이 너무 내면적이고 일치적이었던 한계 안에서 꺼져버린다. 두 가지의 극단, 그중의 하나인 유기적인 것은 소멸해가는 순간을 통해서 놀라워하며 뒤로 물러서고 그렇게 해서 보다 순수한 보편성으로 끌어올려진다. 반면에 다른 한 극단, 즉 비유기적인 것은 이 순간으로 옮겨가면서 유기적인 것에게 한층 침착한 관찰의 대상이 되지 않을 수 없게 된다. 그리

---

* 제3초고의 322행 이하의 "지나가라! 사라지라! 곧 조용해지고 날이 / 밝아오도록, 망상이여!" 참조.

고 과거의 순간의 친밀성은 한층 더 큰 보편성, 명료성, 신중성과 구분 능력을 지니고 떠오른다.

그렇게 해서 엠페도클레스는 그의 하늘과 시대, 그의 조국의 아들이며, 세계가 그의 눈앞에 모습을 나타내 보였던 자연과 예술의 강렬한 대립의 아들이다. 그는 한 인간인바, 그의 내면에서는 예의 대립들이 아주 내면적으로 결합되어서 그 대립들이 **하나가** 되고, 그 대립들이 각기의 원천적인 구분의 형식을 벗어버리고 이 형식을 전복시킨다. 또한 그의 세계 안에서 보다 주관적으로 가치를 가지고 더 많이 특수성 안에 놓여 있는 것, 구분하기, 사유하기, 비교하기, 형상화하기, 유기화하기와 유기적으로 되기와 같은 것이 그의 내면 **자체**에서는 더욱 객관적이다. 그리하여 가능한 한 강렬하게 칭해보자면, **그가 제 자신에 덜 머물 때, 그리고 그가 자신을 덜 의식하는 한에서** 그는 구분하기, 사유하기, 비교하기, 형상화하기, 유기화하기와 유기적으로 되기의 능력을 한층 더 많이 지닌다. 이때 표현할 수 없는 말이 그에게서 그리고 그를 위해서 말하기에 이르고, 그리고 그에게서 그리고 그를 위해서 보편적인 것, 보다 더 무의식적인 것이 의식과 특수성의 형식을 취하게 된다. 이와는 반대로 그의 세계 안의 다른 이들에게서 객관적으로 인정받고 또한 보다 더 보편적인 형식 안에 들어 있는 것은, 즉 덜 구분되어 있는 것, 덜 구분 가능한 것, 더 생각 없음, 비교할 수 없는 것, 형상화의 여지가 많지 않은 것, 더욱 비유기화된 것과 반유기적인 것은 그에게서나 그를 위해서 보다 더 주관적이다. 그렇게 해서 그는 더욱 덜한 구분들을 겪고, 더욱 덜한 구분들을 행하고, 그의 작용에서 사유의 능력을 덜 가진다. 그가 자기 자신에게 더 많이 머물 때, 그리고 그에게서 그리고 그를 위해서 말하는 것이 말할 수 없는 것 또는 말하지 않는 것에 도달한다는 점, 그에게서 그리고 그를 위해서 한층 더 특수한 것과 한층 더 의식적인 것이 무의식적인 것과 보편적인 것의 형식을 취한다는 점, 대립적인 것들이 그의 안에서 그것들이 구분하는 형식을 역전시키고 그것들이 근원적인 느낌들 가운데 다른 만큼 결합이 되기 때문에 그 두 대립들이 그의 안에서는 하나가 된다는 점을 그만큼 더 많이 의식할 때, 그는 더욱 비교 불가능하고, 그만큼 형상화의 여지가 덜하고, 더욱 비유기적이고 더욱 반유기적이다.

그러한 인간은 오직 자연과 예술의 최고의 대결에서만 성장할 수 있다. 친밀성의 과잉이 (이념적으로) 내면적 친밀성에서 생성되는 것처럼 **친밀성의 이러한 실질적인 과잉은** 적대감과 최고의 다툼에서 생성된다. 이 지점에서는 비유기적인 것은 단순히 그 이유로 특수한 것의 검소한 형태를 취하고 초유기적인 것과 화해하는 것처럼 보인다. 또한 유기적인 것은 단순히 그 이유로 보편성의 검소한 형태를 취하고 초(超)비유기적인 것과 화해하는 것처럼 보이는 것이다. 왜냐하면 양측은 최고의 극단을 통해서 가장 심오하게 서로 침투하고 접촉하며 각기의 외적인 형식 가운데 형태들은 대결의 가상을 취하지 않을 수 없기 때문이다.

그처럼, 앞서 말했듯이, 엠페도클레스는 자신의 시대의 산물이다. 또한 그의 성격은 그가 이 시대로부터 태어났듯이 이 시대를 돌이켜 지시해 보인다. 그의 운명은, 더욱 무엇인가가 되기 위해서 해체될 수밖에 없는 순간적인 결합 가운데에서, 그의 성격 가운데 자신을 드러낸다.

모든 측면을 볼 때, 그는 시인으로 태어난 것처럼 보인다. 그러니까 그의 주관적이며 더욱 활동적인 천성 안에는 보편성으로의 비범한 성향이 이미 내재되어 있는 듯하다. 이 보편성으로의 비범한 성향은 다른 환경 아래 또는 너무 강렬한 영향에 대한 통찰과 그것의 회피를 통해서 예의 차분한 관찰, 의식의 완결성과 철저한 확실성으로 변한다. 이렇게 해서 시인은 **전체**를 조망한다. 마찬가지로 그의 객관적 천성, 그의 수동성에는 예의 행복한 재능이 담겨 있는 것처럼 보인다. 이 재능은 부지런하고 고의적인 정리와 사유와 형성 없이, 정리와 사유와 형성이라는 경향을 지니고 있으며, 그러한 모든 것을 쉽고 빠르게 자신의 정체성 안으로 받아들이고, 예술적 행위로 하여금 행동하기보다는 오히려 말하게 하는 감각과 마음의 유연성이라는 경향을 지니고 있다. 그렇지만 이러한 성향은 그것의 고유한 영역에서 작용하고 또 그대로 머물러서는 안 된다. 그는 자신의 방식과 척도에 따라서, 자신의 고유한 제약성과 순수성에 따라서 작용해서는 안 되며, 이러한 정서가 그 분위기의 자유로운 표현을 통해서, 자기 시민의 운명이기도 했던 보다 더 보편적인 분위기가 되도록 허락해야 할 것이다. 그의 시대의 운명, 그가 그 가운데 자랐던 강력한 극단은 노래를 촉구하지 않았다. 시대가 아직은 순수한 것에서 너무도 동떨어지지 않았던 때, 운명의 형태와 원초적인 것의 형태 사이에 놓여 있는 이념적인 표현을 통해서 순수한 것이 여전히 쉽게 다시 파악되었던 노래 말이다. 그의 시대의 운명은 직접적으로 작용하고 도움을 주는 확실한 행동 역시도 요구하지 않았다. 그러나 그 행동은 더욱 일방적이고 그것이 전체적인 인간을 덜 **드러내면** 낼수록 그만큼 더 많이 드러낸다. 시대들은 전체적 인간이 실제적이고 가시적이 될 때 그의 시대의 운명이 해소되는 것처럼 보이는 일종의 **희생**을 요구했다. 이 희생에서는 극단적인 것들이 하나로, 실제적으로 그리고 가시적으로 결합되는 듯 보인다. 그러나 미리 곤경과 다툼으로부터 생겨난 감각적인 결합*을 개인에게 보여

---

* 휠덜린은 그가 엠페도클레스라는 인물을 통해서 제기하고 있는 결합을 "때 이르다"고

주었기 때문에 이 극단적인 것들은 너무 내면적으로 결합되고, 그 때문에 이념적인 행위를 통해서 개인이 몰락하고 또 몰락하지 않을 수 없다. 감각적인 결합이 결코 가시적으로 또 개별적으로 해소될 수 없는 운명의 문제를 해소한다고 할 수도 있는데, 그것은 평소 보편적인 것이 개인을 통해서 상실되기도 하기 때문이다. 그리고 (운명의 모든 거대한 움직임보다 더욱 좋지 않고 불가능할 뿐인 것으로) 한 세계의 생명이 개별성 안에서 소멸될지도 모른다. 이와는 반대로 이러한 개별성이 [너무도 내면적이고, 실제적이며 가시적이어서] 운명의 때 이른 결과로서 해소된다면, 운명의 문제는 똑같은 방식으로 실질적으로 해소된다. 그러나 행복으로부터 원천적으로, 그러나 오로지 이념적으로, 그리고 시도로서 생성되었던 친밀성의 과잉이 이제 최고의 다툼을 통해서 사실적으로 된다. 그리고 그런 한에서, 그리고 그 때문에, 친밀성의 원초적인 과잉, 모든 다툼의 원인이 지양되었던 만큼 힘과 도구들이 실질적으로 지양되어, 그 결과 내면적인 과잉의 힘이 실질적으로 소실되고 더욱 성숙하고 참된, 순수하고 보편적인 친밀성이 남게 된다.

그렇게 해서 엠페도클레스는 그의 시대의 한 희생물이 되어야 했다. 그를 성장시킨 운명의 문제들은 그의 내면에서 표면적으로 해소되어야 했고, 이러한 해소는 그 정도가 어떻든 모든 비극적인 인물들에게서 표면적이고 일시적인 해소로 나타나야 했다. 이 비극적 인물들은 모두 그들의 성격과 진술을 통해서 그 정도가 어떻든 운명의 문제를 풀려는 시도들이다. 그리고 이들 모두는 그들의 역할, 그들의 성격 그리고 그들의 진술들이 저절로 어느 정도 스쳐

표현하고 있는데, 그것은 그 결합이 엠페도클레스가 지니고 있는 문제의 해결을 시간상으로 선취하고 있기 때문이다.

지나가는 것 그리고 순간적인 것 이외의 것으로는 달리 표현되지 않으며, 따라서 표면적으로 운명을 가장 완벽하게 해소시키고 있는 그 사람이 가장 많이 자신의 덧없음 가운데 그리고 자신의 시도가 진척되는 가운데 가장 두드러지게 희생물로서 표현될 때, 그들은 보편적으로 유효하지 않은 한도에서 지양된다.

엠페도클레스의 경우는 어떠한가?

운명이, 그러니까 예술과 자연의 대립들이 강하면 강할수록, 그 대립들 안에는 점점 더 개별화되며 확고한 지점, 일종의 발판을 얻어내고자 하는 경향이 그만큼 더 커졌다. 그러한 시대는 모든 개체들을 그렇게 오랫동안 사로잡으며, 개체들의 알려지지 않은 욕구와 그들의 숨겨진 경향이 가시적으로 그리고 손에 닿을 듯이 표현되는 가운데 누군가를 발견할 때까지 해결점을 찾아내도록 촉구한다. 이 특별한 일자(一者)로부터서야 비로소 발견된 해결이 보편적인 것으로 이행될 수밖에 없다.

그렇게 해서 엠페도클레스의 내면에서 그의 시대는 개별화된다. 그리고 그의 시대가 그의 내면에서 개별화되면 될수록, 그의 내면에서 수수께끼가 더욱 훌륭하게, 더욱 사실적으로 그리고 더욱 가시적으로 풀리는 듯이 보이면 보일수록, 그만큼 그의 몰락이 더욱 필연적이게 된다.

1) 자신의 시민들의 생동하는 그리고 모든 것을 시도하는 예술 정신 자체가 이미 그의 내면에서 더욱 비유기적으로, 더욱 과감하게, 더욱 한계 없이 상상력이 풍부하게 반복되어야 했다. 다른 한편, 달아오르는 지대와 시칠리아의 울창한 자연은 그를 위해서 그리고 그의 내면에서 더욱 효과적으로, 더욱 강하게 느껴지도록 표현되어야 했다. 그리고 그가 일단 양측으로부터 붙들려 잡혔다면, 한 측면, 그의 본질의 활동적인 힘은 반대 작용으로 다른

측면을 강화시켜야만 했다. 그렇게 그의 심성의 감각적인 부분에 의해서 예술 정신은 영양을 공급받고 계속해서 촉진되지 않을 수 없었다.

2) 항상 논증을 즐기며 계산하는 아그리겐트의 사람들 가운데서, 도시의 발전을 지향하며 자기를 혁신하는 사회적 형식들 가운데서, 항상 완벽한 전체를 고안해내려고 노력했던 그의 초정치적 정신처럼, 정신은 너무 지나칠 정도로 혁신의 정신으로 변할 수밖에 없었다. 상대방의 고유성을 돌보지 않은 채 각자가 자신의 원형을 추구하는 무정부 상태의 무제약은 자신만의 풍부한, 자기만족적인 천성과 삶의 충만을 통해서 다른 누구보다 그를 더욱 비(非)사교적이고, 고독하고, 오만하고, 더욱 까다롭게 만들었던 것이 틀림없다. 그리고 그의 성격이 이러한 두 가지 측면이 서로를 강화하고 서로를 과시하게 했던 것도 틀림없다.

3) 인간적 의식과 행동의 바깥에 있는 미지의 것에 대해서 자유로운 정신의 소유자들의 과감성*은 점점 더 대립한다. 인간들은 그만큼 더 내면적으로 감정 가운데에서 근원적으로 미지의 것과 결합되어 있음을 발견했고, 너무나 힘에 넘치고 깊숙한 원소의 우애로운 영향에 맞서서 자기 망각과 전적인 소외감으로부터 자신을 보존하고자 태생적인 본능에 의해 재촉되고 있음을 발견했다. 이 자유로운 정신의 과감성, 오만한 백성들에게는 그렇게 자연스러운 것으로 보였던 부정적으로 추론하기와 미지의 것에 대한 무시는, 어떤 경우에서도 부정을 위해 서 있지 않았던 엠페도클레스에게서는 한 걸음 더 나아간 것으로 여겨진 게 틀림없다. 오히려 그는 미지의 것의

---

* 18세기에서는 일반적으로 계몽주의자들이 "자유로운 정신의 소유자들"로 불렸다. 횔덜린은 이 어휘를 자연을 이성적으로 지배할 수 있다고 생각하는 사람들에 대해서 명백히 부정적인 의미로 사용하고 있다.

지배자가 되려고 시도해야만 했다. 그는 자신의 안전을 추구하려고 할 수밖에 없었다. 그의 정신은 예속 상태에 매우 심하게 맞서 싸워야만 했기 때문에 우리를 압도하고 있는 자연을 붙들어 안고 철저히 이해하며 그 자연을 의식하도록 노력을 기울일 수밖에 없었다. 그가 자신을 의식하고 자신을 확인할 수 있게 됨에 따라서 그는 자연과의 동질성을 찾으려고 온갖 노력을 다해야만 했고, 그 결과 그의 정신은 가장 진정한 의미에서 비유기적인 형태를 취할 수밖에 없었다. 자기 자신과 자신의 중심점으로부터 시선을 돌리고, 항상 자신의 대상을 지나치게 꿰뚫어볼 수밖에 없었던 그는 그 대상 안에서, 마치 하나의 심연에서인 양 자신을 잃어버리고 말았다. 한편 이와는 다른 측면에서 보자면, 대상의 전체 생명은 버림받은, 정신의 한계 없는 활동성 때문에 이제는 더욱 무한히 수용적이 되어버린 마음을 붙잡아야만 했다. 그리고 그에게서 대상은 개성이 될 수밖에 없었고, 그에게 특수성을 부여할 수밖에 없었다. 그리고 이 특수성은 그가 정신적으로 활동하면서 대상을 목표로 해서 자신을 바쳤던 바로 그 정도에서 철저히 자신과 조화를 이룰 수밖에 없었다. 그리하여 대상은 그의 내면에서 극단적인 형태를 띠고 나타났고, 똑같이 그는 대상의 객관적인 형태를 취했던 것이다. 그는 보편적인 것, 미지의 것, 대상, 특수한 것이었다. 그리하여 예술, 사유, 형상화하는 인간 성격의 질서와 무의식적인 자연 사이의 다툼은 해소되고, 최고도의 극단 가운데 그리고 서로 구별하는 형식의 교환에 이르기까지 하나로 결합된 것으로 보였다. 이것이 엠페도클레스가 자신의 세계에 동반하고 등장했던 마법이었다. 자연은 자유로운 정신의 당대인들을 자신의 힘과 매력으로 지배했는데, 그들이 자연을 알아볼 수 없을 만큼 도외시하면 할수록, 그만큼 더 강하게 지배했던 것이다. 자연은 자신이 가지고 있는 모든 멜로디를 통해서 이 사람의 정신과 입에 나타났고 그처럼 내면적이고 따뜻하고 직접적이었다. 마치 그의 마음이 자연의 마음이나 되는 것 같았고, 원소의 정신이 인간적 형상체로 인간들 가운데 깃들어 있는 것 같았다. 이것이 그에게 기품을 부여했고, 그의 위엄, 그의 신성을 부여했다. 또한 운명의 폭풍이 흔들었던 모든 마음들과 시대의 수수께끼 같은 한밤중에 불안하게 사다리도 없이 이리저리로 헤매는 정신들이 그를 뒤따랐다. 그가 보다 더 인간적으로, 보다 더 가까이 그들의 본래대로의 존재에 맞추어 그들의 친구가 되면 될수록, 그리고 그가 이러한 영혼을 지니고, 그들의 일을 자신의 일로 삼으면 삼을수록, 그리고 그 영혼이 일단 그의 신적인 형상체 안에 나타났다가 보다 더 고유한 방식으로 그들에게 다시금 등장하고 나서는, 그만큼 더 그는 그들의 숭배의 대상이 되었다. 그의 성격의 이러한 기본 음조는 그가 가진 모든 관계들 안에 보였다. 그들은 모두 이 음조를 받아들였다. 그리하여 그는 자신의 최고도의 독립성 안에, 더욱 객관적이고 더욱 역사적인 방향 지시 없이 그에게 그의 길을 앞서 표시해주는 관계 가운데 살았으며, 그를 똑같은 길로 이끌었던 외부의 환경들은 어쩌면 그에게서 다만 생각에 멈추고 말았을지도 모르는 것을 내보이고 실천하게 하는 데에 본질적으로 없어서는 안 되는 것이었다. 그렇지만 그가 이어서 이 환경들과 함께 그 안에 서 있는 것을 보이는 모든 갈등에도 불구하고, 외부의 환경 모두는 결국 그의 가장 자유로운 정조(情調)와 영혼을 만나게 된다. 그런데 이것도 역시 결코 놀라운 일이 아니다. 왜냐하면 바로 이러한 정조도 환경의 가장 내면적인 정신이기 때문이고, 또 이러한 환경 안에 들어 있는 모든 극단들은 바로 이러한 정신으로부터 나와서 다시 그 정신으로 되돌아가기 때문이다. 그의 가장 독립적인 관계 안에서 그의 시대의 운명은 첫 번째와 마지막의 문제에 걸쳐서 해소된다. 확실한 것은 이러한 외양으로의 해결은 여기서부터 다시금 지양되기 시작하고, 그것으로 종결에 이르게 된다는 것이다.

그는 이러한 독립적인 관계 안에서, 그의 개성의 기본 음조를 만들어내고 있는 그 최고의 내면적 친밀성 안에서 원소들과 함께 살고 있다. 한편 그를 둘러싸고 있는 세계는 바로 최고의 대립 가운데 살고 있다. 한쪽 편으로는 그 자유정신적인 무사고(無思考), 살아 있는 것에 대한 불인정 안에서, 다른 한쪽 편으로는 자연의 영향에 맞서는 최고의 예속 상태 안에서 살고 있는 것이다. 이러한 관계 안에서 그는 1) 일반적으로, 느끼는 인간으로, 2) 철학자와 시인으로, 3) 자신의 정원을 가꾸는 한 고독한 사람으로 산다. 그러나 아직 그는 결코 극적인 인물이 아닐지도 모른다. 따라서 그는 단순히 보편적인 관계들을 통해서만이 아니라, 그의 독립적인 성격을 통해서도 운명에 맞서야 한다. 그는 특수한 관계들을 통해서, 가장 특수한 동기와 과제를 통해서 운명을 해소하지 않으면 안 된다. 그러나 그가 그처럼 내면적인 관련 가운데 원소들의 생동과 더불어 서 있는 것처럼, 그는 또한 자신의 시민들과 더불어 서 있다. 그는 어떤 영향, 어떤 예술도 견뎌내려는 의지조차 없는 무질서한 도전적인 삶에 맞서서 오로지 대립을 통해서 싸우는 부정적이며 강력한 혁신의 정신력을 가지고 있지 않았다. 그는 한 걸음 더 나아가지 않으면 안 되었다. 그는 생동하는 것을 바르게 정리하기 위해서 그것을 자신의 본성과 함께 가장 내면적인 것 안에서 파악하기 위해서 노력해야만 했다. 그는 자신의 정신을 가지고 인간적인 원소를, 모든 성향과 욕구를 감당하려고 노력해야만 했다. 그는 그들의 영혼을, 그들의 내면에 들어 있는 파악 불가능한 것, 무의식적인 것, 무의지적인 것을 감당하려고 노력해야만 했다. 바로 이를 통해서 그는 자신의 의지, 자신의 의식, 지식과 활동의 통상적이고 인간적인 한계를 넘어서는 자신의 정신을 잃지 않을 수 없었고, 객관적으로 되지 않을 수 없었다. 그리고 그가 주려고 했던 것을 그는 찾아내야만 했다. 다른 측면에서 보자면, 이것은 정신적으로 활동적인 인간이 보편적인 것에서나 특수한 것에 자신을 맡겨버렸다는 사실을 통해서 그의 가장 깊은 마음이 개방적이면 개방적일수록, 객관적인 것이 그만큼 더 순수하고 심오하게 그의 내면에서 반향을 일으켰기 때문이다.

그처럼 그는 종교적 개혁자로서, 정치적인 인간으로서의 태도를 취했다. 그가 그들을 위해서, 이러한 당당하고도 도취적인 헌신으로 그들을 향해서 취한 모든 행위들을 통해서 말이다. 그리고 그는 외양으로 볼 때, 이미 객체와 주체의 이러한 교환의 표현을 통해서 운명으로 결정되어 있던 모든 것을 해소했다. 그러나 이러한 표현은 어디에 본질을 둘 수 있는가? 그러한 관계 가운데에서 맨 먼저 불신자(不信者)인 일부 사람들을 만족시키고 있는 것은 무엇인가? 그리고 모든 것은 이러한 표현에 담겨 있다. 통일적인 것은 그것이 지나치게 가시적이고 감각적으로 나타났기 때문에 몰락할 수밖에 없다. 그리고 그 통일적인 것이 어떤 특정한 지점과 특정한 경우를 통해서 자신을 표현하면서만 그렇게 행할 수 있다. 그들은 그들과 그 사람 사이에 있는 통일적인 것을 보아야만 한다. 그들은 어떻게 그럴 수 있는 것인가? 그가 극단의 경지에까지 그들에게 복종하는 것을 통해서인가? 아니면 어떤 점에서인가? 그들이 그 안에 살고 있으며 의심으로 그들을 지극히 괴롭히고 있는 극단적인 통일에 관련되고 있다는 점에서이다. 만일 이제 이러한 극단들이 예술과 자연의 다툼에서 일어나고 있다면, 그는 그들의 눈앞에 예술에 가장 도달하기 어려운 바로 그 지점에서 자연을 예술과 화해시켜야만 한다.—여기에서부터 이야기는 서서히 출발한다. 그는 애정을 가지고 또한 반감*을 가지고 이를 행한다. 그는 자신의 시험을 통과한다. 그리고 그들은 모든 것이 완결된 것으로 믿는다. 이것을 통해서 그는 그들을 인식한다. 그가 그 안에 살았던, 자신이 그들과 일체일지도 모른다는 착각은 이제 끝난다. 그는 뒤로 물러서고 그들은 그에 대해서 냉담해진다. 그의 적대자는 이것을 이용하고 추방을 부추긴다. 그의 적대자는 태생적인 재능에서는 엠페도클레스만큼 위대한 자로서 시대의 문제를 다른 방법으로, 한층 부정적인 방식으로 해소하려고 시도한다. 영웅으로 태어나 그는 극단들을 통합하려는 쪽이라기보다는 그것을 통제하려는 쪽이다. 그리고 그것들의 상호작용을, 그것들 사이에 제기되고 각각 자신의 것으로 삼으려는 가운데, 각각 자신의 경계 안에 붙들어 잡는 정지와 고정에 묶어두려는 경향을 지니고 있다. 그의 덕목은 오성이다. 그의 여신은 필연성이다. 그는 운명 자체이다. 다만 그의 내면에 들어 있는 투쟁하는 힘들이 한 의식에, 그 힘들을 명료하고도 확실하게 마주 세우고, 그 힘들을 (부정적인) 이상성에 고착시키며 그것들에게 일종의 방향을 부여하는 하나의 분기점에 고착되어 있다는 차이점을 가지고 있을 뿐이다. 엠페도클레스에게서 예술과 자연이 활동적인 것이 과잉 가운데서 객관화되고 상실되었던 주관성이 대상의 심각한 작용으로 대체되는 것을 통해서 다툼의 극단 가운데서 통일되는 것처럼, 적대자에게서 예술과 자연은 객관성의

---

* 왜냐하면 실증적으로 되는 것에 대한 두려움은 자연스럽게 그의 가장 큰 두려움일 수밖에 없기 때문이다. 이러한 두려움은 그가 사실적으로 내면적인 것을 표현하면 할수록 그만큼 더 확실하게 몰락한다는 감정에서 기인한다.

과잉과 탈자기의 과잉 그리고 사실성의 과잉이 (그러한 분위기, 격정과 원천성의 교차라는 그러한 혼돈, 미지의 것에 대한 위압적인 그러한 두려움 가운데) 용기 있게 개방적인 마음으로 활동적인 것과 조형적인 것의 지위를 대변해야만 하고, 이에 반해서 주관적인 것이 더욱더 인내, 지속, 확고함과 안전이라는 수동적인 형상을 취하는 것을 통해서 통일된다. 또한 극단들이 그것들의 지속 가운데 노련함을 통해서건, 외부로부터이건 간에 평온과 유기적인 것의 형상을 취한다면, 주관적으로 활동적인 것은 이제 유기화시키는 요인, 요소가 될 수밖에 없다. 그렇게 해서 여기에서도 주관적인 것과 객관적인 것인 그들의 형상을 교환하고, 하나 안에 통합을 이루게 되는 것이다.

(1799년 가을—겨울)

몰락하는 조국……*

몰락하는 조국, 자연과 인간은 그들이 하나의 특별한 상호작용(Wechselwirkung) 가운데 있는 한, 하나의 이념화된 **특별한** 세계, 그리고 사물들의 결합을 형성한다. 또한 그것들이 해체되는 한, 이로써 그것들로부터 그리고 잔존하는 종족으로부터 또는 다른 사실적 원리들인 자연의 잔존하는 힘들로부터 하나의 새로운 세계, 새롭지만 또한 특별한 상호작용이 형성되고, 마찬가지로 순수하지만 특별한 세계로부터 앞서 언급한 몰락이 일어난다. 모든 세계의 세계, 그 언제나 **존재하는** 모든 것 중의 모든 것은 오직 시간 가운데—또는 몰락(Untergang) 혹은 순간 가운데, 또는 보다 더 기원적으로 시간과 세계의 순간과 시초의 형성 가운데 스스로를 **표현하기** 때문에 언어와

---

* 표제 없이 육필로 전해진다. 횔덜린 전집에는 편집자에 따라 다른 제목으로 수록되어 있다. 바이스너의 슈투트가르트 전집(StA)에는 「소멸 중의 생성(*Das Werden im Vergehen*)」으로, 슈미트의 독일 고전주의자 출판사 전집(KA)과 자틀러의 프랑크푸르트 전집(FHA)은 이 글의 서두 「몰락하는 조국……(*Das untergehende Vaterland*……)」을 표제로 삼고 있다. 슈미트는 이 글은 비극 『엠페도클레스의 죽음』에 딸린 논고로 보지만, 바이스너와 자틀러는 이 비극과 관계없는 별도의 논고로 본다. (『엠페도클레스의 죽음』[프리드리히 횔덜린, 장영태 옮김, 문학과지성사, 2019]에 수록된 논고와 편역자의 해제를 수정, 보완하여 재수록했다.)

마찬가지로 생동하지만 특별한 전체의 표현, 징표, 재현과 같은 무엇이다. 이 생동하지만 특별한 전체는 다시금 자신의 작용을 통해서 전체에 대한 조망으로 변한다. 다시 말하면 그 전체 가운데는, 언어 가운데에서처럼 한편으로는 생동하면서 존속하는 것이 거의 또는 전혀 없는 듯 보이고, 다른 한편으로는 모든 것이 들어 있는 것처럼 보인다. 생동하면서 존속하는 것 가운데에는 하나의 연관 형태와 **소재** 형태가 주도적이다. 비록 모든 다른 것들이 그 안에서 예감되기는 하지만, 이행하는 것 안에 모든 연관들의 가능성이 우세하다. 그렇지만 특별한 연관들이 그것으로부터 취해질 수 있으며, 얻어질 수 있다. 그렇게 해서 무한성으로 생각되는 그 특별한 연관들을 통해서 유한한 작용이 생성되는 것이다.

  (이러한 의미에서) **조국의 이러한 몰락 또는 이행**은 현존하는 세계의 일원들 가운데에서 느껴지며, 그 결과 현존하는 것이 해체되는 바로 그 순간과 그 정도에서 새롭게 등장하는 것, 혈기왕성한 것, 가능한 것이 또한 느껴지는 것이다. 그렇다면 도대체 어떻게 해체(Auflösung)가 결합 없이 느껴질 수 있다는 것인가. 만일 현존하는 세계가 그것의 해체 가운데 느껴져야만 하고 또 느껴진다면, 이때 **연관들과 힘 가운데 고갈되지 않는 것**과 고갈될 수 없는 것은 그 해체를 통해서 한층 더 강하게 느껴질 것이 틀림없다. 또한 이것은 힘을 통해서 느껴지는 연관들의 해체에 관한 사항인 것이 분명하다. 그리고 그 역(逆)도 마찬가지이다. 왜냐하면 무(無)로부터는 무가 나오기 마련이기 때문이다. 그리고 이것을 똑바로 받아들이면 부정(否定)으로 변화된 바로 그것을 의미하는 것이나 마찬가지이다. 그리고 그것이 현실로부터 일어나면서도 아직은 어떤 가능한 것이 아닌 한 그것은 작용할 수 없을 것이다.

그러나 현실(Wirklichkeit)이 해체되면서 현실로 들어설 가능성(das Mögliche)이 작용하게 되고, 이것은 해체의 감각과 해체된 것에 대한 회상을 일으킨다.

그 때문에 모든 순수 비극적인 언어의 철저히 원형적인 것, 지속적으로 창조적인 것이 생겨난다.……무한한 것으로부터 개별적인 것의 생성, 또한 양측으로부터 개별적으로 영원한 것의 유한하게 무한한 것의 생성, 그것은 파악이 불가능하거나 불운하게 되어버린 것이 아니라, 오히려 파악 불가능한 것의 파악, 해체라는 불운에서부터의 소생이다. 그리고 죽음 자체의 투쟁의 파악이자 소생이다. 이것은 조화로운 것, 파악 가능한 것, 생동하는 것을 통한 파악이며 활성화이다. 이 가운데 마음 깊이 고통을 겪으며 관찰하는 자에게 해체의 첫 번째 생경한, **여전히 너무도 알지 못하는 고통**이 표현된다. 이 고통 안에 새롭게 생성되는 것, 관념적인 것은 불확실하며 두려움의 대상이다. 이와는 달리 해체 자체, 현존하고 있는 것은 사실적인 무(無)처럼 **여겨진다**. 그리고 존재와 비존재 사이의 상태에서 해체되는 것은 필연에 귀속된다.

해체되어야만 했고 또 실제로 해체된 새로운 생명은 이제 실질적으로는 이념적으로 낡은 것이다. 그것의 해체는 필연적인 것이었고 존재와 비존재 사이의 독특한 특성을 지닌다. 존재와 비존재 사이의 상태에서 그러나 가능성은 도처에서 사실적이다. 그리고 사실적으로 관념적이다. 이것이 자유로운 예술의 모방 가운데 하나의 두려우나 신적인 꿈인 것이다. 필연적인 것으로서의 해체는 관념적인 회상이라는 견지에서 볼 때, 새롭게 전개되는 생명의 관념적 대상이 된다. 이것은 해체의 시발점으로부터, 새로운 생명의 기초 위에서 해체된 것에 대한 회상이 추적될 수 있는 지점에 이르기까지의 도정을 되돌아보는 눈길이다. 거기서부터 새로운 것과 지나간 것 사이에 발생하는 틈과 대비의 해명과 통합이, 해체 자체의 회상이 이루어질 수 있다. 이러한 관념적인 해체(idealische Auflösung)는 두려움이 없다. 시발점과 종결점이 이미 정해져 있고, 발견되었고, 확보되었기 때문에 이러한 해체는 보다 더 확실하고, 막힘이 없으며, 보다 더 과감하다. 그리고 이러한 해체는 그것을 본래 고유한 것으로, 일종의 재생산의 행위로 제시해주는 것이다. 이렇게 함으로써 생명은 자신의 모든 지점을 통과해 나간다. 그리고 전체적인 총계를 얻어내기 위해서 어떤 지점에서도 머물지 않으며, 다음 지점에서 생성되기 위해서 매 지점에서 해체된다. 그리하여 해체가 그 시발점에서 멀어지는 만큼의 정도에서 해체는 더욱 관념적으로 되는 것이다. 이와 반대로는 바로 그 정도에서 생성은 한층 더 실제적으로 된다. 그리하여 마침내는 어느 순간 무한히 진행되는 소멸과 생성의 이러한 지각들로부터 전체적인 삶의 감정이 유래한다. 또한 여기서 유일하게 배제되었던, 처음에 해체되었던 것이 회상 안에 (가장 완벽한 상태에서의 대상의 필연성을 통해서) 드러나는 것이다. 해체된 것, 개별적인 것의 이러한 회상이 해체의 회상을 통해서 무한한 삶의 감정과 결합되고, 이들 사이의 틈이 채워지고 나면, 이러한 결합과 지나간 과거의 개별적인 것과 무한히 현재화된 것의 비교로부터 참되게 새로운 상태, 지나간 것을 뒤따라야 하는 그다음의 발걸음이 드러나는 것이다.

그러니까 해체의 회상 가운데서 해체는 전적으로 그것의 양쪽 끝이 확고하게 서 있기 때문에, 해체에 합당한 확고하고 억제할 수 없는 과감한 행동이 된다.

그러나 이 관념적인 해체는 사실적 해체(wirkliche Auflösung)와 구분될 수 있다. 그것은 무한하게 현재적인 것으로부터 유한한 과거로의 진행이 일어나고, 그 결과 다음의 세 가지 지점에서 모든 것이 보다 더 무한하게 얽히게 된다는 사실을 통해서이다. 즉 1) 같은 해체와 생성의 모든 지점 안에서, 2) 그것의 해체와 생성 안에 있는 한 지점과 다른 모든 지점 사이에, 3) 그것의 해체와 생성 안에 있는 각 지점과 해체와 생성의 총체적인 느낌 사이에 보다 더 무한하게 얽힌다는 사실을 통해서이다. 한층 더 무한하게 얽힌다는 것, 그것은 모든 것이 한층 더 무한하게 스며들고, 접촉되고, 고통과 기쁨으로, 다툼과 평화로, 움직임과 쉼으로, 형상과 형상 파괴로 연루되어서 지상의 불길이라기보다는 천상의 불길이 작용하는 것과 같은 것을 의미한다.

마지막으로, 다시 한번, 관념적인 해체는 거꾸로 무한히 현재적인 것에서부터 유한히 과거적인 것으로 향하기 때문에, 관념적인 해체는 그것이 보다 더 철저히 규명될 수 있다는 점을 통해서 사실적인 해체와는 구분된다. 관념적인 해체는 두려운 불안 가운데, 서둘러 해체와 생성의 여러 본질적인 지점들을 하나로 모으지는 않는다. 그리고 두려워하면서, 두려워했던 해체뿐 아니라 생성까지도 방해할 수 있는 비본질적인 것들 사이에서 길을 잃지도 않는다. 방해는 여기서 진정으로 치명적이기 때문이다. 또한 관념적인 해체는 일방적으로 근심스러워하면서 해체와 생성의 한 지점에 극단에 이르기까지 자신을 제약하지도 않는다. 그리고 다시 한번 고유한 죽음에 이르는 동기를 부여받는다. 관념적인 해체는 오히려 그것의 정밀한, 곧바른, 자유로운 길을 걸으며, 해체와 생성의 매 지점을 그것에, 그리고 오로지 그것에만 존재할 수 있는, 그러니까 진실로 개별적인 것에 대한 전망을 지니고 가로지른다. 물론 이 지점으로 전대미문의 것, 분산시키는 것, 그 자체가 그리고 여기에 이르기까지 무의미한 것을 강요하지는 않는다. 그러나 관념적인 해체는 해체와 생성의 다른 지점들과의 모든 연관 안에서 자유롭고도 완벽하게 개개의 지점을 통과한다. 관념적인 해체는 해체와 생성의 능력이 있는 처음 두 지점 사이, 다시 말해서 대립적인 무한히 새로운 것과 유한하게 낡은 것 사이, 사실적으로 총체적인 것과 관념적으로 특수한 것 사이에 있는 모든 것을 통과하는 것이다.

결과적으로 관념적인 해체는 소위 말하는 실질적인 해체와 구분된다(왜냐하면 관념적인 해체는 유한한 것에서부터 무한한 것으로 간 다음에 거꾸로 무한한 것에서 유한한 것으로 가기 때문이다). 그렇게 구분되는 것은 해체가 그것의 끝 지점과 처음 지점에 대한 무지 때문에 실질적인 무(無)로 나타나지 않을 수 없다는 사실을 통해서이다. 해체가 이렇게 무로 나타남으로써 모든 현존하는 것은, 그러니까 특수한 것은 모든 것으로 나타난다. 그리고 감각적인 이상주의 또는 향락주의(Epikuräismus)로 나타나는 것이다.* 이것은 이러한 관점을 오로지 희곡에 관련해서만 사용했던 호라티우스가 자신의 "신은 현명하게 미래 시간의 진행을……(Prudens futuri temporis exitum……)"**에서 정확하게 표현한 바 있다. 그러니까 관념적인 해체가 소

---

*　여기서 이상주의는 "특수한 것"의 최고 가치로서의 고양을 의미한다. 그 "특수한 것"은 "모든 것"으로 나타나기 때문이다. 그리고 이 "특수한 것"을 넘어서는 어떤 전망도 존재하지 않는다. 그것만이 "감각적으로" 인지되기 때문이다. 첨언된 "향락주의"는 "감각적으로" 현재에 온통 집중하는, 에피쿠로스가 주장하는 삶의 태도, 그리고 에피쿠로스 학파의 한 사람인 호라티우스가 "현재를 즐겨라(carpe diem)"라는 모토로 요약하는 삶의 태도를 암시한다.

**　호라티우스의 『송가집(Odes)』 제3권 29, 29행 이하의 "신은 현명하게 미래의 시간의 진행을/어두운 밤으로 가려놓네/그리고 죽을 운명의 인간이 정도를 넘어 두려워할 때면/미소를 짓는다네"에서 인용.

위 말하는 실질적인 해체와 구분되는 것은 이 실질적인 해체가 실질적인 무(無)처럼 보인다는 사실을 통해서이다. 관념적인 해체는, 그것이 관념적으로 개별적인 것의 무한히 사실적인 것으로의 생성변형(Werden)이며 무한히 사실적인 것의 개별적으로 관념적인 것으로의 생성변형이기 때문에, 그것이 현존하는 것에서부터 현존하는 것으로의 이행으로 생각되는 바로 그 정도에서 형상과 조화를 얻게 된다. 그리고 현존하는 것은 그것이 앞의 이행으로부터 생성되는 것으로 또는 그 이행을 향해서 생성하는 것으로 생각되는 바로 그 정도에 따라서 정신을 획득한다. 그리하여 관념적으로 개별적인 것의 해체가 약화나 죽음으로서가 아니라 성장으로서의 자극으로 나타나며, 무한히 새로운 것의 해체는 파괴적인 강제로서가 아니라 사랑으로서 그리고 이 두 해체가 함께 하나의 (초월적이며) 창조적인 행위로서 나타나는 것이다. 이 행위의 본질은 관념적으로 개별적인 것과 실질적으로 무한한 것을 결합시키는 것이며, 이 행위의 산물은 관념적으로 개별적인 것과 결합된 실질적으로 무한한 것이다. 이때 무한히 실질적인 것은 개별적으로 관념적인 것의 형상을, 그리고 이 개별적으로 관념적인 것은 무한히 실질적인 것의 생명을 취한다. 그리고 이 둘은 하나의 신화적인 상태에서 결합되는 것이다. 여기에서 무한히 실질적인 것과 유한하게 관념적인 것의 대립과 함께 이행 역시 중지된다. 무한히 실질적인 것이 생명에서 얻는 것을 유한하게 관념적인 것은 이러한 휴지(休止, Zäsur)로부터 얻는다. 이러한 상태는 서정적인 무한히 실질적인 것과 혼동될 수 없다. 그만큼 이 상태는 이행 동안의 생성 가운데서 서사적으로 서술이 가능한 개별적으로 관념적인 것과 혼동될 수 없다. 왜냐하면 이 두 가지의 경우에서 이 상태는 한쪽의 정신을, 다른 한쪽의 감각적인 것이자 파악 가능한 것과 결합시키기 때문이다. 이 신화적인 상태는 두 경우에서 비극적이다. 다시 말해서 그 상태는 두 경우에서 무한히 실질적인 것을 유한하게 관념적인 것과 결합시킨다. 두 경우는 오직 정도의 차이를 두고 다를 뿐이다. 왜냐하면 이행과정에서도 정신과 기호는, 다른 말로 이행의 재료들은 기호와 그리고 이 기호는 정신과 (초월적인 것이 분리되어 있는 것과) 마치 영활하게 된 유기체가 유기적인 영혼과 그러하듯, 조화롭게 대칭을 이루는 가운데 일체이기 때문이다.

무한히 새로운 것과 유한하게 낡은 것의 이러한 비극적인 결합으로부터 새롭게 개별적인 것이 전개된다. 이것은 무한히 새로운 것이, 무한히 낡은 것의 형상을 취하고 있는 것의 중재를 통해서 이제 제 자신의 고유한 형상 가운데 개별화되기 때문이다.

새롭게 개별적인 것은, 두 번째의 관점에서 분리된, 개별적으로 낡은 것이 일반화되기 위해서, 그리고 무한히 삶의 감정 안으로 융해되려고 힘쓰는 바로 그 정도로, 분리되고 또 무한성으로부터 벗어나려고 애쓴다. 개별적으로 새로운 것의 시기(Periode)가 끝나는 순간 무한히 새로운 것은 개별적으로 낡은 것에 대해 융해하는 힘, 미지의 힘으로서 관계하며, 마찬가지로 새로운 것은 앞의 시기 동안에 무한히 낡은 것에 대해 미지의 힘으로서 관계했다. 그리고 이 두 시기는 서로 대칭을 이룬다. 다시 말해서 첫 번째 시기는 무한한 것에 대한 개별적인 것의 지배로서, 전체에 대한 개별적인 것의 지배로서, 그리고 두 번째 시기는 개별적인 것에 대한 무한한 것의 지배로서 또한 개별적인 것에 대한 전체의 지배로서 두 시기가 대칭을 이루는 것이다. 이 두 번째 시기의 종료와 세 번째 시기의 시작은 삶의 느낌으로서(자아로서), 무한히 새로운 것이 대상으로서(비자아로서) 개별적인 것으로 낡은 것에 대해서 관계하는 순간에 놓여 있다.

—

이러한 대립들, 성격들의 비극적인 결합 이후, 성격들의 이러한 대립이 상호성과 그 역(逆)을 향한 이후. 그후, 양측의 비극적인 결합.

(1799년 말-1800년 초)

비극의 의미

비극의 의미는 역설(逆說)에서 가장 쉽게 이해할 수 있다. 모든 역량은 정당하고도 공평하게 분배되어 있기 때문에, 모든 근원적인 것은 근원적인 강점을 통해서가 아니라 본래 그 약점을 통해서 나타난다. 그리하여 생명의 빛과 약점의 나타남은 당연히 본질적으로 각기의 전체에 속한다. 이제 비극적인 것에서 징후 그 자체는 무의미하며 효력이 없다. 그러나 근원적인 것은 곧바로 돌출한다. 말하자면 본질적으로 근원적인 것은 오로지 그 약점을 통해서만 나타날 수 있다. 그러나 징후 자체가 무의미한 것 = 0으로 간주되는 한, 근원적인 것, 모든 자연의 숨겨진 근거 역시 표현될 수 있다. 자연이 그것의 가장 허약한 재질을 통해서 실질적으로 표현된다면, 자연이 그 가장 강한 재질을 표현할 경우 징후는 = 0이다.

(1802-1803년)

제5장

그리스 문학론

「오이디푸스 왕」에 대한 주석

「안티고네」에 대한 주석

핀다로스 단편에 대한 주석

「오이디푸스 왕」에 대한 주석*

1

만일 우리가, 시대와 체제의 차이를 감안하면서, 우리의 경우에도 시문학을 고대인들의 처리법(μηχανη)**의 경지로 끌어 올린다면, 시인들에게 시민적인 실존을 보장하는 데 좋은 일이 될 것이다.

   다른 예술작품들의 경우에도 그리스의 예술작품들과 비교해볼 때 확실성이 부족하다. 적어도 지금까지 예술작품들은 아름다움이 생성되는 법칙적인 계산과 기타의 처리 방식을 따르기보다는 예술작품들이 주는 인상에 따라서 더 많이 판단되었다. 근대 문학에는 무엇보다도 그것의 처리 방식이 계산되고 훈련되는 교육과 장인다움이 부족하다. 만일 이 처리 방식이 습득된다면, 실행에서 항상 신뢰성 있게 반복될 수 있을 것이다. 우리는 인간들 사이에, 모든 사물에 무엇인가가 존재한다는 사실, 다시 말해, 그것의 현상

---

* 『소포클레스의 비극』(프리드리히 횔덜린, 장영태 옮김, 부북스, 2023)에 수록된 논고와 편역자의 해제를 수정, 보완하여 재수록했다.

** 이 그리스어의 의미 영역은 "기계"에서부터 "요령"까지 이른다. 여기서는 수공예적인 "처리 방법"을 의미한다.

이라는 수단을 통해서 그것이 인식 가능하다는 사실, 그리고 무엇보다도 그것이 따라야 할 방식이 결정되고 가르쳐질 수 있다는 사실에 주목해야만 한다. 이런 이유나 더 높은 이유에서 문학은 특히 확실하고 특징적인 원칙들과 제약들을 요구한다.

이것들에 먼저 법칙적인 계산이 해당한다.

그다음에 우리는 내용이 이런 법칙적 계산과 어떻게, 어떤 처리 방식을 통해서 구분되는지, 그리고 무한하지만, 그래도 도처에 정해진 연속체를 통해서 개별적 내용이 어떻게 보편적인 계산과 관련을 맺는지, 그리고 경과, 의도된 진술 그리고 계산될 수 없는 생동하는 의미가 계산 가능한 법칙과 어떻게 관련을 맺는지에 주목해야만 한다.

하나의 감각 체계와 전인적 인간이 요소*의 영향 아래서 전개되는 방식, 법칙, 계산, 그리고 표상과 감각, 이성적 판단이 상이한 질서 가운데, 그러나 항상 고정된 규칙에 따라서 차례로 생성되는 방식은, 순수한 전개에서보다는 비극적인 것에서 훨씬 더 균형을 이룬다.

비극적인 **이행**은 말하자면 본래 공허하다. 가장 구속되지 않은 이행인 것이다.

이를 통해서 이 **이행**이 표현되는 표상의 리드미컬한 연속 **가운데 우리가 운율상 휴지(Zäsur)**라고 부르는 것, 즉 순수한 어휘, 반(反)리듬적인 정지가 필연적이게 된다. 그렇게 해서 말하자면 그 절정에서 표상의 급격한 교체에 봉착하여 표상의 교체가 아니라 표상 자체가 나타나는 것이다.

이를 통해서 계산의 연속과 리듬의 연속은 나뉘게 되고, 그 양분된 두

---

* 횔덜린은 "요소(Element)", "자연의 힘", 그리고 "신"을 같은 의미로 혼용한다.

부분은 같은 비중을 차지하는 듯이 보이도록 서로 관계를 맺는다.

이제 표상들의 리듬이 신속하게 중심을 벗어나는 가운데, **첫 번째 표상**이 **이어지는 표상들**을 통해서 분리되도록 구성되려면, 휴지 또는 반리듬적인 정지는 **앞쪽에** 놓여야만 한다. 그리하여 첫 번째 절반이 두 번째 절반으로부터 보호된다. 그런 다음에 균형은 이 두 번째 절반이 근원적으로 더 신속하고, 더욱 무겁게 비중을 가지는 것처럼 보이기 때문에, 휴지의 반작용 결과로서 균형은 끝에서부터 처음을 향해서 더 기울어지는 것처럼 보이게 될 것이다.

표상의 리듬에 **이어지는** 것들이 **처음의** 것들에 의해 한층 더 강요받는 상태라면, 휴지는 한층 더 끝을 향해서 놓이게 될 것인데, 그것은 처음부터 동시에 보호되어야만 하는 것은 바로 끝이기 때문이다. 균형은 결과적으로 한층 더 끝을 향해서 기울어질 것인데, 그것은 첫 절반이 더 길게 확장되고, 결과적으로 균형이 뒤늦게 등장하기 때문이다. 이처럼 많은 것이 계산 가능한 법칙으로부터 나온다.

이제 여기서 시사된 비극적 법칙들 중 첫 번째 것은 오이디푸스의 법칙이다.
「안티고네」는 여기서 언급된 두 번째의 법칙을 따른다.
이 두 편의 희곡에서 휴지를 형성하는 것은 테이레시아스(Teiresias)의 발언들이다.

비극적으로 인간을 그의 삶의 영역에서, 자신의 내면적인 삶의 중심에서 다른 세계로 밀어내고, 중심을 벗어난 죽음의 영역으로 밀어넣는 자연의 힘의 감시자로서 그는 운명의 진행 안으로 들어선다.

2

전체에 대한 이해 가능성은 오이디푸스가 신탁을 지나치게 무한하게 해석하고, 금지된 행위*로 유혹을 받는 장면을 우리가 주목하는 데에 우선 담겨 있다. 즉, 신탁은 이렇다는 것이다.

> 포이보스 왕**께서 저희에게 분명히 말씀하셨습니다.
> 이 땅에서 양육되는 오욕을 이 나라에서 몰아내고
> 치유할 수 없는 것을 기르지 말라고 하셨습니다.(95-97행)

이 신탁은 이런 의미일 수 있을 것이다. 즉 엄격하고, 보편적인 방식으로 순수한 심판을 내리고, 선한 시민적 질서를 지켜라. 그러나 오이디푸스는 이 신탁에 대해서 즉각 사제처럼 말한다.

> 무슨 정화를 통해서란 말인가?(98행)

그리고 **특별한** 것으로 넘어간다.

> 신께서는 이 운명을 어떤 사람의 운명이라고 생각하시는 건가?(101행)

---

* 이 개념은 논고 「엠페도클레스에 대한 기초」를 포함하고 있는 「비극적인 것에 관하여」에 이미 등장한다. 로마인들 사이에서 "nefas"는 부정(不正), 즉 신적인 금지 사항, 계명을 범하는 것을 의미했다. 횔덜린은 한층 포괄적으로 이 개념을 사용하고 있는데 모든 한계의 돌파를 의미하고 있다. 말하자면 무한성으로의 접근을 의미하는 것이다.
** 아폴론의 다른 이름.

그리고 이것이 크레온의 **생각**을 엄청나게 무시무시한 말로 이끌게 된다.

오 왕이시여! 그대가 이 도시를 다스리기 전에
이 나라에서는 라이오스가 통치자였습니다.(102 – 103행)

그렇게 해서 그것에 굳이 해당하지 않은 신탁과 라이오스의 죽음의 역사가 연관을 맺게 된다. 그러나 이것에 곧장 이어지는 장면에서, 분노에 찬 예감 속에서 오이디푸스의 정신은 모든 것을 알면서도 부정을 발설한다. 그의 정신이 라이오스의 살해를 언급하면서 의심하면서도 일반적인 명령을 특별한 것으로 해석하고, 죄업 역시 무한하게 받아들이고 있는 것이다.

그대들 가운데 누구든 랍다코스의 아들
라이오스가 누구의 손에 죽었는지를 아는 사람은
그 모든 사실을 나에게 알리라고 명하는 것이오.……
(그 살인자가 누구이든지 간에
내가 권력과 왕좌를 쥐고 이 나라 안에 있는 한)
누구도 그를 집에 들이거나 그에게 말을 걸어서는 안 되며
신들께 드리는 기도도, 제물을 바치는 일에도
의식 전 정화 행위도 함께해서는 안 되오.
……
이것을
피티아 신의 신탁이 나에게 분명히 밝혔소.(228–248행)

그렇게 해서 이어지는 테이레시아스와의 대담에서, 경이로운 성난 호기심과 앎은 그 한계로 인해 깨질 경우, 여전히 남아 있을 수 있는 자신의 조화롭고 장려한 형식에 취한 듯, 맨 먼저, 견뎌내려고 붙잡을 수 있는 것보다 더 많이 알기를* 스스로 부추긴다.

그렇게 해서 그후 크레온과의 장면에서 불신이 일어난다. 이것은 참담한 비밀들로 꽉 채워진 생각은 더욱 불확실해지기 때문이고, 충실하고 확실한 정신이 파괴를 기뻐하며 낚아채 가는 시간만을 뒤따르는 분노에 찬 무절제 속에서 고통을 겪기 때문이다.

그렇게 해서 이 극의 한가운데, 이오카스테(Iokaste)와의 대담에서 음울한 평온, 천진난만함, 그 강력한 남자의 동정할 만한 소박한 실수가 작동한다. 즉 그는 자신의 추정되는 태생지와 폴리보스(Polybos)—자신의 아버지이기 때문에 자신이 폴리보스를 죽였을지도 몰라 두려워한다—에 대해서, 그리고 메로페—테이레시아스의 말에 따르면 자기의 어머니인 그녀와 결혼하지 않도록 그녀를 피해 도망하기를 간청한다—에 대해서, 이오카스테에게 말하고 있는 것이다. 그런데 사실은 테이레시아스가 오이디푸스에게 오이디푸스 당신이 라이오스의 살해자이며 라이오스가 당신의 아버지라고 말했다. 테이레시아스는 이미 언급한 오이디푸스와의 다툼 가운데에 그에게 말한다.

그대가 위협하고
선언하면서 오랫동안 찾은 사람,

---

* 1802년 가을, 카시미르 울리히 뵐렌도르프에게 보낸 편지의 한 구절 "알고자 하는 갈증"(『서한집』, 493쪽) 참조.

라이오스의 살해자가 바로 여기에 있소, 이방인으로서
우리와 함께 살고 있다고들 하지만, 곧 토박이로,
테베인으로 밝혀질 것이오. 그러나 그런 행운을
기뻐하지 못할 것이오.
……
그리고 그는 같이 사는 자식들에게
형이자 아버지로서, 그를 낳아준 여인에게
아들이자 남편으로, 아버지와 한 침대를 쓰며,
그 아버지의 살해자임이 드러날 것이오.(456-465행)

그렇게 해서 코린토스의 사자(使者)와 함께한 장면, 후반부의 첫머리, 그 장면에서 그가 다시 삶으로 되돌아갈 유혹을 받는다. 자신을 찾으려는 절망적인 노력, 자신을 통제하려는 면목 없고 부끄러움을 모르는 노력, 어떤 의식을 향한 무모하게 거친 탐색.

이오카스테

오이디푸스께서 온갖 근심 때문에
마음이 극단으로 향하고 있기 때문이죠.
그는 생각이 깊은 사람처럼
과거의 일에서 앞의 일을 판단하려 하지 않아요.(929-932행)

오이디푸스

오, 가장 사랑하는 부인 이오카스테여!

무엇 때문에 나를 집에서 불러냈소?(967-968행)

오이디푸스

그 연로하신 분이 병으로 시들어버리신 것 같구나.

사자

또한 오래 사신 세월에 비추어서도 그렇습니다.(979-980행)

오이디푸스의 정신이 여기서 좋은 말에 얼마나 고무되었는지를 쉽게 알 수 있다. 그렇게 해서 한층 고상한 모티브로부터 이어지는 언급들이 나타날 수 있다. 여기서 지금 당장 헤라클레스의 어깨로 짐을 지지 않는 오이디푸스는 자신을 통제하기에는 너무 허약하여 왕으로서의 임무를 내던진다.

아아! 부인, 이제 누가 다시 한번 예언의 화덕이나
저 위에서 지저귀는 새들에게
물어야만 하겠소? 그 예언에 따르면
나는 아버지를 죽여야만 했으나, 그분은
돌아가셔서 지하에 잠들어 있고, 나는 여기 살아 있고
나의 창(槍)은 깨끗하니 말이오. 그분이 꿈속에서
나에게 죽임을 당한 것이라면, [달리]
나 때문에 돌아가셨다고 할 수 있겠지만.
폴리보스께서는 더는 쓸모가 없어진 오늘의 신탁들을 데리고
지하세계로 내려가 이제는 거기에 누워 계시오.(981-990행)

마침내 그의 연설에는 하나의 의식에 대한 정신병적인 물음이 대두된다.

사자

내 아들이여! 그대는 지금 무엇을 하는지 모르고 있는 것이 분명하군요.

오이디푸스

그게 무슨 뜻인지 제발 말해주시오, 노인장!(1027-1028행)

오이디푸스

무슨 말인가? 폴리보스가 나를 씨로 심지 않았다는 것인가?

사자

그 사정은 우리 둘 사이와 같습니다.

오이디푸스

무슨 말이요? 아버지가 어떻게 남하고 같단 말이요?

사자

폴리보스도 나도 아버지가 아닌 것은 마찬가지이니까요.

오이디푸스

그렇다면 왜 그분이 나를 아들이라 불렀지요?(1036-1040행)

사자

두 발이 묶여 있기에 내가 풀어드렸습니다.

오이디푸스

내가 요람에서부터 엄청난 오욕을 타고났구나.

사자

이 일로 인해서 당신은 지금의 이름으로 불리게 된 것이옵니다.

오이디푸스

제발! 누가 그렇게 했느냐? 어머니인가, 아버지인가! 말하라.(1053-1056행)

이오카스테

제발 안 됩니다! 당신이 생명을 소중히 여긴다면,

따지지 마세요. 내가 괴로워하는 것으로 충분해요.

오이디푸스

염려 마시오! 내가 삼대에 걸친 노예의 자식으로 드러나더라도

당신을 미천하게 만들지는 않을 것이오.(1079-1082행)

오이디푸스

터져나오려면 터져나오라지. 나는 나의 출생이

비록 비천하다 할지라도 그것을 알고 싶소.

여인들은 자신을 위대하게 생각하니, 그녀가

나의 비천한 출생을 부끄럽게 여기는 것은 당연하오.

그러나 나는 좋은 선물을 주시는 행운의 여신의 아들로 여기며,

불명예를 당하고 싶지는 않소.

그분이 나의 어머니이기 때문이오. 또한 나와 함께 태어난

달이 나를 때때로 위대하게 또는 미천하게 에워싸왔소.

그렇게 태어났으니, 내가 누구인지를 알아보지도 않은 채

그렇게 끝내고 싶지는 않소.(1095-1104행)

바로 이러한 샅샅이 추적하기, 샅샅이 해석하기는 결국 그의 정신이 자신

의 신하들의 거칠고 단순한 진술에 굴복하는 것이기도 하다.

그러한 인간들은 이 난폭한 환경 안에서 살기 때문에 그들의 언어도 거의 복수의 여신의 방식대로 더욱 난폭한 연관을 통해서 발화하게 된다.

3

비극적인 것의 표현은 특히 신과 인간이 짝짓는 무시무시한 일과 자연의 힘[= 신]과 인간의 가장 깊은 내면이 분노하는 가운데서 무한히 일체(Eins)가 되고, 이를 통해서 무한한 일체화는 무한한 분리를 통해서 정화된다*는 점이 이해된다는 사실에 근거한다. **자연의 서술자는 선의의 펜대를 담그면서 서술했다.**,**

이러한 이유로 항상 대립적인 대화, 이 대화에 대한 대칭으로서의 코로스가 있다. 이러한 이유로 대화 가운데 서로 다른 부분들 사이의 너무나 순결한, 너무도 기계적인 그리고 사실적으로 종결짓는 상호 밀접한 관련 맺기,*** 그리고 대화 안에, 그리고 코로스와 대화 사이에 그리고 큰 부분들 사이에 또는 코로스와 대화로 구성된 일화(逸話)들 사이에 상호 관련 맺기

---

*   아리스토텔레스의 『시학』 제6장의 정화 이론에 대한 암시.
** 10세기 비잔틴 백과사전의 "아리스토텔레스" 항목에 있는 "아리스토텔레스는 자연의 서술자였으며, 펜대를 정신에 담갔다"라는 구절의 변형된 인용. 여기서는 "자연의 힘"과 "표현"이라는 개념과 관련된 맥락에서 이 인용을 이해할 수 있다.
*** "사실적(faktisch)"이라는 어휘는 「안티고네에 대한 주석」의 상응하는 부분(3절 두 번째 문단)에서도 반복된다. 이 어휘는 오늘날 편차를 나타내는 의미 가운데 더 잘 정의할 수 있는 언급들에 등장한다. "그 어휘가 훨씬 더 감각적인 육체를 엄습하는 가운데, 훨씬 더 간접적으로 사실적이 된다는 의미에서……"와 "그리스 비극적인 어휘는 치명적으로 사실적이다. 왜냐하면 그 어휘가 엄습하고 있는 육체는 사실적으로 파멸시키기 때문이다." 이에 따르면 "사실적"이라는 어휘는 여기서 문법적인 용어인 "사역의/작위의(faktitiv)"라는 의미로 이해된다. 즉 "야기하는", "원인이 되는"으로 대체할 수 있다.

가 나타난다. 모든 것이 암묵적으로 상호 간에 상쇄시키는 말에 대항하는 말이다.

그렇게 해서 「오이디푸스 왕」의 코로스들에서는, 비탄과 평화로움과 종교적인 것, 경건한 거짓말(내가 예언자라면 등등), 그리고 그의 분노하는 감성 가운데 바로 이 청취자들의 영혼을 찢어발기려고 하는 한 대화에 맞서 완전히 기진맥진할 때까지 동정이 나타난다.* 따라서 여러 장면들에서, 섬뜩하게 장엄한 형식들, 이단자 심판의 희곡과 같은 희곡. 이것은 하나의 세계를 위한 언어이다. 그 세계에서는 페스트와 정신의 혼돈과 일반적으로 점화된 예언자 정신 가운데, 진지하지 못한 시대에, 신과 인간은 불충실을 완전히 망각하는 형식을 통해서 의사소통을 한다. 이로써 세계의 운행은 어떤 틈새도 없으며, 천상적인 것에 대한 기억은 꺼지지 않는다. 왜냐하면 신적 불충실은 가장 잘 간직될 수 있기 때문이다.

그러한 순간에 인간은 자기 자신과 신을 잊는다. 그리고 확실하게 성스러운 방식으로, 마치 배반자처럼 전도(轉倒)한다.—왜냐하면 고통의 극단적인 경계에서 시간과 공간의 조건들 외에는 더 이상 아무것도 존재하지 않기 때문이다.

여기에서 인간은 자기 자신을 잊는다. 그가 전적으로 이 순간 안에 있기 때문이다. 그리고 신은 시간 이외 아무것도 아니기 때문이다. 양측은 불충실하다. 시간은 그러한 순간에 정언적으로 방향을 바꾸기 때문이다. 그리고

---

* 코로스 전체의 특성을 의미하는 것이 아니라 「오이디푸스 왕」의 다섯 코로스를 각기 상이한 경향에 따라서 특징짓고 있다. 예컨대 첫 번째 코로스는 "비탄적"이고, 두 번째 코로스는 침울하기보다는 "평화로우며", 세 번째 코로스는 "종교적"이라고 할 수 있다는 것이다.

시작과 끝은 시간 안에서 전혀 접촉되지 않는다. 인간은 이 순간에 정언적인 반전(Umkehr)을 따라야만 하고,* 이와 함께 이어지는 것에서 그가 처음 이었던 것과 같을 수 없기 때문이다.

「안티고네」에서 하이몬이 그런 입장이다. 오이디푸스 자신은 비극 「오이디푸스 왕」의 한가운데에 서 있다.

---

* "정언적(kategorisch)"이라는 어휘가 "무조건적인 것"이라는 뜻으로 쓰이고 있는 「안티고네에 대한 주석」을 참고할 수 있다. "반전" 또는 "전복(Umkehrung)"은 옛 쓰임새에서는 파괴적이라는 일반적인 어의와 함께 "혁명(Revolution/Umsturz)"이라는 더 독특한 어의를 지니고 있다. 이러한 의미는 「안티고네에 대한 주석」에서 "조국적인 반전"이 언급될 때 비로소 완전히 인식할 수 있다.

「안티고네」에 대한 주석*

1

「안티고네」의 규칙, 계산 가능한 법칙이 「오이디푸스 왕」의 그것에 대해 가지는 관계는 ∠대∠과 같다. 그리하여 균형은 종결에서부터 시초를 향한다기보다는 오히려 시초에서 종결을 향해서 기운다.

그 규칙은 표상과 감각과 이성적 판단**이 시적 논리에 따라서 전개되는 서로 다른 연속들 중의 하나이다. 그리하여 철학이 항상 영혼의 한 가지 능력만을 다루고, 이렇게 하여 이 하나의 능력의 표현이 전체를 이루고, 이러한 하나의 능력의 **구성 분자들**의 단순한 연관들이 논리라고 불리게 되는

---

* 『소포클레스의 비극』(프리드리히 휠덜린, 장영태 옮김, 부북스, 2023)에 수록된 논고와 편역자의 해제를 수정, 보완하여 재수록했다.

** 휠덜린은 "영혼의 능력"으로 표현하고 있는 "표상과 감각과 이성적 판단(Vorstellung und Empfindung und Räsonnement)"이라는 삼위일체를 통해서 18세기 "상상력"(휠덜린은 "표상"이라고 함), "감각" 그리고 "오성"(휠덜린은 "이성적 판단"이라고 함)이라는 삼위일체를 포괄하는 영적 능력이라는 오랜 이론적 전통을 수용하고 있다. 오로지 하나의 능력, 즉 오성의 표현으로 전체를 이루고 있는 철학과는 달리 시문학은 세 가지의 모든 능력을 그 표현에 관련시키고 그것으로 전체를 구성한다고 휠덜린은 말한다. 18세기 후반에 전개된 미학에 따르면 문학은 인간 정신의 특별하게 전체적인 표현 형식으로서 오로지 문학을 통해서만이 "전체적인 인간"의 표현도 가능하다는 것인데, 휠덜린의 주장은 이와 조금도 다르지 않다.

것이다. 그러나 시문학은 인간의 다양한 능력을 다룸으로써 이러한 서로 다른 다양한 능력의 표현이 전체를 이루고, 이 상이한 능력의 **훨씬 더 자율적인 부분들** 사이의 연관들이 훨씬 더 드높은 의미에서 리듬, 또는 계산 가능한 법칙이라고 불릴 수 있게 된다.

그러나 표상들의 이러한 리듬*이 열광의 신속함을 통해서 첫 번째 표상들이 **이어지는 표상들**에 의해서 사로잡히도록 구성되어 있다면, 휴지 a 또는 **반리듬의 휴지가 앞쪽**에 놓여야만 하고, 그리하여 전반부가 후반부로부터 보호되고, 후반부가 반작용을 하는 휴지 때문에 더 신속하고 비중이 더 큰 것으로 보이기 때문에 균형은 뒤쪽에서부터 처음을 향해서 기울어진다.

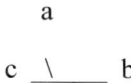

---

* 「오이디푸스 왕에 대한 주석」에 "표상과 감각과 이성적 판단이 서로 다른 연속 가운데, 그러나 하나의 확실한 규칙에 따라서 차례차례로 생성된다"라고 언급되어 있으며, 이어서 "표상들의 리듬미컬한 연속"에 대한 언급이 등장한다. 우리가 (표상들의) 연속과 "차례차례로 생성된다"는 (세 가지의 영혼의 능력에 관련된) 표현을 동일시하면, 여기서 "표상들"이라는 용어는 다른 두 가지의 영혼의 능력과 구분되는 "표상"의 능력을 의미한다기보다는 문학적인 "표현"을 통해서 "표상들"이 된 모든 세 가지의 영혼의 능력을 의미한다. 이것은 횔덜린이 "표상들의 리듬"에 관해서 말하고 이를 통해서 "서로 다른 능력의 훨씬 더 자율적인 부분들의 연관"으로 되돌아간다면, 「안티고네에 대한 주석」에서도 그대로 적용되는 논리이다. "리듬"이라는 개념은 이미 「오이디푸스 왕에 대한 주석」에서 항상 표상들의 연속과 결부된다. "……표상들의 리드미컬한 연속……"과 "이제 표상들의 리듬이 중심을 벗어난 신속성을 통해서 첫 번째의 표상들이 이어지는 표상들에 의해서 사로잡히도록 구성되어 있다면……", 그리고 "표상들의 리듬이 이어지는 표상들이 시작할 때의 표상들에 의해서 한층 더 축약되도록 구성되어 있다면"(「안티고네에 대한 주석」에서의 유사한 구절) 등이 그러하다. 이러한 언급으로부터 「안티고네에 대한 주석」의 "상이한 능력의 훨씬 더 자율적인 부분들의 연관들이 훨씬 더 높은 의미에서 리듬, 또는 계산 가능한 법칙이라고 불릴 수 있게 된다"라는 구절이 이해 가능해진다.

그러나 표상들의 이러한 리듬이 구성되어 있어서 이어지는 표상들이 처음의 표상들에 의해서 더욱 집약된다면, 휴지 a는 끝을 향해서 더 놓이게 되는데, 그것은 처음에 대해서 즉시 보호되어야만 하는 것은 끝이기 때문이다. 그리고 균형은 결과적으로 끝 b를 향해서 기울어지게 되는데, 그것은 전반부 c가 더욱 길게 확장되지만, 균형은 뒤늦게 등장하기 때문이다.

$$\begin{array}{c} a \\ c \underline{\quad\quad} / \ b \end{array}$$

2

크레온

그런데도 너는 감히 법을 어겼단 말이냐?

안티고네

그렇습니다. 나의 제우스 신께서 나에게 그런 법을 공포하시지 않으셨고

죽음의 신들 가운데 정의의 여신도 이곳 인간들 간에

그런 법을 제정한 적이 없기 때문입니다.(466-469행)

하루의 흐름 또는 예술작품의 가장 과감한 순간은, 시간과 자연의 정신이, 인간을 사로잡는 천상적인 것이, 그리고 인간이 관심을 두고 있는 대상이 가장 거칠게 대립하고 있을 때이다. 왜냐하면 감각적인 대상은 오직 절반에만 미치고 있을 뿐이지만, 정신은 후반부가 시작하는 지점에서 가장 강력하게 깨어나기 때문이다.* 이러한 순간에 인간은 가장 확고하게 자신을 붙들지 않

---

*   197쪽의 구절 참조. "한가운데서 시간이 방향을 전환하는 방식은 실제로는 변동이 가능

으면 안 된다. 그 때문에 인간은 그때 자신의 특성 안에 가장 개방적으로 서 있는 것이다.

비극적으로 절제된* 시간의 무감각—그 대상은 감정에 본래 흥미롭지 않다—은 낚아채 가는 시간의 정신을 가장 과도하게 뒤따른다. 그리고 이 시간의 정신은 거칠게 모습을 나타내고, 한낮의 정신처럼 인간들을 아끼지도 않으며, 오히려 영원히 살아 있고 쓰여 있지 않은 야생의 정신으로서 그리고 죽은 자의 세계의 정신으로서 가차 없이 행동한다.

크레온
그러나 착한 이에게 악한 자와 똑같은 몫을 주어서는 안 되지.

안티고네
하계에서는 다른 관습이 있을 수 있는지 누가 압니까?(541–542행)

불행 가운데에서의 사랑스러움, 분별 있음. 꿈처럼 소박함. 이것이 소포클레스의 고유한 언어이다. 아이스킬로스와 에우리피데스는 생각할 수 없는 것의 한가운데를 통과해가는 인간의 이성보다는 고통과 분노를 어떻게 객관화할 것인가를 알고 있기 때문이다.

크레온
내가 나의 애초의 시발점에 충실히 머문다고 하면, 내가 거짓말하는 것이냐?

하지 않다."
* 여기서 "비극적으로 절제된"이라는 말은 다음 문장에 등장하는 "가장 과도하게"라는 말의 대칭으로 의미를 도출해볼 수 있다.

하이몬

충실히 머물지 않으십니다. 신의 이름을 성스럽게 여기지 않으시니까요.

(773-774행)

"신들의 명예를 짓밟고 있다면" 대신에 이렇게 말한다. 여기서 이 성스러운 표현을 변경하는 것은 다분히 필요한 일이었다. 왜냐하면 그 표현은, 한가운데서 진지함과 자율적인 언어로서, 의미심장하기 때문이다. 그리고 이 언어를 통해서 다른 모든 것들은 객관화되고 신성화된다.

나아가, 한가운데서 시간이 방향을 전환하는 방식은 실제로는 변동이 가능하지 않다. 어떤 인물이 정언적으로 정언적인 시간을 따르는 방식도* 가변적이지 않다. 또한 그리스적인 것에서 서구적인 것으로** 옮겨 가는 방식도 그렇다. 이와는 달리 지고한 것이 느껴지거나 발생하는 성스러운 이름 아래에서는 변경될 수 있다. 연설은 크레온의 맹세에 관련된다.

태양이 서둘러 가는 동안에 그대는
지금부터 그렇게 오랫동안 다른 생각을 품지 않게 될 것이오.(1106-1107행)

---

* "정언적(kategorisch)"이라는 개념의 사용에 대해서는 「오이디푸스 왕에 대한 주석」에서 유사한 구절인 "시간은 그러한 순간에 정언적으로 방향을 바꾸기 때문이다"와 "인간은 이 순간에 정언적인 반전을 따라야만 하고"(191쪽)를 참조. 이러한 유사 구절과의 연관으로 미루어 보건대, 횔덜린은 "정언적인"이라는 어휘를 "무조건적인", "전체적인"이라는 의미로 사용하고 있다.

** "그리스적인 것"과 "서구적인 것"의 차이는 이 주석의 제3부 두 번째 문단에서 자세히 다루고, 네 번째 문단도 이와 관련하여 서술하고 있다. 같은 주제가 1801년 12월 4일 친구 뵐렌도르프에게 보낸 편지에서도 다루어지고 있다.(『서한집』, 477-482쪽 참고)

지상에서, 인간들 사이에 태양이 상대적으로 물질적인 것처럼, 그것은 또한 도덕적인 것에서 사실 상대적으로 될 수 있다.

시필로스 산정에서 황무지처럼 되었다고 들었어요.(852-854행)

어쩌면 「안티고네」에서 최고의 특성. 숭고한 조롱이 그녀의 다른 모든 발언을 능가하는데, 성스러운 광기는 지고한 인간적 현상이며, 그것이 여기서 언어 이상의 영혼인 한 그러하다. 또한 이런 식으로 최상급을 써서 아름다움에 대해서 말하는 것은 필연적이기도 하다. 무엇보다도 그녀의 태도 또한 인간 정신과 영웅적인 탁월한 기교의 최상급에 기인하기 때문이다.

은밀히 작용하는 영혼에게, 의식의 최극점에서 영혼이 의식을 피한다는 것은 커다란 도움이다. 그리고 현현하는 신이 그 영혼을 장악하기 전에, 그 영혼은 과감한, 심지어는 신성모독적인 언사로 이 신에 맞선다. 그렇게 해서 정신의 성스러운 그리고 살아 있는 가능성을 보존하는 것이다.

높은 의식 상태에서 영혼은 어떤 의식도 지니지 않으나, 운명적으로, 의식의 형식을 취하는 대상들과 항상 자신을 비교한다. 그러한 대상 가운데 하나가 황량하게 된 대지이다. 이 대지는 근원적으로 풍부한 생식력이 있는데 햇빛의 작용을 너무나 지나치게 강화시켜, 결과적으로 불모가 되고 황량하게 된다. 프리기아 출신의 니오베의 운명이 그렇다. 도처에 있는 순결한 자연의 운명처럼. 이러한 운명에서 인간은 더 영웅적인 상황들과 정서의 움직임 속에서, 도처에서 기교의 완벽성을 통해서, 비유기적인 것에 접근하는 것과 같은 정도로 지나치게 유기적인 것으로 넘어간다. 그리고 니오베는 그때 고유하게도 조숙한 천재의 이미지를 보인다.

코로스

그녀는 시간의 아버지에게

시각을 알리는, 황금빛 종소리를 헤아렸다오. (987-988행)

"그녀는 제우스를 위해서 황금빛으로 흐르는 생성을 관리해주었습니다" 대신에 위처럼 말한다. 우리의 이해 방식에 더 접근시키기 위해서이다. 한층 더 확실하게 또는 한층 더 불확실하게 제우스는 언급되어야 한다. **진지하게는** 차라리 시간의 아버지* 또는 대지의 아버지**라고 불러야 할 것이다. 왜냐하면 그의 특성은, 영원한 경향에 반해서, **이 세계를 벗어나 다른 세계로 향하는 노력**에서 이 다른 세계를 벗어나 이 세계로 향하는 노력으로 돌아가려는 것이기 때문이다. 우리는 신화를 도처에서 한층 더 **증명이 가능하게** 표현해야만 한다. 황금빛으로 흐르는 생성은 빛살을 의미한다. 시간이 그러한 빛을 통해서 한층 더 계산이 가능하게 될 수 있는 한, 빛은 제우스에게도 속한다. 그러나 항상 시간이 고통 가운데 헤아려질 경우이다. 왜냐하면 이럴 때 마음은 오히려 시간의 변화에 훨씬 더 공감하면서 따르기 때문이다. 그리고 그렇게 단순한 시간의 흐름을 파악하지만, 현재를 미루어서 미래를 예단하지는 않기 때문이다.

그러나 변화시키는 시간 앞에서의 이러한 지극히 확고한 머무름, 이러한 영웅적인 은둔자의 삶은 사실적으로 의식의 가장 높은 형식이기 때문에, 이

---

* 송시 「자연과 예술 또는 사투르누스와 유피테르(*Natur und Kunst oder Saturn und Jupiter*)」에서 제우스[유피테르]는 시간에 배속되어 있다. 비극 『엠페도클레스의 죽음』의 제3초고에서 제우스는 "시간의 주인"이라고 불린다.

** 「안티고네」의 2행에서 횔덜린은 제우스를 "대지의 아버지"라고 번역하고 있다. 찬가 「유일자(*Der Einzige*)」의 제2초고에는 "대지의 아버지"(90행, 99행)가 두 차례 등장한다.

로 말미암아 진정 보편적이며, 전체가 파악될 수밖에 없는 필수적인 관점인 이어지는 코로스에 동기를 부여한다.

말하자면 이 코로스는, 앞선 장면들의 지나치게 내면적인 것에 대한 대조인데, 이 희곡의 여러 등장인물이 행동하게 되는 근원인 두 명의 대립적인 인물들의 지극히 높은 공평성을 표현한다.

우선 이것은 반신자(反神者, Antitheos)를 특징짓는다. 이것은 누군가가 신의 의도에 따라 마치 신에 거슬리게 연출하고 있기라도 하다는 듯이 행동할 때, 그리고 지고한 자의 정신을 법칙 없이 인식할 때의 현상이다.* 그렇게 되면 운명 앞에서의 경건한 두려움, 그것과 함께, 법칙적으로 주어진 하나로서 신에 대한 경의의 정신.** 이것이 코로스 안에 공평하게 제기된 두 가지의 대립 정신이다. 첫 번째 의미에서 안티고네가 더 많은 역할을 한다. 두 번째 의미에서는 크레온이 더 많은 역할을 한다. 양자는 서로 대칭을

---

* "반신(反神)"은 단지 "신과의 경쟁"일 뿐 아니라 "신에 거스르는 행위"이다. 반신―여기서는 안티고네를 의미한다―이 "신의 의도에서" 마치 신에 거슬리는 듯한 태도를 취하는 한에서는 후자의 의미로 해석된다. 주석에서 신이 반복해서 실증적으로 규정된 모든 것과 제약된 것을 넘어 무한한 것으로 규정되기 때문에, "신의 의도에서(im Gottes Sinne)"라는 언급은 이에 상응하여 이해될 수 있다. 그래서 안티고네는 "지고한 것의 정신"(크레온을 통해서 대표되고 있는 그리스의 도시국가에서 국교, 따라서 법적 종교인 실증적인 종교를 형성했던 것이 지고한 것은 아니다)을 "법칙 없이 인식"할 수도 있는 것이다. 이때 횔덜린은 "법칙 없이(gesetzlos)"라는 어휘로써 "쓰여 있지 않은 법칙"을 암시하고 있다.

** 이 주석에서 인용되고 있는 코로스 구절(987-988행)에 이어지는 코로스는 "운명"이라는 표상을 맴돌고 있다. "그러나 운명의 힘은 무서운 것이오"(989행), "그녀에게도 / 위대한 운명은 깃들었던 것이오, 내 딸이여!"(1023-1024행) "법칙적으로 정해진 것의 하나로서의 신에 대한 경의"는 "실증적인" 신앙심을 의미한다. 이 신앙심은 법률, 권위 그리고 "운명"의 인정을 동시에 의미하기도 한다. 슈미트는 횔덜린이 어쩌면 그리스어 "신(θεός)"이 "앉히다, 설정하다(τιθέναι)"에서 파생된 것으로 생각했다고 보았다.

이루고 있으나 형식화된 아이아스와 오디세우스처럼 민족적인 것과 반민족적인 것으로서가 아니고,* 그리스 동포에게 맞선 오이디푸스처럼 충실한 단순성에 맞선 자유 정신으로서 고대의 원천적 성격에 맞서 대립을 이루고 있는 것도 아니다. 다만 서로에 대해서 동등하게 균형이 주어지고, 시간의 조건 아래서 서로 다를 뿐이다. 그리하여 한 원리는 그것이 시작하고 있기 때문에 지고, 다른 원리는 그것이 뒤따르기 때문에 이긴다. 이러한 관점에서 여기서 언급되고 있는 기묘한 코로스는 전체에 대해서 가장 적절하게 합치되고, 그것의 냉정한 불편부당은, 그것은 그처럼 특별하게 적합하기 때문에, 온정적이다.

3

비극적인 표현은 「오이디푸스 왕에 대한 주석」에서 암시된 것처럼, 직접적인 신이 인간과 전적으로 일체를 이룬다는 점(왜냐하면 한 사도의 신은 한층 더 간접적이고, 최고의 정신 가운데 최고의 오성이기 때문에), **무한한 감동은 무한히**, 즉 대립들 가운데, 의식을 지양하는 의식 가운데 성스럽게 분리되면서 마음을 가라앉히게 된다는 점과 신이 죽음의 형상을 띠고 현현한다는 사실에 의거한다.

 이런 이유로, 「오이디푸스 왕에 대한 주석」에서 이미 언급된 것처럼, 대화 형식 그리고 이것에 대칭되는 것으로서의 코로스는 이런 이유로 그리스적인 방식에 따라서, 어휘가 한층 더 감각적인 육체**를 장악하면서 **한층 더**

---

* 횔덜린은 뵐렌도르프에게 보낸 편지(1801년 12월 4일)에서 "민족적" 내지는 "반민족적"이라는 개념을 한층 명료하게 사용하고 있다.(『서한집』, 477–482쪽)
** 1802년 가을에 뵐렌도르프에게 보낸 편지에서 횔덜린은 아주 눈에 띄게 "육체/신체"에

간접적으로 사실적이 된다는 의미에서 필연적으로 사실적인 것으로 밝혀지는 장면들에서의 위험한 형식이다. 한편 우리 자신의 시대 혹은 사고방식에 따르면, 그 어휘가 더욱 직접적으로, 더 정신적인 육체를 장악하는 가운데, 장면에서의 한층 위험한 형식인 것이다. **그리스의 비극적 어휘는 치명적으로 사실적이다.** 그것이 장악하고 있는 육체가 실질적으로 파멸시키기 때문이다. 우리의 경우, 우리가 더 본질적인 제우스 아래 서 있기 때문인데, 제우스는 이 지상과 죽은 자들의 거친 세계 사이에서 **정지**하고 있을 뿐 아니라, 인간에게 영원히 적대적인 자연의 진행을 다른 세계를 향한 도정에서, **한층 결정적으로 지상을 향하도록 강요한다.** 그리고 이것이 본질적이며 조국적인 표상들을 대폭 변동시키고, 우리의 문학예술이 조국적으로 되어야만 하기 때문에, 그 문학예술의 소재가 우리의 세계관에 따라 선택되는 것이다. 그리고 그것의 표상은 조국적이며, 이 때문에 그리스의 표상들은 변동하는데, 그리스인의 주요 목표가 그들 스스로를 파악하는 데에 있는 한에서 그렇다. 왜냐하면 그것에 그들의 약점이 놓여 있었기 때문이고, 이와 달리 우리 시대의 표상 방식에 있어서 주요한 목표는 무엇인가를 성공적으로 들어 맞히는 것, 숙명을 지는 것인데, 그것은 운명을 벗어남(δυσμορον)*이 우리의 약점이기 때문이다. 이러한 이유에서 그리스인은 더 나은 숙련된 솜씨와 근육질의 건강한 사람의 덕목을 지니고 있다. 『일리아스』의 영웅들이 우리에게 역설적으로 나타날 수도 있을 만큼, 그리스인은 이것을 **장점**으로 그리고 진지

대해서 언급하고 있다. "남방인들의 잘 단련된 신체는, 고대 정신의 폐허 가운데, 나로 하여금 그리스인들의 고유한 본질을 보다 더 가까이 알게 해주었소."(『서한집』, 494쪽)

* 그리스어 "δυσμορον"은 "불행한"이라는 뜻이기 때문에 여기서 "운명을 벗어남"으로 이 어휘를 이해한 것은 독특하다고 할 수 있다. 횔덜린이 "μοῖρα", 즉 "운명"과 같은 어간을 통해서 그러한 의미에 이르렀다고 이해할 수 있다.

한 덕목으로 지니고 있는 것이다. 우리의 경우에 이것은 적절함에 종속되어 있다. 그처럼 그리스적인 표상 방식들과 시적 형식들은 우리의 조국적인 표상 방식들에 더 종속되어 있는 것이다.

그처럼 치명적으로 사실적인 것, 말을 통한 실제적인 살해는 독특하게 그리스적이며, 조국적인 예술 형식에 종속된 예술 형식으로 고찰될 수 있다. 조국적인 예술형식은, 충분히 증명 가능한 것처럼, 치명적으로 사실적인 어휘보다 한층 더 치명적으로 사실적일 수도 있다. 여기에 비극적인 것이 담겨야만 하기 때문에 실제로 살해 또는 죽음으로 끝나는 것이 아니라, 오히려 소포클레스의 「콜로노스의 오이디푸스(*Oidipous epi Kolono*)」의 취향대로 끝나게 된다. 그리하여 영감을 받은 입에서 나온 말은 섬뜩하고, 살해한다. 그러나 그리스인을 통해서가 아니라, 명백하게, 어휘가 육신을 장악하여 이 육신을 살해할 때, 건장하고 조형적인 정신으로* 살해하는 것이다.

그처럼 한층 더 그리스적인 또는 한층 더 서구적인 비극적인 표현은, 대화의 경우에 한층 더 지체하거나 해석하며, 한층 더 폭력적인 또는 억제할 길 없는 대화와 코로스에 의지한다. 대화와 코로스는 신적으로 투쟁하는 육체의 **고통받는 유기체들로서** 무한한 다툼에 방향이나 힘을 부여한다. 왜냐하면 고통받는 유기체들은, 비극적으로 무한한 형상을 통해서도 신은 육체에 절대적인 직접성으로 자신을 전달할 수 없고, 오히려 이해가 가능하도록 파악되거나 아니면 생생하게 헌정되어야만 하기 때문에, 결여될 수 없다. 그러나 무엇보다도 비극적인 표현은 사실적인 어휘로 구성되며, 그 어휘는 발

---

* 앞에서 "근육질의 건강한 사람의 덕목"을 언급했거니와 앞서 인용한 1802년 가을 뵐렌도르프에게 보낸 편지에서 "그리스인들의 고유한 본질을 보다 더 가까이 알게 해준 남방인들의 잘 단련된 신체"(『서한집』, 494쪽)라고 한 것과 같은 맥락에서 언급하고 있다.

언이라기보다는 오히려 연결체이며, 운명적으로 시작에서부터 끝에 이르기까지 이어진다. 다시 말해서 사건 진행의 방식을 통해서, 상호 인물들의 배열을 통해서, 그리고 비극적인 시간의 두려운 여유 사이에 형성되는, 그리고 대립들 사이에 표현되었던 것처럼, 그것의 거친 생성 가운데, 그후에는, 인간적인 시간 가운데, 확고한 신적 운명에서 태어난 견해로 인정되는 이성 형식을 통해서 비극적 표현은 생성되는 것이다.

「안티고네」에서 그 사건의 본성은 한 반란 속에 있는 그것이다. 여기에서 그것이 조국적인 문제인 한, 각각은 다음 사실에 의존한다. 각자가 무한한 반전에 장악되고 전적으로 동요될 때, 각자는 동요되는 무한한 형식 속에서 자기 자신을 파악한다. 왜냐하면 조국적인 반전은 모든 표상 방식과 형식의 반전이기 때문이다.* 이러한 것들에서의 전반적인 반전은, 어떤 근거도 전혀 없는 모든 전반적인 반전과 마찬가지로, 인식하는 존재로서의 인간에게는 허락되어 있지 않다. 그리고 사물의 전체 형상이 변하고, 항상 변함이 없는 본성과 필연성이, 이와 같은 변화 속에서, 황무지로든 또는 다른 새로운 형상으로든 넘어가는 조국적인 반전에서는, 모든 단순한 필연성이 편파적으로 변화에 편든다. 그렇기 때문에 그러한 변화의 가능성 가운데 단지

---

* 「오이디푸스 왕에 대한 주석」의 말미에서도 "반전"에 대해 언급하고 있다. "여기에서 인간은 자기 자신을 잊는다. 그가 전적으로 이 순간 안에 있기 때문이다. 그리고 신은 시간 이외 아무것도 아니기 때문이다. 양측은 불충실하다. 시간은 그러한 순간에 정언적으로 방향을 바꾸기 때문이다. 그리고 시작과 끝은 시간 안에서 전혀 접촉되지 않는다. 인간은 이 순간에 정언적인 반전을 따라야만"(191쪽)한다. 횔덜린은 이미 『엠페도클레스의 죽음』과 관련하여 쓴 「비극적인 것에 관하여」에서 비극적인 사건의 정점에서의 "회귀/반전"의 전개 과정을 언급한 바 있다. 더 이전에는 "반전(Umkehr)"과 더 자주 쓴 "역전, 뒤집힘(Umkehrung)"은 "전복, 변혁(Umwälzung)", "혁명(Revolution)"이라는 의미가 있다. "조국적 반전"이라는 표현은 이보다 정확한 의미로 이해할 수 있다.

조국적인 형식에 **역행하여** 사로잡힌 자뿐만 아니라 중립적인 자 역시, 시대의 정신적인 폭력에 의해서 애국적으로 현재화되기를 무한한 형식을 통해서, 자기 조국의 종교적, 정치적 그리고 도덕적인 형식을 통해서 강요당할 수 있다(신이여, 나타나시라[προφανηθι θεος]). 이러한 진지한 관찰 역시 그리스 예술의, 모든 진정한 예술작품의 이해를 위해서는 필수 불가결하다. 이제 반란에서의 (물론 조국적 반전의 한 방식에 지나지 않지만, 그러나 한층 확정적인 성격을 지니는) 고유한 수행 방식이 시사되고 있다.

이러한 현상이 비극적이라면, 그것은 반작용을 통해서 일어난다. 그리고 본질적으로 무형식적인 것이 지나치게 형식적인 것에 의해서 점화된다. 이때 특징적인 것은, **이러한** 운명에 처하여 살아가는 인물들은, 「오이디푸스왕」의 인물과 다르게, 진리를 위해서 싸우면서 사상적 인물에 머문다는 사실이다. 또한 『아이아스(Aias)』의 인물들처럼 생명이나 재산 혹은 명예를 위해서 싸우는 자들이 아니라, 좁은 의미에서 일정한 지위를 지닌 인물들로서 서로 대립하고 형식화된다는 점이다.

그러한 인물들의 분류는 「안티고네」의 인물처럼 먼저 숨이 찬 상태로 경쟁자와 부딪힌 자가 지고 마는 달리기 경주에 비교할 수 있다. 「오이디푸스왕」에서 싸움은 권투경기에, 『아이아스』에서 싸움은 검투(劍鬪)에 비교될 수 있는 것처럼 말이다.

여기서 비극적으로 형성되는 이성 형식은 정치적, 즉 공화적이다. 그것은 크레온과 안티고네 사이, 형식적인 것과 반형식적인 것 사이의 균형이 지나칠 정도로 균등하게 지켜지기 때문이다. 이것은 특히 끝에서 명백한데, 거기서 크레온이 자기 신하들에 의해서 거의 마구 다루어질 때 드러난다.

소포클레스는 옳다. 그것은 자기 시대의 운명이자 자기 조국의 형식이다.

우리는 충분히 이상화할 수 있다. 예컨대 최상의 순간을 선택할 수 있는 것이다. 그러나 조국적인 표상 방식은 최소한 종속 관계에 따르자면, 세계를 축소된 척도로 표현하는 시인에 의해서 변동되어서는 안 된다. 우리에게는 이러한 형식이 바로 쓸모가 있다. 왜냐하면 국가와 세계의 정신처럼, 무한한 것은 그렇지 않아도 서투른 견지에서 파악될 수 있는 것 이외 아무것도 아니기 때문이다. 우리 시인들의 조국적 형식들*은 그것이 존재하는 곳에서 시대의 정신을 이해하는 것을 배우기 위해서만 존재하는 것이 아니라, 그것이 일단 파악되고 습득되면 그것을 붙들고 느끼기 위해서 존재하기 때문이다.

(1802-1803년 여름)

---

* 1802년 가을 뵐렌도르프에게 보낸 편지 참조. "나의 사랑하는 뵐렌도르프 씨! 나는 우리가 시인들을 우리의 시대에 이르기까지 주석하지 않으리라고 생각하오. 오히려 노래 방식 자체가 하나의 다른 특성을 띠게 되리라고, 그리고 그리스인 이래 우리가 다시금 조국적으로 그리고 자연스럽게 본래적이고 독창적으로 노래를 시작하기 때문에, 바로 그 이유로 우리가 성공한 적이 거의 없다고 나는 생각하오."(『서한집』, 495-496쪽)

핀다로스 단편에 대한 주석

지혜의 불충실

오 아이야, 바위를 좋아하는, 흑해의
야생 동물의 표피에 가장 많이 마음을
기울이고 있는 너, 모든 도시와 어울리거라.
현재의 것을 찬미하며
너그러운 마음으로,
그리고 다른 때에는 다르게 생각하라.

세상을 대비하는 고독한 배움터의 능력. 총명의 영혼으로서 순수한 앎의 천진난만함. 왜냐하면 총명함은 다양한 상황에서도 충실하게 머무는 기술이며, 앎은 구체적인 오류를 만나서도 오성에 안전하게 머무는 기술이기 때문이다. 오성이 집중적으로 훈련된다면, 산만함 가운데서도 오성은 제 힘을 보전하는 법이다. 오성이 자신의 연마된 날카로움으로 이질적인 것을 쉽사리 인식하는 한, 불확실한 상황에서도 오성은 쉽게 갈피를 잃지 않는다.

그렇게 켄타우로스(Kentauros)의 제자 이아손은 펠리아스(Pelias)의 앞에 선다.

나는 믿거니와

나는 케이론(Chiron)의 가르침을 받았노라. 말하자면

카리클로에와 필뤼라의 곁 동굴에서 나는 왔노라.

그곳 켄타우로스의 딸들, 그 성스러운 이들

나를 길러주었도다. 그러나 나는 20년의 세월을

보내면서 한 가지 일도

한마디 말도, 더러운 것을 그들에게

행하지도 말하지도 않았도다. 그리고 이제 고향으로 왔도다,

내 아버지의 통치권을 되찾기 위해서.

진리에 관하여

위대한 덕망의 최초의 실행자, 진리 여왕이시여,

그대는 거친 거짓에

나의 사유가 걸려 넘어지지 않도록 해주소서.

진리에 대한 만족에서 생기는 진리에 대한 두려움. 생동하는 감각을 통해서 진리를 처음으로 생생하게 파악하는 것은 모든 순수한 감정처럼 혼란에 내맡겨져 있다. 그리하여 사람들은 제 자신의 잘못 때문에, 어떤 방해 때문에 헤매는 것이 아니라, 한층 높은 목표 때문에 헤매는 것이다.* 이 목표에 대응하기에 감각은 너무도 허약하니까.

---

* 이 표현은 횔덜린이 "진리"를 그리스어 텍스트보다 더 넓게 이해하고 있음을 명백하게 보여준다. 즉 인간이 파악할 수 없는, 바로 신적인 진리로 이해하고 있는 것이다.

평온에 관하여

공공의 영역, 한 시민이 그것을
잔잔한 천후 가운데 붙잡았다면,
그는 당연히 위대한 남성적
평정의 빛을 탐구해야 할 것이며,
가슴의 격동의 폭풍을 그 밑바닥에서부터 막아내야만 한다.
그 폭풍은 가난을 조장하고
어린아이의 교사들에게 해를 입히기 때문이다.

위대한 남아다운 평온의 성스러운 빛, 법들이 탐구되기 전, 입법자 또는 영주 그 누군가는 조국의 한층 급격한 또는 한층 항구적인 운명 가운데, 그리고 백성의 감수성이 형성되고 나서 그 운명의 특성을, 인간관계 안에서 **한층 더 당당한** 혹은 **한층 더 총체적인 요소를**, 방해받지 않는 시간에, 그리스의 자연의 아들의 경우처럼 **한층 더 심하게 권리를 침해하면서**, 또는 인간들에서 교육에 관한 것처럼 **한층 더 경험적으로** 파악하지 않으면 안 된다. 그런 다음에야 법들은 예의 그 운명을 방해받지 않는 상태에서 확고히 붙들 수 있는 수단이 된다. 영주에게 독창적인 방식인 것이 한층 더 고유한 시민에게는 모방으로서 유효하다.

돌고래에 관하여

파도도 없는 바다 깊은 곳에서 플루트 소리에 따라,
노래가 그렇게 사랑스럽게 감동시켰던 돌고래.

구름이 활짝 핀 꽃들 위에, 마치 눈송이처럼 그리고 황금빛 꽃들의 윤기 위에 걸려 있을 때, 뮤즈의 천후 가운데, 자연의 노래. 이 시절에는 모든 존재가 자신의 소리, 자신의 충실을 정하고, 각자 스스로 연관을 맺는 방식을 정한다. 방식의 차이만이 자연에서 분리를 만들고, 그리하여 모든 것은 필요의 강조라기보다는, 또는 다른 한편 언어라기보다는 차라리 노래이며 순수한 목소리이다.

  생동하는 물고기가 트리톤(Triton)*의 피리 소리를, 수중의 연약한 해초들 안에서 성장의 메아리를 느끼는 곳은 다름 아닌 파도 없는 대양이다.

---

* 헤시오도스는 『신통기』에서 바다의 신 포세이돈(Poseidon)과 암피트리테(Ampitrite)의 아들 트리톤을 처음 언급했다. 후일 트리톤들을 상체는 인간이나 하체는 물고기를 닮은 바다의 데몬으로, 자주 상응하는 바다의 존재인 네레우스의 딸들과 함께 등장시키는 많은 설화가 있었다. 트리톤의 상징은 조개로 만든 호른—횔덜린은 "피리"라고 칭한다—인데, 신화에 따르면 이 소리를 가지고 바다를 흥분시켰다가 다시 진정시키기도 한다고 한다.

가장 드높은 것

법,
필멸의 자와 불멸의 자
모두의 왕, 법은 바로
그 때문에 강력하게
모든 것 가운데 가장 드높은 손으로 가장 정당한 권리를 행한다.

직접적인 것은, 엄격하게 보면, 불멸의 자들에게와 마찬가지로 필멸의 자들에게는 불가능하다. 즉 신은 자신의 천성에 따라 서로 다른 세계를 구분해야만 한다. 천상적인 호의는 그 자체 때문에 뒤섞임 없이 성스러워야만 하기 때문이다. 인간은 인식자로서 서로 다른 세계를 역시 구분해야만 하는데, 이는 인식은 오로지 대조를 통해서만 가능하기 때문이다. 그렇기 때문에 직접적인 것은, 엄격하게 보면, 불멸의 자들에게와 마찬가지로 필멸의 자들에게는 불가능하다.

엄격한 간접성은 그러나 법이다.

그러나 그렇기 때문에 법은 강력하게 모든 것 가운데 가장 드높은 손으로 가장 정당한 권리를 행하는 것이다.

기율(紀律), 그것이 인간과 신이 만나는 형태인 한, 그것은 교회와 국가의 법이며 유산으로 물려받은 규칙들이다(신의 성스러움, 그리고 인간들에게는 인식의, 해명의 가능성이다). 이것들이 강력하게 모든 것 가운데 가장 드높은 손으로 가장 정당한 권리를 행한다. 그것들은 예술보다 더 엄격하게, 시간과 함께 한 민족이 서로 만나왔고 또 만나고 있는 생동하는 관계들을 확인한다. 여기서 "왕"은 가장 드높은 인식의 근거에 대한 표지일 뿐, 최고의 권력에 대한 표지가 아닌 최상의 등급을 의미한다.

노년

바르고 성스럽게

삶을 살고 있는 이,

그의 가슴을 감미롭게 양육하며

생을 오래 누리게 하면서

희망이 그를 동반하네. 가장 많이

필멸의 인간들의

노련한 의견을 지배하는 희망이.

결백한 습속이 어떻게 생동하는 가슴을 보존하는지를 보여주는 가장 아름다운 삶의 모습의 하나, 거기서부터 희망은 탄생한다. 그러면 희망은 단순성에게 그 만개를 제공한다. 그것의 다양한 시도로 감각을 노련하게 하고, 서두르는 가운데 여유롭게, 생을 오래 누리게 한다.

무한함

내가 정의의

그 높은 벽을 오를 것인지, 아니면 부정한 속임수의

벽을 오를 것인지, 그리하여 나 자신을

제한하면서, 내 삶을

살아낼 것인지, 그것에 대해서

정확하게 말하기에는

내 심정은 애매하다.

현자의 한 농담, 그리고 수수께끼는 거의 풀릴 것 같지 않다. 정의와 신중함 사이의 흔들림과 다툼은 말하자면 일관된 연관을 통해서만 해소되기 때문이다. "나는 그것을 정확하게 말하기에는 마음이 애매하다." 내가 정의와 신중함 사이에서, 그것들 자체로가 아니라 그것들이 무한히 (정확하게) 연관을 맺게 되는 제3의 것으로 돌려져야만 하는 연관을 발견하는 것, 그것이 내가 애매한, 다의적인 마음을 가지게 되는 이유이다.

안식처들

처음에는

잘 조언하는 테미스를

천상적인 이들이 황금빛 말에 태워

대양의 소금기 가까이로 인도했도다,

시간들은 사다리로,

올림포스의 성스러운 사다리로 이끌려

구원자의 나이든 딸,

제우스의 딸이 되는

빛나는 귀환으로 인도했도다,

그러나 그녀

그 착한 여인은 황금으로 단단히 고정된

빛나면서 열매를 맺은 안식처들을 낳았던 것이다.

테미스의 한 아들, 인간이 완전성에 대한 감각에서 그의 정신이 지상에서 그리고 천상에서, 운명 가운데 옛 기율의 흔적을 통해서 자신을 만날 때까지, 어떤 안식도 발견하지 못할 때 자리를 잡는 것처럼, 신과 인간이 서로를 다시 알아보며, 원천적인 필요를 회상하면서 그는 **자신을 보존할 수 있는 곳**에 있음을 기뻐한다.

테미스, 질서를 사랑하는 그녀는 **인간의 안식처들**을, 휴식의 고요한 장소들을 낳았다. 그곳은 어떤 낯선 것이 손댈 수 없다. 자연의 작용과 생명이 집중되어 있으며, 그것을 둘러싼 어떤 예감적인 것이, 마치 회상 가운데에 있는 것처럼, 그것들은 이전에 경험했던 똑같은 것을 정확하게 경험하게 하기 때문이다.

생명을 주는 것

켄타우로스들은
남자들을 제압하는 꿀처럼 달콤한 포도주의
힘을 배우고 나자
갑자기 두 손으로
하얀 우유를, 식탁을 쓸어버리고, 스스로
은빛 뿔잔으로 마시면서
마음을 빼앗겼도다.

켄타우로스에 대한 개념은 강물의 정신에 대한 개념이라고 할 수 있다. 그것은 그 정신이 본래 길이 없는, 위쪽으로 자라나는 대지 위에 힘으로 갈라 경계를 만들기 때문이다.

그것의 형상은 따라서 자연의 위치에, 그곳 바위들과 동굴들이 많은 강변이 있는 곳에, 특히 원천의 강물이 산맥들의 연쇄를 떠나고 그 방향을 가로질러야만 했던 그런 장소에 존재한다.

켄타우로스들은 그렇기 때문에 또한 근본적으로 자연과학의 교사이다. 바로 그 관점에서 자연은 가장 잘 관찰되는 것을 허락하기 때문이다.

그런 지역에서 본래 강물은 길을 내기 전에는 헤맬 수밖에 없었다. 이렇게 해서 마치 연못이 곁에 있는 것처럼 촉촉한 초원들과 동굴들이 젖을 빠는 짐승들을 위해 지상에 형성되었고, 그때 켄타우로스는 『오디세이아』의 키클롭스(Kyklops)처럼 거친 목동이었다. 물길들은 애타게 제 갈 길을 찾았다. 그러나 양쪽 강변 중에서 더욱 메마른 쪽이 단단하게 형성되면 될수록,

단단히 뿌리박은 나무들과 풀숲들과 포도나무로 향하는 길의 방향이 더욱 견고하게 형성되면 될수록, 자신의 움직임을 강변의 모습에서 얻은 강물은 그만큼 더 방향을 가질 수밖에 없어서 마침내는 그 근원에서 떠밀려 자신을 가두고 있었던 산들이 가장 허술하게 한데 달려 있는 장소에서 뚫고 나오기에 이르렀다.

그처럼 켄타우로스들은 꿀같이 달콤한 포도주의 힘을 배웠던 것이다. 그들은 단단히 형성된, 나무들이 많은 강변에서 움직임과 방향을 취했고, 하얀 우유와 식탁을 손으로 밀쳐버렸으며, 모양을 갖춘 물결은 연못의 안식을 쫓아냈다. 또한 강변에서의 생활 방식도 바뀌었다. 숲의 갑작스러운 기습은 폭풍우와 산림의 확고한 제왕들과 더불어 황야의 안일한 삶을 뒤흔들었다. 정체하고 있는 물길들은 그처럼 오랫동안 가파른 강변에 의해서 뒤로 밀쳐져 **그것이 마침내는 팔을 얻었으며**, 그렇게 해서 자신의 방향을 가지고 **은빛 뿔잔으로 마시면서** 길을 만들고 하나의 숙명을 취했던 것이다.

특히 오시안의 노래들은 참된 켄타우로스의 노래들이며, 아킬레우스에게 칠현금의 탄주를 가르쳤던 그리스의 케이론에 의해서이듯, 강물의 정신과 더불어 불렀던 것이다.

(1805년 여름)

[부록]

독일 관념론의 가장 오래된 체계 강령

하나의 윤리학.* 형이상학 전체가 장차 도덕으로 넘어갈 것이기 때문에 (이에 관해서 칸트는 두 가지 실천적 요청들로 단지 하나의 사례를 제시했을 뿐 아무것도 철저히 밝혀내지 않았다) 이 윤리학은 다름 아닌 모든 이념들의 완전한 체계, 혹은 모든 실천적 요청들의 완전한 체계가 될 것이다. 첫 번째 이념은 당연히 절대적으로 자유로운 존재로서의 나 자신에 관한 표상이다. 자유롭고 자기의식적인 존재와 더불어 동시에 하나의 세계 전체가 —무(無)로부터 모습을 드러낸다—유일하게 참되고 상상 가능한 무로부터의 창조—여기서 나는 자연학**의 영역으로 내려갈 것이다. 질문은 다음과 같다. "도덕적 존

---

* 소실된 텍스트 부분의 마지막 문장의 끝에 놓인 표현이다.
** 그리스어 "physis"는 "자연(Natur)"을 의미하며, "Physik"은 자연의 식물, 동물 등의 발생과 성장, 그것들의 자연적 속성 등을 학문의 대상으로 삼는다. 1800년 전후 독일 관념론과 초기 낭만주의자들이 공유했던 개념인 "Physik"은 자연에 관한 인식의 총합으로서 무엇보다도 사변적 자연과학(Naturwissenschaft)과 자연철학(Naturphilosophie)을 의미한다. "Physik"을 "물리학"이라고 번역할 경우 초래될 수 있는 오해를 피하고자 원래의 의미를 살려 "자연학"으로 번역했다.

재에게 세계는 어떤 상태여야 하는가?" 나는 여러 실험을 거치며 느리게 힘겹게 나아가는 우리의 자연학에 다시 한번 날개를 달아주고 싶다.

그리하여—만약 철학이 이념들을, 경험이 자료들을 제시한다면, 내가 후대에 기대하는 일반 자연학을 우리는 마침내 얻을 수 있을 것이다. 현재의 자연학은 우리의 정신과 같은 창조적 정신을, 혹은 우리의 정신처럼 창조적 정신이어야 하는 정신을 만족시킬 수 있을 것 같지는 않다.

자연으로부터 나는 [이제] 인간의 산물로 나아간다. 우선 인류의 이념—나는 국가의 이념은 존재하지 않는다는 점을 제시하고자 한다. 왜냐하면 기계에 관한 이념이 존재하지 않는 것처럼 국가는 기계적인 어떤 것이기 때문이다. 오로지 자유의 대상인 것만이 이념이라 불린다. 따라서 우리는 국가 또한 넘어서야 한다!—왜냐하면 모든 국가는 자유로운 인간을 기계적인 톱니바퀴처럼 다룰 수밖에 없기 때문이다. 국가는 그렇게 해서는 안 된다. 따라서 국가는 폐지되어야 한다. 그대들은 여기서 영원한 평화 등과 같은 이념들은 모두 보다 높은 하나의 이념에 종속된 이념들에 불과하다는 점을 자연스레 알게 될 것이다. 동시에 나는 여기서 인류의 역사를 위한 원칙들을 기록하고자 한다. 그리고 국가, 헌법, 정부, 입법이라는 보잘것없는 인간의 산물 전체를—속속들이 파헤치고자 한다. 결국은 도덕적 세계, 신성, 불멸의 이념들이 도래할 것이다—모든 미신을 전복하는 것, 최근 들어 이성을 가장하는 성직을 이성 자체를 통해 추방하는 것,—지적 세계를 자기 내부에 지니고 있으며 신도 불멸도 자기 외부에서 찾을 필요가 없는 모든 정신들의 절대적 자유.

마지막으로 모든 것을 통합하는 이념은 보다 높은 플라톤적인 의미에서의 아름다움의 이념이다. 나는 이제 이성은 모든 이념을 포괄함으로써 이성의 최고의 활동은 심미적 활동이라는 것을, 그리고 진리와 선은 오로지 아름다움에서 자매 관계에 있다는 것을 확신한다. 철학자는 시인 못지않게 심미적 능력을 지녀야 한다. 심미적 감각이 없는 인간들은 우리 시대의 자구(字句)나 따지는 철학자들이다. 정신의 철학은 심미적 철학이다. 심미적 감각 없이는—어떤 것에서도 명민할 수 없으며, 역사에 관해서조차도 예리하게 사유할 수 없다. 어떤 이념도 이해하지 못하는 인간들에게,—그리고 도표와 목록에서 벗어나는 모든 것은 불분명하기만 하다고 솔직하게 인정하는 인간들에게 실제로 무엇이 결핍되어 있는지가 여기서 분명해져야 할 것이다.

시문학은 이로써 보다 높은 위엄을 얻게 될 것이다. 그것은 종국에는 다시 처음의 모습—인류의 교사가 될 것이다. [그때에는] 어떤 철학도, 어떤 역사도 더 이상 존재하지 않기 때문에 시문학 예술만이 여타의 모든 학문과 예술보다 오래 살아남을 것이다.

이와 동시에 우리는 대중이 하나의 감성적 종교를 가져야 한다는 말을 너무 자주 듣고 있다. 대중뿐만 아니라 철학자 역시 그런 종교가 필요하다. 이성과 마음의 일신론, 상상력과 예술의 다신론, 이것이 우리에게 필요한 것이다!

나는 우선 여기서 내가 아는 한 어느 누구도 아직 떠올린 적이 없는 한 이념에 관해 말할 것이다—우리는 새로운 신화를 가져야 한다. 하지만 이러한 신화는 이념들에 이바지해야 하며, 그것은 이성의 신화가 되어야 한다.

우리가 이념들을 심미적으로, 즉 신화적으로 만들기 전에는 이념들은 민중에 아무런 관심도 가지지 않을 것이며, 반대로 신화가 이성적이 되기 전에는 철학자는 틀림없이 신화를 꺼려할 것이다. 따라서 결국에는 계몽된 자들과 계몽되지 않은 자들이 서로 손을 내밀어야 하는 것이다. 신화는 민중을 이성적으로 만들기 위해 철학적이 되어야 하며, 철학은 철학자들을 감성적으로 만들기 위해 신화적이 되어야 한다. 그렇게 되면 영원한 통일성이 우리 가운데 자리할 것이다. 경멸하는 시선도 더 이상 없을 것이며, 현자들과 성직자들 앞에서의 민중의 막연한 두려움도 더 이상 없을 것이다. 그렇게 되고 나서야 비로소 모든 힘들의, 개별자뿐만 아니라 모든 개인들의 균등한 형성(Ausbildung)이 우리를 기다리고 있을 것이다. 어떤 힘도 더는 억압당하지 않을 것이다. 그렇게 되면 정신의 보편적 자유와 평등이 지배할 것이다!―하늘에서 보낸 보다 높은 정신이 이러한 새로운 종교를 우리 가운데 창설할 것이며, 이 종교는 인류의 마지막이자 가장 위대한 작품이 될 것이다.

제2부

편역자 해제

제1장

학창 시절의 학습 보고서와 초록에 관하여

학습 보고서 1 : 「그리스인들의 순수예술의 역사」

「그리스인들의 순수예술의 역사」는 횔덜린의 튀빙겐 신학교 신학과 예과 수료 인정을 위한 학습 보고서(Specimen)의 하나이다. 또다른 보고서는 「솔로몬의 잠언과 헤시오도스의 일과 날들 비교」이다. 당시 튀빙겐 신학교에서는 2년간의 기초 과정이 끝나면 일종의 예과 수료 시험을 치르고, 이어서 3년의 신학 전공 과정을 밟는다. 예과 수료 시험에는 수료 예정자가 쓴 두 편의 학습 보고서, 한 번의 구두 시험, 한 번의 질의응답과 토론이 포함된다. 횔덜린의 수료 보고서 「그리스인들의 순수예술의 역사」는 1790년 여름에 완성되어 9월에 제출되었다.

횔덜린은 「그리스인들의 순수예술의 역사」를 주로 빙켈만 등 다섯 학자들의 저서를 참고로 하여 쓰고, 각주에 그 출처를 자세히 밝히고 있다.

가장 자주 인용된 참고 문헌은 아래와 같다.

1) Johann Winckelmann, *Geschichte der Kunst des Alterthums*, Dresden

1764. (빙켈만, 『고대 예술사』)

2) Eduardus Corsinus, *Fasti Attici*, Tomus III, Florentiae, 1751(*Attische Feste*, Band 3, Florenz 1751). (코르시누스, 『아티카의 축제』)

3) Georg Christoph Hamberger, *Zuverlässige Nachrichten von den vornehmsten Schriftstellern vom Anfange der Welt bis 1500*, Erster Theil, Lemgo 1756. (함베르거, 『세계의 시작부터 1500년까지 저명한 저자들에 관한 신뢰할 만한 정보』)

4) Plinius, *Naturalis Historia*(Naturgeschichte). (플리니우스, 『자연사』)

5) Pausanias, *Beschreibung Griechenlands*. (파우사니아스, 『그리스 서술』)

「그리스인들의 순수예술의 역사」는 무엇보다도 빙켈만의 획기적인 저술 『고대 예술사』 독서에서 결정적인 자극을 받아서 썼다. 이 책을 40쪽의 원고에 요약한 것 자체가 주목할 만한 업적이다. 그러나 횔덜린이 특별히 시인을 다루는 자리에서는 다른 문헌들도 이용하여 보충했다. 그리고 몇몇 구절을 통해서는 자신의 비판적 견해를 밝히기도 한다.

이 보고서는 문화와 사회에 대한 순수예술의 유용성이라는 관례적인 관점에서 시작한다. 이어서 고대 세계의 문명화 과정으로 그리스 예술이 고찰된다. 빙켈만 이래 전형적인 도식에 따르면, 그리스 예술은 이전의 웅대함과 기괴함으로 무절제한 오리엔트(이집트)의 문화에 억제와 절제로 맞선 것으로 설명된다.

횔덜린은 이러한 성과를 이룩하는 수단인 "영혼의 힘"을 열거한다. "아름다움과 숭고함에 대한 감수성", "상상력", "통찰력"이 그것이다. 통상 "오성"이라고 불리는 이 마지막 감각과 "아름다움과 숭고함에 대한 감수성"은 감각적인 능력인 것이 틀림없고, 이 감수성이 심미적 대상에 관련되는 한, "심미적 감각"이라고 불러도 무방하다. 이런 점에서 휠덜린은 빙켈만의 직관적인 단초를 이해하고 있다. 그러나 동시에 휠덜린은 "아름다움"과 "숭고함"을 구분하면서, 미(美)가 숭고(崇高) 이외 다른 것으로 이어지지 않는다는 빙켈만의 주장을 조용히 수정한다.

휠덜린이 착수한 빙켈만의 현재화는 이 보고서의 정점 중 하나에 잘 표현되어 있다. 즉 그리스 조각 예술의 "정신"을 개관하는 가운데, 이 "정신"은 처음에는 "관념적"이었다가, "체계적 관념적"으로 바뀌었다고 빙켈만을 현재적 관점 아래 소환하고 있는 것이다. "솔론 이후 **조각 작품**도 양이 더 많아졌다. 이제 조각 작품의 정신은 **체계적이고 관념적**이었다. 그리스인들은 그들의 신과 신적 영웅들을 조형할 때 이집트인들처럼 기이하고 기괴한 것으로 빠질 수 없었다."(25쪽)*

관념적인 것의 체계화를 통해서 이 관념적인 것이 전체에 대한 관계에 놓이게 되면서, 그때마다의 제자리 내지는 하나의 절제를 얻게 된다. 이렇게 해서 관념이라고 하는 보편성과 체계적인 관련이라는 개별화의 힘 사이에 균형이 형성된다. 개별성의 전체에 대한, 또는 전체의 개별성에 대한 이러한 연관이 "특성적인 것(das Charakteristische)"을 형성한다. 이것은 휠덜린 자신에게 대두된, 그러나 이미 빙켈만 이후 전개된 논쟁에서의 한 개념이다.

그리스 문학에 대한 간단명료한 요약도 이 보고서의 핵심을 이룬다. 경탄할 만한 "영혼의 힘"을 갖춘 호메로스와 헤시오도스, 또다른 한 쌍의 "독창

---

* 이하 ( ) 안의 출처는 이 책 제1부의 쪽수이다.

적이고, 상상력과 감성에서 그들처럼 열렬하고 부드러우며, 서술과 표현과 어투에서 그들처럼 매혹적"(21쪽)인 알카이오스와 사포, 그리스의 창조적 정신에 가장 알맞은 장르인 비극의 작가, 아이스킬로스와 소포클레스, 그리고 "참으로 여성적이고 감성적"(32쪽)인 에우리피데스에 대한 언급도 빠지지 않는다. 특히 핀다로스의 찬가를 가리켜 "시문학의 최고봉"이라고 평가하고, 핀다로스는 독자들에게 "간결한 축약을 통해서 서사 문학의 서술과 비극의 열정을 결합시키고 있어" 그만큼 "많은 역량과 노력을 요구"한다고 말한다.(31쪽) 후일 횔덜린은 핀다로스의 많은 올림피아 송시와 단편을 번역하고 주석했으며, 소포클레스의 비극 「오이디푸스 왕」과 「안티고네」를 번역하고 각각에 자세한 독창적 주석을 달았다.

학습 보고서 2 : 「솔로몬의 잠언과 헤시오도스의 일과 날들 비교」

예과 수료를 인정받기 위한 두 번째 학습 보고서 「솔로몬의 잠언과 헤시오도스의 일과 날들 비교」는 첫 번째의 보고서에서와 같이 체계화의 접근을 보여준다. 여기서도 횔덜린의 체계 사상이 불현듯 등장한다. 그리고 당대의 철학적 기본개념과의 상당한 접촉을 증언해주는 18세기 후반기의 철학적 상황에 대한 주목할 만한 문장들이 뒤따른다. 『성서』의 한 부분이 한 "이교적인" 시인의 작품과 비교되어야 한다는 점에는 당시 상당한 논란의 소지가 있었다. 이것은 『성서』가 세속적 텍스트의 문예학적인 취급에 적용했던 비교의 기준과 판단의 기준에 똑같이 내맡겨진다는 사실을 내포하기 때문이다. 그러나 "세속적인" 문학에 적합한 것으로 입증된 "역사적 비평"을 『성서』에 적용해서 안 될 것은 없다는 생각은 18세기 학자들, 특히 신교 신학자들 사이에 널리 퍼져 있었다.『성서』기록과 이교적인 저술의 비교라는 주제는 횔덜린도 청강한 튀빙겐 신학교의 바르디리 교수의 강의에서 언급되기도 했다. 횔덜린이 이 학습 보고서를 바친 슈누러는 괴팅겐, 런던, 파리에서 신학과 동양학을 연구하고 튀빙겐 대학교에서「구약성서」의 원전 비평과 해석을 강의했다. 횔덜린은 그가 행한 실천적 처세술을 담고 있는 솔로몬의 잠언에 대한 강의를 청강했다. 횔덜린은 이러한 수강을 통해서 18세기 신교에서 장려되기조차 했던『성서』와 이교적 저술의 유추적인 비교의 전통을 접했다.

이 밖에도 튀빙겐에서 헤르더는『성서』와 기타 고대 텍스트 간의 기독교에 유해하지 않은 세련된 종교 철학적인 비교에 대한 모범적인 선구자로 평가되고 있었다. 또한 빙켈만의 그리스 문화와 동방 세계의 비교가 횔덜린에게도 깊은 인상을 남겼다. 플라톤 이래 고대 문화사에는 이미 동방의 문화가 그리스인 자신의 문화보다 더 오래고 따라서 더 일찍 발전했다는 사실이 의미심장해졌다. 그리하여 플루타르코스에서, 그리고 신플라톤주의의 성현의 교훈에 대한 역사적 구성에서 그리스 문화는 신비주의에서 철학에 이르기까지 동방 문화의 후예라는 관념이 확실하게 자리를 잡았다. 횔덜린에게도 이러한 관념은 소포클레스 비극에 대한 주석에서 그 흔적을 찾아볼 수 있다.

그러나 횔덜린에서는 "비교"에 대한, 다시 말해 두 작가, 솔로몬과 헤시오도스의 유사성과 유추 현상에 대한 관심이 중요하다. 이러한 경향은 "성스러운" 저자를 "세속적인" 저자보다 우위에 놓는 평가 관행을 보정하고 상계하고자 하는 시도로 이해된다. 어떤 경우건 그는 두 저자를 "미숙한 철학(ungebildete Philosophie)"(36쪽)에 대한 예로 고찰한다. 즉 두 저자의 주제는 윤리론에 해당하고, 이 윤리론은 "구체적이고, 대중적이며 비체계적"(49쪽)이라는 것이다. 여기서 횔덜린이 지적하는 것은 결핍된 교양이다. 그것의 특징은 구체적 인식의 제약이다. "어떤 체계도, 어떤 전문용어도, 어떤 학술적 원리도, 어떤 구분도 아니"(51쪽)라는 것이다. 따라서 그것은 아직 본래적 의미에서의 철학이 아니다.

이 지점에서 횔덜린은 철학의 본질에 대한 한 성찰에 이른다. 그 성찰은 그의 기본 신념과 그의 초기 철학적 교육에 대한 통찰의 실마리를 제공한다. 철학은 한편으로 체계적 시도만으로서도 충분히 의미가 있으며, "우리는 우리의 체계"에 대해서 자부심을 가질 만하다는 것이다. 왜냐하면 모든 체계의 "본질"은 "논리적인 연관"이며, 이것 없이는 철학의 어떤 "탐구"도 가능하지 않기 때문이다. 다른 한편 논리적 연관을 건너뛴다면 "실재성(Realität)"을 시야에서 놓칠 위험이 있기 때문이다. 바로 이것이, 횔덜린이 예시하는 대로, "위대한 독단적 철학자 크리스티안 볼프의 경우"이다. 볼프는 "실재성"을 가능성의 하부로 밀어 넣어버렸다는 것이다. 횔덜린은 이러한 지적을 통해서 볼프식의 체계의 기초에 대한 정확한 지식을 드러낸다. 볼프가 전통적 아리스토텔레스적인 존재론과 라이프니츠의 존재론에서 분리되어 제 자신의 길로 들어섰던 결정적인 지점은 존재자의 개념 정의이다. 볼프에 따르면 존재자(ens)는 가능태(possibile) 그 이상도 이하도 아니다. 즉 존재자의 개념은 어떤 가능한 것 자체의 개념이라는 것이다. 이러한 볼프의 사고는 격렬한 비판의 대상이었다. 횔덜린은 여기서 이 비판에 가담한다. 그러나 횔덜린이 볼프에 대한 충분한 근거를 가지고 이 비판을 용인하고 있는 것은 아니다. 그는 철학사의 흐름에 대한 하나의 해명, 즉 철학 내적인 분파의 생성을 둘러싼 18세기 철학사가들 간의 토론을 알고 있다는 정도의 해명을 덧붙이고 있을 뿐이다. 그러나 분명한 것은 횔덜린이 체계사상의 내적인 응집력을 평가할 줄 알았을 뿐만 아니라 그것의 외부를 향한 독점적인 경향을 알아차렸다는 점이다. 이 두 가지 사항은 체계 사상이 청년 횔덜린을 매혹시킨 이유를 강조해준다. 그러나 종교와 문학으로 관심의 중심을 옮긴 「철학적 서한의 단편」 이후, 횔덜린은 체계 중심 사상을 떠나게 된다. 「독일 관념론의 가장 오래된 체계 강령」은 이러한 변화를 증언한다.

횔덜린은 헤시오도스의 「일과 날들」은 1788년 라이프치히에서 출판된 뢰스너의 주석이 달린 판본을 이용했다. 이 보고서에서 그는 헤시오도스의 그리스어 시구를 그대로 인용하고, 솔로몬의 잠언은 히브리어 원문을 그대로 인용하고 있다. 이러한 사실은 이 두 언어에 대한 젊은 횔덜린의 해박한 지식을 증언한다. 비교를 통해서 두 작품의 유사성으로 형식에서는 짧음[간결성]과 추상적 개념의 의인화를 들고 있는데, 그러한 문체의 발생은 저자의 심미적 취향이 아니라, 아직 교양을 쌓지 못한 청자/독자의 수용 능력과 역시 저자의 체계화되지 않은 철학에 기인한다고 평가한다. 횔덜린은 『성서』와 이교적인 작품을 동렬에 놓고 처세술 차원의 윤리론으로 평가함으로써, "우리의 체계들"을 우위에 놓으려 한다. 신구논쟁에 대입해보면 횔덜린은 젊은 시절부터 새 시대의 편이었으며, 의고전주의에 대해 비판적인 입장이었던 것을 이 보고서를 통해서도 알 수 있다.

주석적 초록 : 「스피노자의 학설에 대한 야코비의 편지들에 관하여」

좌우 양쪽인 원고지에 육필로 기록되어 전래되는 횔덜린의 이 주석적 초록(Exzerpt)은 1790년 또는 늦어도 1791년 초에 쓰인 것으로 보인다. 그는

1791년 2월 어머니에게 보낸 편지에 "스피노자에 대한 그리고 스피노자의 글"(『서한집』, 45쪽)에 몰두했노라고 썼다. 그의 유품 가운데에는 스피노자에 대한 야코비의 저술 『멘델스존에게 보낸 편지에 담긴 스피노자의 학설에 관하여』(제2판, 1789년)가 있었는데, 이 주석적 초록에 병기된 쪽수는 초판 (1785년)의 것이다.

이 주석적 초록은 신학교에서의 학업과 밀접하게 관계된다. 튀빙겐 신학교 출신이자, 횔덜린의 친구인 마게나우는 튀빙겐 신학교에서의 학업에 대해서 칸트의 철학이 여러 인물들을 현기증이 나게 했으며, "설교단은 시간과 공간, 그리고 그와 비슷한 것에 반향을 일으켰다"고 보고한다. 이 짧은 언급은 강단과 설교단에서의 신학적 학습과 칸트의 오성과 이성에 대한 사유의 비판적인 기초 설정 사이의 본질적인 갈등을 나타내고 있다. 그렇지만 횔덜린의 초기 텍스트에는 칸트의 공간, 시간 및 범주의 이론에 대해서 거의 기록된 것이 없다. 대신에 전통적 형이상학의 신의 현존 증명에 대한 칸트의 『순수이성 비판』의 초월적 변증학을 통한 반박과 야코비의 인격적 신에 대한 믿음의 고백이 횔덜린에게 더 큰 의미가 있어 보인다. 위에 언급한 바 있는 어머니에게 보낸 편지가 이를 증언한다.

"저는 신의 존재에 대한 **이성의 증명***과 우리가 자연을 통해서 인식해야 마땅한 신의 고유한 특성에 대해서 논하고 있는 그 분야의 철학을 탐구했습니다. 아셨다면 어머니를 불안하게 만들었을 그런 생각으로 한동안 저를 이끌었던,

---

* 횔덜린은 여기서 순수한 논리적 추론을 통해서 신의 존재를 규명하고자 하는 라이프니츠와 볼프의 철학을 지적하고 있다. 나아가 신의 존재 증명은 불합리하다고 논증한 칸트를 인용하고 있다.

그러나 그걸 부끄럽게 생각할 것까지는 없는 관심을 가지고 말입니다. 저는 신의 존재나 영생에 대한 **이성의 증명**은 불완전하기에 신랄한 반대자들에 의해서 전적으로 아니면 최소한 주요 부분에 걸쳐서 저항에 부딪치리라고 곧장 예감했습니다. 이즈음에 저는 지난 세기의 위대하고 고귀한 인물이었지만, 엄격한 의미에서는 **신을 부정한 스피노자**에 대한 그리고 **스피노자**의 글*들을 접하게 되었습니다. 저는 사람들이 **이성**을 통해서 엄밀하게 검토하면, 즉 모든 것을 설명하려고 하면, 가슴을 떠나버린 **차가운** 이성을 통해서 그의 이념에 이를 수밖에 없다고 생각했습니다. 영원함, 하느님을 향하는 갈망에 거부할 길 없이 바쳐져 있는 저의 진심 어린 믿음은 변함이 없습니다.……이것이 1년 전부터 신성에 대한 저의 인식이 이루어진 과정입니다."(『서한집』, 45–46쪽)

횔덜린이 스피노자의 『에티카』를 제외한 신의 현존과 그 불멸성을 증명하려고 했던 전통적 형이상학의 어떤 저술들을 계속 탐구했는지는 몰라도, 어머니를 불안하게 했을 사상은 전적으로 신의 현존재의 증명 가능성에 대한 칸트의 반박이었을 것이다. 신의 존재 증명과 "자연 신학(natürliche Theologie)"에 대한 횔덜린의 관심은 1789년 11월 카를 오이겐 신학교 친방을 계기로 목사 후보자들에 대한 시험 부과와 함께 시작되었다. 시험 주제의 하나가 "신의 실존에 관하여(de existentia Dei)"였기 때문이다. 횔덜린은 이런 주제와 관련해서 야코비의 스피노자 저술을 1790년 가을의 신학 전공 예비 과정 수료 시험을 앞두고 그해 여름에 알게 되었던 것으로 보인다. 헤겔

---

* 횔덜린이 직접 스피노자의 글을 읽고 그에 대해서 알고 있었는지는 확실하지 않다. 다만 그가 야코비의 『멘델스존에게 보낸 편지에 담긴 스피노자의 학설에 관하여』를 읽은 것은 확실하다.

전기를 쓴 로젠크란츠의 확실한 근거에 따른 증언에 의하면, 횔덜린은 동급생 렌츠, 핑크 그리고 헤겔과 함께 독서 그룹에서 야코비의 스피노자 저술을 읽었고, 이 독회는 1790년 가을 예과 수료 시험에 임박해 행해졌다는 것이다. 이 과정에서 신의 현존 증명 가능성에 대한 칸트의 반박이 함께 숙고된 것으로 보인다.

칸트는 사변적인 이성의 모든 가능한 신의 현존 증명 가능성을 세 가지의 증명 방식에 따라 정형화했다. 물리 신학적 증명 방식, 우주론적 증명 방식 그리고 존재론적 증명 방식이 그것이다.(『순수이성 비판』, AA 3, B 618/619) 그는 사변적 이성의 세 가지 증명 방식의 어느 것도 신의 현존을 반박할 수 없을 만큼 증명해내기에는 충분치 않다는 사실을 밝힌다. 이러한 결론은 어떤 논리정연한 증명도 신의 현존의 수용 가능성에 대한 거부로 이어질 수 있다는 사실을 포함한다. 이로써 제기된 신의 현존재에 대한 문제에서 사변적 이성의 한계는 "윤리적 법칙에 기초한 어떤 최고 존재의 현존에 대한 일종의 신념"(『순수이성 비판』, AA 3, B 660, 각주)인 실천 이성과 도덕적 신학을 가리켜 보인다.

스피노자의 철학에 대한 레싱의 고백을 자신의 저서 『멘델스존에게 보낸 편지에 담긴 스피노자의 학설에 관하여』(1789)를 통해서 대중에게 알리고, 이를 통해서 스피노자와 무신론에 관한 격렬한 논쟁에 결정적인 계기를 마련한 사람은 바로 야코비였다. 야코비 자신은 스피노자를 독단적인 무신론자들 중 가장 철저한 무신론자로 이해했다. 오로지 죽음을 무릅쓴 "공중 제비(salto mortale)"만이 이 무신론자에 맞설 수 있다는 것이다. 그는 독단적인 철학의 공허한 추상적 개념들에 대해 "우리들의 고유한 인과관계의 의식을 통해서, 즉 우리들의 삶의 원리의 의식을 통해서 직접적으로" 이성으로 현현되는 "생동하는 현존재의 모든 인식의 원리"로서 이의를 제기한다. 이때 야코비의 요점은, 총명을 다하기 위해서, "독립적인, 세계 초월적인 그리고 인격적인 존재가, 우선이자 유일한 원리로서, 참된 근원적 존재로서 사유되어야만 한다"(Jacobi, F., 402, 430쪽)는 것이다. 횔덜린은 주저함 없이 야코비의 고백에서 비롯하여 최후의 존재에 대한 문제에서의 차가운 오성에 대항하는 대안으로서 감정의 믿음으로 이끌린다.

횔덜린의 이러한 사유의 흐름은 마지막 구절에서 확증에 이른다.

"사유는 실체의 원천이 아니다. 오히려 실체가 사유의 원천이다."

"탐구자의 가장 큰 공적은 현존재를 드러내고 밝히는 일이다."

"그의 최종적인 목표는 해명되지 않는 것, 즉 풀 수 없는 것, 직접적인 것, 단순한 것이다."

횔덜린은 여기서 야코비를 증인으로 끌어내는 가운데, 두 번째 부분의 서두에 개진되었던, 스피노자에 맞서 논쟁적으로 펼쳤던 야코비의 근본 의도를 서서히 지운다. 그렇게 해서 야코비에 의해서 극복의 대상이었던, 그러나 동시에 어느 정도까지는 대변되었던 스피노자의 입장을 관철시킨다. "실체"는 존재론적으로 사유의 토대이다. 그렇기 때문에 실체는 사유에서 얻어낼 수 없다. 이러한 사상은 1795년 예나 시절에 쓴 논고 「판단과 존재」에서 실효성 있게 전개된다.

여기서 한걸음 더 나아가 횔덜린의 야코비 편지에 대한 논고에 나타나는 스피노자 수용의 진의를 살펴볼 필요가 있다. 정통적인 신의 개념에 비추어 보면, 스피노자의 입장들은 철저히 이단적이었다. 그는 신과 세계의 기독교적인 이원론을 벗어나서, 신 또는 자연(deus sive natura)과 동일시되는 영원한 실체(Substanz)를 주창한 것이다. 신은 먼 피안에 자리한, 갑자기 현세로부터 격리된 존재가 더 이상 아니며, 오히려 인간들 가운데 존재하면서 우주 삼라만상을 지배하는 창조적인 힘이었다. 횔덜린이 여기에서 자극을 받았던 것은 스피노자의 신의 이교적인 내재성이 아니었다. 그가 이의를 제기했던 것은 스피노자 철학의 "감정을 떠난, 차가운 이성"이었다. 이 결핍된 냉정한 합리주의에 대응하는 상으로서 횔덜린은 어머니에게 보낸 편지에서 신성(神性)의 현세성을 뚜렷하게 체현하고 있는 그리스도를 세운다. "과연 이러한 미궁에서 빠져나오도록 돕는 이는 누구인가요?―그리스도입니다. 그는 기적을 통해서 그 자신이 스스로에 대해 말씀하신 바의 그라는 것, 그가 하느님이라는 것을 보여주고 있습니다. 그는 우리에게 신성과 사랑과 지혜와 신성의 전능함을 가르치고 있습니다."(『서한집』, 46쪽)

횔덜린의 스피노자 수용에 나타나는 것과 같은 스피노자에 대한 공감과 비판은 18, 19세기의 범신론(汎神論)을 근본적으로 특징지었다. 범신론적-통합 철학적인 사상들은 스피노자의 개혁적인 신의 개념을 근거로 삼을 수 있었지만, 다른 한편으로 횔덜린에서와 마찬가지로 스피노자의 엄격하고 삭막한 합리주의를 거부했다. 범신론은 스피노자의 실체론을 신플라톤주의에 근원하는 사랑의 철학으로 전환하여 풍요를 더 했다. 사랑은 이러한 연관에서 창조의 근원적이며 포괄적인 조화를 보장하는 하나의 범우주적이며, 동시에 신적인 힘으로 이해된다. 횔덜린은 시 「사랑의 노래(Lied der Liebe)」에서 사랑을 "드높은 존재의 연대"(KA 1, 94쪽)라고 찬미했다. 범신론의 이러한 망아적(忘我的)인 공생의 지향은 스피노자가 직접 사용한 것은 아니지만, 횔덜린이 초록 「스피노자의 학설에 대한 야코비의 편지들에 관하여」에서 예시하고 있는 "하나이자 모든 것(hen kai pan)"이라는 핵심적 표현으로 수렴된다. 우리는 횔덜린의 이후의 문학 세계와 사상의 큰 얼개를 여기서 추론할 수 있다.

  학창 시절에 쓴 두 편의 학습 보고서와 한 편의 주석적 초록에는 횔덜린의 사유가 아직 독자적으로 제시되지는 않는다. 그렇지만 그가 지적 양분을 취한 원천에 대해 많은 시사점을 보여준다. 그리스 신화와 기독교, 그리고 이 두 신화의 공통된 시각에 대한 관심이 그것이다. 또한 횔덜린으로 하여금 칸트의 이분법적 철학과 피히테의 주관주의[주체] 철학, 그리고 프리드리히 셸링의 동일성 철학을 벗어나도록 최초의 자극을 준 것도 다름 아닌 야코비의 스피노자 수용론이다.

— 장영태

제2장
초기의 논고에 관하여

「자유의 법칙에 관하여」

한 장의 종이 앞뒷면에 필사된 상태로 전해진 이 텍스트는 휠덜린 고유의 정서법상의 특징에 따르면 늦어도 1794년 가을에 집필되었다. 뒷면의 아래 가장자리에 쓰인 문장이 중단된 것으로 보아 이어지는 텍스트는 소실된 것으로 추정된다. 튀빙겐 신학교 졸업 후 실러의 추천으로 발터스하우젠의 칼프 가(家)에서 가정교사로 지냈던 시기(1794년)의 휠덜린에게 "칸트와 그리스인들"은 "거의 유일한 독서"의 대상이었다. 이를 토대로 휠덜린은 플라톤의 『파이드로스(*Phaidros*)』에 대한 주석으로 여겨질 "미학적 이념들에 관한 논고"를 구상했다. 이 논고에서 휠덜린은 자신의 "미와 숭고에 관한 분석"에 의거하여 "칸트의 분석을 [한편으로는] 단순화시키고 다른 한편으로는 다층화시키고", 또한 실러의 「우미와 존엄에 관하여(*Über Anmut und Würde*)」보다 칸트의 한계성을 넘어설 계획이었다. 이 계획은 실현되지 않았지만, 이 시기 휠덜린의 철학적 관심사를 보여주는 몇 편의 텍스트가 전해진다.

「자유의 법칙에 관하여」에서 휠덜린은 우선 상상력의 근원적 상태를 두 가지로 구별하고자 한다. 하나는 자연상태이며, 다른 하나는 표상들의 무질서이다. 두 상태 모두 무법칙적이라는 점에서는 비슷해 보일지라도, 전자는 자유의 법칙에 의해서, 후자는 오성에 의해서 조직화된다. 칸트는『판단력비판(Kritik der Urteilskraft)』에서 상위 영혼 능력들을 "인식 능력-오성-합법칙성-자연", "쾌/불쾌의 감정-판단력-합목적성-기예", "욕구 능력-이성-궁극 목적-자유"로 나누고 있는데, 횔덜린은 여기서 상상력을 매개로 자연 개념에서 자유 개념으로의 이행을 탐색하고자 한다.

이 텍스트에서 횔덜린은 당시 대두된 도덕적 자연주의 철학에 반대하면서 도덕성이 자연 본성의 산물인가라는 질문을 던진다. "도덕성은 자연을 신뢰할 수 없다." 어떤 "도덕적 충동" 같은 것이 있다 하더라도 그것의 영향이나 효과가 도덕적으로 "선"한 경우는 단지 우연일 뿐이기 때문이다. 이러한 언술은 1793년 출간된 칸트의『이성의 한계 안에서의 종교(Die Religion innerhalb der Grenzen der bloßen Vernunft)』에서 제시된 인간의 자연 본성에 있는 "근본 악(das radikale Böse)"에 관한 논의와 거의 일치한다. 횔덜린은 여동생에게 보낸 1794년 1월 16일자 편지에서도 칸트의 이 신간을 언급하고 있다. 이러한 "근본 악", 즉 도덕법칙에 반하는 "저항"을 자연이라 일컫거나 혹은 자연 속에 위치시킴으로써 횔덜린은 이 텍스트에서 자연 개념을 부정적으로 평가한다.

「형벌의 개념에 관하여」

두 면으로 나뉘어진 한 장의 종이의 한쪽 면에만 필사된 상태로 전해진 이 텍스트는 횔덜린 고유의 정서법상의 특징에 따르면 1795년 초에 집필되었다. 주로 학술적 성격의 글을 이런 방식으로 썼던 탓에 이 텍스트는 횔덜린이 예나 대학교에서 교원 자격을 얻기 위한 논고를 쓰고자 했던 사실과 관련되어 언급되기도 한다. 튀빙겐 시절부터 법(철학)의 문제에 관심이 많았던 횔덜린은 1794년 가을 예나에 머무르면서 "지식의 원칙들과 법의 원칙들"에 관한 피히테의 강의를 듣게 된다. 이 강의에서 피력된 피히테의 법(das Recht) 개념은 1796년 발간된 『자연법의 토대』 제1부에서 이론적 윤곽을 드러내지만, 적어도 횔덜린에게 "형벌" 개념에 내재되어 있는 해결 불가능한 측면에 대한 숙고를 촉발시켰을 것으로 짐작할 수 있다.

고대 그리스의 복수의 여신 네메시스를 환기시키면서 시작되는 이 텍스트는 "원칙들의 적대자들"의 순환논법을 "증명"하려는 시도로 구상되었다. 이 적대자들은 법을 예컨대 "만인의 만인에 대한 투쟁" 같은 사실에 근거시키는 경험주의적, 회의주의적 입장을 대변한다고 볼 수 있다. 행위의 결과, 즉 형벌로부터 행위의 가치를 추론하는 이들과는 달리 횔덜린은 법은 원칙에서 출발해야 한다고 본다. 그러나 악한 행위를 하면 처벌을 받는다는 도덕률이 작용하는 "도덕적 의식"에서도 원칙들의 적대자들의 함정을 피할 수는 없다. 횔덜린은 활동하는 의지로서의 법(das Gesetz) 개념을 통해 원칙들의 적대자들의 순환논법을 논파하고자 하는데, 이 경우 법은 행위의 실행 이전에 우리에게 경고하기 때문이다. 하지만 우리는 도덕률 자체가 무엇인지 알지 못하며 단지 그것의 저항만을 경험하기 때문에 "도덕적 사실"의 경우에 있어서도 순환논법의 숙명을 벗어날 수는 없다.

그럼에도 인식근거와 현실근거의 구별을 토대로 횔덜린은 오직 법의 저항을 법의 현실근거로 받아들이는 자만이 순환논법에 빠져들게 된다고 주장하는데, 이 경우 법은 형벌 없이는 작동하지 않기 때문이다. 이는 결과,

즉 형벌이 현실근거로 간주되어서는 안 된다는 의미이다. 따라서 형벌에서 법을 인식할 수 있는가라는 불가피한 질문이 제기된다. 이어지는 텍스트의 소실로 말미암아 횔덜린이 형벌이 도덕적 "원칙"에 근거할 수 있는가라는 질문에 논증적으로 답을 제시했는지는 네메시스의 "비밀에 가득찬 기원"만큼이나 이 불완전한 텍스트에서 추론하기는 어렵다.

「판단과 존재」

어떤 책의 면지에 횔덜린의 육필로 쓰인 이 텍스트는 1795년 3월 초에서 5월 말 사이에 예나에서 집필된 것으로 추정된다. 한 면에는 "판단"에 관한 상술이, 다른 면에는 "존재"에 관한 상술이 각각 완결형으로 쓰인 탓에 둘 중 어느 것이 첫 부분인지는 확실하지 않다. 슈투트가르트 전집은 「판단과 존재」라는 제목으로 "판단-존재"의 순서를, 프랑크푸르트 전집은 「존재 판단 가능성」이라는 제목으로 "존재-판단"의 순서를 따르고 있다. 슈투트가르트 전집을 따르면, 이 텍스트는 내용상으로는 "판단", "현실성과 가능성의 차이", "존재"에 관한 단 3개의 문단으로 구성되어 있다. 우선 각 문단을 요약하자면, "판단"은 주체와 객체의 분리에 대한 표현이고 "존재"는 주체와 객체의 합일에 대한 표현이며, 양태(樣態, Modalität) 개념의 정의가 앞서 두 개념과 어떤 관련성이 있는지는 명확하게 진술되어 있다고 보기 어렵다.

예나에 머물렀던 시기 내내 횔덜린은 "형이상학의 날개를 단 망령"에 시달리며 자신에게 제시된 "철학적 과제"와 고군분투했다. 이 텍스트는 후일 친구 니트하머에 보낸 1796년 2월 24일자 편지에서 언급한 "예나에 있을 때 집필을 약속했던 논고들" 가운데 하나일 수 있다. 특히 횔덜린은 헤겔에게 보낸 1795년 1월 26일자 편지에서 피히테의 『전체 지식론의 기초(Grundlage der gesammten Wissenschaftslehre)』(1794/95)에 관한 철학적 견해를 상세하게 피력하는데(『서한집』, 141쪽), 이 편지의 내용은 이 텍스트를 보충하는 주석으로 읽히기에 충분하다.

「스피노자의 학설에 대한 야코비의 편지들에 관하여」에서 횔덜린은 "사유가 실체의 원천이 아니라, 실체가 사유의 원천이다"라는 스피노자 철학의 핵심을 짚어낸 바가 있다. 이러한 스피노자적 사유의 단초에서 출발하여 횔덜린은 자기의식과 동일성의 문제를 우선 "판단" 개념을 통하여 살펴보고자 한다. "판단(Urteil)"이라는 단어의 (유사)어원학적 분석은 인식론적 판단에는 주체와 객체의 분리가 우선적으로 전제되어야 한다는 점을 시사한다. 이런 의미에서 판단이란 근원적 분리가 실행되는 행위이자 동시에 그러한 분리의 결과물이기도 하다. 이러한 인식론적 논리를 따르자면, "나는 나다"라는 판단에서 "나"는 (인식)주체인 "나"와 (인식)대상인 "나"로 구별되어야 한다. 인식의 주체로서 "자아"는—피히테적 의미에서—자아에 의해 정립되는 "비(非)자아"와 같지 않다. 요컨대 주어진 대상이 없이는, 주체와 객체의 차이가 없이는 자아는 그 자체로 존재할 수 없으며, 따라서 어떠한 의식도 가질 수 없다. 이렇듯 "나는 나다"라는 자기의식 혹은 절대자아의 동일성은 심각한 모순을 내포하고 있는 것이다.

주체와 객체의 어떠한 분리도 허용하지 않는, 전(前)의식적 상태를 횔덜린은 "존재(Sein)"로 규정한다. "존재"는 지적 직관에서나 비로소 "다다르게" 되는 상태이다. 여기서 염두에 두어야 할 점은, 칸트나 피히테와는 달리 횔덜린에게 지적 직관은 인식, 지식, 의식의 형태가 아니라는 점이다. 또한 "존재"가 지적 직관의 "직접적" 대상이 아닌 까닭은, 대상이란 객체이며 주체와 객체의 분리를 전제하기 때문이다. 피히테가 지적 관조를 자기 자신 속에 놓여 있는 인식의 근원으로 설정하면서 주체와 객체의 동일성을 보장하는 절대자아를 지적 관조를 지닌 자아로 파악하고 있다면, 횔덜린은 "주체와 객체, 우리 자신과 세계, 이성과 계시 사이의 충돌을 사라지게 할 수 있는 원리"를 지적 직관에서 찾고자 했다. 요컨대 주체와 객체의 합일은 심미적으로 지적 직관을 통해서, 그렇지만 "마치 사각형이 원으로 접근해가듯 다만 무한한 접근(eine unendliche Annäherung)을 통해서만 가능"(『서한집』, 170쪽, 「1794년 9월 4일 헤겔에게 쓴 편지」)하다고 보았다. 주체와 객체의 합일 상태를 의미하는 다른 표현인 절대적인 것(das Absolute)에 대한 "무한한 접근"이라는 표상은 횔덜린을 비롯한 노발리스, 프리드리히 슐레겔과 같은 초기 낭만주의자들의 시학의 중핵이기도 하다.

이 텍스트에서 현실성과 가능성이라는 양태 개념이 언급되는 까닭은 아마도 그것들이 모든 판단에 포함된 주체와 객체의 연결, 즉 "sein"이라는 계사(繫辭)와 관련되기 때문일 것이다. 칸트에 따르면, 가능성 판단은 오성에서, 필연성 판단은 이성에서, 현실성 판단은 지각에서 나온다. 이러한 견해를 횔덜린 역시 그대로 받아들이고 있다. 또한 양태 개념은 이후 「시적 정신의 수행 방식에 관하여」에서 시문학의 소재가 각각 현실성, 가능성, 필연성으로 어떻게 표현될 수 있을지를 시학적으로 검토하는 데까지 확장되어 적용된다.

「철학적 서한의 단편」

서로 연관성이 없는 다양한 내용의 원고 꾸러미에 들어 있는 네 장의 종이에 육필로 남겨진 이 텍스트가 집필된 시기는 특정하기 어렵지만 홈부르크 시절(1799년 말에서 1800년)의 시학 논고들보다 앞선 1796년에 집필된 것으로 추정된다. 친구 니트하머에게 보낸 1796년 2월 24일자 편지에서 횔덜린은 "인간의 미적 교육에 관한 새로운 편지"라는 이름의 "철학적 서한"을 통해서 "철학으로부터 문학과 종교로"(『서한집』, 191쪽) 넘어가게 될 것이라고 예고한 바가 있다. 동시에 이 시기 횔덜린은 로마 시인 오비디우스의 『여걸들의 서한집(Epistulae Heroidum)』에 실린 「데이아니라가 헤라클레스에게 보내는 편지(Deianeira et Herkles)」, 베르길리우스의 『아이네이스(Aeneis)』의 제9권에 실린 "니소스와 에우리알로스" 이야기의 일부를 비롯하여 소포클레스의 「콜로노스의 오이디푸스」의 합창 일부, 에우리피데스의 「헤카베(Hekabe)」의 일부를 번역했다. 따라서 이 텍스트에서 다루어지는 내용은 횔덜린의 이러한 관심을 염두에 두고 이해되어야 할 것이다. 편지 형식으로 쓰인 이 텍스트는 완성된 형태가 아니라 상당 부분이 누락된 채로 전해지는데, 크게 세 부분으로 나누어진다. 슈투트가르트 전집의 텍스트 순서(A-B-C)를 따라 번역이 이루어졌다 하더라도, 텍스트에 수록된 내용을 보다 용이하게 이해하기 위해서 B-A-C의 순서로 사유의 흐름을 간략하게나마 짚어보도록 하자.

  서두가 소실된 텍스트 B는 인간이 "하나의 정신이, 하나의 신이 세계 가운데 존재한다는 것"을 어떻게 경험할 수 있는가라는 질문에 대한 답변을 제시하고자 한다. "기계장치 이상의 것"으로서 "정신"을 칸트는 『판단력 비판』에서 "목적을 설정하는 창조적 능력"으로 정의하는데, 횔덜린은 이 "정신"을 "신"과 동일시한다. 요컨대 신은 세계에 내재된 정신의 표상인 셈이다. 세계 가운데 하나의 정신이, 하나의 신이 존재한다는 이 경험은 주체와의 관계(추상적인 자기 성찰)나 현실 가운데의 대상들과의 관계를 통해서가 아니라 주체와 객체 사이의 "보다 생동적인 관계" 속에서, 그리고 그러한 관계를 통해서 일어난다. 이 관계가 보다 생동적인 까닭은 제약되고 제한되고 강요된 모든 것으로부터 벗어나 있는 자유로운 상태이기 때문이며, 동시에 이 관계는 한 개체와 그를 둘러싸고 있는 모든 것, 즉 그의 "영역" 사이의 관계이기도 한 까닭에 서로 간의 유대에 기반한다. 따라서 이 관계는 자유와 평등과 박애의 이념을 내포하고 있다고 할 수 있다.

생동적 관계에서 비롯된 정신/신의 경험은 결국 인간 각자에게는 "자기 자신의 신"을, 모든 인간에게는 "공동체적 신성"을 공유하게 한다. 요컨대 자신만의 특정한 영역에서 살아가는 인간들은 각자의 영역들을 혹은 다양한 신적 경험들을 서로 융합시킴으로써 가정, 부족, 국가와 같은 "하나의 공동체적 신"을 가지게 되는 것이다. 또한 각자는 다른 이들의 고유한 영역을 존중하고 용인하는 것과 마찬가지로 다른 이들의 신적인 것에 대한 "제한된 다양한 표상 방식" 또한 존중하고 용인할 수 있게 된다. 각 개별 영역의 독자성과 인간 각자가 지닌 다양한 신들의 다신론적 복수성, 이것이야말로 "삶의 방식들의 조화로운 전체"를 만들어낸다.

텍스트 A는 앞서 제기된 질문에 이어 인간은 왜 자신이 경험한 것에 관한 이미지를 만들지 않을 수 없는가라는 새로운 질문을 던진다. 경험은 오성을 통해서도 감각을 통해서도 표현될 수 없기 때문이다. 따라서 이 질문은 "보다 높은 숙명"을 의식의 성찰 차원에서 다루면서 철학(이념), 예술(이미지), 종교의 연관성을 지시한다. 횔덜린은 이미지를 통하여 그리고 그 속에서 인간은 곤경에서 벗어나서 생동하는 관계들로 도약하여 자신의 운명을 회상(Erinnern)하고 자신의 삶에 감사할 수 있기 때문이라고 말한다. 이 회상의 과정을 횔덜린은 실제적 삶의 반복으로 묘사한다. 실제적 삶에서 경험한 "충족"이 정신적 반복, 즉 회상 속에서는 "보다 무한한 충족"이 될 것이기 때문이다. 그리고 이러한 충족은 감사의 감정에 본질이 있다. 그렇다면 이러한 실제적 삶의 정신적 반복, 즉 회상은 어떻게 일어나는가?

개별 인간과 그의 영역 사이의 "보다 무한한 연관성"은 "사유(Gedanke)"를 통해서도 "기억(Gedächtnis)"을 통해서도 반복될 수 없다고 횔덜린은 단언한다. 사유는 보편적이며 필연적인 것을, 기억은 특수하며 개별적인 것을 향하기 마련이기 때문이다. 이와 달리 회상은 보편적인 것(개념, 성찰)과 특수한 것(개별적 사실)을, "지나가는 것(기억, 감성)"과 "머무는 것(사유, 정신)"을 매개한다. 따라서 회상이 실제적 삶을 반복하는 어떤 다른 방식이 요구될 수밖에 없다. 즉 회상의 과정에서 회상하는 주체는 보다 높은 삶을 의식의 대상으로 만들면서 동시에 자기 자신을 인식의 대상으로 경험해야 하는 것이다. 횔덜린은 이러한 다른 방식을 "시적(poëtisch)"이라 명명하면서 그러한 시적 회상의 구체적 사례에 "신화(Mythe)"라는 이름을 붙인다.

근대의 인간이 자신의 주변과의 관계를 도덕적 혹은 심미적 사안으로 고찰하고 있다면, 고대인들은 이를 "종교적" 관계로 바라보았다. 요컨대 인간과 인간의 주변 세계와의 관계를 조율하는 "정신/신"은 따라서 도덕적이거나 심미적인 현상이 아니라 종교적 현상인 것이다. 횔덜린이 "보다 높은 계몽"으로 요청하는 바는 근대인들에게서 멀어진 종교적인 관계의 회복일 것이다. 횔덜린에게 종교는 "죽은 문자와 두려움을 불러일으키는 계명"이 아니라 "인간의 첫 번째이자 마지막 욕구"이다.

"계속을 위한 힌트"라는 제목이 달린 텍스트 C에 담긴 핵심적 내용은 지적 관계나 물리적 관계와는 달리 "종교적 관계들은 그것들의 표상에 있어서는 지적이지도 역사적이지도 않으며, 지적 역사적, 즉 신화적이다"라는 언술에 있다. 이에 따르면 종교적 관계들 자체가 "신화"이며, 그 "신화적인 것"은 지적인 동시에 역사적이다. 당대의 문헌학자 하이네의 신화 해석학에 따르면, 신화는 일종의 매혹적인 거짓 동화가 아니라 진실을 담지할 수 있는 특수한 언어 형식이다. 하이네는 신화를 세계에 관한 보편적 통찰을 담고 있는 "철학적" 신화와 특정 사건의 역사적 기원을 다루고 있는 "역사적" 신화로 구분했는데, 횔덜린의 "지적(보편적)" 그리고 "역사적(특수적)"이라는 표현이 바로 이에 상응한다. 이에 따르면 시적으로 형상화된 한 편의 신화 속에는 오성과 역사, 사유와 기억, 공동체와 개별성이 상호관계적 종합 속에 동시에 담겨 있다. 또한 횔덜린은 신화의 소재와 표현의 특성에 따른 시문학적 양식의 구분을 시도함으로써 이후 「시적 정신의 수행 방식에 관하여」와 같은 홈부르크 시기 논고들에서 보다 구체적으로 논의될 시학적 사유의 단초를 제시한다. 인간이 자신의 주변과 맺는 종교적 관계가 본질적으로 신화적이라면, 결국 "신화"란 이러한 관계에 관한 시적 표상인 셈이며, 따라서 "모든 종교는 그 본질에 따르면 시적"인 것이다. 이렇듯 시문학은 "삶의 축제"가 벌어지는 장소이며, 이러한 축제야말로 신을 향한 "한층 더 즐거운 예배(ein heiterer Gottesdienst)"인 것이다.

— 이영기

제3장
시학적 논고에 관하여

횔덜린의 시론과 시학에 대한 몰두의 흔적이 담겨 있는 텍스트들은 몇 개의 그룹으로 나누어진다. 첫 그룹은 크나우프가 편찬한 횔덜린 전집(MA)에 "프랑크푸르트 아포리즘"으로 수록된 일곱 편의 성찰적인 논고이다. 이 정서된 원고는 횔덜린이 1799년 여름 발행을 계획했지만, 그해 말에 포기해야 했던 문예 전문 잡지 『이두나(*Iduna*)』의 준비와 연관된 것으로 보인다. 이 생애기적 맥락에는 두 번째 논고 기획, 역시 크나우프가 "문예 잡지 게재용 논고들"이라고 분류한, 명백하게 대중성을 띠고 있는 일련의 논고들이 해당된다. 논고 기획의 세 번째 그룹은 미완으로 끝난 비극 『엠페도클레스의 죽음』 기획과 주제나 필적을 통해서 밀접하게 연관된 논고들이다. 이 세 번째 그룹의 논고들은 일반 시론이라기 보다는 비극론으로 별도의 고찰이 필요한 글들이다. 시론에 관한 텍스트의 마지막 그룹은 소위 "슈투트가르트 2절지 원고철"에 수록되어 있는 1799년에서 1801년 사이에 쓴 논고들이다.

이 자리에서는 별도로 살펴볼 비극론을 제외한 일반적인 시론과 시학에 관한 논고를 살펴본다.

「일곱 편의 성찰」

정서된 일곱 편의 아포리즘은 프랑크푸르트 시절인 1797년과 1798년에 쓴 것으로 보인다. 이 아포리즘을 정서한 종이는 1799년산인 것으로 확인되지만, 내용상의 지표는 이 글들이 그보다 앞서 쓴 것임을 증언한다. 예컨대 1798년 횔덜린이 서명한 만스코프의 방명록에는 이 아포리즘과 유사한 문구가 함께 기록되어 있는데, 이것은 그가 이미 집필한 내용을 기억하고 있었음을 말해준다. 한편 세 번째 아포리즘에는 실러가 1796년 11월에 편지를 통해서 그에게 충고한 내용을 거의 그대로 인용했음이 확인된다.

이 일곱 편의 아포리즘에서 횔덜린은 그의 문학에 대한 이해의 몇몇 중요한 개념, 특히 "열광(Begeisterung)"이라는 개념을 밝히기 위해서 노력하고 있다. 이를 통해 그는 순수하게 이론적인 해명과 그것으로부터 시인을 위한 보다 보편적인 원칙을 끌어내고자 한다. 이와 함께 횔덜린은 다시금 "조화로운 전체"를 달성하기 위해 대립을 결합시키는 데에 관심을 기울인다.

횔덜린은 먼저 문학의 요구와 철학적 성찰의 체계성 간의 차이점과 유사성을 고찰한다. 그는 철학적 종속문장인 논리적 설명의 표현 방식과 전치(轉置)를 우선으로 삼는 시문학의 표현 방식을 구분한다. 시문학의 이 병렬적인 문체는 비논리적이지 않다. 비논리적인 것은 냉정과 사유의―또는 횔덜린이 생산적인 측면을 따라서 아름다운 어휘로 "철저히 유기화된 감정"이라고 부른 오성의―분별을 떠난 "열광"일지도 모른다. "냉정이 그대를 떠나는 바로 그 지점이 그대의 열광의 한계이다." 횔덜린이 플라톤의 『파이드로스』와 『향연(Symposion)』에서 얻은 시적 행위에 대해서 요구하는 감정은 "깨어 있는 도취(sobria ebrietas)"이다. "높이로 떨어지는" 결함을 "깨어 있는 사유에 들어 있는 중력"이 막아준다. 이것이 횔덜린의 문학에 대한 이해를 예술이라는 종교로부터, 세계의 심미화 정당성으로부터 구분시킨다. 그리고 그의 이해를 철학적 성찰의 명료한 의식과 결합시킨다. 바로 실제적 역사의 물질적이며 도덕적인 필요성을 고려하는 가운데 문학 영역은 "행위들"에 대한 심미적인 태도 방식과 실제적인 세계에서의 대립을 재생산한다. 아름다움의 경험은 갈등이나 투쟁 저편에서의 화해가 아니다. 그 경험은 대립을, 강조해서 말하자면 분열(Zerrissenheit)을 자체에 포함한다. 아름다움의 경험은 이러한 분열을 통해서 형성되는 것이다. "그렇기 때문에 모든 인식은 아름다움의 탐구로부터 시작해야 한다. 왜냐하면 슬퍼하지 않은 채로 삶을 이해할 수 있는 자가 많이 얻기 때문이다."(84쪽) 여기서는 구체적인 역사가 이론적으로 구성하는 모델의 단순한 예로서 기능하는 것이 아니라, 인간에게 "필멸의, 변화의, 시간적 제약성의 깊은 감정"을 의미하는 사고방식이 명확히 드러난다. "냉정하게" 인식하는 거리로부터의 "활동과 인내"가 이것에 해당한다. 역사적인 현존의 이러한 새로운 시각은 휠덜린의 시학과 그 시학의 역사철학적 내지 생철학적 요구를 『엠페도클레스의 죽음』 집필 계획의 포기와 함께 근본적으로 변화시킨다. 회귀 불가능성이 역사인 시간 내에서의 삶의 특성이라면, 생동하는 것의 경험을 특정한 형상을 통해서 보존하는 것이 관심의 대상이다. 이것이 자유로운 예술 모방의 요구로 이어진다.

한편 아포리즘의 한 가운데에 위치하는 네 번째 아포리즘은 철학적으로 가장 풍부한 내용을 담고 있다. 이 아포리즘은 문학과 철학의 관계에 대한 근본적인 물음을 논한다. 이 아포리즘은 이렇게 시작한다.

"자신의 전체 체계 안에, 제때 제자리에 놓음으로써 오류조차도 진리가 될 때, 그것이 가장 참된 진리이다."(83쪽)

여기에서는 첫눈에 진리와 오류, 허위에 대한 전통적인 사고에 반하는 격렬한 공격을 선포하는 것처럼 보인다. 이것은 어떤 점에서도 오류를 허락하지 않으며, 오류에게는 어떤 "때와 장소"도 인정하지 않는 논리학의 기본 명제에 대한 공격으로 보인다. 이러한 공격은 그것이 명백하게 점층법, 즉 종국적으로는 최상급—"가장 참된 진리"—을 허락하는 진리 개념을 바탕으로 할 때 가능하다. 철학자들은 그러한 진리 개념을 비전문적이라고 거부하고, 문학적인 언어의 영역으로 돌려버리려고 한다. 횔덜린의 명제는 "가장 참된 진리"는 진리와 오류에 대한 "포괄적인 일반성(das übergreifende Allgemeine)"으로, 진리와 오류를 포괄하는 개념의 수용을 전제한다. 쾨니히가 헤겔의 논리학 해석을 위해서 처음으로 사용한 "포괄적인 일반성"이라는 개념에 따르면, 최고의 포괄적 규정의 차원에서 특정한 개념들은 그 대립적인 반대조차도 포괄하는 특성이 있다는 것이다. 헤겔의 논리학에서나 횔덜린의 사유 안에서 예컨대 삶이라는 개념 역시 그러한 포괄적인 일반성 개념이다. 말하자면 삶이라는 범주가 생명과 죽음도 포괄하는 한 그러한 포괄적인 일반성의 개념인 것이다.

여기서 횔덜린이 의존하고 있는 사상은 스피노자에서 유래한다. "빛이 빛 자체와 어둠을 나타내는 것처럼 진리는 진리와 허위의 표준이다."(『에티카』, 제2부, 정리 43) 횔덜린이 주석에서 언급한 문장 "가장 참된 진리는 자신과 밤을 밝히는 빛이다"는 이러한 스피노자의 정리와 같은 의미이다. 이 명제는 이렇게 해석할 수 있다. "참된"이라는 술어는 그것의 부정이 다른 술어들의 경우에서와는 전혀 다르게 이 술어에 연결되어 있다는 사실을 통해서 다른 술어들과 구분된다. 우리가 무엇인가가 "참되지" 않다는 것을 알면, "거짓된" 것이라고 우리가 표현하는 모든 것을 우리가 안다. 진리 술어의 경우에는 부정이 모든 다른 술어들의 경우에서 보다 훨씬 엄밀하게 긍정에 연결된다. "이것은 붉지 않다"는 문장은 칸트의 용어를 빌려 말하자면 "무한 판단(unendliches Urteil)"이다. 왜냐하면 이 문장에는 해석 또는 예시의 무한한 가능성이 있기 때문이다. 그러나 "이것은 참되지 않다"는 문장은 하나의 엄밀하게 규정된 판단이며 완벽하게 구분 가능한 의미를 가지고 있다. 횔덜린은 "참된 것"과 "오류, 즉 허위"를 "가장 참된 진리" 안에 포함된 두 가지의 요소로서 구분한다. 그렇게 해서 가장 보편적인 차원에서, 다시 말해 가장 최고의 보편적인 개념의 차원에서 "포괄적인 보편성"으로 규정될 수 있는 논리적 구조를 구축한다. 이 구조는 그러나 동시에 우리가 「철학적 서한의 단편」을 통해서 "이것도 저것도 아니고, 두 가지가 하나 됨"의 구조("Weder-noch-sondern-beides-in-Einem" Struktur)로 알게 된 구조이기도 하다. 「철학적 서한의 단편」은 이러한 구조를 "시적인 것"의 특징으로 규정한다. 따라서 횔덜린이 아포리즘에서 "비시적(非詩的)인 것일지라도 예술작품의 전체 안에 제때 제자리에서 표현됨으로써 시적인 것이 될 때, 그것이 가장 뛰어난 시이기도 하다"(83쪽)고 말한 것은 결코 놀라운 일이 아니다. 사실 "시"는, 이와 함께 시작(詩作)의 과정에서나 이러한 과정의 결과에 걸쳐 하나의 "포괄적인 보편성"이다. 시는 그것의 근본적인 대립조차도 포괄하고 포함한다. 말하자면 "비시적인 것", 즉 시적으로는 어긋나는 것, 참되지 않은 것도 포괄하고 포함하는 것이다.

이 아포리즘에서 횔덜린이 원리적으로 논증된 시론을 위해서 원칙론에 대한 기본 전제를 설정하려는 과제에 열중하고 있음이 드러난다. 원리적으로 논증된 시론의 한 시도가 곧이어 쓴 장문의 「시적 정신의 수행 방식에 관하여」이다. 그가 이 논고를 단숨에 쓸 수 있었던 것은 친구 헤겔, 싱클레어, 츠빌링 그리고 슈미트와의 많은 토론을 거쳤기 때문이라고 추측된다. 이후 횔덜린은 문학 양식과 문학적 음조 양식의 완벽한 원리적인 추론을 전제한 입장에서 논쟁을 전개하게 된다.

문예 잡지 게재용 논고

"문학 월간지를 내겠다"는 자신의 계획을 횔덜린은 1799년 6월 4일 친구 노이퍼에게 편지로 알린다. 횔덜린은 이 시점에 "첫해 발행분의 주요 자료는 내 손으로 직접 조달할 것이기 때문에 이미 대부분 완성된 상태"(『서한집』, 330쪽)라고 말한다. 횔덜린은 계획된 자신의 기고문을 세 가지 카테고리로 나누고 있다. 1) "고대와 근대 시인의 생애 중 특징적인 경향, 그들의 성장과 환경, 특히 각자의 고유한 예술 특성", 여기에 포함될 시인으로는 "호메로스, 사포, 아이스킬로스, 소포클레스, 호라티우스, (『신엘로이즈[*Julie ou la Nouvelle Héloïse*]』의 작가인) 루소, 셰익스피어 등"을 든다. 2) "이들 작품들의 (또는 이들 작품의 개별적 부분의) 고유한 아름다움에 대한 서술", "『일리아스』, 특히 아킬레우스의 개성"에 대한 논고, 3) "연설문, 언어에 대한, 문학 예술의 본질과 여러 형태에 대한, 마지막으로 미(美) 자체에 대한 논고들"(『서한집』, 331쪽)이 그것이다. 「아킬레우스에 관하여 (1)」, 「아킬레우스에 관하여 (2)」, 「일리아스에 대한 한마디 말씀」이 두 번째 카테고리에 속한 글이다. 호메로스에 대한 이 편지 초안들에서 문학의 여러 음조에 대한 이론을 뒷받침하는 첫 시도가 그해 여름 동안에 있었다. 그것이 「시작의 여러 방식에 관하여」이다. 「우리가 고대를 바라보아야 할 관점」이라는 제목을 달고 있는 또다른 단편 논고는 문예 잡지 기획의 초기 단계에 쓴 것으로 보인다.

「시학 잡지 이두나의 내용에 대한 구상」

횔덜린은 편지를 통해서 월간 문예지 『이두나』의 발간 계획을 친구 노이퍼에게 밝히고, 발행할 출판인 요한 프리드리히 슈타인코프와의 알선을 부탁했다. 이 발간 계획은 슈타인코프가 제시한 전제 조건인 저명한 인사들이 참여하는 필진 구성에 실패함으로써 무산되고 말았다.

횔덜린은 이런 과정에서 노이퍼와 슈타인코프에게 보낸 편지에서 『이두나』에 실게 될 글들의 개요를 밝히고 특히 1798년에 창간되어 1799년 5월 제3호가 출간된 예나 낭만주의 잡지 『아테네움(*Athenäum*)』과 비교하여 『이두나』가 지닐 특징을 피력했다. "사람들이 최근에 들어 똑같은 것을 시도했던 것[『아테네움』의 발행]을 나는 잘 알고 있소.……나의 더할 수 없이 철저하고 엄밀한 고찰에 따르면 그것은 열정 또는 무지 때문에 하나의 주안점, 다시 말해 상응하는 불편부당성에 실패하고 있소. 사람들은 다시 과장했고, 다시금 극단으로 치달았던 것이오"(『서한집』, 350-351쪽)라고 비판하고, "학문과 삶, 예술 및 취미와 천재, 감정과 오성, 현실적인 것과 이상적인 것, (단어의 가장 넓은 의미에서) 문화와 자연의 통합과 화해—이것이 잡지 『이두나』의 가장 일반적인 성격이자 정신"이 될 것이라고 선언했다.

노이퍼에게 보낸 편지는 더 구체적이다(『서한집』, 330-332쪽 참조). 이 편지에는 쓰지 않았으나 관련된 메모가 이 『이두나』 프로그램에 대한 구상이다. 『이두나』가 피해야만 할 사항들, 즉 부정적으로 언급되고 있는 경박함, 허세, 일관성 없는 비약, 어떤 대가도 무릅쓸 독창성에 대한 병적인 욕망은 예나 낭만주의를 직접적으로, 『아테네움』을 간접적으로 비판하고 있다. 시학적인 사상에서의 근친성에도 불구하고 낭만주의가 독창성을 금과옥조로 삼으면서 전통과 전적으로 결별하려는 태도는 횔덜린에게 지극히 낯선 것이었다. 횔덜린의 고대에 대한 탐구는 그것의 답습이 아니라 비판적 수용에 목적이 있었다. 전통에 대한 그의 존중은 "창의적 회귀(inventive Rück-kehr)"(Link, J.)로 이어졌다.

「우리가 고대를 바라보아야 할 관점」
─고대 문물의 비판적 수용을 피력한 최초의 논고 단편

이 논고는 1799년 6월과 7월 사이에 쓴 것으로 보인다. 이 글의 주제는 시 「젊은 시인들에게(An die Jungen Dichter)」의 그것과 비교할 수 있다. "대가가 그대를 두렵게 하거들랑/ 위대한 자연에 조언을 구할 일이다."(KA 1, 202쪽) 대가로 의미되는 권위적인 표본에는 그리스를 포함한 앞선 세계의 작품과 행위도 포함되며, 이에 대한 무비판적인 수용에 대한 성찰이 요구된다. 똑같이 실러에게 보낸 1797년 6월 20일자의 편지(『서한집』, 240쪽)에서 "저는 다른 비평가들과 대가들로부터 독립적이고, 그러한 전제 아래 필요한 평정심을 가지고 제 갈 길을 갈 만큼 충분한 용기"를 가지고 있다고 술회한다. 그리고 1799년 6월 4일 의붓동생에게 보낸 편지(『서한집』, 335-344쪽)에서는 선조와 대가들의 작품과 행위의 수용에서 그것의 현상적인 것, 실증적인 것이 아니라, 근원적인 교양 충동, 자연의 이상화, 자연을 가공, 전개, 완성하려는 충동을 되새기는 일이 필요하다고 주장한다. "예술 충동과 교양 충동은 인간들이 자연에 베푸는 하나의 고유한 봉사"(『서한집』, 339쪽)이기 때문이라는 것이다. 그는 핵심적인 논쟁을 뵐렌도르프에게 보낸 1801년 12월 4일자의 편지(『서한집』, 477-482쪽)에서 전개한다. "민족적인 것을 자유롭게 활용하는 것보다 익히기 더 어려운 일은 없소.……본래 민족적인 것은 교양의 진보와 함께 점점 보잘것없는 장점으로 변화된다는 것이 나의 주장이오.……그렇기 때문에 예술의 규칙을 오로지 그리스의 장점으로부터 끌어내는 것은 위험한 일이오.……이제 그리스인들이나 우리에게 최고의 것이 틀림없는 것, 다시 말하자면 생생한 비례와 솜씨 이외에 우리가 그들과 무엇인가 같아져서는 안 된다는 것을 알게 되었소."(『서한집』, 478–479쪽) 횔덜린은 일관되게 수동적인 수용을 벗어나 비판적인 고대의 능동적 수용을 주장한다. 의고전주의의 극복이 그의 논쟁의 핵심이다. 그는 예나 대학교에서 그리스 문학에 대한 강의의 기회가 주어지기를 희망하면서 실러에게 "젊은 이들을 그리스 문자에만 예속된 상태에서 해방시키고, 이 그리스 작가들의 위대한 확실성이 이들의 충만한 정신의 결실이라는 것을 그들에게 이해시키는 데에"(『서한집』, 467쪽) 자신이 특별히 쓸모가 있으리라고 자천하고 있다. 소포클레스의 비극을 독역하고 이에 붙인 「오이디푸스 왕에 대한 주석」과 「안티고네에 대한 주석」, 그리고 「핀다로스 단편에 대한 주석」은 이러한 그의 비판적 수용의 결실이자 생생한 증언이다.

「우리가 고대를 바라보아야 할 관점」은 횔덜린이 끝까지 밀고 나간 고대 문물의 비판적 수용을 피력한 최초의 논고 단편이다. 그런 가운데 제목으로 제기된 "고대를 바라보아야 할 관점" 자체는 논고에 제시되지 않았다. 그 대신에 비판적 수용의 기본 자세가 강조되어 있다.

「호메로스에 대한 메모」

횔덜린이 1799년 6월 4일 친구 노이퍼에게 보낸 편지에 피력한 잡지 『이두나』 발간 계획 개요에 의하면 그는 「호메로스에 관한 편지들」을 쓰려고 생각했다. 「일리아스에 대한 한마디 말씀」이나 「시작의 여러 방식에 관하여」 중에서 볼 수 있는 서사 문학에 대한 언급에서처럼, 여기서는 등장인물의 성격, 특히 주인공의 성격의 서술이 전면에 강조되고 있다. 서사 문학에서는 전통적으로 성격의 묘사가 가장 중요한 사항이기 때문이다.

「아킬레우스에 관하여 (1)」

이 육필 원고로 전해지는 글은 『엠페도클레스의 죽음』 제1초고의 1888행과 1889행 사이에 삽입되어 있었다. 그러나 『엠페도클레스의 죽음』과는 무관하다.

「아킬레우스에 관하여 (2)」

이 글 역시 육필 원고로, 표제 없이 전해지는 단편이다. 비가 「아킬레우스(*Achileus*)」(KA 1, 213쪽)의 초안이 기록된 같은 원고지에 쓰여 있다. 이 비가에서와 마찬가지로 여기서도 아킬레우스는 감상적인 성격으로 양식화된다. 횔덜린은 그를 "탁월하고 전능한, 침울할 만큼 감수성이 예민한, 신들의 아들"이며, "탁월한 천성의 젊은이"라고 부른다.

「일리아스에 대한 한마디 말씀」

이 논고 단편은 별도의 원고에 육필로 전래된다. 서두는 다음에 이어지는 논고 「시작의 여러 방식에 관하여」의 서두와 일치한다.

「시작(詩作)의 여러 방식에 관하여」

횔덜린은 자신의 시학적 이론이 문학의 세 가지 기본적 음조 양식을 통해서 가장 잘 전개될 수 있다는 생각을 가지고 있었다. 문학 월간지 『이두나』 발간을 계획하고 여기에 이를 싣기 위해서 그는 세 가지 음조를 중심으로 한 자신의 시학 개론을 쓰기 시작했다. 이러한 시도에는 호메로스에 대한 편지들—「아킬레우스에 관하여 (1)」, 「아킬레우스에 관하여 (2)」, 「일리아스에 대한 한마디 말씀」—을 통한 몇몇 예비 작업이 있었다. 또한 예비 작업의 하나로 그는 「시작의 여러 방식에 관하여」를 썼다. 예비 작업에서 주로 호메로스의 서사시 『일리아스』에 집중하고 나서 「시작의 여러 방식에 관하여」에서도 "주로 서사적 시에 고유한", "자연스러운 음조"에 대한 언급이 주를 이룬다. 그러나 서사적 시의 음조를 다루고 나서 다른 문학 양식의 음조들도 다루려고 했다는 사실을 우리는 상정할 수 있다. 즉 이 텍스트에서 영웅적/장렬한 음조와 비극, 이념적 음조와 서정 문학이 더 언급되었을 것으로 추정할 수 있는 것이다. 이에 대한 기본 전제는 이렇다. 즉 서사 문학의 특징적인 음조는 자연스러운(natürlich) 또는 소박한(naiv) 음조, 비극의 경우 그것은 영웅적/장렬한(heroisch) 음조, 서정시의 경우 그것은 이념적/관념적(idealisch) 음조이다. 그렇다면 이제 어떻게 이러한 세 가지 음조들이 내용적으로 더 엄격하게 서술되거나 서로 구분될 수 있는가 하는 문제가 남는다.

「시작의 여러 방식에 관하여」에서 횔덜린은 인간 성격의 세 가지 유형들을 대조하면서 서술을 시작한다. 인간의 성격 가운데 자연스러운 인간의 성격, 왕성한 정력의 영웅적 인간의 성격, 그리고 마지막으로 이념적/관념적 인간의 성격이 있는 것처럼, 문학에서도 고전적 문학 장르인 서사 문학, 비극 문학, 서정 문학으로 연결되는 여러 유형의 구분이 가능하다는 것이다.

그러나 이 텍스트에서는 인간적 성격의 이 세 가지 유형 중에서 문학과 관련해서는 자연적, 그러니까 소박한 성격만을 언급한다. 이 성격의 특징은 "단순성과 정밀성과 거침없음"(96쪽)이다. 이 성격의 작용은 "확실하고, 분명하며 항상 동일하고 조절되어 있다." 이것을 통해서 우리는 "가장 쉽게 균형과 평온과 명료함을 되찾게 된다." 텍스트에서 이러한 소박한 성격에 가장 많이 사용된 단어는 "현실성(Wirklichkeit)"이다. 이 어휘는 네 차례나 강조해서 등장한다. 이것은 「판단과 존재」의 양태 개념과 「시작의 여러 방식에 관하여」에서의 양태 개념의 관련성을 환기시킨다. 「시작의 여러 방식에 관하여」에서 다른 두 성격의 특징이 더 이상 제시되지는 않았지만, 우리는 영웅적/장렬한 성격이 그 성격과 결부되어 있는 필연성을 통해서, 이념적/관념적 특성이 자신의 환상을 향해 열리는 가능성을 통해서 서술될 수 있을 것이라고 추정할 수 있다. 이에 상응하여 비극은 영웅적인 충돌이 문제되는 현장일 것이며, 서정시는 성찰된 정신적 단일성이 목적일 수 있는 이념적/관념적 표상들과 관련된다고 말할 수 있다.

"영웅적/장렬한 다툼"이나 "이념적/관념적 통일성"과 같은 표제어를 통해서 음조들이—그것들로 특징화되는 문학 장르들처럼—"통일성"과 "불화/분리"라는 원리적 개념을 바탕으로 구상되었음이 암시된다. "소박한 성격"은 근원적, 무의식적으로 단일성에 상응하고, "영웅적/장렬한 성격"은 불화/분리에 상응할 것이며, "이념적/관념적인 성격"을 통해서는 불화/분리가 정신적인 단일성으로 고양될 것이 분명하다는 것이다. 그렇다면 전개되는 순서에 따라서, 다양한 음조의 전개 순서에서 문학 양식의 순서도 유래한다고 할 수 있다. 실제로 횔덜린은 비교적 이른 시기에 이에 상응하는 "역사철학적" 사상을 피력한 바 있다. 예컨대 그는 1797년 싱클레어에게 보낸 『휘페리온』 제1권 증정본 헌사에 이렇게 썼다. "대부분 시인들은 세기의 시발점에, 또는 그것의 말기에 만들어진다. 노래와 함께 민중들은 그들 소년기의 천국에서 나와서 정력적인 삶으로, 문명의 영지로 내려온다. 노래와 더불어 그들은 그곳으로부터 근원적인 삶으로 되돌아간다. 예술은 자연에서 나와 교양으로, 그리고 교양에서 나와 자연으로의 이행이다."(MA 3, 317쪽) 이러한 고찰은 고대 그리스인들에게 그리스 문화의 출발을 분명히 나타내고 있는 것은 호메로스와 헤시오도스였다는 사실과 연관되어 있다. 실제로 그리스 문학은 서사 문학으로 시작되었다. 사실 고전적 그리스 문학의 역사에서 서사 문학의 뒤를 이어 서정 문학이, 이 뒤를 이어서 비로소 비극 문학이 따랐다는 것은 분명해 보인다. 물론 사포와 알카이오스, 그리고 핀다로스의 서정시가 비극보다는 더 오랜 역사를 가지고 있다는 것을 횔덜린은 알고 있었다. 이에 따라서 서사 문학, 서정 문학 그리고 비극의 순서는 역사적으로 옳은 순서일지 모른다. 그러나 원리적으로 본다면 비극이 두 번째 순서에 위치하는 것이 옳다. 다른 한편 횔덜린은 나중에 쓴 소포클레스의 비극에 대한 주석에서 소포클레스의 비극들의 역사적 위치를 시대의 말기로 보고 있다. 횔덜린이 엠페도클레스 기획에 따른 작업의 끝 무렵에 쓴 성찰 역시 "몰락하는 조국"의 소환으로 시작한다. 따라서 비극은 매 "세기"의 말에 위치한다. 비극의 이러한 위치 설정의 흔들림은 횔덜린의 이 점에 대한 파악의 변화로 이해된다. 이것이 아니라면 횔덜린이 이 지점에서 자신의 이론적인 실마리의 일관성을 이것에 연결시키지 않았다고 해석할 수도 있다. 이 점에서 세 가지 음조론에서 종국적으로 확정된 결말에 이르지 않았다는 사실이 드러난다. 실제로 횔덜린은 나중에 쓴 논고의 몇몇 구절에서 "서사 문학-비극 문학-서정 문학"의 순서를 언급하는가 하면, 다른 구절에서는

"서정적-비극적-서사적"으로, 또다른 구절에서는 "서정적-서사적-비극적"의 순서를 취하기도 한다. 따라서 세 가지 음조론의 요점은 그것들의 순서가 아니라, 특정한 법칙의 제약 아래에서이기는 하지만 그것들의 조합에 있다고 할 것이다. 그렇기 때문에 서사 문학은 더 이상 소박한 음조만을 통해서 특정되지 않으며, 비극이 더 이상 영웅적인 음조만을 통해서, 서정시가 더 이상 이념적/관념적인 음조만으로 특정되지 않는다. 소박한-영웅적/장렬한-이념적/관념적이라는 순서는 원리상 근원적인 현상을 말하고 있을 뿐이며, 음조들은 이러한 하나의 방식으로 조합이 가능하다는 사실을 조건 없이 말하고 있다고 할 것이다.

"주로 서사적 시에 속하는 자연스러운 음조", 즉 "상세하고, 끊임없는, 정말로 진실한 음조"인 소박한 음조에 대한 예로 들고 있는 『일리아스』 제9권의 포이닉스의 연설에 부쳐, 횔덜린은 호메로스가 아킬레우스를 "그렇게 애정 어리게 그리고 조심스럽게 혼잡에서 끌어내지 않았다면", 아킬레우스가 "그의 주변들로부터 거의 구분되지 않았을 것"이라고 말한다. 이 말은 아킬레우스의 영웅적 특성이 소박한 음조와의 대비 가운데 가장 잘 나타난다는 암시와 다름없다. 나중의 논고 「문학 양식의 구분에 관하여」에서 횔덜린은 서사 문학의 "기본 음조(= 의미)"는 사실 "장렬"하며, "소박한" 음조는 그것의 "예술 특성", "언어" 또는 "문체"라고 부연한다. 즉 소박한 음조가 서사 문학의 유일한 음조는 아니라는 것이다. 이러한 음조의 은유적인 전환은 횔덜린 시학의 불가결한 요소이다. 이러한 음조의 역동성에 대한 시학 사상의 배아는 일찍이 움트고 있었다. 1798년 11월 12일 친구 노이퍼에게 보낸 편지에서 "나에게는 힘보다는 가벼움이, 이념보다는 뉘앙스가, 중심 음조보다는 다양하게 질서 잡힌 음조들이 부족하다"(『서한집』, 286쪽)고 피력했다. 그는 자신의 가장 깊은 내면, 가장 친숙한 것을 강조하고자 한다면, 자신을 공격하는 것으로 생각되는 삶의 적대적인 측면을 이용해야만 한다고 생각했다. 이어서 그는 "나의 영혼의 음조가 그들 가운데서 그만큼 더 생동하게 돋보이도록 바탕에 깔린 음조들로 재현하기 위해 나는 그것을 내 안에 받아들여야만 한다"(『서한집』, 287쪽)고 다짐한다. 이것은 어떤 것도 고립 가운데에서, 순수한 상태에서, 단일 음조에서 드러날 수 없으며, 복합적인 것의 부분으로서, 복합적 음조에서 진실로 표현되는 것이라는 말과 다르지 않다. 단편 논고 「문학 양식의 혼합에 관하여」 역시 이러한 관점에서 이해되어야 한다.

「시적 정신의 수행 방식에 관하여」
─ 정신과 소재의 상호작용에 대한 숙고

「음조의 교체」를 제외하고 "시학적 논고 초안"이라는 항목 아래 모을 수 있는 텍스트들은 『엠페도클레스의 죽음』 마지막 초고와 이것에 동반되어 있는 「몰락하는 조국……」, 그리고 1799년 가을부터 최소한 1801년까지 슈투트가르트에서 초안을 잡은 송시들과 함께 소위 "슈투트가르트 2절지 원고철"에 수록되어 있다. 「몰락하는 조국……」은 원고의 필적이나 내용으로 보아 엠페도클레스-집필 계획과 밀접하게 관련되어 있다. 이 초고의 어조는 횔덜린이 발행을 계획했던 잡지 『이두나』에 싣기 위해서 써두었던 소위 "잡지를 위한 논설들"의 그것과 분명히 다르고, 대중성도 전혀 띠지 않는다. 한편 「시적 정신의 수행 방식에 관하여」, 「문학 양식의 구분에 관하여」, 그리고 「시의 파트에 관하여」는 횔덜린 특유의 깊이 있는 시론 내지는 시학적 사상을 담고 있다. 특히 「시적 정신의 수행 방식에 관하여」는 횔덜린이 쓴 이론적 텍스트 중에서 가장 길이가 길고, 내용의 깊이와 폭도 깊고 넓다. 이에 대해서는 이론적인 관심사로서 횔덜린이 집요하게 추적하고 있는 문제의 발단을 염두에 둘 필요가 있다. 1800년 3월 피히테의 「인간의 사명(*Bestimmung des Menschen*)」이, 4월에는 셸링의 「선험적 관념론의 체계(*System des transzendentalen Idealismus*)」가 발간되었는데, 이 두 저술의 어느 것도 횔덜린은 소홀히 보지 않았던 것이다.

횔덜린은 이러한 이론을 그가 남긴 논고 중 가장 긴 논고를 통해서 체계화하려고 시도한다. 이 텍스트는 "시인이 일단 정신을 마음대로 제어할 수 있게 되면"으로 시작되는 12개의 긴 조건문으로 출발한다. 이 논고의 주제는 "인간의 사명"에 관련된 명제이다. 이 명제는 인간의 사명은 본래 시인의 사명 안에 들어 있다는 것이다. 이것은 1795/96년 『휘페리온』의 「최종 직전고」 서문에서의 선언 이래, 횔덜린의 변함없는 기본 사상이다. 즉 지식을 통해서도, 행동을 통해서도 인간은 자신의 사명을 달성하지 못하며, 오로지 아름다운 예술과 문학을 통해서만 달성할 수 있다는 것이다.* 「시적 정신

---

* 미하엘 콘라트(M. K), 『횔덜린의 철학 개요 : 횔덜린의 에세이 단편 「시적 정신의 수행 방식에 관하여」에 대한 분석적-비평적 논평(*Hölderlins Philosophie im Grundriss : Analytisch kritischer Kommentar zu Hölderlins Aufsatzfragment "Über die Verfahrungsweise des poetischen Geistes "*)』(1967), 30쪽.
  콘라트는 횔덜린이 "시인의 사명을 인간의 사명과 동일시"하고 있음을 제시하고 있다. 그는 자신의 주장을 뒷받침하기 위해 횔덜린의 다음 언급을 인용한다. "근원적인 단순성으로부터 가장 드높은 형식으로 자신을 형성하는 것이 삶 자체의 행보와 사명이라면,⋯⋯그리하여 이것이 인간의 행보와 사명 자체인 것처럼 보인다면, 이와 동일한 것이 모든 그리고 개개 문학의 행보와 사명이다."(130-131쪽)

의 수행 방식에 관하여」에서는 세 가지의 복합적인 주제가 다루어진다. 그 첫 번째는 시학적인 핵심 문제를 초점으로 삼고 조직화된 주제이다. 즉 소재와 정신 사이의 상호작용에 대한 문제, 하나의 순서를 향한 교체를 조정하는 제3의 것을 통한 중재의 문제를 다룬다. 두 번째의 주제는 거의 순수한 철학적인 주제, 즉 자의식(Selbstbewußtsein)의 가능성을 다룬다. 그리고 마지막 세 번째 주제는 역사적 현재와 연관된 시학의 구현을 위해서 논의의 길을 연다.

첫 복합적인 주제는 몇 차례의 우회적인 논의를 거쳐 마침내 다음과 같은 물음에 당도한다. "이념적인 것을 위해서, 이것의 내용을 위해서, 은유를 위해서 그리고 이념적인 것의 형식과 전이를 위해서 뛰어나게 수용적인 소재는 이제 어떻게 얻어져야 하는가?"(106쪽) 횔덜린은 이러한 자신의 물음에 시적 소재의 기본적인 범주를 나열하면서 이렇게 답한다. "소재는 주관적으로 또는 객관적으로 서술되고 그려지는 일련의 소여(Begebenheiten), 또는 관조(Anschauungen), 현실성(Wirklichkeiten), 아니면 주관적으로 또는 객관적으로 표시할 일련의 지향(Bestrebungen), 표상(Vorstellungen), 사상(Gedanken) 또는 열정(Leidenschaften), 필연성(Notwendigkeiten)이거나, 아니면 주관적 또는 객관적으로 형성할 일련의 환상(Phantasien), 가능성(Möglichkeiten)이다." 이처럼 있을 수 있는 세 가지의 소재 요소들이 한편으로 "소여"를, 다른 한편 "지향"을, 그리고 세 번째로 "환상"을 통해서 예시되고, 이 세 가지의 소재 요소에게는 각각의 양태 범주가 주어진다. 즉 "소여"에게는 현실성이, "지향"에는 필연성이 그리고 "환상"에게는 가능성이 주어지는 것이다. 문학의 소재에 관해서는 그러니까 인지의 대상이, 또는 오성의 대상이 그리고 이념의 대상이 문제시된다는 것이다. 다시 말하면, 문학의 소재는 이미 그것의 다양한 인식력을 통해서 앞서 가공되고 특징이 새겨진 상태로 시인에게 제시된다. 횔덜린이 얼마 후 「안티고네에 대한 주석」에서 언급하는 것처럼 시문학은 인간의 여러 능력을 다루는 한, 이러한 다양한 능력의 표현은 하나의 전체를 나타낸다. 이것이 그때마다 이 "영혼의 능력"의 어느 하나만을 다루는 철학과 다른 점이다. 문학에서는 인간 영혼의 "상이한 능력의 **훨씬 더 자율적인 부분들** 사이의 연관들이"(194쪽) 중요하다. 범주적으로 다양한 영혼의 능력은 양태 개념의 형태에 따라 연관된다. 횔덜린에 따르면 다양한 소재 요소의 계산 가능한 방식으로 "다양한 승계"를 전개시키는 "시학적 논리"는 양태 개념의 연관 위에 세워져 있는, 다시 말해서 현실성, 필연성 그리고 가능성이라는 다양한 승계 양식 위에 세워져 있는 하나의 논리이다. 횔덜린은 매우 자세하게 소재의 범주들—소여, 지향, 환상—을 나열하고 양태의 범주—현실성, 필연성, 가능성—를 통해서 특징짓고 있는 「시적 정신의 수행 방식에 관하여」의 바로 그 자리에서 이 소재의 정신적 취급을 계속 언급한다. "이 모두 세 가지의 경우에서 각 소재는 이념적 취급의 소질을 가지고 있어야 한다. 말하자면 이야기되고 서술되는 소여에 대해서, 관조에 대해서, 또는 묘사되는 사상과 열정에 대해서, 또는 형성되어야 할 환상에 대해서 어떤 진정한 근거가 존재한다면"(106쪽) 말이다. 즉 소재가 이념적으로 다루어질 수 있기 위한 조건은 소재가 하나의 "진정한 근거"를 소유하고 있느냐이다.

"시의 이러한 근거, 시의 의미는 표현, 표현된 것, 감각적 소재, 시 안에서 본래 진술된 것 사이에 이행(Übergang)을 형성해야만 한다."(106쪽)

이에 상응해서 조금 뒤에 "표현(묘사)과 자유로운 이념적 취급 사이에 시의 근거제시와 의미는 존재한다"고 다시 한번 확인한다. 횔덜린은 이로써 시적 형상화의 세 가지 층위를 구분한다. 즉 소재, 정신적 내지 이념적 처리, 그리고 시의 의미가 그것이다. 이때 의미는 그때마다 항상 기본 원리적으로 근거제시가 가능한 순차인 "소박한-영웅적-이념적" 가운데 다음 순차의 특성을 지닌다. 즉 소재가 소박하면 그 근거는 영웅적이며, 소재가 영웅적이면 그것의 근거는 이념적이고, 소재가 이념적이라면 그 근거는 소박하다. 정신적인 취급은 이제 제3의 특징을 가지게 되고, 따라서 매 작품의 끝에 상응하는 균형, 즉 제3의 특성 소박한-영웅적인-이념적인 것의 연속을 통해서 두드러진다.

횔덜린은 시적 정신의 수행 방식을 논하는 긴 논고에서 놀랍게도 시적 자아에게 자의식이 어떻게 가능한가라는 주제를 언급한다. 횔덜린이 이 주제를 다루는 목적은 어떤 직접적인 자아 관여를 통해서 자기 인식에 도달하려는 모든 시도가 왜 실패할 수밖에 없는가를 설명하는 것이다. 그는 다시 한번 이것을 실행하려는 헛된 시도들을 구분한다. 그중 한 시도는 인간의, 즉 시인의 자아를 자신의 "주관적 천성"으로 환원하는 것이고, 다른 하나는 자아를 자아가 그사이에 동화된 "객관적인 영역"에 전적으로 맡기는 것이다. 전자에서는 자아가 단순한 주관성일 것이고, 후자에서는 자아가 객관적인 사건 이외 다른 것이 아닐 것이다. 이 두 가지의 시도를 반박하는 논쟁은 정확하게 균등하게 진행된다. 어떤 인식 가능한 전체성의 불가능성은 두 시도에서 똑같이 드러나기 때문이다.

횔덜린은 우선 주관적인 경우에 대해서 논쟁을 전개한다. 논쟁의 첫 진술은 "말하자면 자아가 자신의 주관적인 천성에서 자기 자신으로부터 자신을 구분하고 대립시키는 통일체로서⋯⋯자신을 알고 있는 구분된 것의 사실성을 부인해야 하고, 주관적인 천성 안에 있는 구분 행위를, 자아의 정체성을 인식하기 위해서 자아는 자신을 통일체로 만드는 착각과 자의(恣意)를 해명하지 않으면 안 된다. 이 경우 그것에서 인식된 동일성 자체도 하나의 착각이다."(119쪽의 주석) 자아는 자기 자신을 스스로와 동일한 것으로 인식하고 싶어한다. 자신을 인식하기 위해서 자아는 스스로 대립시키고, 스스로로부터 자신을 구분해야만 한다. 이것은 1790년 이미 횔덜린이 야코비와의 논쟁을 통해서, 그리고 1794년 피히테와의 첫 번째 논쟁을 통해서 밝혔던 원리에서 나온 결론이다. 즉 모든 인식은 오직 대립 설정을 통해서만이 가능하다는 것이다. 그러니까 자아는 자신을 인식하기 위해서는 자신과 구분해야만 한다. 이러한 인식의 조건으로서의 자기 자신의 구분은 자아가 자신을 동일하게 인식하고자 할 때는 취소될 수밖에 없다. 그러므로 횔덜린이 말하고 있는 것처럼 자아는 "구분된 것의 사실성을 부인"해야 하는데, 이 구분을 일종의 자기 착각으로 생각할 수밖에 없다. 그러나 이러한 경우 인식의 시도의 결과는 받아들일 수 없다. 자아가 구분을 부정하게 되면, 어떤 인식도 불가능하다. 따라서 구분을 받아들이는 일은 가능성으로 남겨져 있을 뿐이다. 이러한 시도는 양자택일의 두 번째 부분에서 숙고된다. "또는"—양자택일은 이렇게 울린다—"자아는 자신의 구분을 (독단적으로) 사실적으로 받아들인다. 말하자면 자아가, 그의 주관적인 천성에서, 구분하는 자 또는 통합하는 자로서 현존하느냐에 따라서 자아는 구분하는 자아로서 또는 통합하는 자아로서 종속적으로 자리를 잡는다. 그리고 이것이 자아가 자신을 지양하지 않고는 포기할 수 없는 그의 주관적인 천성 가운데, 절대적으로 독립적으로 그의 행위들 가운데 일어나야 하기 때문에 자아는 대립하는 자로서도 결합하는 자로서도 **자기 자신, 자기의 행위**를 인식하지 않는다. 이러한 경우 자아는 다시금 자신을 동일한 것으로 인식할 수가 없다. 왜냐하면 자아가 처하고 있는 여러 행위들은 그의 행위가 아니기 때문이다."(119쪽의 주석) 진퇴양난의 논쟁의 이 두 번째 부분은 첫 번째 부분보다 더 복잡하다. 그는 말하자면, 양자택일의 전반부에서 처리되었으나 일목요연성 때문에 배제되었던 자기 자신으로부터의 자아의 구분의 내용에 대한 해석을 다시 한번 끄집어낸다. 다음이 문제시된다. 즉 자아가 한편으로 인식의 주체로서, 다른 한편 인식의 대상으로 자신을 구분하는 가운데, 자아는 대립을 행하는 일자(一者)와 대립해 있는 자의 동일화를 수행하는 일자로, 그러니까 하나의 대립시키는 자와 하나의 동일화하는 자로 자신을 세분한다. 이에 따라서 횔덜린은 자아 안의 구분을 자아의 두 가지 행위의 구분으로 서술한다. 자아는 "자기 자신으로부터 자신을 구분하고 대립시키는 통일체로서 조화롭게 대립되어 있는 것 안에 위치시키는 가운데, 조화롭거나 조화롭게 대칭되어 있는 것 가운데 통합하는 통일체로서 존재"한다. 그러나 벌써 이러한 언급 안에는 대립 설정과 결합의 두 행위의 상호의존성이 제기된다. 자아는 자기 자신과 결합하고자 한다. 왜냐하면 자아는 이전에 스스로 대칭, 대립되어졌기 때문이다. 자아의 대립됨을 통해서 자아에게는 자신의 전체성을 인식의 대상으로 만들 수 있는 것만이 문제였다.

이제 위에서 이미 인용된 딜레마의 후반부로 되돌아간다. 자아가 자신으로부터의 구분을 사실적인 구분으로 인정하게 되면, 어떤 경우에도 새로운 해결 불가능성이 도출된다. 왜냐하면, 자기 자신으로부터 자아의 구분이 대립시키는 행위와 결합하는 행위 사이의 구분으로 받아들여진다면, 대립은 결합의 전제 아래에서만, 그리고 결합은 대립 설정의 전제 아래에서만 파악될 수 있기 때문이다. 이 두 가지의 구분되는 행위는 각각 다른 행위의 경과에 의존적이다. 그리고 그처럼 행위하는 자아의 정체성을 확실히 하려는 시도의 목적은 달성되지 않는다. 사유의 이러한 마지막 조치는 여전히 이의에 대해서 열려 있고, 해명이 필요하다. 어느 정도까지 자아의 상호의존성은 자아의 동일성 발견에 대립하고 있는가? 자아의 여러 가지 행위들은 그때마다 다른 것에 의해서 소환된 반응으로서의 결과들이며, 근원적인 행위는 아니라는 것으로만 파악이 가능하다. 이것들은 이러한 과정에서 오로지 자기 행위의 산물로서만, 즉 인식의 대상으로서만 생성된다. 인식하는 주체와 꾸며낸 인식 대상의 동일성은—그리고 이 동일성은 바로 추구했던 동일성이다—이러한 방식으로 곧바로 성립되지는 않는다. 이제 두 부분으로 나누어진 전체 논쟁, 전체 딜레마를 조망할 수 있게 되었다. 즉 자아가—제 자신의 동일성의 인식을 목적으로—자기 자신을 구분하게 되면, 이러한 구분의 사실성을 자아가 부정할 수밖에 없고, 그러한 경우 어떤 인식도 가능하지 않게 된다. 또는 그 구분이 사실적인 것으로 받아들여지면, 어떤 동일성에도 결코 도달할 수 없다. 횔덜린은 몇 페이지 뒤에 시적 자아는 "**자유로운 선택으로**(mit freier Wahl) 그대를 외적 영역과의 조화로운 대립(harmonische Entgegensetzung)으로"(121쪽) 자신을 위치시키는 것을 통해서만이 자신을 파악할 수 있다는 것을 명백히 한다. 자아의 자기 인식은 간접적인 경로를 통해서만, 다시 말해서 객관적 연관의 길을 통해서만 생성될 수 있다는 것이다. "그대가 그대 안에 머물고 있는 한" 고유한 천성의 그러한 인식은 가능하지 않다고 횔덜린은 확정해서 말하고 있다.

「시적 정신의 수행 방식에 관하여」 말미의 추가적인 숙고가 주목을 끈다. 이를 통해서 횔덜린은 세기 전환기에 쓴 몇몇 다른 텍스트와 마찬가지로, 문학을 인간 문명의 구성 요소로 보고, 문학의 기능 안에서 인류의 "발전"을 숙고하고 있다. 이처럼 이 논고는 횔덜린의 모든 철학적, 시학적 논고들 가운데, 비판적인 문제 제기를 통해서 뿐만 아니라, 모든 철학적인 문제성—
예컨대 자아의 주관적 특성에 경도된 동일성 철학에 대한 비판—특히 시학
과 종교 및 역사철학에 대한 근거를 제시하려고 한다는 점에서 한층 눈에
띄는 글이다.

표현과 언어를 위한 힌트 — 기억과 언어의 창조적 성찰

시적 정신의 수행 방식에 대한 논의는 「몰락하는 조국……」의 논의가 마무리되는 바로 그 지점에서 시작했다. 거기에는 "이행 과정에서도 정신과 기호는, 다른 말로 이행의 재료들은 기호와 그리고 이 기호는 정신과 (초월적인 것이 분리되어 있는 것과) 마치 영활하게 된 유기체가 유기적인 영혼과 그러하듯, 조화롭게 대칭을 이루는 가운데 일체"(176쪽)를 이룬다는 생각이 제시되어 있다. 횔덜린은 여기에 시인이 이러한 "정신을 마음대로 제어할 수" 있다면, 이로부터 어떤 결과가 나오는지 질문을 던진다. 두 단편 논고를 접합시키고 있는 것은 이것을 넘어서 "정신과 기호 사이의 결합 수단"에 대한 물음이다. 단순한 조화의 "시간적 결함"을 극복하는 이러한 결합의 수단 없이는 시적 정신의 수행 방식은 "목적에 도달하는 것이 불가능"하기 때문이다. 따라서 횔덜린이 1인칭 단수로 강조해서 확인하는 거의 전례가 없는 한 구절은 이렇게 선언한다. "나는 말하겠다, 그렇다면 시적 정신은 자신의 일치성에서 그리고 조화로운 진행 과정에서 하나의 무한한 관점을 부여받는다는 것은,……조화로운 교체와 함께 하나의 실마리 또는 하나의 회상(Erinnerung)을 지니는 것은 정신의 마지막 과제이다."(115-116쪽)

"하나의 회상을 지니는 것"은 무엇을 말하는가? 다르게 묻자면 기억의 의미는 시간상 어떻게 규정되는가? 이에 대한 답변은 감동의 정체, 무한한

것의 현재화, 신적 요소의 현재화가 부여된 "시적 개성"을 어떻게 생각할 수 있는가를 동시에 설명한다. 그것은 의식의 정체성으로서 생각되고, 그리고 그렇게 생각되어야만 하는 것을 설명해주는 기억의 시간 구조이다. "일치적인 것이……구분이 불가한 것으로 스스로 지양되거나 공허한 무한성으로 변화되어야만 하는 것이 아니라면, 또는 대립의 교체 가운데에서……동일성을 잃지 않으며……분리된 요소들(말하자면 일련의 원자들)의 무한성으로 용해되어야 한다면"(115쪽) 말이다.

상기시키는 것은 결합의 행위이며, 회상의 의미는 통합이다. 이러한 결합은 연관의 행위로서만 재현될 수 있다. 기억을 소유한다는 것은 따라서 기억된 것을 시간의 조건에 일시적으로 간직하는 것을 말하는 것이 아니다. 기억하는 일은 주어진 자료의 복제나 보존 조치로서 끝나는 일도 아니다. 기억을 지닌다는 것은 기억 행위를 투명하게 또는 구체적으로 만드는 것을 의미하며, 더 나아가 그렇게 하도록 요구하는 것이다. 이러한 행위는 낱낱이 거명할(benennen) 수 있는 것이 아니라 표현할(darstellen) 수 있을 뿐이다.

그러나 이러한 기억/회상은 시적 정신의 수행 방식의 어떤 대상이 아니며, 오히려 그 수행 방식이 근거하는 결합의 수단이다. 이 결합의 수단에서 시간의 논리가 도출되며, 그것에서부터 시적 언어의 구속력이 뒤따른다. 언어와 기억/회상의 상호작용의 실현은 오로지 시간을 통해서만 가능하다. 이 피할 길 없는 시간의 조건성은 따라서 어떤 흠결이 결코 아니며, 논리적인 귀결이다. 이것으로써 시적 수행 방식은 사유의 자기 성찰로부터 얻어진다. 따라서 이 논리성은 시적 정신의 수행 방식의 한 동기 요소이다. 이러한 사실을 횔덜린은 "인식이 언어를 예감하는 것처럼, 언어는 인식을 회상한다"(129쪽)고 요약해서 말한다.

언어의 형식을 통해서 비로소 우리는 기억하는 것이 실제로 무엇인지를 상기할 수 있다. 언어는 의미 있게 형성되는, 회상하는 기억의 실제를 표현한다. 이러한 기억하기는 폐쇄적인 되풀이가 아니며, 자체 내에서의 마주함도 아니다. 다시 말해서 정신의 자기 안으로의 회귀(Rückkehr)가 아닌 것이다. 그것은 언어 발견의 행위이다. "무한한 삶으로부터 다시 생명을 얻은 정신, 행복이 아닌, 이상이 아닌, 성취된 작품과 창조가 오로지 표현 가운데 발견"(131쪽)되는 언어 발견의 행위인 것이다. 언어 발견의 이러한 행위의 기초가 되는 성찰을 휠덜린은 그전에 "정신적으로 승화시키는 기술이었던 것처럼 생명을 주는 기술"(130쪽)이라고 부른다.

언어는 기억 작업의 실제이지 기억 내용의 교체가 아니다. 이러한 기억 작업은 기호들이 우리에게 의미심장해질 때 일어나고 수행된다. 기호는 기억 발생(Erinnerungsgeschehen)을 구체화한다. 그리고 이 발생을 기억할 수 있게 한다. 이러한 과정의 주체—표현 가운데 전달되는 주체—는 자아가 아니라, 기억/회상의 의미에서의 시적 개성이다. "이러한 창조적인 성찰의 산물이 언어이다."(132쪽)

언어는 시간적인 것의 교체와 변화를 삭제하지 않는다. 오히려 그 변화를 전제로 삼으며 그것을 "명확하고 감각적이게" 한다. 시간 자체는 시간의 내면적 규정이자 필연성이 된다. 시간은 회상/기억의 토대 위의 언어의 내적 형식이 된다. 이 언어의 내면적인 형식은 사유 운동의 진동 가운데서 감각적으로 그리고 확정적으로 나타나는 가운데—"부정적으로 그리고 바로 이 때문에 명시적으로 그리고 감각적으로"(134쪽)—자신을 보존한다.

「문학 양식의 구분에 관하여」

세 가지 음조의 조합은 횔덜린이 "음조의 교체"라고 부르고 있는 바로 그것을 말한다. 이때 교체(Wechsel)는 단순한 바꿈, 승계, 순서뿐만이 아니라, 상호작용 또는 상호유희, 다채로운 변화를 의미한다. 「시작의 여러 방식에 관하여」를 통한 첫 번째 시도에 이어서, 「문학 양식의 구분에 관하여」를 통한 두 번째 시도에서는 각 문학 장르가 더 이상 하나의 음조로 특징되지 않고, 두 가지 상호작용하는 음조의 조합으로 설명된다. 이 두 번째 시도는 다음 구절 안에 논점이 가장 집약적으로 표현되어 있다.

> "서정적인, 외양으로 이념적인(idealisch) 시는 그 의미에서는 소박하다(naiv). 그것은 하나의 감정의 지속적인 은유이다.
> 서사적인, 외양으로 소박한 시는 그 의미에서는 장렬하다(heroisch). 그것은 위대한 노력의 은유이다.
> 비극적인, 그 외양으로 장렬한 시는 그 의미로는 이념적이다. 그것은 지적 직관의 은유이다."(135쪽)

서사적인 것, 비극적인 것 그리고 서정적인 것의 특성화는 지금까지 주어진 바로는 오로지 하나의 외적인 "외양(Schein)"에만 관계하고 있다. 서사적 시는 외관상으로만 "소박"하고, 비극적 시는 외관상으로만 "영웅적"이며, 서정적 시는 외관상으로만 "이념적/관념적"이다. 그러나 만일 우리가 이러한 외관을 꿰뚫어보면, 서사시의 본래 "의미"는 영웅적인/장렬한 "지향"에 놓여 있으며, 비극의 본래 "의미"는 "지적 직관"에 근거하고, 서정시의 본래 "의미"는 직접적인 소박한 "감정"에서 찾을 수 있다는 사실을 간파할 수 있다.

이제 염두에 두어야 할 사실은, 예컨대 서정적 시의 경우, 이념적인 외양과 소박한 의미 사이의 대립은 이 시가 빠져든 "모순"을 의미한다는 점이다. 이 모순은 매번 제3의 음조 요소가 등장하는 가운데서만 해소될 수 있다. 그리하여 서정시가 자신의 외양과 자신의 의미의 대립성 때문에 빠져들었던 그 모순은 "장렬하고 활동적인 불협화(die heroischen energischen Dissonanzen)"로 통합, 중재되어 해소된다. 다른 문학 양식에도 이 논리는 그대로 적용된다. 즉 제3의 음조 요소가 "기본 음조(외양)"와 "예술 특성(의미)"이라는 상호작용하는 두 양태 사이를 연결한다.

각 문학 양식을 기본 음조와 예술 특성의 대칭에 기반하는 일종의 은유로 본다면, 그때마다 세 가지 음조 중 두 개의 음조가 그 은유의 본질적인 특성의 구성 요소가 된다. 즉 서정적 시에서는 소박한 음조와 이념적 음조가, 서사적 시에서는 장렬한 음조와 소박한 음조가, 비극적 시에서는 이념적 음조와 장렬한 음조가 그것이다. "그렇다면 제3의 음조는 어디에 위치하는가?" 즉 서정적 시에서의 장렬한 음조, 서사적 시에서의 이념적 음조, 비극적 시에서의 소박한 음조는 어디에 속하는가? 이러한 물음에 대해서 휠덜린은 서정적 시와 서사적 시에 대한 부연 설명에서 아주 간략하게 참고적으로만 언급한다. 그는 서정적 시에 대해 이렇게 언급한다.

"또한 이 시가 이념적인 형상을 통해서처럼, 자신의 현실성, 자신의 생동함을 한층 더 직접적인 표현에서처럼, 자신의 고양(Erhebung)을 향하는 경향을 잃지 않고 있는 장렬하고 활동적인 불협화들은, 이 시가 한편으로는 감각적인 것으로 떨어질 수 없고 또 그러고자 하지도 않으며, 다른 한편 자신의 기본 음조인 내면적인 삶을 부인할 수 없고 그러고자 하지도 않으면서, 이 시가 빠져 있는 모순의 해소이다."(136쪽)

이러한 제3의 음조는 또한 이 시가 이념적인 형상을 통해서이듯이, 자신의 현실성, 자신의 생동함, 한층 더 직접적인 표현에서처럼, 자신의 고양을 향하는 경향을 잃지 않고, 고양과 생명을 결합하는 이러한 장렬하며 활동적인 불협화들은, 이 시가 한편으로는 감각적인 것으로 떨어질 수 없고 또 그러고자 하지도 않으며, 다른 한편 자신의 기본 음조인 내면적인 삶을 부인할 수 없고 그러고자 하지도 않으면서, 이 시가 빠져 있는 모순의 해소이다. 이 제3의 음조는 "시의 기본 음조와 예술 특성을 통합하고 중재하는 한" 시의 "정신(Geist)"이다. 대립들이 통합되고 중재되는 그것이 "정신"이라고 불린다는 사실은, 관념론적인 견지에서는 정신이 본질이라는 점을 의미한다. 그러나 그렇다면 예컨대 횔덜린이 서정적인 시에서 이러한 정신을 장렬한 음조와 동일시하는 것처럼 보이는 것은 매우 낯선 일이다. 소박성과 이념성의 상호작용으로 이루어진 서정적 시가 그 정체성에서는 다름 아닌 "장렬함"인가? 어떤 견해들은 이러한 결론을 지지한다. 그러나 횔덜린의 어떤 다른 진술도 이러한 견해를 지지한 적이 없거니와, 그의 일반적인 파악은 오히려 이러한 견해에 정면으로 배치된다.

횔덜린이 서정적 시의 정체성을 장렬함에 두었다는 해석에 대해서는 이렇게 반론할 수 있을 것이다. 서정적 시의 진행 과정에 장렬한 음조가 고려된다면―횔덜린이 "장렬한 불협화음"을 언급하고 있기 때문에 그러한 가능성을 예견할 수 있는 것은 사실이지만―장렬한 음조는 본질적으로 (소박한 음조와 같은) 기본 음조에만, 그리고 본질적으로 (이념적 음조와 같은) 예술 특성에만 나타나지 않는다. 그럼에도 불구하고 바로 장렬한 음조가 이러한 대립의 어느 한편으로 편향되지 않기 때문에, 외양으로는 "비서정적인" 장렬한 음조가, 서정적 시가 장렬하다고 할 수 없는 가운데, 서정적인 것의 전체성을 반영할 수 있다고—모순을 무릅쓰고—할 수 있을지 모른다. 그러나 소박하게 이념적인 대립의 중재 가능성은 장렬한 것의 특성이 아니라, 형식적으로 결합하고 중재하는 기능에 기초하기 때문에, 장렬한 것이 서정적인 시의 전체 특성이라고 결코 말할 수 없다.

다만 소박한 기본 음조를 통해서나 이념적인 예술 특성을 통해서 각기 서정적인 대립의 한 측면이 지배적인 데 반해서, 이러한 대립이 장렬한 음조에서 서정적 은유에 동화되는 한에는, 장렬한 음조가 통합하고 중재하는 작용을 한다고 이해할 수 있다. 그러한 장렬한 음조를 통해서 시의 정신, 소박하게 이념적인 은유의 대립적인 일치성이 제시된다고 말할 수 있기 때문이다. 그러나 이러한 이해의 가능성은 휠덜린이 이원론적인 세계관을 벗어나서 양쪽이 대립하고 있는 것처럼 보이는 것이 사실은 모순이 아니라 일치라고 보는 소위 양극의 조화, 반대의 일치(coincidentia oppositorum)에 입각해 있다는 점을 고려할 경우에만 성립한다. 이 논고의 논의 범위에서는 이러한 이해의 단초가 발견되지 않는다. 서사적 시와 비극적 시에서의 제3의 음조의 역할과 기능도 여기에 유추하여 이해할 수 있다.

이러한 음조 교체론의 창작과 평가에의 적용 가능성과는 별도로, 그리고 음조의 교체라는 용어가 어떤 측면에서는 다소 부자연스럽기는 하지만, 휠덜린은 이러한 명명을 자신보다 앞선 외국의 문학에서 발전시켰으며, 이를 통해서 뛰어난 문학은 자신은 의식하지 못한 채, 상기한 법칙성을 항상 응용했다는 사실을 증언하고자 한다. 이를 뒷받침하려고 그는 소포클레스, 호메로스 그리고 핀다로스를 탐구했다.

가장 자세하게 언급하고 있는 비극 문학의 경우, 그의 문학 양식의 구분론이 기계적이고 도식적인 제시가 아닌 문화 비평적 사고를 그 바탕에 두고 있음을 증언한다. 휠덜린은 비극적 분리의 밑바탕에 놓여 있는 것은 "지적 직관"의 일치성이라고 본다. 지적 직관을 통해서 언어의 비극적인 장렬한 음조는 토대를 갖추게 된다. 휠덜린은 이로써 이중적인 견지에서 지적 직관의 사상을 구체화한다. 지적 직관은 한편으로는 비극적인 갈등의 경험 내용에 대한 개념적인 일치이다. 이를 통해서 근원적인 일치성은 대립의 극단적인 긴장을 벗어나서 제 자신에게로 돌아가기 위해서 자신을 벗어난다. 휠덜린은 이러한 세 단계의 자기 분리와 중재의 명제를 역사적으로 해석한다. 그리고 그것을, 그리고 이와 함께 지적 직관이라는 명제를 "비극적 시"와 결부시킨다. 다시 말해서 하나의 예술 형식 내지는 표현 형식과 결부시키는 것이다. 그리하여 일치성에서의 정신의 과잉이 "분리를 향한 노력"으로 이어지게 되는 기점인 "**제우스의 필연적인 자의**"(140쪽)라는 언술은 구체적인 문화사적인 연관성을 지시한다. 이 연관성은 근원적으로 의식과 표현에 이른다. 즉 고전적 아티카의 비극의 신기원이 그것이다. 휠덜린은 하나의 참조점을 제기하여 이러한 사실을 증언한다. 소포클레스의 「오이디푸스 왕」과 「안티고네」가 그것이다. 여기서 의식화와 언어 발견의 과정이 파악 가능해진다. 이 과정은 한편으로는 통일성/일치성, 생성/출발점과 회귀로 서술된다. 다른 한편 이러한 순환적인 의식의 세 단계는 그것을 넘어서 역사적인 역동성이라는 구조 요소를 지시한다. 그리하여 「오이디푸스 왕」에서의 지적 직관이라는 비극적인 문체 양식이 「안티고네」의 서정적 문체 양식으로 전환되는 과정에서 "그리스적인 것의 서구적인 것으로의" 이동이 명확히 드러난다. 즉 고대에서 현대로의 의식의 전환을 보게 된다.

휠덜린은 이처럼 「문학 양식의 구분에 관하여」를 통해서 문학 양식의 구분 이상의 것을 다루고 있다. 이 논고에 포함된 내용을 다시 요약해보면 다음과 같다.

첫째, 이 논고에 포함되어 있는 "제우스의 필연적인 자의"―근원적인 전체성이 도대체 왜 분리로 들어가게 되는가 하는 표상에 담겨 있는 사유의 곤란성을 표현하는 하나의 의식적 역설적인 표현―에 대한 논의가 가장 보편적인 기본 사항으로, 횔덜린의 철학적인 사변의 근본으로 증명된다. 이 "제우스의 필연적인 자의"는 갈등을 느낌이 가능하게 하는 전체성의 기능으로 이해하게 하고, 이로써 문학의 철저한 대립구조를 형이상학적으로 확정한다.

둘째, 이러한 대립의 토대 위에 전체와 부분 사이의 상호작용과 세 가지 형태로서 기본 음조―예술 특성의 대립에서 파악되는 세 가지 문학적 은유가 산출된다.

셋째, 횔덜린은 탐구의 본래적인 대상으로서 문학의 은유적인 특성의 몇몇 특별한 작용을 규명하고자 한다. 그리하여 a) "제3의 음조"의 중재적인 기능이 확인되고 b) 각 문학 양식이 고유한 특성의 포기 없이 두 가지의 다른 특성의 어느 하나에 조화시킬 수 있는 조건들을 다루는 가운데 법칙적인 계산이 세분화된다. 근원적인 3분할의 강화로서 세 가지의 문체 양식이 도출된다. 이러한 결과의 토대 위에 횔덜린은 마침내 c) 음조의 교체를 법칙적으로 확정하고자 시도한다. 이를 통해서 그는 기본 음조와 예술 특성 자체의 관계뿐만 아니라 구분시키는 뉘앙스도 자신의 시학적 논리에 추가한다. 그의 문학의 이러한 부분에는 "표상과 감각, 이성적 판단이 상이한 질서 가운데, 그러나 항상 고정된 규칙에 따라서 차례로 생성되는"(181쪽) 사실을 암시했을 것으로 보인다.

횔덜린은 문학이 무엇 때문에 유효한가, 문학의 작용 방식은 어떻게 전개되는가를 알고 싶어했다. 특히 「시작의 여러 방식에 관하여」와 「문학 양식의 구분에 관하여」를 통해서 휠덜린은 자신의 철학이 시인의 창작에 보조적인 지식으로 쓰여야만 한다고 생각했던 실행자로서의 면모를 보여준다.

― 장영태

제4장
비극론에 관하여

 횔덜린의 비극 이론은 헤겔과 니체의 비극론과 어깨를 나란히 한다. 횔덜린의 비극 이론은 엠페도클레스-기획에 대한 이론적인 숙고 「엠페도클레스에 대한 기초」로 시작하여 「비극의 의미」에 대한 간단한 노트를 거쳐 무엇보다도 소포클레스의 「오이디푸스 왕」과 「안티고네」의 번역에 붙인 주석에 담겨 있다.

 횔덜린은 엠페도클레스-기획을 1799년 말 종결했고, 소포클레스 비극에 대한 주석은 1804년에 발간되었다. 그사이 그의 생애에는 결정적인 변화들이 일어났다. 이러한 변화들은 비극적인 것에 대한 변화된 이해와 비극의 개념 규정의 변화에도 반영된다. 비극 『엠페도클레스의 죽음』 집필과 결부된 관념론적인 관점들은 횔덜린에게서 폐기의 운명을 맞는다. 비극적 표현의 가능성과 필연성의 근거 설정의 중요성에서 역사를 포괄한다는 개념은 비극적인 것의 계기가 되는 이행 과정으로서의 변화가 어떻게 사유될 수 있는가라는 역사철학적 성찰로 대체된다. 예술 역시 더 이상 직접적으로 역사적인 사실적 사건으로 환기된 또는 그것에 결부된 기능을 부여받지 않는다. 사실적 역사의 영역과 자유로운 예술 모방의 영역 간의 관계에 대한 이해에서의 이러한 패러다임의 변동은 「몰락하는 조국……」에 명확하게 드러난다.

휠덜린은 엠페도클레스-기획으로 시대에 알맞은 예술 형식으로서의 비극적인 것의 표현을 포기했다. 그러나 비극적인 것의 이론을 포기하지는 않았다. 그는 오히려 비극적인 것의 이론을 비극 이론으로 좀더 정밀화했다. 이 이론의 기본적인 의미는 여기에서 의식의 구성, 연속으로서의 시간의 체험 그리고 언어의 의미가 다루어지고 있다는 점에 담겨 있다.

「비극적인 것에 관하여」

『엠페도클레스의 죽음』두 번째 초고가 중단되고 나서 휠덜린은 「비극적인 것에 관하여」라는 논고를 통해서 자신의 문학 이론적인 토대를 확인하고 그것으로부터 비극의 계속 진행을 위한 전망을 전개시키려고 했다. 바이스너가 펴낸 슈투트가르트 전집이 「엠페도클레스에 대한 기초」라는 제목으로 수록한 이 논고 초고는 중간 제목을 통해서 분명하게 구획된 세 부분으로 이루어져 있다. 첫 부분은 제목을 달고 있지 않지만, 두 번째 부분은 "일반적인 기초", 세 번째 부분은 "엠페도클레스에 대한 기초"라는 중간 제목을 달고 있다. 서두는 비극적 송시를 짧게 다루고, 두 번째와 세 번째 부분은 비극과 비극의 이론적인 토대를 다루고 있다. 바이스너의 편집에서 「엠페도클레스에 대한 기초」라고 한 전체 논고의 표제는 사실 중간 제목의 하나를 선택적으로 적용한 것이어서 이 논고 전체의 내용에는 다 미치지 못하기 때문에 슈미트는 「비극적인 것에 관하여」라는 포괄적인 제목을 달았다. 이렇게 해서 세 부분들의 바탕에 깔려 있는 상위의 관심사를 인식할 수 있게 된다.

횔덜린은 비극적 송시에게 그 목적인 "순수한 것"의 표현을 문학적 실행의 과제로 제시한다. 비극적 송시는 최고의 조화에서 최고의 대칭으로 이행해야만 하는데, 그것은 두 가지의 감성적인 기본 체험들이 서로 투사되었을 때 비로소 대립적인 것의 중재를 통해 "이념적인 것"이 생성될 수 있기 때문이다.

"일반적 기초"는 비극, 즉 "비극적 연극적 문학"과 "비극적 송시"를 구분한다. 비극의 작가는 자신의 경험으로부터 거리를 취해야만 하는데, 그것은 경험들을 극적인 줄거리로 표현해야 하기 때문이다. 이에 따라서 횔덜린은 외적인 이야기("가시적인 소재")와 시인이 전달하고자 힘쓰는 감각("기초에 놓여 있는 소재")을 분리한다. 그는 주관적인 것과 객관적인 것의 대립을 비극을 위한 구성적 요소라고 선언한다. 비극은 이를 통해서 시인의 감각들이 직접적으로 표현되고 따라서 횔덜린이 그 효과도 허무하다고 한 비극적 송시와 명백히 구분된다.

"엠페도클레스에 대한 기초"는 이 논고에서 가장 긴 부분으로서 일반적인 원리의 설명에서부터 특수한 것, 특별한 관계들과 개별적인 인물들의 서술로 이어지고 있다. 논쟁의 구조는 "자연"과 "예술"의 중심적인 대립(횔덜린은 "비유기적인 것"과 "유기적인 것"이라는 개념을 사용하기도 한다)으로 특징지을 수 있다. "예술"은 형상적이면서 "실증적인 것"이다. 반면에 "자연"은 비형상적이며 무한한 것이다. 횔덜린의 관심은 그가 "예술"과 "자연"의 분리로 기술하고 있는 현재의 상황에 집중되고 있다. 이러한 현재의 문제에 대한 해결을 제시하기 위해서 그는 자신의 사유 안으로 예술 영역을 건설적으로 도입한다. "예술은 자연의 꽃이고, 자연의 완성이다."(153쪽) 이렇게 해서 퇴행적인 "자연으로의 복귀"는 배제된다. 당대의 동료들과 함께 횔덜린은 문학의 역사적 기능을 "자연"과 "예술"의 대립 해소로 규정한다. "엠페도클레스에 대한 기초"는 조화의 상실 상태를 어떻게 심미적으로 "표현할" 수 있을 것인가라는 문제를 맴돌고 있으며—"표현"은 재차 하나의 중심적인 개념이다—그렇게 해서 어떻게 현실로 연결될 수 있느냐의 문제를 맴도는 것이다. 이것은 적대적인 힘들을 규칙적으로 계산된 상호관계 안에서 표상하는 과정의 형식을 통해서만 가능한 것으로 보인다. 횔덜린은 세 가지 국면으로 표현의 순서를 구성한다. 이와 동시에 그는 "자연"과 "예술"의 그때마다의 관련을 인간학적인 주도 개념인 "다툼"(대립, 분리)과 "화해"(조화로운 결합, 통일)로 바꾸어 쓴다.

다툼, 대립이라는 당초의 상태에 이어서 두 번째 국면으로서 다른 극단으로의 변혁이 뒤따른다. 자연과 예술은 이제 서로에게 철저하게 침투하여 각기의 고유성을 교환하면서 자기의 고유한 특성을 벗어난다. 결합의 순간에 자연과 예술, 그러니까 비유적인 것과 유기적인 것은 그때마다 상대방에게서 자신을 재발견하고 각자의 동질성을 되찾는다. 이들의 화해는 결국 "환상"으로 드러난다. 통일성은 그 결과 해소되고 만다. 그렇지만 횔덜린은 바로 이러한 해소를 개별적인, 제약된 그리고 무상한 순간의 극복으로 이해한다. 이 통일성은 보다 더 보편적이고 보다 더 포괄적인 방식의 통합으로 이어진다는 것이다. 다시 말해서 이 세 번째 국면에서 대립은 균형을 이룬다. 이 균형은 질적으로 원초적인 결합과는 구분된다. 왜냐하면 이 균형은 대립을 변증법적으로 중재하기 때문에 결국 "자연은 더욱 유기적"이고 "인간은 더욱 비유기적"이게 된다.

이어지는 논쟁에서 횔덜린은 이제까지 추상에 머물고 있는 서술 방식을 비극의 중심 인물로 옮긴다. 엠페도클레스의 형상을 통해서 시대를 붕괴시키는—이러한 붕괴는 "운명"으로서 반복적으로 등장한다—대립이 가시적이 되는 것에서 그칠 뿐만 아니라, 그를 통해서 극복되기도 해야 한다. 그를 통해서, 그러니까 "자연"을 자신 안으로 받아들이고 자연을 의식하려고 시도하는 바로 그를 통해서, 시대의 적대 관계들은 통합에 이르러야만 한다. 이렇게 해서 이 통합은 보편화되고 "표면적인 통합"이 된다. 그를 통해서 단순히 개별적으로 성취되고 있는 대립들의 조화 형성은 역사적이고 보편적인 현실성으로 이어질 수 있기 때문에, 개인으로서의 엠페도클레스는 소멸할 수밖에 없다. 그것으로 인해서 "엠페도클레스는 그의 시대의 한 희생물이 되어야 했다. 그를 성장시킨 운명의 문제들은 그의 내면에서 **표면적으로 해소되어야 했고**, 이러한 해소는 그 정도가 어떻든 모든 비극적인 인물들에게서 **표면적이고 일시적인 해소로 나타나야 했다.**"(160쪽) 주인공, 위대한 개인의 비극적인 몰락이 비로소 이러한 개요 안에서 본래 도래하는 보편성, 전체성으로의 이행을 가능하게 한다. 역사적인 상황은 희생을 요구한다. 대립으로의 극단적인 분열의 시대에서는 "노래", 즉 문학은 조화 형성의 수단으로서 더 이상 어떤 작용도 할 수 없으며, 다른 한편 "행동"이 그 본질대로, 통일적인 조화를 조장할 수 있도록, 일방적으로 낱낱이 개입하기 때문이다.

줄거리와 거기에 등장하는 주인공은 "자연"과 "예술"의 통합이라는 추상적인 이념을 구체적 가시성으로 옮겨놓아야만 한다. 그러나 극적인 인물이 되기 위해서 엠페도클레스는 "단순히 보편적인 관계들을 통해서만이 아니라,⋯⋯특수한 관계들을 통해서, 가장 특수한 동기와 과제를 통해서 운명을 해소하지 않으면 안 된다."(165쪽) 그리하여 횔덜린은 결국 어떻게 자신의 이론적인 생각을 하나의 견고하고 극적인 줄거리로 옮길 수 있는가라는 문제에 몰두하게 된다.

그 때문에 그는 논고의 마지막 부분에서 자신의 주인공에게 극적인 대립자를 구상한다. 이 "적대자"는 엠페도클레스와 마찬가지로 시대의 산물이다. 그 역시 자연과 예술의 적대적 관계를 자신의 내면에 지니고 있다. 그러나 엠페도클레스가 이러한 대립을 화해시키려고 시도하는 반면에, 그 적대자는 이 대립을 영웅적인 힘으로 "억제"하려고 한다. 다시 말해서 자신의 의식을 수단으로 해서 대립을 분리된 채로 유지하려고 한다. 그러는 한 그는 엠페도클레스의 "적대자"이다.

「몰락하는 조국……」
― 관념적 해체의 문학적 표현

논고 「몰락하는 조국……」은 본래 제목 없이 쓴 짧은 글이다. 몇몇 횔덜린 전집의 편집자들은, 예컨대 헬링라트와 함께 횔덜린 전집의 편집에 참여했던 피게노트는 이 글에 「소멸 중의 생성」이라는 제목을 처음 부여했고, 자틀러와 슈미트는 이 글의 서두를 따라서 그 제목을 「몰락하는 조국……」이라고 했다. 바이스너는 슈투트가르트 전집에 피게노트의 제안대로 「소멸 중의 생성」으로 제목을 달아 수록했다. 「몰락하는 조국……」은 "슈투트가르트 2절지 원고철"이라고 칭하는 육필 원고철의 마지막 공간에, 비극 『엠페도클레스의 죽음』의 제3초고의 종결부 "새 세상"에 잇대어 쓰여 있다. 이 글을 「제3초고의 계속을 위한 스케치」보다 앞서 쓴 것이냐, 아니면 그 직후에 쓴 것이냐에 대해서는 논란이 있기는 하지만, 이 글이 「제3초고의 계속을 위한 스케치」의 서두에 등장하는 "미래"와 연관되어 있다는 사실에는 이견이 없다. 이 글이 낡은 것의 잔재로부터 그 형상을 취하는 새로운 세계에 관한 것이기 때문이다. 바이스너의 슈투트가르트 전집은 물론 자틀러가 편집한 프랑크푸르트 전집이 이 논고를 비극『엠페도클레스의 죽음』에 연관된 글로 보지 않고 다른 논고들과 함께 별도의「논고들(Aufsätze)」에 포함시켜 편집하고 있으나, 이 논고를 어디까지나 비극『엠페도클레스의 죽음』의 한 구성 요소로 보아야 할 근거는 거기에 있다.

이미「비극적인 것에 관하여」에서 횔덜린은 희곡의 사건 진행을 결정적이며 보편적, 역사적인 지평에 위치시킨 바 있다. 위대한 개별자, 엠페도클레스조차 자신의 시대적 운명이 그의 내면에 개별화되고, 다른 한편으로는 개인으로서 그 자신의 죽음을 통해서 역사 안에서 하나의 역할을 수행하는 한에서만 그 역사적 지평과 의미 있는 관계를 지니게 된다.「몰락하는 조국……」은 한층 더 추상적이고 더 보편적인 역사철학적 고찰로 넘어가고 있다. 그 고찰 가운데 개별자 엠페도클레스는 더 이상 표면에 등장하지 않는다. 다만 범주로서 "개별적인 것"("특수한 것")이 언급되며, 끝에 이르러 실마리가 될 "인물들"이 언급되고 있을 뿐이다. 그리고 이 글의 서술 구조는 이행이라는 중심적인 사상(조국의 소멸 또는 이행)으로, 과거로부터 미래로의 이행이라는 사상으로 규정되어 있다.

현재는 이러한 이행의 결정적인 단계이다. 현재는 그 안에 낡은 것, 과거적인 것이 해체되고 새로운 것, 미래적인 것이 생성되기 때문에 이행의 시기인 것이다. 이와 함께 이행의 단계는 해체의 장이기 때문에 본질적으로 탈개성화의 범주로 규정된다. 이와는 달리 과거와 미래는 개성의 범주에 해당한다. 이러한 관계에서 과거와 미래는 원칙적으로 서로 유사하다. 이행은 소멸하고 있는 낡은 개성["형상"]이 생성되는 새로운 개성으로의 이행이다. 이 이행이 개성적인 것, 규정적인 것, 특수한 것이 더 이상, 그리고 아직 존재하지 않는 "순간"으로 생각되는 한, 순수한 부정("실질적인 무[無]")이다. 이 순간에는 더 이상 아무것도 "실질적"이지 않으나, 모든 것이 "가능"하기 때문에 이론적으로는 "모든 세계의 세계", "모든 것 안에서의 모든 것"이 포함되어 있다. 그러나 실제 체험에서는 그 이행은 부정으로 체험된다. 아무것도 더 이상, 또는 아직 존재하지 않는 완전한 방향 상실 내지는 정처 없음의 순간으로 체험되기 때문이다. 따라서 이행은 죽음과 같은 것, 고통, "두려움"의 순간으로 지각되기도 한다.

이 논고의 본래 서술 목적은 이러한 "순간"의 체험에 드러나는 위험을 극복할 가능성을 찾는 일이다. 총체적, 역사적 방향 설정의 지평과 "두려움 없이" 머무는 것을 용인하는 의식 상태에 도달하는 것 말이다. 이러한 일은 "관념적 해체"에서 일어난다. "실질적인 해체"와는 달리, 다시 말해서 해체의 구체적인, 개별적으로 현재에 드러나는 순간에서 쇠진해진 그리고 직접적으로 위협적인 경험과는 달리, "관념적 해체"는 이미 "새로운 생명"으로 형상화된 미래에 대한 전망에서 발생하기 때문이다. 이러한 전망으로부터 회고적으로—"회상"을 통해서, 또는 횔덜린도 말하고 있는 것처럼 "일종의 재생산의 행위"(172쪽)를 통해서—이미 과거 안에 담겨 있는 "실질적 해체"의 요소를 역사적인 총체적 진행으로 편입시키는 것이 가능해진다. 회상된 해체는 "관념적 해체"이다. 다시 말하면 의식을 통해서 포괄적인 역사적 지평으로 편입된, 그리하여 의미 있게 극복하는 표상 내용이 되는 것이다. 이렇게 보자면 본래의 관심은 치유를 목적으로 하는 역사철학이라고 해도 지나친 것은 아니다. 다만 어려움은 역사 진행을 전체적으로 파악하는 의식의 획득이 가능하리라는 전제에 담겨 있다. 그러나 이러한 난점은—언급되지 않은 채이기는 하지만—역사의 순환 구조에 대한 수용을 통해서 선험적으로 제거된 것처럼 보인다. 역사의 전개를 3단계—"개별적인 형상(과거) → 개별적 형상의 해체(현재) → 개별적인 형상(미래)"—로 생각할 수 있다면, 개별성과 실증성이라는 관점 아래 모든 미래는 과거에 그대로 상응하기 때문이다. 이러한 체계적인 연관에는 횔덜린이 이 시기 이후 시인의 역할을 역사적인 미래에 대한 적극적인 참여와 이에 대한 문학적인 능력에서 추구한 사실과 일치한다.

그러나 횔덜린은 그가 중심적인 암호로 제기하는 "관념적 해체"라는 역사철학적인 의식의 성취에 만족하지 않는다. 그는 "관념적 해체"라는 표상이 어떻게 "표현"에 이르게 되는가를 중요하게 생각한다. 비극은 "관념적 해체"를 극적으로 제시하기 때문에, 바로 비극이 이러한 "표현"이다. 낡은 것의 몰락, 해체의 순간, 새로운 것의 생성이 연속적인 과정으로 이루어지면서 무한한 중재의 지평 안에 이것을 위치시키고, 역사적인 총체로서 인식시키는 사건 진행을 통해 그러한 "표현"은 성립된다. 「몰락하는 조국……」의 서두에서 이미 "표현"의 목적이 언급되고 있거니와, 논고 「비극적인 것에 관하여」도 역시 "표현"을 언급하고 있다. 뒤이어 그의 비극 이론을 엿보이는 「오이디푸스 왕에 대한 주석」과 「안티고네에 대한 주석」에서도 "표현"에 대한 관점이 큰 의미를 차지한다.

새로운 것의 범주는 낡은 것에서 얻어진다. 그리고 낡은 지배의 종말이 사유에 들어서는 바로 그곳이 자신의 고조된 감수성을 발판으로 변혁의 지점을 예감하는 시인의 위치이다. 변혁의 지점은 아직 새로운 것이 완전한 가시권에 등장한 지점은 아니며, 다만 이제 비로소 그것이 예감되는 지점이다. "이러한 무한히 새로운 것과 유한히 낡은 것의 비극적인 결합" 가운데 새로운 것이 완전한 가시성에 이르도록 돕는 것은 문학[비극]의 과제이자 가능성이다. 아직 많은 형태를 지니고, 여전히 상호 모순되는 요소들을 내포하고 있으며, 연관성 없는 현상을 내보이고 있는 새로운 것이 시인에 의해서 우선 결합되고 "하나의 새로운 개별성"으로 형성되어야 한다. 다만 시적 표현에서 대립들이 해소되는 과정이 삭제되어서는 안 된다.

이러한 "표현"에는 역사철학적으로 정의된 개념을 문학 장르에서의 용어, 즉 표현 형식들에 결부시키려는 시도도 해당한다. "서사적으로 서술이 가능한 개별적으로 관념적인 것"(175쪽)에 대한 언급이 있는데, 이러한 언급이 성립되는 것은 과거와 미래에 있어서 확실하고 구체적으로 현존하고 있다는 시각에서 볼 때, 개별적인 것은 서사적인 것과 결합되기 때문이라는 것이다. 서사시는 사실 전통적으로 서사적인 "묘사"에 적합한 구체적인 현상과 상황에 결부되어 있다. 마찬가지로 "서정적" 또는 "비극적"이라는 개념도 역사철학적인 지평으로 기능할 수 있다. 따라서 이들 개념 모두는 이 논고에서 시학적 장르를 의미하는 것이 아니라, 비극 내에서 형식적인 표현 성향을 의미한다고 할 수 있다. 이 표현 성향은 사건 진행의 다양한 국면에서 그것들의 지배적인 성향을 통해서 전체 지평에서의 역사적 비중을 보여주는 것이다.

이 논고의 보다 내밀한 의미는 횔덜린이 역사 진행을 비극적인 해체에서 바라보면서도 매 순간 현재를 사는 우리에게 두려움 없이 미래를 바라보라는 위안을 던지고 있다는 데에 있다. 새로운 세상에 대한 희망과 같은 위안은 추상적인 관념에서 나온 것이 아니다. 횔덜린은 열렬한 자코뱅파의 동조자로서 파리에 머물다가 뒤늦게 환멸을 겪고 귀국한 에벨에게 보낸 편지

(1797년 1월 10일자)에서 이렇게 그를 위안하고 있다. "그리고 일반적인 일에 해당하는 것으로 저는 하나의 위안을 느낍니다. 말씀드리자면 모든 발효와 해체는 필연적으로 소멸 또는 새로운 유기화로 이어진다는 것입니다. 그러나 소멸은 없습니다. 그러니까 이 세계의 청춘은 우리의 분해로부터 다시 되돌아오는 것입니다."(『서한집』, 228쪽)

「몰락하는 조국……」을 통해서 횔덜린은 「비극적인 것에 관하여」로부터 출발한 여정을 마무리한다. 즉 비극은 예외적으로 재능을 타고난 인물들이 그들의 내면적 친밀성을 받아드릴 수 없거나 이를 견뎌낼 수 없는 세계와 겪는 갈등을 내포한다는 것이다. 「몰락하는 조국……」을 통해 횔덜린은 단호하게 비극에 대한 역사철학적 이해의 방향으로 옮겨간다.

「비극의 의미」

낱장의 원고에 육필로 기록되어 전래된 이 단편은 그 비의적인 용어와 모호한 언어로 볼 때 1802년 또는 1803년에 쓴 것으로 추측된다. "생명의 빛"과 이 단편에 여러 차례 등장하는 "징후"는 횔덜린이 1802년 가을 뵐렌도르프에게 쓴 편지에 사용한 개념이다.

이 단편은 문학 이론적인 성찰에 해당한다. 착상은 「오이디푸스 왕에 대한 주석」과 「안티고네에 대한 주석」에서 전개된 비극 이론의 지평에 있다. 사실 이 단편은 횔덜린이 소포클레스 비극 번역의 출판을 앞두고 1803년 말 출판인 프리드리히 빌만스에게 편지(『서한집』, 499–500쪽, 502쪽)로 약속했던, 그러나 실제 쓰지는 못했던 이 비극 번역에 붙이는 서문의 흔적이기도 하다. 이 단편에서 주도적 동기로 제기되는 "근원적인 것"은 횔덜린이 때때로 "비유기적인 것"이라고 부르는 자연력(das Elementare)이다. 구체적인 현존에서 그것은 순수하게 나타날 수 없으며, "오로지 그 약점을 통해서만 나타날 수 있다."(178쪽) 이 말은 이렇게 이해할 수 있을 것이다. 현상계에서는, 즉 형상을 갖춘 현존재에서는 근원적-자연적인 힘은 오로지 중재된 형식을 통해서만 존재한다. 오로지 그러한 중재된, 간접적인 형식을 통해서만 가능한 출현은, 그것이 그 본래의 본질에 따라 중재되지 않은 자연적인 힘으로 생각되는 한, 그것의 약점이라는 것이다. 근원적-자연적인 힘을 현상적으로 중재했던 "기호", 구체적으로 예를 들자면 인간이 "무의미한 것＝0으로 간주"되고 나서야 비로소 자연력은 중재의 연관에서 벗어나 직접적으로 발현한다. 즉 그것은 "곧바로 돌출"한다. 이로써 횔덜린은 수학법칙의 하나로, 자연현상의 하나로 비극을 설정한다. "기호"의 의미는 근원적인 것의 등장에 대해서 역(逆)비례적이라는 것이다. 비극은 비극적 영웅의 죽음을 통해서, 즉 영웅의 삭제를 통해서 자연의 무한한 힘을 드러낸다. 이러한 중재 연관의 와해와 이에 결부된 근원적-자연적인 힘의 돌파는 본질적으로 비극적 돌파이다. 그것은 개별자인 비극적 주인공에게는 치명적인 사건이기 때문이다. 여기서 비극에 대한 횔덜린의 정의는 가장 급진적이고 독자적이다. 순수한 착상으로서 "비극적인 것"을 상정하고 있기 때문에 전통적 시학의 카테고리에서는 벗어나 있다. 그러나 이 착상은 소포클레스의 비극에 대한 주석을 보강해준다.

— 장영태

제5장
그리스 문학론에 관하여

소포클레스의 두 비극에 대한 주석
─ 그리스 비극의 법칙적 계산

소포클레스의 「오이디푸스 왕」에 대한 횔덜린의 해석은 신과 인간의 무너진 관계와 그 복구의 관점에서 이해할 수 있다. 매우 포괄적이며 높은 설득력을 가진 이러한 비판적 관점을 이미 220여 년 전, 횔덜린이 소포클레스 비극 「오이디푸스 왕」과 「안티고네」 번역에 붙인 주석에서 논의의 핵심으로 삼은 것은 놀라운 일이다.

횔덜린의 소포클레스 두 비극에 붙인 주석은 각각 세 단락으로 이루어져 있다.

첫 단락은 이 희곡들의 구성에 대한 논의, 두 번째 단락은 개별적인 구절에 대한 주석, 세 번째 단락은 두 작품에서의 비극적인 것에 대한 횔덜린의 고유의 관점이다. 두 번째 단락에서 해석되고 있는 개별적인 구절은 대부분 세 번째 단락의 총체적인 해석을 뒷받침할 자료들이다.

우선 두 비극의 주석 첫 단락에서는 공통적으로 횔덜린의 그리스 예술,

특히 그리스 비극의 구성 원리에 대한 이해를 읽을 수 있다. 그의 그리스 비극의 구성 원리에 대한 논의는 비극의 가장 중요한 기능을 아리스토텔레스의 시학에서의 격정과 정화라는 정서적 효과에서가 아니라 줄거리에 매몰되지 않도록 하는 거리두기를 수단으로 인간과 신의 바른 관계에 대한 각성과 통찰에서 찾고 있다.

그리스 비극의 구성 원칙 "법칙적 계산"

횔덜린은 사람들이 작품이 주는 인상에 따라서 그것들을 판단하는 일에 익숙하다는 말로 글을 시작한다. 우리는 예술작품을 하나의 객관적인 존재로서가 아니라 그것에 대한 우리의 심미적 감정만을 주관적으로 서술할 뿐이라는 것이다. 예술작품을 객관적인 대상으로 삼고 접근하기 위해서는 그리스의 예술작품을 다루는 것이 좋으리라고 그는 제안한다. 왜냐하면 그리스의 예술작품을 판단하는 데 주관적 인상은 아무런 역할도 할 수 없기 때문이라는 것이다.

우리가 그리스 예술작품을 분석해보면, 곧장 그리스 예술작품들이 엄격한 법칙에 따라서 구축되었다는 놀라운 사실을 발견하게 되는데, 이러한 법칙을 미처 알지 못했던 때에는 우리는 주관적인 인상을 가지고 어둠 가운데 길을 더듬어야 했다는 것이다. 횔덜린은 덧붙여 말하기를 근대의 문학도 우리들의 주관적인 판단에 맡겨질 수밖에 없는 것은 근대 문학이 그리스의 예술적 처리 방식에 따른 구성의 법칙을 활용하지 않기 때문이라는 것이다. 즉 근대 문학에는 그리스인들의 "장인다운 기질"과 "처리 방식"이 결여되어 있다는 것이다. "처리 방식"은 방법, 즉 그리스어 méthodos에 해당하는 횔덜린의 어휘이다. "장인다움"을 횔덜린은 "mechané"라고 했다. 이 어휘는 단순히 기계적인 성격이나 기술을 의미하는 것이 아니라 "투명한 생산"이라는 말로 풀어볼 수 있는 어휘이다. 그리스의 예술, 특히 희곡은 그것이 어떻게 만들어졌는지를 우리가 알 수 있도록 만들어졌다. 다른 말로 하자면 그것을 어떤 천재가 영감에 따라서 구현해낸 무슨 기적처럼 놀라워할 필요가 없으며, 오히려 분석해낼 수 있도록, 즉 그 mechané를 인식할 수 있도록 가공된 것으로서 우리는 작가의 처리 방식을 추적할 수 있다는 것이다.

 횔덜린이 그리스 예술의 법칙성을 소포클레스의 비극을 번역하는 과정에서 처음 인식했던 것은 아니다. 1801년 6월 2일자 실러에게 보낸 편지에서 그는 그리스 작가들의 "위대한 확실성"은 "그들의 충만한 정신의 결실"이라는 사실을 인식했다고 썼다.(『서한집』, 467쪽) "위대한 확실성"은 작품의 생산적 특성을 투명하게 해주는 처리의 법칙성이다. 그것이 "충만한 정신의 결실이"라는 것은 무엇을 말하는 걸까? 횔덜린은 그리스인들의 천부적 성격을 "하늘의 불길"(『서한집』, 478쪽)로 비유되는 망아적 경향이라고 지적한 바 있다. 이 망아적 성격에 재갈을 물린 것이 "정신의 충만함"이다. 횔덜린은 소포클레스의 비극에서 이 "정신의 충만함"의 수행을 확실하게 관찰해냈다. 이러한 비극들에서의 법칙적으로 엄격한 형식은 스스로 재갈을 물리는 방식이다. 소포클레스는 그리스인 천성으로서는 무한히 펼칠 정신을 마치 강철의 꺽쇠로 지상에 붙잡아 매듯이 자신의 희곡에 부여한 엄격한 형식을 통해서 붙잡아 맸고, 그렇게 해서만이 예술이 가능했다는 것이다. 그러니까 횔덜린이 본 그리스 예술의 엄격성은 아리스토텔레스의 시학에 기술된 규칙성을 의미하는 것이 결코 아니다. 오히려 자기방어, 즉 망아적 도취의 통제할 수 없는 것으로의 돌진에 대한 자기방어의 수단이다. 또한 망아적 도취는 아무것에도 근거하지 않으며, 아무런 지속성도 생성하지 않기 때문에 이를 제약하는 그 형식의 엄격성은 문화 의지의 징표이다. 즉 그리스인들이 이성론자들이기 때문에 그들의 작품이 그렇게 규정되고 투명해진 것이 아니라, 그렇게 해야만 스스로를 보호할 수 있었기 때문이라는 것이다.

1799년 말-1800년 초 고전어문학자 크리스티안 쉬츠에게 보낸 한 편지에서 횔덜린은 "당신도 알다시피, 고대인이 그들 문학의 여러 형태를 구분함에 있어서의 엄격성을 우리들은 오해했습니다. 심지어 그들의 예술을 그들이 신적인 일을 처리해야만 할 때의 성스러운 적절성으로서 보다는 잘 계산된 만족으로 간주했던 것입니다. 가장 정신적인 것은 그들에게는 가장 드높이 특징적인 것이기도 했던 것이 분명합니다. 거기서 그들 문학에서의 형식의 엄격성과 예리함이 유래합니다"(KA 3, 411쪽)라고 썼다. "잘 계산된 만족"은 계몽주의 시학에서의 "유용성(prodesse)"과 "쾌락(delectare)"이다. 횔덜린은 이것에 "성스러운 적절성"을 맞세운다. 그것을 통해서 그리스인들은 신적인 일을 올바르게 처리했을 것이 틀림없다는 것이다. 누구든지 간에 올바르게 처신하는 자는 정신을 가다듬고 자제하는 법이다. 여러 그리스 비극에서 일어나고 있는 대로 신들에 대해서 말하거나 신들을 등장시키게 되면 망아적인 도취나 디오니소스적인 현기증으로 잘못 이어질 수 있다. 그러나 그런 일이 일어나서는 안 된다. 그렇지 않아도 자칫하면 인간은 신과 구분 없이 섞여든다. 신은 신으로, 인간의 극단적인 다른 측면은 그것대로 남아있어야 한다면, 인간은 분수에 맞게 정신을 가다듬지 않으면 안 된다. 신들의 인간과의 담판을 다루는 극을 쓸 때에는 작가는 이러한 가장 정신적인 것을 가장 높은 특징적인 것으로 변형시키지 않으면 안 된다. "특징적인

(charakteristisch)"이라는 말은 "인물 또는 사항의 본질을 드러내고 표시해주는"이라고 풀이할 수 있다. 그것은 "각인된", "법칙적으로 규정된" 것과도 통한다.

횔덜린은 이러한 법칙을 "법칙적인 계산(gesetzlicher Kalkül)" 또는 "계산 가능한 법칙(kalkulables Gesetz)"(181쪽)이라고 부른다. 다시 말해서 우리는 이러한 법칙을 계산할 수 있다는 것이다. 비극의 법칙은 우선 비극을 이루는 부분들 또는 요소들을 구분해낼 때 비로소 인식이 가능하게 된다. 이러한 요소는 우리가 쉽게 나열할 수 있는 희곡의 도식적인 형식 요소, 즉 합창, 대화, 등장가(parodos), 삽화(epeisodion), 정립가(stasimon), 엑소더스(exodos) 등은 아니다. 횔덜린은 한편으로는 등장인물에, 다른 한편으로는 줄거리에 해당하는 형식 요소를 말한다. 이 양쪽에는 각각 세 가지 요소가 제시된다.

등장인물에 관련된 형식 요소 — 표상, 감각 그리고 이성적 판단

횔덜린은 등장인물에 관련한 형식 요소로 "표상(表象, Vorstellung)", "감각(感覺, Empfindung)" 그리고 "이성적 판단(Räsonnement)"(193쪽)을 든다. 그가 표상이라는 단어를 사용할 때, 그는 항상 단어의 의미에서 내가 떠올리게 되는 것, 예컨대 소망, 내가 달성하고 싶은 목표, 혹은 내가 피하고자 하는 위험 같은 것 등을 말한다. 표상은 하나의 지적 행위이다. 그리고 항상 의지와 묶여 있다. 감각은 이와는 달리 내가 당하는 무엇이다. 감각은 나의 눈, 나의 귀, 나의 감정으로 들어오고, 나의 영혼에서 떠오른다. 감각은 일종의 수용 행위이다. 이성적 판단은 심사숙고, 자기 정돈, 이해 의지와 해석이다. 그것은 사유의 일이며, 생산적 행위이다. 표상, 감각, 이성적 판단 대신에 우리는 단순화해서 의지, 감정, 사유라고 말할 수 있다. 이때 감정에는 두 가지가 포함된다. 감각적인 인지와 감성적인 감정이 그것이다.

우리가 오이디푸스에게 이 심리학을 적용해보면 그것이 확실해진다. 맨 먼저 오이디푸스는 표상의 지배를 받는다. 살인에 대한 죗값이 치러져야만 한다. 그래야만 역병이 끝난다. 나는 살인자를 찾아낼 생각이다. 어떤 대가를 치르더라도 그렇게 하려고 한다. 표상(상상)과 의지이다. 이어서 이 일이 자신과 관계가 있을 수도 있다는 인식이 어렴풋이 떠오른다. 자신이 어쩌면 범인인지도 모른다는 생각, 불쾌함, 혼돈, 두려움, 분노, 절망이 그의 내면에 솟아오른다. 감각 또는 느낌이다. 마침내 전체의 내막이 드러나자, 제우스가 그렇게 결정했고, 아폴론이 실행했으며, 나는 그것을 감수해야만 한다는 통찰에 이른다. 그것은 이성적 판단, 사유이다. 우리는 오이디푸스라는 인물에게서 표상, 감각, 이성적 판단이라는 개념의 심리적 카테고리가 순서에 따라 전개되는 것을 이해하게 된다.

줄거리에 관련된 형식 요소 — 휴지(Zäsur)

계산 가능한 법칙은 무엇보다도 줄거리의 전개 방식에 관계하여 적용된다. 이와 관련하여 우리는 가장 먼저 쉽게 이해되지 않은 문구를 하나 만나게 된다. "순수한 전개에서보다는 비극적인 것에서 훨씬 더 균형을 이룬다"(181쪽)는 것이다.

"순수한 순서대로의 전개(reine Aufeinanderfolge)"는 물론 서사 문학의 특징이다. 서사시인은 하나씩 하나씩 이야기하고 연속을 그 표현의 원칙으로 삼는다. 그러나 비극에서는 "균형(Gleichgewicht)"이 있어야 한다. 균형이라는 말은 한 부분과 다른 부분 사이에서만 사용할 수 있다. 횔덜린이 이 문구로써 무엇을 뜻하려 했는지 더 정확하게 서술하기 전에, 또 하나의 불가해한 문장을 덧붙인다. "비극적인 **이행**은 말하자면 본래 공허하다. 가장 구속되지 않은 이행인 것이다."(181쪽) "비극적인 이행"은 비극적인 과정 이외 다른 말이 아니다. 그러나 무엇 때문에 그것이 "공허하고", "가장 구속되지 않는지" 설명이 없다. 이것을 이해하기 위해서 횔덜린 시대에 서사 문학의 본질은 어떻게 이해되고 있었는지를 분명히 해야 한다. 서사 문학에서는, 예컨대 괴테와 실러의 경우, 부분들의 자율성과 각 부분들의 내면적인 진리가 관심의 대상이다. 달리 말하자면 그것이 『헤르만과 도로테아(Hermann und Dorothea)』처럼 한 편의 서사시이든 아니면 『빌헬름 마이스터의 수업시대(Wilhelm Meisters Lehrjahre)』처럼 한 편의 소설이건 간에, 서사시인은 개개의 장면이 자체적으로 완결되고 무엇인가 본질적인 것을 인식할 수 있도록 하고, 이로써 내면적인 진리를 가지게 되어서 독자가 즐기면서 그 작품에 열중하도록 주의를 기울여야 한다. 그러나 비극에서는 완전히 다르다. 여기에서는 장면마다 이런 물음이 떠오른다. 이 장면은 어떻게 이어질까, 행복하게 아니면 불행하게 이어질까, 주인공은 거기에서 벗어날까, 아니면 좌초되고 말까, 그리고 죽음을 맞게 될까 등등 말이다. 그렇기 때문에 사람들은 매 장면에서 멈추어 설 수가 없다. 관객은 계속해서 내몰린다. 모든 것은 종말을 향해서 달려간다. 그것이 갈등의 해소이거나 파멸이거나 간에 말이다. 결과적으로 진행의 매 상세한 내용은 역시 종말에 기능적으로 연관된다. 끝에 이르면 알게 되지만, 당장에는 알지 못한다. 이것이 비극적 이행의 공허함과 무(無)제약성이다. 비극적 이행은 어떻게 하더라도 어떤 결말을 고정시킬 수 없기 때문에 공허하며, 저지할 수 없이 "급격한 교체" 가운데 계속되기 때문에 "가장 구속되지 않는다"는 것이다.

이러한 비극적 이행의 질주는 관객이 어떤 생각에 채 미치지 못하며, 극이 본래 무엇을 말하고자 하는지를 파악하지 못하게 되는 결과를 초래할지도 모른다. 그렇기 때문에 희곡 작가는 관객에게 소위 말해서 숨을 돌릴 틈을 주기 위해서 무엇인가를 해야만 한다. 작가는 자신의 비극적인 이행을 어떤 지점에서는 중단시키는—횔덜린이 말하는대로—"휴지"를 설치해야 한다. 이 휴지는 극을 두 부분으로 나눈다. 그리고 "균형"은 이 두 부분에 관련된다. 이것으로 우리는 궁극적으로 횔덜린이 적어도 「오이디푸스 왕」과 「안티고네」를 두고 생각했던 비극의 법칙에 당도했다.

그는 휴지를 전후로 하는 이 두 부분을 각각 "평온한" 그리고 "신속한" 절반이라고 부른다. 그리고 우선 「오이디푸스 왕」을 예로 하여 "휴지"의 위치를 해명한다. 이 비극은 상대적으로 평온하게, 일단의 탄원자를 대표하는 사제의 탄원을 경청하는 장면과 델포이에서 돌아온 크레온의 보고, 그리고 신탁의 실행을 위해 가장 먼저 가능한 일을 하겠다는 오이디푸스의 각오와 약속으로 시작한다. 그리고 나서 오이디푸스 자신을 향한 의심이 제기되는 순간부터 진행의 속도는 빨라지고 이어서 탄로가 나며 동요가 일어난다. 이것이 아마도 "신속한" 절반일 것이다. 그러나 동요와 가속이 극의 한가운데에서 시작되지는 않는다. 오히려 그것 이전에 극은 상당히 더 많이 진행된다. 그럼에도 불구하고 무엇 때문에 두 가지의 "절반"을 말하고 있는가에 대해서 횔덜린은 이렇게 설명한다. "평온한" 절반은 우리의 감정으로는 천천히 진행한다. 그러나 "신속한" 절반은 빠르게 진행한다. 만일 휴지가 극의 한가운데에 놓인다면 우리의 감정에는 불균형이 생길 것이다. 따라서 휴지는 앞쪽으로 이동한다. 이제 두 부분이 시행의 행수로나 쪽수로 볼 때 길이가 같지 않더라도 같지 않은 속도 때문에 우리는 같은 길이로 느끼게 된다.

횔덜린은 이때 그 두 부분이 "같은 비중"으로 보인다고 말한다. 이것이 그 극의 균형이며, 두 가지의 "절반"을 말할 수 있는 근거이다.

그렇다면 "휴지"는 무엇을 의미하는가? 휴지는 단순한 쉼이 아니다. 오히려 휴지는 무엇인가로 채워져 있다. 다시 말해서 휴지는 매번 하나의 기능을 가지고 있다. 횔덜린은 휴지가 평온한 절반을 신속한 절반에 의해 사로잡히는 것에서 보호해준다고 말한다. 만일 휴지가 없다면 관객은 사건이 주는 충격에 즉각적으로 빠져들 것이며, 사색에 이르지 못할 것이다. 관객은 처음의 상황을 나중에 더 이상 떠올릴 수 없을 것이며, 이제 신들의 권능을 인식해야만 하고, 과정의 "급격한 교체"로 침몰하게 될 파멸적 결말에 놓인 인간과 존경과 사랑을 한 몸에 받았던 왕 사이의 엄청난 긴장을 떠올릴 수도 없을 것이다. 휴지가 신속한 절반의 충격에 대응해서 평온한 절반을 보호하는 가운데, 휴지는 관객에게 사건의 의미를 묻기 위해 사건으로부터 충분한 거리를 두게 하는 그런 숨 돌림을 마련해주는 것이다. 그런 의미에서 횔덜린은 휴지를 "반(反)리듬적인 정지"라고도 부른다. 리듬은 흐름을 말한다. 휴지가 그 흐름을 막아서는 한 "반리듬적 정지"인 것이다.

이제 이러한 휴지가 어디에 확실하게 놓여 있는가를 탐구하기 전에 횔덜린은 이 두 가지 절반의 순서가 뒤바뀔 수도 있다고 말한다. 신속한 절반이 먼저 오고, 평온한 절반이 뒤에 오는 순서도 가능하다는 것이다. 「안티고네」가 이 경우이다. 실제 「안티고네」는 가장 흥분된 사건으로 대뜸 시작된다. 안티고네는 크레온의 명령을 어겨가며 오빠의 장례를 치르고자 한다. 그녀는 실행하고, 체포되며, 심문을 당하고, 사형을 언도받고, 동굴 감옥에서 스스로 목숨을 끊으며, 그녀의 약혼자이자 크레온의 아들인 하이몬도 자결한다. 그러고 나서 평온한 절반이 시작된다. 크레온에 대한 심판과 독단 가운데 너무 많이 나갔다는 사실을 알아야만 하는 한 인간의 몰락이 이어지는 것이다.

「안티고네」에서는 의미에 맞게 휴지가 뒤쪽으로 미뤄진다. 「오이디푸스왕」에서는 3분의 1이 진행되고 3분의 2가 시작되는 지점에 휴지가 놓여 있다면, 「안티고네」에서는 3분의 2가 진행되고 나머지 3분의 1이 시작되는 지점에 휴지가 위치한다. 또한 신속한 절반이 여기서는 앞서 있기 때문에 휴지는 신속한 절반의 쇄도에 맞서 평온한 절반을 보호한다.

구체적으로 "휴지"는 이 두 편의 비극에서 모두 예언자 테이레시아스가 등장하는 장면이다. 즉 「오이디푸스 왕」의 제2막 2장, 「안티고네」의 제4막 2장이 휴지의 현장이다. 여기에서 예언자 테이레시아스는 모든 것을 알고 있어 관중들에게 전체의 의미를 넌지시 발설한다. 그는 오이디푸스의 마적(魔的) 운명에의 예속, 크레온의 주제넘은 오만불손, 그리고 이 두 경우에 있어서 신의 무조건적인 존엄을 선포하는 것이다. 따라서 휠덜린은 "두 편의 희곡에서 휴지를 형성하는 것은 테이레시아스의 발언들"(182쪽)이라고 명확히 밝힌다. 나아가 휠덜린은 이러한 휴지의 구조를 주석에 각각 도식화해서 제시한다.(194-195쪽)

우리는 17-18세기를 통틀어 지배했던 격정과 그것의 정화라는 고전적 비극 이론을 알고 있다. 이러한 시대에 비극을 바라보는 휠덜린의 시각은 참신함을 넘어서 획기적이며 현대적이다. 휠덜린의 엄청난 현대성은 비극이 격정을 정화시키는 것이 아니라, 즉 관객이 화해한 정서와 함께 극장을 떠나도록 하는 것이 아니라, 휴지를 통해서 관객으로 하여금 극의 진행과 거리를 두게하고, 이를 통해서 인간의 신에 대한 참된 관계의 성찰과 통찰에 이르게 한다는 주장에 담겨 있다. 우리는 20세기 서사극 이론에서 제기된 "거리두기"를 잘 알고 있다. 횔덜린은 자신의 시대를 멀리 앞서 나갔던 것이다.

횔덜린은 이러한 그리스 비극의 법칙적 계산, 또는 계산적 법칙을 전제로 두 비극에 대한 해석을 시도한다.

소포클레스 비극에 대한 해석:
신과 인간의 일치와 분리를 통한 세계 정화로서의 비극

「오이디푸스 왕」에 대한 해석

횔덜린의 「오이디푸스 왕」에 대한 해석은 주석의 세 번째 단락을 통해서 밝혀진다.

이 세 번째 단락은 이 주석 가운데 가장 난해한 부분이다. 이 단락은 "비극적인 것"에 대한 해석을 담고 있으며, 이 "비극적인 것"을 두 가지의 관점에서 파악하고 있다. 즉 신과 인간의 관계가 그 하나이고, 시대의 방향 전환이 또다른 하나이다.

세 번째 단락의 첫 문장은 이렇게 열린다.

> "비극적인 것의 표현은 특히 신과 인간이 짝짓는 무시무시한 일과 자연의 힘[=신]과 인간의 가장 깊은 내면이 분노하는 가운데서 무한히 일체(Eins)가 되고, 이를 통해서 무한한 일체화는 무한한 분리를 통해서 정화된다는 점이 이해된다는 사실에 근거한다."(190쪽)

여기에 주도적인 어휘 "분노(Zorn)"가 등장하기 때문에 이 문장은 이해하기가 그렇게 어렵지는 않다. 신과 인간은 분노 가운데 하나가 되었다. 즉 인간 오이디푸스는 신 아폴론과 자신을 독단적으로 동일시했다. 횔덜린은 그들이 "짝지었다"라는, 동물과 관련해서나 쓰는 표현을 서슴지 않고 쓰고 있다. 그리고 이것은 "섬뜩한 일"이었다는 것이다. 다시 말해서 이 일은 누구에게나 으스스하지 않을 수 없었다는 것이다. 그 때문에 반전이 일어난다. 무한히 일체가 됨은 무한한 헤어짐을 통해서 "정화"된다. 끝에 이르러 신은 여기에 자신의 위엄 가운데 서 있고, 저기에는 인간이 그의 하찮음 가운데 서게 된다.

그렇지만 인간은 그저 파멸하고 만 것은 아니다. 횔덜린은 하나가 됨은 헤어짐을 통해서 "파악된다"고 말한다. 순수하게 형식적으로는 모든 파악은 파악하는 측과 파악되는 측의 대립에 기인한다. 예컨대 내가 어떤 일이나 사람과 하나가 되어 있다면, 나는 그 일이나 사람을 파악하지 못한다. 내가 단순히 일체가 된 삶을 살기 때문이다. 내가 그것을 파악하고자 하면, 나는 이 동일성을 벗어나서 거리를 가져야만 한다, 이것은 다만 형식적인 해석이다. 그렇다면 내용상 이것은 무엇을 의미하는가? 오이디푸스가 신과 헤어짐을 통해서 파악한 것은 앞서 있었던 하나 됨 자체가 아니라 이 "하나 됨"의 섬뜩함이다. 횔덜린은 강조해서 표현한다. 신과 인간의 짝짓기라는 섬뜩함이 파악된다고 말이다. 신이 오이디푸스를 자기로부터 내동댕이쳐 파멸 속으로 던질 때, 오이디푸스의 눈이 떠지고, 그는 아폴론과 자신을 동일시한 오만(Hybris)을 알아차리게 된다. 그는 자신이 지금까지 잘못 본 기만적인 기관인 눈을 찌르고 나서야 비로소 그 심연에서 진리를 보는 것이다.

횔덜린은 무한한 하나 됨이 무한한 헤어짐을 통해서 "정화"된다고 말한다. 여기에는 물론 카타르시스라는 아리스토텔레스의 정화 개념이 관여한다. 그러나 횔덜린은 관중과 관중의 정서에 관해서가 아니라, 일종의 객관적인 과정, 즉 "신과 인간과의 관계의 정화"라고 말할 수 있는 그런 정화를 말하고 있다. 어떤 경우에도 아폴론이 오이디푸스를 굴복시켰을 때, 어떤 심미적인 의미에서의 정화가 일어나는 것이 아니라 불순함의 제거와 같은 무엇인가가 일어나는 것이다. "신을 순수하게 그리고 구분하여/보존하는 일"(KA 1, 417쪽, 「…바티칸…[…*der Vatikan*…]」)은 횔덜린이 시인의 과제를 표현한 구절 중 하나이다. 독단적으로 신과 뒤섞인 자가 오이디푸스처럼 스스로를 당당하게 여긴다면, 신을 순수하게 그리고 구분하여 보존하라는 계명을 범하게 된다. 이러한 오만에 찬 하나 됨의 정화는 절대적인 분리를 통해서 일어나야만 하는 것이다.

횔덜린이 「오이디푸스 왕」에서 "비극적인 것"이라고 보는 것은 무죄한 자의 파멸에도, 주변 상황의 불리한 정세에도, 자체의 정당한 의지의 악의적인 기만에도 있지 않다. 다시 말해서 비극적인 것은 개별자와 그의 세계 사이의 수평적인 관계에서 발생하는 것이 아니라 인간과 신의 수직적인 관계에서 일어난다. 그러나 이 인간은 혼자가 아니라 하나의 세계 가운데 존재하기 때문에, 구체적인 세계 상황도 이러한 차원에 개입된다.

횔덜린은 이제 신과 인간 사이의 심판 과정에 세계와 그 상태가 어떻게 개입되는지를 물음으로써 말머리를 돌린다. 테베에는 "페스트와 정신의 혼돈과 일반적으로 점화된 예언자 정신"(191쪽)이 지배한다고 말한다. 다시 말해서 역병이 인간을 어찌할 바 모르게 만들고, 거짓된 예언자와 사기꾼들이 번창했다는 것이다. 그러나 이것은 하나의 "한가한 시대(müßige Zeit)"의 징후라는 것이다. 독일어 "müßig"를 일반적인 뜻대로 "빈둥거리는/하는 일

없는"으로 옮기는 한, 이 문구는 이해되지 않는다. 그러나 휠덜린의 후기 시에서 이 단어는 "진지하지 못한(unernst)"이라는 의미로 쓰인다. 천상적인 자들은 오로지 "진지하게" 공경받아야 한다. "진지하지 않게 시도하는 것은 천공 앞에서는 걸맞지 않기"(KA 1, 289쪽, 「빵과 포도주」, 94행) 때문이라고 그는 노래했다. 진지함은 항상 어느 누구와 무조건적으로 관계되는 것에, 예컨대 신들에 적용된다. 그러니만큼 진지하지 않은 시대는 신들을 잊은 시대이다. 그러나 페스트가 그것을 야기한 것은 아니며, 다만 그것을 드러나게 했을 뿐이다. 이미 오래 전부터 테베에서는 생동하는 신앙이 꺼져버렸다. 제물과 축제 행렬은 여전히 거행되지만, 그것은 그저 그런 하나의 관례일 뿐이다. 범국가적인 불행은 종교와 예배가 진흙탕 위에 서 있다는 것을 적나라하게 폭로해줄 뿐이다.

이제 결정적인 말이 이어진다. 그런 시대에는 "천상적인 것에 대한 기억은 꺼지"는 위험에 놓이며, 그런 경우 "세계의 운행은 어떤 틈새"(191쪽)를 가지게 될지도 모른다는 것이다. 왜냐하면 휠덜린의 신념에 따르면 세계는 신성에 대한 마지막까지의 의식 없이는 존재할 수 없기 때문이다. 그렇게까지 된다면, 천상적인 이들이 개입한다. 그들은 한 사람을 선택하여 그를 치켜세운 다음, 그를 추락시킨다. 일체가 되었다가 결별하는 것이다. 하나 됨과 헤어짐. 세계는 이제 신들이 아직 존재한다는 사실을 알아차리는 것이다. 세계 운행의 위험에 처했던 틈새는 메꾸어진다. 그러나 그 한 사람은 그것을 위하여 대표로 쓰러져야만 하는 제물이다. "왜냐하면 한 번쯤은／우리 눈먼 자들은 기적이 필요로 할는지 모르기 때문입니다"(『엠페도클레스의 죽음』, 제2 초고, 732-733행)라고 엠페도클레스의 희생적인 죽음을 바라보면서 판테아(Phanthea)가 말하고 있다. 그러나 「오이디푸스 왕」에서는 어떤 구원의 기적은 일어나지 않는다. 오히려 하나의 파멸의 기적이 일어난다. 그 기적의 희생자는 속은 자이다. 횔덜린은 힘주어 말했다. 오이디푸스는 금지된 행위(nefas)로 "부추김"을 당했다고 말이다. 그의 오만은 지금까지 보인 것처럼 그의 자의로 저지른 죄악이 결코 아니었다. 신들이 그를 이러한 죄악으로 유인한 것이다. 그들은 몰락하는 과정에서 신을 망각한 시대를 두려워하면서 그들을 기억으로 소환하게 할 사람이 필요했다. 그는 그들의 눈먼 도구였으며, 그들이 그의 눈을 멀게 했던 것이다.

횔덜린은 "신적 불충실"을 언급하기까지 한다. 이를 통해서 "**신적 불충실은 가장 잘 간직될 수 있기**" 때문이다. 이 말은 이렇게 해석된다. 신들은 선하고 정의로운 왕을 자신들의 일에 주도권을 쥐도록 유혹하고 결국 다 쓰고 난 도구처럼 내동댕이친다. 이 일의 증인이었던 사람은 신들은 여전히 존재하며 인간을 마음대로 활용한다는 것—특히 인간이 스스로 이용되기로 마음먹었을 때는 특히 더 마음대로 이용한다는 사실—을 분명히 알고 이 사실을 다시는 잊지 않는다는 말이다. 그러나 오이디푸스가 신들의 도구였다면, 그들은 파멸을 통해서 그를 모든 필멸의 인간들 앞에서 돋보이게 했다. 그들은 오로지 그만이 자신의 눈을 멀게 할 만큼 강인함을 가지고 있다고 믿었다. 크레온과 같이 계산적인 사람은 그러한 현혹을 당할 수 없었을 것이다. 오이디푸스의 고통은 그의 명예이다. 횔덜린이 공식적으로 표명한 것은 아니지만, 이것이야말로 시종일관한 그의 사상이다.

「안티고네」에 대한 해석

횔덜린의 「안티고네」에 대한 종합적인 해석, 즉 주석의 세 번째 단원은 「오이디푸스 왕」의 주석의 세 번째 단원보다 분량이 약 4배가량 많다. 「안티고네에 대한 주석」에 나타나는 횔덜린의 본질적인 사유를 빠짐없이 살펴보기 위해서는 여러 주제로 나누어서 볼 필요가 있겠으나 비극적 표현과 반신자로서의 안티고네와 소위 말하는 "조국적 반전"이 논의의 중심을 이루는 만큼 이 부분을 중점적으로 살펴볼 필요가 있다.

비극적 표현과 관련해서는 「오이디푸스 왕」해석 중 종합 해석을 상기하자. 거기서 비극적인 표현은 횔덜린이 "섬뜩하다"고 한 신과 인간 사이의 하나 됨과 분리라는 판결에 근거한다고 말했었다. 말 그대로 그 심판 과정을 함께 본 사람은 섬뜩하지 않을 수 없다는 것이다. 왜냐하면 그 사람은 필멸의 한 사람인 오이디푸스가 격정적으로 아폴론과 자신을 동일시하면서 분노 가운데 신과 하나가 된 다음, 마치 다 쓴 도구처럼 신에 의해서 내동댕이쳐지는 것을 보기 때문이다. "무한한 일체가 됨"에는 역시 "무한한 결별"이 뒤따른다. 그러나 이런 과정에서 섬뜩한 것이 파악된다. 동시에 파멸의 오이디푸스가 진상을 알게 된다. 그는 이제 신은 누구이며, 인간이 무엇인지를 알게 되는 것이다. 그것만으로 그는 자신의 정당성을 주장하지 않은 채 자신의 운명을 받아들인다.

횔덜린은 「안티고네」에서도 유사한 과정을 인식한다. 그의 언급을 인용하기에 앞서 먼저 언급해야 할 사항이 있다. 오이디푸스의 신과의 일체화는 횔덜린의 파악에 따르면 오만이었다. 그는 오이디푸스의 금지된 행위를 언급하고 덧붙여 그가 신탁을 통해서 이 금지된 행위로 유인되었다고 했다. 말하자면 신이 오이디푸스를 오만에 빠지게 했다는 것이다. 그럼에도 불구하고 아폴론의 대리인으로 자신을 치켜세운 것이 오만이었던 것은 변함이 없다.

그러나 안티고네의 경우에 우리는 이러한 오만을 말할 수 없다. 안티고네가 크레온의 명령을 어겨가면서 죽은 오빠를 땅에 묻는 전대미문의 일을 제우스의 뜻으로 인식했으니 말이다. 그러니까 오만의 책임은 안티고네가 아니라 크레온에게 있다. 횔덜린은 이러한 사실을 분명히 알고 있다. 그리하여 그는 여기서 모독이라는 말은 꺼내지 않는다. 오히려 이 전체의 문제를 어느 정도는 미결 상태로 놓아둔다.

다음은 「안티고네에 대한 주석」 중 핵심적인 구절이다.

"비극적인 표현은 「오이디푸스 왕에 대한 주석」에서 암시된 것처럼, 직접적인 신이 인간과 전적으로 일체를 이룬다는 점(왜냐하면 한 사도의 신은 한층 더 간접적이고, 최고의 정신 가운데 최고의 오성이기 때문에), **무한한** 감동은 **무한**히, 즉 대립들 가운데, 의식을 지양하는 의식 가운데 성스럽게 분리되면서 마음을 가라앉히게 된다는 점과 신이 죽음의 형상을 띠고 현현한다는 사실에 의거한다."(201쪽)

우리가 이 구절을 조금 주의 깊게 살펴보면, 그렇게 난해한 문구는 아니다. 우선 우리는 앞에서 주도적인 개념을 이미 들은 바 있다. 즉 신과 인간의 일체됨과 이 두 편의 갈라짐이 그것이다. 안티고네가 크레온의 면전에서 "나의 제우스"가 나에게 명했다고 선언했을 때, 그녀는 신과 자신을 동일시했다고 횔덜린은 말하고자 한다. 그 때문에 횔덜린은 "나의"를 강조하여 한 글자씩 떼어서 쓰기(M e i n)로 인쇄하게 한 것이다. 그리고 그녀가 죽음으로 끌려가고 죽음의 신에 대한 "과감하고" 심지어는 "신성모독적인" 반항 이후 그녀가 자신의 운명에 따를 때, 그녀는 결별을 실행한 것이다. 그녀는 "진정한다"고 횔덜린은 말한다. 이것은 오이디푸스의 진정에 상응한다. 오이디푸스처럼 그녀는 결국 신의 권위를 인정하고 신과 다투어서는 안 된다는 것을 알게 된다. 따라서 횔덜린은 이 결별을 단순히 경건한 분리라고 하지 않고 "성스러운 방식"의 분리라고 말한다. "성스러운(heilig)"이라는 말에서 그는 "온전한(heil)" 그리고 "치유의(heilend)"라는 동일한 어원의 단어를 상기한다. 이처럼 분리는 인간이 신과 맺는 올바른 관계를 다시 복원한다.

이제는 신에 대한 두 가지 진술에 주목해야 한다. "직접적인 신, 인간과의 전적인 일체"와 "신이 죽음의 형상으로, 현현한다"라는 구절이 그것이다. "현현하는/그 자리에 있는(gegenwärtig)"은 횔덜린의 용어법에서는 항상 "마주 향해 있는(entgegengewendet)"을 의미한다. 직접적인 신은 인간과 일체이며, 현현한 신은 인간과 마주 서 있다. 왜 그러한가? 직접적인 신은 정신이다. 안티고네가 제우스를 소환했을 때, 그녀는 그 정신에 사로잡혔다. 그것은 동일화였다. 그러나 현현한 신은 죽음의 형상으로 그녀와 마주 서 있다. 이때의 신은 정신이 아니며, 그녀가 순응하기에 앞서 저항할 필멸이라는 잔인한 사실성이다. 그것은 절대적인 구분이거나 일체로부터의 분리인 것이다.

횔덜린은 반복해서 신과의 일체됨과 절대적인 분리를 논한다. 횔덜린은 이 계속된 논의에서 신과의 직접적인 일체됨을 동격으로 "무한한 감동"이라고 부른다. 감동은 횔덜린에게는 결코 우리가 알고 있는 정도의 의미, 즉 황홀함이나 환희에 지나지 않는 것은 아니다. 그것은 문자 그대로 영적 흥분, 영감, 신의 충만이며, 그리스어 enthousiasmós, 즉 열광을 말한다. 이 감동 또는 영적 흥분은 무한하다. 무한하다는 것은 감동과 영적 흥분이 안티고네의 영혼을 완전히 채우고, 그 영혼 안에 다른 어떤 것이 들어설 여지가 전혀 없다는 것을 의미한다. 엄격하게 볼 때, "무한한"은 자체로 존재하는, 즉 타자와 외부로부터 독립적인 것을 의미한다. 한 인간이 신의 정신에 붙잡히면, 마치 그는 자기 자신에게서 이 정신을 생산하기라도 한 것처럼 여겨, 그가 신이며, 따라서 신과 일체가 된다. 그의 내면에는 다른 어떤 것도 들어설 자리가 없게 되는 것이다.

이러한 "무한한 감동"은 "무한히, 즉 대립들 가운데" 분리된다고 말한다. 이것은 우리가 휠덜린의 철학적 논고를 통해서 알고 있는 그의 기본 사상의 요약된 표현이다. 이 표현은 이렇게 풀어볼 수 있다. 모든 무한한 것은 스스로에게서 나온 것인 만큼 자기 자신과 일체이며 전체이다. 그것이 분리되어야 한다면, 오로지 과격한 분리, 각기 대립으로 들어서는 수밖에 없다. 안티고네가 신과 동일화되는 "무한한 감동"은 무한하게만, 즉 대립들 가운데서만 분리되는 것이다. 이제 저쪽에는 취소가 불가한 죽음의 형태를 한 신이, 그리고 여기에는 죽음을 마주해야만 하는 절망의 인간이 존재하는 것이다. 저기에는 신이, 여기에는 내가 있다는 의식이 신과 나는 일체라는 이전의 의식을 폐기한다. 그러나 이러한 분리는 하나의 성스러운 분리이다. 왜냐하면 이 분리는 신과의 올바른 관계를 복원해주기 때문이다. 신이 죽음의 형태로 인간에게 현현하면, 즉 인간이 자기 삶의 마지막 현실로서 고백하지 않을 수 없는 현실과 맞닥뜨리면, 그는 마음을 "가라앉히게 된다." 그러나 체념으로서는 아니다.

반신자로서의 안티고네는 휠덜린의 해석의 두 번째 요점이다. 반신(Antitheos)은 문자 그대로 신에 반(反)하는 것을 말한다. 휠덜린은 Antigone와 Antitheos에 있는 접두사 anti-에 주목하면서 이 어휘를 선택한 것이 분명하다. 휠덜린은 이것을 이렇게 설명한다. 반신자는 "누군가가 신의 의도에 따라 마치 신에 거슬리게 연출하고 있기라도 하다는 듯이 행동할 때, 그리고 지고한 자의 정신을 법칙 없이 인식"(200쪽)하는 자이다. 그녀가 지고한 자의 정신을 법칙 없이 인식한다는 것은 그녀가 끌어대고 있는 "문자로 쓰여 있지는 않지만, 확고한 하늘의 법"(471-472행)과 연관이 있다. 그녀는 자신의 신에 대한 사적 인식―"나의 제우스가 나에게 그런 법[크레온의 법령]을 공포하지 않았다."(467행)―을, 모든 종교론과 종교 제도의 너머에 있는 그녀의 확신을 주장한다. 그렇게 해서, 마치 신에게 반하는 듯한 태도를 취한다. 그러나 실제로 신에 반하는 것은 아니다. 다만 그녀는 자신의 사적인 신의 인식으로 오만의 죄를 저지르기라도 한 것처럼 보일 뿐이다. 그녀는 우선 신과 일체됨을 통해서, 그리고 이어서 죽어야만 할 필멸의 운명에 저항하는 가운데 정해진 경계를 넘어서는 것처럼 보인다. 이러한 표면적인 현상은 그녀가 기꺼이 죽기를 기대하는 기독교적인 순교자와는 완전한 반대이기 때문에 일어날 수 있다. 진실은 이 모든 것이 신의 뜻 가운데 발생한다는 것이다. 왜냐하면 신은 안티고네의 내면에서 다시금 대표자를 선택해냈고, 그 대표자의 파멸을 통해서 두렵게 하며 세계에 자신을 회상시키기 때문이다. 안티고네가 훨씬 더 진실하고 더 인간적인 새로운 신의 인식을 촉구하며, 제도적인 종교의 배후에 진을 친 크레온과 맞선다면, 그녀는 신의 대변자이다. 크레온은 신을 "하나의 정해진 신"으로서 숭배한다고 횔덜린은 말한다. 독단적으로 경직된 당대의 종교에 일종의 돌파구를 내고 사실적인 신이 다시금 표면으로 등장해야만 한다면, 안티고네는 반신자의 외관을 감당해야만 하는 것이다.

"조국적 반전"은 조국, 그러니까 테베에서의 어떤 전환, 어떤 혁명을 의미하지 않는다. 처음의 권력 관계는 끝까지 변동이 없으며, 크레온은 여전히 왕이다. 여기서 조국적 반전은 조국적인 것, 이 희곡이 공연될 당시의 그리스 정신의 반전을 의미한다. 일반화시켜서 해석하자면 문화의 전면적인 변혁을 의미한다. 반전은 오늘날의 의미대로 앞에 있었던 것으로의 회귀를 의미하는 것이 결코 아니다. 횔덜린은 "모든 표상과 형식의 반전"(204쪽)에서 하나의 포괄적인 문화적 패러다임의 교체를 보고 있다. 이때 특정한 시대 개념이 역사적인 변혁 상황의 바탕에 놓여 있다. "휴지"의 순간에는 "시작과 끝은 시간 안에서 전혀 접촉되지 않는다."(191쪽) 역사의 진행은 말하자면 불연속적인 진행이며, 이 때문에 헤겔의 변증법적인 이성적 역사에 대치된다. 횔덜린은 이러한 표상 방식의 패러다임의 변혁에는 세 가지 방식이 있다고 말한다. "종교적, 정치적 그리고 도덕적"(205쪽) 표상 방식이 그것이다.

정치적인 표상 방식의 변동은 크레온과 하이몬 사이의 다툼과 관련된다. 아들 하이몬이 "오직 한 사람에게만 속한 나라는 나라가 아니지요"(766행)라고 말하자, 크레온은 "통치자의 국가라고 말하지 않느냐?"(767행)라고 응수한다. 이에 대해서 하이몬은 "황무지에서라면 아버지 혼자서 당당한 통치자일 수 있겠지요"(768행)라고 반박한다. 한 전제국가의 왕위 계승권자는 이 전제국가의 오만한 왜곡을 접하고 공화주의적인 원리의 의미를 제기한다. 이 다툼에 대해서 횔덜린은 여기서 형성되고 있는 이성 형식은 "정치적, 즉 공화적"(205쪽)이라고 강조해서 말한다. 그는 소포클레스가 고대의 전제적인 상황에서 사유의 혁명적인 충격을 통해서 민주주의 사상이 어떻게 생성될 수 있는지를 보여주고 싶었을 것이라고 말하고 있다. 짐작하건대 그것이 소포클레스의 의도였다. 횔덜린도 바로 그렇게 해석하고 있다.

두 번째 도덕적인 표상 방식이 변동된다. 이것은 매장 금지와 관련된 것이 분명하다. 크레온은 매장 금지를 통해서 소위 말하는 보복(ius talionis)을 관철시킨다. 보복은 "네가 나에게 한 것처럼 나도 너에게", 또는 "눈에는 눈, 이에는 이"이다. 안티고네는 이러한 보복의 원칙을 어김으로써 도덕적 사고방식의 반전을 야기하고 있다.

세 번째 종교적인 표상 방식이 변동된다. 이것은 자명하다. 안티고네가 신들의 "쓰여 있지 않은" 법칙을 주장한다면, 그녀는 실증적인 기성 종교를 근대적인 양심의 종교를 통해서 해체하게 된다. 이때 양심의 종교는 제 나름의 견해의 종교를 의미하는 것이 아니라, "함께 앎(Gewissen)"으로 번역되는 conscientia의 의미에서, 그러니까 신과 공유하는 앎이라는 의미에서의 종교를 말한다. 안티고네는 제우스의 뜻을 알고 있으며, 제우스는 매장 금지를 무효화한다. 반면에 크레온은 제우스를 "함께 알고 있지" 않다. 그는 생각할 수도 없이 먼 이전 시대 보복의 법칙을 선포했던 제우스를 주장하고 있다. 그는 "법칙적으로 정해진 것의 하나로서" 신을 숭배한다고 횔덜린은 말한다. 이렇게 해서 구태의연한 신에 대한 표상과 새로운 표상이 마주 세워진다. 이것이 종교적인 표상 방식의 변동이다.

이 삼중의, 그러니까 정치적, 도덕적, 종교적인 층위에서 횔덜린은 조국적 반전을 본다. 충분한 도덕적 그리고 궁극적으로는 종교적 토대 없는 단순한 정치적 의식의 변화라는 이념을 그는 항상 현혹으로 생각하고 순전한 권력욕을 무정부적인 광기로 생각했다. 이와 함께 이 세 가지 영역에서의 변혁은 각기가 아니라 상호 간에 일어난다. 민주적으로 사고하라는 요구는 도덕적으로 근거가 있으며, 죽은 적을 장사 지내라는 도덕적인 요구는 종교적으로 근거가 있다. 제우스의 의지를 인식하지 않은 채 안티고네가 인도주의 정신이라는 도덕을 발견할 수 없었을 것이며, 이러한 도덕에 대한 이해 없이 하이몬은 민주적인 원리를 발견할 수 없었을 것이다. 정치적 의식의 변화는 종교적 의식의 변화로 시작된 연쇄적 변화의 끝일 뿐이다.

이처럼 횔덜린은 「오이디푸스 왕에 대한 주석」에서 일반적으로 논한 내용을 「안티고네에 대한 주석」에서는 분명하게 고대에서 근대로의 이행과 연관시킨다. 횔덜린이 「안티고네」에서 일련의 문화적인 쇄신을 주시하고 있다면, 횔덜린이 본 안티고네는 "근대의 길잡이"(Emmrich, T.)인 셈이다. 크레온이 여전히 전제군주의 구태의연한 체제를 체현하고 있다면, 안티고네는 포괄적인 도덕적, 종교적, 정치적인 변화에 전적으로 편들고 있기 때문이다.

「핀다로스 단편에 대한 주석」:
시적 고고학, 해체적 읽기의 본보기

횔덜린의 핀다로스 단편 번역이 가지는 의미

횔덜린은 청년 시절부터 그리스의 시인 핀다로스의 시문학에 대해 찬사를 보내고 시작(詩作)의 모범으로 삼고자 했다. 그는 초년의 시 「나의 결심(Mein Vorsatz)」에서 "핀다로스의 비상을 뒤따르는 비약"과 "클롭슈토크의 위대함을 향하는 분투"(KA 1, 31쪽)를 자신의 글쓰기의 원동력으로 노래했다. 이 시를 쓴 시점에 그가 핀다로스의 시문학에 대해서 깊이 있는 탐구를 했다거나 폭넓은 독서를 했다는 증거가 있는 것은 아니지만, 이 시구로부터 횔덜린의 핀다로스 시문학에 대한 평생에 걸친 관심과 천착의 첫 신호를 읽을 수 있다. 그가 20세에 쓴 학습 보고서 「그리스인들의 순수예술의 역사」는 핀다로스 문학의 위대성을 이렇게 요약한다. "나는 핀다로스의 찬가가 시문학의 최고봉이라고 말하고 싶다. 서사시와 희곡은 그 규모가 크기는 하지만, 그런 사실이 그것들을 핀다로스의 찬가 문학에 이르게 하지는 못한다. 그는 간결한 축약을 통해서 서사 문학의 서술과 비극의 열정을 결합시키고 있어 자신의 영혼 속에서 그의 강력한 힘이 펼쳐지기를 원하는 독자에게 그만큼 많은 역량과 노력을 요구하는 것이다."(31쪽)

핀다로스에 대한 횔덜린의 이러한 관심과 경탄은 핀다로스 작품의 번역으로 이어진다. 횔덜린은 1800년 소위 "대(大)핀다로스-번역"에 착수했다. 이 번역에 포함된 핀다로스의 작품은 「올림피아 송시」 일곱 편과 「피티아 송시(Pythische Ode)」 열 편이며, 시행 수로는 거의 2,000행에 달한다. 이 대규모 번역은 단시간에 이루어졌다.* "대핀다로스-번역"은 횔덜린이 핀다로스의 언어를 통해서 자신의 언어를 단련하려는 듯한 인상을 강하게 풍긴다. 행간번역을 통해서 시어 대 시어의 정확한 독일어 번역을 시도하면서 핀다로스의 문체를 집중적으로 탐색하고 있기 때문이다. 자신의 언어를 단련하기 위한 "유익한 체조"**였던 셈이다.

핀다로스 송시의 번역에 이어 1803년 말에서 1805년 여름에 걸쳐 횔덜린은 핀다로스의 단편 아홉 편을 번역한다.*** 이 아홉 편은 ①「지혜의 불충실

---

* 헬링라트는 「핀다로스-번역(Pindar-Übertragungen)」(1944)에서 이 번역 기간을 1800년 초에서 1802년 말 사이로 넓게 잡는 데 반해서, 춘츠는 「횔덜린의 핀다로스-번역(Über Hölderlins Pindar-Übersetzung)」(1929)에서 번역 시기를 1800년 전반부라고만 언급하고, 그 후반부는 다른 창작 활동 때문에 번역할 여유가 없었다고 주장한다. 자틀러는 1800년 12월 초 번역이 개시되어 1801년 2월 말 그 번역이 끝난 것으로 보고 있다.(FHA 15, 15쪽)
** 1794년 7월 중순 노이퍼에게 보낸 편지(『서한집』, 93쪽)
*** 핀다로스의 단편들이 언제 번역된 것인가에 대한 문제는 학자들 사이에서 이견이 많다. 오랫동안 단편들의 번역은 1803년에 이루어진 것으로 생각되었다. 바이스너, 춘츠, 벤(M. B.)과 같은 학자들이 그렇게 주장했던 것이다. 그러나 자이페르트(A. S)는 핑크(M. F.)의 의견을 지지하면서, 1803년 말에서 1804년 초겨울이 번역 시기라고 주장했다. 핑크는

(Untreue der Weisheit)」, ②「진리에 관하여(Von der Wahrheit)」, ③「평온에 관하여(Von der Ruhe)」, ④「돌고래에 관하여(Vom Delphin)」, ⑤「가장 드높은 것(Das Höchste)」, ⑥「노년(Das Alter)」, ⑦「무한함(Das Unendliche)」, ⑧「안식처들(Die Asyle)」, ⑨「생명을 주는 것(Das Belebende)」이다.

이 단편들의 각 텍스트들은 첫 번째「지혜의 불충실」을 제외하면 모두 횔덜린이 붙인 제목, 단편의 독일어 번역, 그리고 이에 대한 편역자 횔덜린

이 번역의 원고가 잘 정서되어 있다는 점과, 횔덜린이「오이디푸스 왕」번역본의 출판을 맡았던 빌만스에게 1804년 4월 2일자로 보낸 편지에서 "나는 바로 이 다음에 내가 본래적인 가치를 매기고 있는 그 무엇을 당신께 보낼 수 있게 된 것을 기쁘게 생각합니다"(KA 3, 473쪽)라고 언급한 것을 그 근거로 제시하고 있다. 슈미트는 이 텍스트의 생성 시기와 관련해서 1803년에 쓴「안티고네에 대한 주석」의 서술 방식과의 유사성과 이 시기 시 쓰기에서의 주요 관심 소재, 특히 1803년에 완성한 송시「케이론(Chiron)」이 중심이 되는 켄타우로스 신화와의 관계를 미루어서 볼 때, 1803년, 늦게는 1805년이 생성 시기라고 본다. 그러나 자틀러는 1805년 여름을 그 생성 시기로 보고 있다. 자틀러는 1805년 5월 2일「예나 문학신문(Jenaische Allgemeine Literatur Zeitung)」에 실린 횔덜린의 시「밤의 노래들(Nachtgesänge)」에 대한 비평문이「핀다로스 단편에 대한 주석」의 생성 동기를 제공했다고 보고 있다. "시인[횔덜린]은 무엇보다도……간결한 핀다로스-주해를 가지고 반응하고 있다. 이 주해들은 아홉 편의 새로 선정된 핀다로스의 단편과 자신의 아홉 편의, 동시대인들에게는 이해되지 않는 시[=밤의 노래들] 사이를 거의 부유하는 가운데 연결하고 있다."(FHA 15, 331쪽) 라운은 1804년 늦여름 발간된 빌만스의「1805년 시 연감」에 실린 횔덜린의「밤의 노래들」아홉 편에 대해 "횔덜린의 애매하고 지극히 특이한 시들에 대해서는 괴팅겐 학파의 연속적인 주석이 정말 필요할지도 모르겠다"고 비꼬아 평한 바 있었다. 자틀러가 1805년을 번역의 시기로 잡는 데에는 또다른 근거가 있는데, 바로 1805년 7월 11일 게르닝(J. G)이 크네벨(K. K)에게 보낸 편지에서 루크레츠(Lucrez)와 핀다로스에 대한 작업 상황을 물어보면서 "아직 절반쯤 정신착란을 겪고 있는 횔덜린도 역시 핀다로스에 매달려 있다"(StA 7, 187쪽)고 언급한 사실이다. 이러한 자틀러의 견해에 대해서 벡(A. B.)과 우프하우젠(D. U.)도 동조한다. (Adolf Beck und Paul Raabe, *Hölderlin, eine Chronik in Text und Bild*, Frankfurt a. M. 1870, 74p. ; Dietrich Uffhausen, *Ein neuer Zugang zur Spätdichtung Hölderlins. Lexikalisches Material in der poetischen Verfahrensweise*. In : *Hölderlin-Jahrbuch* 22, 1980/81, 321p.)

의 주해의 세 부분으로 구성되어 있다. 「지혜의 불충실」은 주해 부분에 또다시 핀다로스의 송시를 번역, 인용하고 있어 네 부분*으로 이루어져 있다고 볼 수 있다. 따라서 「핀다로스 단편에 대한 주석」은 장르를 구분해서 표현하기 어렵다. 번역이면서도 비평이자 창작이다. 따라서 바르텔은 혼합 장르(genus mixtum)라고 칭한다.(Bartel, H., 59쪽)

번역은 핀다로스의 원본에 충실하게 따랐던 송시 번역의 전례를 그대로 반복하는 경우도 있지만, 그리스어로 된 대본이나 본래의 문맥 구성으로부터 거리가 먼 독자적인 번역의 예도 보인다. 횔덜린이 모든 단편에 붙이고 있는 주석은 우리가 생각하는 대로 단편에 대한 단순한 해설이 아니다. 오히려 단편에 대한 자유로운 해석 또는 그 단편에 의해 촉발된 주제의 한 변주라고 부르는 것이 더 타당해 보인다. 물론 부분적으로는 전통적인 방식을 따라 번역된 텍스트를 설명하면서 주석이 진행되기도 하지만, 어떤 부분

---

* 이러한 텍스트 구성의 특징 때문에 이 텍스트들에 대한 명칭의 문제가 간단하지 않다. 바이스너의 슈투트가르트 전집(StA)과 크나우프의 횔덜린 전집(MA)은 「핀다로스-단편들(Pindar-Fragmente)」이라는 표제를 달고 있는데, 이러한 표제는 자칫 단편만을 의미하는 것으로 오해를 초래할 수 있다. 또한 자틀러의 프랑크푸르트 전집(FHA)에는 「핀다로스-주해(Pindar-Kommentare)」(1987)라고 표제되어 있는데, 이는 핀다로스 단편의 번역보다는 이에 대한 주석만을 강조하면서 번역의 의미를 지나치게 축소하고 있다. 슈미트가 편찬, 발행한 독일 고전주의자 출판사 전집(KA)은 고심 끝에 「핀다로스-단편들에 대한 주석(Anmerkungen zu Pindar-Fragmenten)」(1992)이라고 표제했다. 자틀러처럼 주석을 강조한 것으로 받아들일 수 있지만, 단편의 번역도 주목한 절충적인 표제이다. 바르텔은 이러한 제목 달기의 문제를 의식하면서 「핀다로스-단편들(Pindarfragmente)」로 명명하고 있는데, 고대 그리스의 시인이자 철학자인 핀다로스의 단편에 대한 횔덜린의 번역, 이에 대한 횔덜린의 주석, 그리고 부분적으로는 전래되는 문헌에 의거하거나 횔덜린 자신이 독자적으로 부여한 제목이 종합되어서 횔덜린의 고유한 「핀다로스 단편들」이 생성되었다는 점을 타당하게 드러내준다. 그러나 표기를 통해서는 바이스너의 표제와 구분하기가 어렵다.

들은 대본으로부터 동떨어져 원문과의 관련성을 찾기가 불가능해지기도 한다. 「핀다로스 단편들」에서 번역된 핀다로스 단편 부분과 횔덜린 주석 부분은 상호작용한다. 그런데 주석은 핀다로스 단편의 의미 연관성을 해명하는 데 도움을 준다기보다는 오히려 이 연관성을 한층 복잡하게 만든다. 이렇게 하여 아홉 편의 가려 뽑은 핀다로스 단편들에 대한 의미깊은 언급을 통해 비예술적인 것, 화석화된 직접성, 논리적 사고의 결점을 벗어나는 문학적 수용의 본보기(das Modell einer dichterischen Rezeption)를 남겼다.(FHA 15, 11쪽) 말하자면 당대의 그리스 문학에의 전통적인 접근 방법에 대한 횔덜린의 혁신적인 대안을 이 「핀다로스 단편들」에서 읽을 수 있는 것이다. 오늘날 주로 프랑스의 문예 철학자들 사이에서 회자되고 있는 해체적 읽기 방식에 대한 수세기 앞선 본보기의 하나라고 할 만하다. 그러니까 횔덜린은 핀다로스의 단편을 단독의 진술로 버려두고 있는 것이 아니라, 주석 가운데로 옮겨 자신의 이념과 변증법적인 대립 속에 위치시킨다. 그렇게 해서 핀다로스 단편을 고대에 그냥 놓아두지 않고 현재로 끌어온다. 일종의 시적 고고학이자, 고고학적 시학인 셈이다.

횔덜린의 「핀다로스 단편에 대한 주석」은 아홉 편의 핀다로스 단편 각각에 대한 해설의 집합이 아니라, 전체적으로 하나의 일관된 주제를 가진 독창적 창조물이다. 전체적으로 별도의 주제를 가지고 있다고 볼 수 있다. 그 주도적 주제는 횔덜린이 정신착란의 기습으로 받은 충격에서 발원지를 찾을 수 있다. 정신착란을 의식한 횔덜린은 평정과 안정, 자기 보존과 특히 정체성 유지의 필요성을 절감한다. 이것은 1802년과 1803년 일련의 시 작품과 편지에 나타나는 의식과 어느 정도 일맥상통한다. 이러한 지평에서 아홉 편의 핀다로스 단편 중 네 편에 대한 주석은 법칙과 정의를 직접적으로 다룬다.「평온에 관하여」,「가장 드높은 것」,「무한함」,「안식처들」이 그 것이다. 이중「안식처들」의 주석에 등장하는 유일한 그리스 신 테미스는 정의의 여신이다. 다른 주석들도 간접적으로나 일반적으로 진실성, 정당성 과 어떤 확고한 방향의 획득에 관련한다.「생명을 주는 것」의 주석에는 여러 차례 "방향"이라는 어휘가 등장하고, 또다른 주석, 예컨대「지혜의 불충실」과「진리에 관하여」의 주석에서도 신뢰, 현명함, 지혜와 지식, 학교와 교육의 의미가 강조된다. 이것은 미래에 대한 불안, 방향 상실과 혼란에 대한 반응으로 이해된다. 벌써 첫 주석—「지혜의 불충실」주석—에서 "오성에 안전하게 머무는 것"이 문제의 중심을 이루고, "쉽사리 갈피를 잃지 않는 것"이 중요시된다. 두 번째 주석에서도 사람들이 "혼란에 내맡겨지고" "헤매는" 것이 문제시된다. 위험을 피해서 도피하는 것을 전제로 하는「피난처」라는 표제 아래 인간은 "자신을 보존할 수 있는 곳에 있음을 기뻐한다"고 주석하면서 이 문제를 강조해 드러낸다. 자기 보존의 노력은 "충실"을 여러 차례 강조함으로써 표현된다. 이때 "충실"은 제 자신에 대한 충실로서 삶에서의 안정과 지속성의 보존으로 이해된다. 그렇게「지혜의 불충실」에서 어떻게 인간이 "다양한 상황에서도 충실하게 머물 수 있는가"에 대한 숙고가 이루어진다.「돌고래에 관하여」라는 제목 아래의 주석에서는 "이 시절에는 모든 존재가 자신의 소리를 정하고, 자신의 충실, 어떤 것은 스스로 연관을 맺는 방식을 정한다"라고 서술하고 있다. 비극적 몰락의 지평에서 1803년에 쓴「오이디푸스 왕에 대한 주석」은 충실의 문제를 독특하게 부정적 방식으로 상론한다. 그 주석에서 여러 차례 "충실"에 대해 언급하는데, 인간이 파괴적으로 "되돌아오게 되는", 비극적으로 필연적인 계속성의 파탄이라는 의미로 사용되고 있다. 이처럼 모든 단편을 때로는 인식론적으로, 때로는 시학적으로 또는 역사철학적으로, 그리고 때로는 법 이론적-윤리적으로 해석하면서 핀다로스의 작품을 자기화한다. 그 결과 횔덜린의 「핀다로스 단편에 대한 주석」은 어떤 전례도 어떤 후대의 모방도 없는 독창적 텍스트로 남겨졌다.

아홉 편의 단편에 대한 일반적인 개관을 염두에 두고 단편 각각의 주석을 요약해본다.

「지혜의 불충실」

횔덜린의 「핀다로스 단편에 대한 주석」에서 가장 뛰어난 작품으로 인정받는 이 텍스트는 세 부분으로 이루어져 있다. 우선 "오, 아이여"로 시작하는 핀다로스의 단편, 그다음 "순수한 앎"과 "총명"에 대한 횔덜린의 사유, 그리고 끝으로 횔덜린의 사유의 근거로서 젊은 이아손이 왕 펠리아스를 향한 주장의 서두인 핀다로스 「피티아 송시」 제4번에서의 인용이 그것이다.

첫 부분을 어느 정도 분명히 이해하기 위해서는 그리스 원전을 살펴보아야 하는데, 횔덜린이 번역에서 어느 부분은 극히 자의적으로, 또 어느 부분은 어이없이 오역하고 있기 때문이다. 우선 핀다로스의 단편 원문의 번역을 행간 그대로 옮기면 "오 아이여, 너의 생각을 가능한 한 바위에 있는 바다 동물의 표피를 닮도록 하라, 네가 도시들에서 오고 갈 때 어떤 곳에서든, 현재의 것을 기꺼이 칭찬하되, 때가 바뀌면 너의 생각을 바꾸도록 하라"이다.(FHA 15, 346쪽, Stephanus/Interlinearversion)

여기서 시인은 소년에게 바다에 사는 야생의 동물(pontion ther)의 표피를 닮을 것을 권한다. 이때 바다의 야생 동물은 문어를 말하는 것으로 보인다. 플루타르코스는 고래의 동물 심리를 다룬 「동물의 영리함에 대해서(*De sollertia animalium*)」에서 "문어의 표피"에 대한 핀다로스의 관찰을 덧붙이면서 단편 「지혜의 불충실」을 인용했다. 그는 "문어의 표피의 변화에 대해서 핀다로스는 다음과 같이 찬양했다. '네가 자주 가는 모든 도시들로 / 바다 동물의 표피와 같은 마음을 지니고 가라'"(플루타르코스, 『도덕론[*Moralia*]』)라고 서술한 것이다. 이때 플루타르코스는 바다 동물을 문어(Octopus)로 이해하고 있다.

문어는 표피를 자기가 몸을 붙이고 있는 바위의 색깔에 따라서 변화시킬 수 있다. 수시로 변하는 환경에 적응하는 능력이다. 이 능력은 인간 삶에 관한 하나의 잠언으로도 적용될 수 있다. 다른 이들의 삶의 방식이나 사고방식의 차이를 그냥 받아들일 뿐만 아니라, 그것에 동화하는 세계 개방적이고, 세계주의적인 태도로 이해한다면 핀다로스의 텍스트는 무엇을 말하고 있는지 한눈에 파악할 수 있을 만큼 처음부터 끝까지 매우 매끄럽게 구성되어 있다.

그러나 횔덜린의 번역은 바다의 동물에 대한 핀다로스의 표상을 원문대로 이해했는지 알 수 없게 한다. 조언을 듣는 아이가 벌써 가장 많이 흑해의 야생 동물의 표피에 마음을 기울이고 있다고 노래함으로써 본래의 의미를 재구성할 수 없게 된다. 아이의 마음이 이미 문어의 표피에 기울어져 있다면, 아이는 벌써 수시로 달라지는 그 표피의 변화를 좋아하는 것이며, 따라서 이 변화의 능력을 교훈 삼아서 모든 도시와 어울리고 다른 때에는 다르게 생각하라고 조언할 필요가 없기 때문이다.

그럼에도 불구하고 횔덜린이 이 흑해의 야생 동물을 문어로 이해했다면, 그것은 문어의 다른 특성을 염두에 두었을 것이라고 볼 수 있다. 문어는 고대의 문헌뿐만 아니라 횔덜린 당대의 사전에도 주변 환경에 동화하는 능력에 곧바로 대칭되는 다른 태도의 상징으로 설명되어 있다. 문어는 촉수인 빨판으로 "좋아하는" 바위의 표면에 놀랄 만큼 집요하게 달라붙는다. 18세기의 한 사전에는 문어가 바위를 움켜잡으면, 찢어발겨질 때까지 떨어지지 않는다고 기술되어 있다. 횔덜린이 핀다로스처럼 이 바다 동물의 두드러진 특성을 동화의 능력이 아니라 흡착의 능력으로 보았을 것이라고 생각한다면 번역 텍스트의 문맥상의 일치성을 인정하게 될지 모르겠다. 아이는 바위에 밀착하여 떠날 줄을 모르는 태도를 거두고 세상의 여러 곳으로 들어가보도록 권유받고 있기 때문이다.

그처럼 시인 핀다로스는 교사로서, 인생의 길로 나서는 제자에게 무엇인가를 일러주려는 현자로서 자신을 나타내고 있음을 이 텍스트는 보여준다. 횔덜린은 이 점에서 "학교/배움터"에 연관한 생각을 결합시킨다. 두 번째 부분, 즉 주석에 횔덜린의 숙고가 담겨 있다.

"세상을 대비하는 고독한 배움터의 능력"이라고 주석은 그 주제를 연다. "고독한(einsam)"은 그리스어(eremos)의 역어이다. 이 어휘에서 은둔자(Eremit)가 파생한다. 이 은둔의 표상은 횔덜린에게 특별히 매혹적이다. 그의 유일한 소설 『휘페리온』의 부제는 "그리스의 은둔자(Der Eremit in Griechenland)"이다. 은둔처로서의 배움터는 횔덜린이 4년을 다닌 뷔르템베르크의 수도원 학교와 튀빙겐 신학교를 연상시킨다. 이 신학교를 그와 그의 동료들은 "수도원"이라고 불렀다. 엄격한 규율 때문에 고통스러운 학창 생활이었지만, 나중에 기록한 "홈부르크 2절지 원고철" 84쪽에는 어떤 맥락도 없이 "그처럼 나에게 / 수도원은 무엇인가 유용했다"라고 적혀 있다.(KA 1, 399쪽 19행) 이것이 어쩌면 "고독한 배움터"의 능력에 대한 답변이 될 수 있을 것이다.

수련하는 배움터의 고독은 그 배움터가 전하는 지식이 "순수한 앎"으로 불려야만 하고, 이러한 "순수한 앎"은 다시금 "천진난만"으로 특징지어진다는 사실과 연관된다. 이 "순수한 천진난만"은 이제 "총명함"의 정신으로 연결된다. 횔덜린은 이제 총명함을 "다양한 상황에서도 충실하게 머무는 기술"이라고 정의한다. 이 지점에서 우리는 이 단편의 제목과의 분명한 연관을 보게 된다. 총명이 충실의 능력이라고 간주하면, 총명은 「지혜의 불충실」이 칭하고 있는 지혜와는 대칭을 이루는 것이 분명하다. 따라서 지혜는 "다른 상황에서는 불충실하게 되는" 기술일 것이라고 이해할 수 있다. 총명과 지혜는 정도에 따라서 차이가 나는 지적 능력이 아니라 정반대의 방향으로 대칭되는 지적 능력인 것이다.

"앎(Wissen)"도 일종의 기술로 제시된다. 또한 일종의 "능력"이기도 하다. "구체적/실증적 오류를 만나서도 오성에 안전하게 머무는" 기술이자 능력이라는 말이다. 실증적인 오류들이란 그것이 정의의 것이든 종교적인 교리의 것이든 구체적으로 드러나는 오류들이다. 정의 또는 교리의 역사적, 구체적인 표현은 항상 오류에 노출되어 있다. 구체성 또는 실증성(Positivität)은 모든 오류의 근원이다. 그렇지만 횔덜린은 구체적인 것, 실증적인 것이 새겨진 교회의 율법과 국가의 법, 그리고 유산으로 이어받은 제도의 표현에 많은 유익성을 부여한다. "그것들은 예술보다 더 엄격하게……생동하는 관계들을 확인한다"라고 핀다로스 단편 「가장 드높은 것」의 주석에서 언급하고 있다. 인간의 하늘을 찌를 듯한 오만과 거인족과 같은 저돌적인 성향은 이 지상에 또 그것의 제도와 규칙에, 종교와 국가의 구체성에 고정될 필요가 있으며, 생명을 위해서 그것은 필연적이기도 하다는 것이다.

"순수한", 그러니까 선험적인 앎이 문제의 핵심이다. 그러한 앎은 공적인 삶의 구체적인 형태들에서의 오류에 당면해서 안정을 가능하게 해준다. 실증적인 것 안에서 안정의 근거가 발견되지 않더라도 순수한 앎은 그 근거를 제공해주기 때문이다. 그렇기 때문에 순수한 앎은 "총명의 영혼"이라고 불린다. 즉 총명이 그것의 기술, 말하자면 충실하기를 훈련할 수 있도록 조직해주는 힘인 것이다.

이를 위해서 우선 연습과 훈련—그리스어로 askesis—이 필요하다. "고독한 배움터"는 그러한 훈련의 장소이다. 거기서 오성은 선험적인 앎의 확고한 현존에 의지하는 가능성을 이해하도록 훈련된다. 그러한 안정적인 선험적 앎의 토대 위에서만이 오성은 "산만함" 가운데서도 힘을 보전할 수 있다.

주석의 마지막 부분은 횔덜린이 두 차례나 번역한 핀다로스의 「피티아 송시」 제4번의 한 구절이다. 이아손은 펠리아스에 의해 찬탈당한 아버지의 통치권을 되찾기 위해서 켄타우로스의 고독한 배움터를 떠나 도시로 나와 펠리아스 앞에 선다. 낯선 젊은이를 맞은 펠리아스가 그에게 신원을 묻자, 배움을 베푼 스승과 길러준 여인들의 희생을 자랑스럽게 여기는 듯 그 이름들을 부르고 나서, 천진난만하게도 가장 조심해야 할 인물인 펠리아스의 면전에 대고 자신의 관심사를 털어놓는다. "그리고 이제 고향으로 왔도다 / 내 아버지의 통치권을 되찾고자."

이 정직한 발언이 이아손에게 어떤 결과를 가져왔는지는 황금 양모피를 찾기 위한 아르고 호의 항해의 신화를 통해서 다 알려진 일이다. 이아손의 자유롭고도 정직한 발언이 그를 아르고 선원들의 지휘자로서 영원한 명성의 길로 인도했지만, 그 정직은 우선 자신의 직접적인 목표에서 벗어나 먼 우회로를 거치지 않을 수 없도록 했다. 그는 지나치게 충실하게 자신의 목적을 추구한 나머지, 그 목적의 달성으로부터 멀어지고 그 목적에 불충실하게 된 뒤에야 그것에 도달한다. 이아손의 이러한 충실과 세상 물정에 대한 무지는 "나는 20년의 세월을 / 보내면서 한 가지 일도 / 한마디 말도, 더러운 것을 그들에게 / 행하지도 말하지도 않았도다"라는 구절에 강조하여 표현되어 있다. 횔덜린은 1800년 대대적인 핀다로스 번역에서 "수다스러운"이라고 번역했던 어휘를 여기선 "더러운"이라고 번역하고 있다. 이아손은 케이론의 "교육"만을 받았던 것이 아니라, 거기에서 그에게 규정되어 있던 "기율(Zucht)"을 지켰다는 것이다. 그것은 그의 앎의 "순수함", 그러니까 온갖 경험으로부터의 자유로움의 표현이다.

이처럼 우리는 횔덜린을 통한 이 신화의 암시적인 서술을 이해할 수 있을 것이다. 그렇다면 이아손은 "고독한 배움터"에서 세속과 단절된 가운데 교육을 받아 자신이 처한 상황에 충실하게 머물고자 했으며, "지혜의 불충실"은 이제 배워야 할 것이라고 말할 수 있다. 그러나 이 불충실은 어디에 있다는 말인가? "다른 때에는 다르게 생각하기", 그러니까 근원적인 앎과 근원적인 목적의 "과감한 망각"에 있다는 것일까? 그렇다면 우리는 세상에 대비한 고독한 배움터의 능력에 대한 물음과 연관해서 횔덜린의 판단은 끝에 이르러 이아손을 예로 하여 단념으로 바뀐 사실을 인정하지 않을 수 없게 된다. 즉 "고독한 배움터"는 세상을 대비하기 위해 유용하게 만들지 않는다. 총명의 충실과 오성 가운데의 안전은 "불확실한 상황에서도 쉽게 갈피를 잃지 않는 것"을 보장한다. 그러나 소설 『휘페리온』의 소위 "아테네 연설"은 "오성이 하는 모든 일은 응급 조치일 뿐"이며, "오성은 무의미한 짓이나 부당한 일로부터 우리를 지켜주지만, 이러한 일로부터 안전하다는 것이 인간적인 특출함의 최고 단계는 아니"*라고 설파한다. 인간적인 최고 단계에

---

* 프리드리히 횔덜린, 장영태 옮김, 『휘페리온』, 을유문화사, 2008, 136쪽.

이르기 위해서는 "오류를 가장 진실된 진리 안으로 통합하고(「일곱 편의 성찰」)", "길을 잘못 드는 것"도 필요하다. 켄타우로스의 정신을 체현하고 있는 강 역시 처음에는 "헤맬 수밖에 없었다."(「생명을 주는 것」) 그리고 바로 진리의 첫 번째 파악은 "혼란에 내맡겨져 있다. 그리하여 사람들은 제 자신의 잘못 때문에 헤매는 것이 아니라, 한층 높은 목표 때문에 헤매는 것이다." (「진리에 관하여」) 그러나 그러한 "방황도 졸음처럼／도움을 준다."(KA 1, 289쪽, 「빵과 포도주」, 115-116행)

제목 「지혜의 불충실」에서의 불충실은 다만 표면적인 불충실로 증명된다. 제자는 교사 케이론과 그의 자연의 제국에 대해 불충실하지 않은 까닭이다. 그는 그곳을 떠나 도시로 가고, 다른 환경 아래에서도 충실하게 머무는 것, 다시 말해서 계속성과 그렇게 해서 자기 자신을 지키는 것을 이해하고 있기 때문이다.

「진리에 관하여」

횔덜린은 이 제목을 번역의 대본인 스테파누스가 편집한 판본(1560)에 소개된 스토베우스의 논고 「진리에 관하여(De veritate)」에서 그대로 따왔다. 주제를 강조해서 말하자면 진리는 오류를 함께 포함한다는 것이다. 진리는 일종의 "포괄적인 보편성"이라는 명제를 제시하는 「프랑크푸르트 아포리즘」을 상기시킨다. 「진리에 관하여」에서는 진리가 처음 파악하는 자로 하여금 거짓말을 발설하도록 유발하게 된다는 것을 두려워하는 것이 진리 자체이다. 진리의 "처음 생동하는 파악"에서 진리를 그르치기 특히 쉽다. 그렇기 때문에 진리는 그리스 텍스트의 표현대로 아르케(arche), 그러니까 덕목의 기초를 이루는 원리라는 의미에서 시초일 수밖에 없다. 횔덜린의 독일어 번역

자체에서 진리는 "최초의 실행자"이다. 따라서 진리의 의미는 이제 비로소 전개되어야 할 그 무엇이다.

「평온에 관하여」

휠덜린은 이 단편이 스토베우스의 논고 「평온에 관하여(De tranquillitate)」에서 유래한다는 스테파누스의 기록에 따라서 그 제목을 붙였다. 이 텍스트는 법률과 각 민족의 역사 간의 연관성, 그러니까 「핀다로스 단편에 대한 주석」의 핵심 텍스트인 「가장 드높은 것」에서도 언급되는 주제를 다루고 있다.

휠덜린의 해석은 순서를 따라 전개된다. 우선 "공공의 영역"이 언급되고, 그다음 "법률들"이 언급된다. "공공의 영역(das Öffentliche)"—스테파누스가 라틴어로 "rem publicam"이라고 번역한 개념—을 휠덜린은 어느 특정한 조국이 지니고 있거나 지녔던 "운명의 특성"으로 해명한다. 한 나라의 운명은 그 나라의 역사이다. 역사가 신과 인간 사이의 다툼인 한 그렇다. 그리고 이러한 조국의 특별한 운명은, 그때마다 "방해받지 않은 상태에서 확고히 붙드는" 법률들이 제정될 수 있기 전에 먼저 "파악"되어야 한다. 어느 조국의 근원적인, 각각 고유한 운명에 대한 이러한 해명은 "그리스의 자연의 아들들의 경우", "한층 더 심하게 권리를 침해하면서" 진행되며, 휠덜린이 새로운 시대의 서구적 인간을 의미하는 "교육의 인간"에게는 고유한 역사의 성법화 과정이 "한층 더 경험적으로" 일어난다. 무엇보다도 휠덜린이 보기에는 테세우스(Theseus)로 대표되는 그리스 입법자들의 역사에는 왕의 품위 또는 다른 정치적인 위엄이 조국 역사의 이러한 "파악"과 결부되어 있다. 그러나 상응하는 설명의 과정이나 입법 과정이 그렇게 정확하게 시민적, 공화적인 체계 안에있다고 생각할 수는 없다. 그러한 사실은 "영주에게 독창적인 방식"인 것이 "고유한 시민들에게는 모방으로서" 유효하다는 결구에 표현되어 있다.

휠덜린이 위기의 시대에 체득한 정치적인 조심성과 소극적 태도가 이처럼 애매한 주석을 낳은 것으로 보인다. 한편으로는 상응하는 절차가 시민의 측에서 수행될 경우, 영주의 근원적인 특권이었던 것이 단순한 모방으로 전락한다. 다른 한편 귀족적이지 않은 자는 "보다 고유한 시민"이다. 이러한 애매한 해석에는 혁명적인 시민군의 영웅이 바로 황제라고 불리는 정치적 상황의 불확실성이 반영되어 있다.

이 단편의 번역과 주석에서 눈에 띄는 것은 해석에서의 주도적인 개념인 "법률"이 그리스 원전이나 번역에 등장하지 않으며, "위대한 남아다운 평온"이라는 해석적 주해를 통해서 추론되고 있다는 점이다. 그리고 해석이 제1행의 번역에 나오는 "시민"에 대해서가 아니라, "입법자 또는 영주"에 대해 먼저 말하고 있다는 점도 눈에 띈다.

「돌고래에 관하여」

이 텍스트에는 다른 핀다로스 단편 주석들과는 전혀 다른 분위기가 우세하다. 이러한 분위기는 자연에서의 생생한 순간을 포착하고 있는 장면과 연관된다. 돌고래는 핀다로스의 짧은 단편에서 누가 부는지 전혀 알려지지 않은 플루트의 멜로디를 듣고 수면 위로 솟구쳐오르고 춤을 춘다. 그러나 그리스 신화에 정통한 사람은 돌고래에게 음악을 들려주는 이들은 뮤즈라는 사실, 그리고 때때로 바다의 신 포세이돈을 동반하는, 바다의 전설적인 동물인 트리톤의 피리가 돌고래를 자극한다는 사실을 잘 알 것이다. 이처럼 돌고래는 그리스 신화에서 단골의 자리를 차지한다. 돌고래는 난파를

당한 인간을 구하고 "사람을 좋아한다"는 평판을 들으며, 예술적 소질을 지닌 동물로 알려져 있다.

휠덜린은 그의 주석 첫 문장에서 우선 전체의 장면을 요약한다. 문법적으로 완전한 문장이 아니라, 핀다로스 단편들 도처에 보이는 것과 같은 주제 제시의 형식을 통해서이다.

"구름이 활짝 핀……자연의 노래"

이러한 정경의 만개를 통해서 하나의 절정의 시점, 카이로스가 일깨워진다. 이제 이 카이로스는 정밀하게 서술된다.

"이 시절에는 모든 존재가 자신의 소리를 정하고, 자신의 충실, 어떤 것은 스스로 연관을 맺는 방식을 정한다."

모든 존재는 하나의 음조, 하나의 긴장으로 이루어져 있다. 이러한 긴장은 "어떤 것이 어떻게 스스로 연관을 맺는가"에서 발생한다. 말하자면 자연 존재는 단자(Monade)들이 아니라, 자연 존재를 긴장으로 옮겨놓는 어떤 양극성에 엮여 있다. 이러한 긴장은 어떤 특정한 시점에 곧바로 음성으로 확인될 수 있는 음조로 표현된다. 어떤 존재의 이러한 음조를 휠덜린은 충실(Treue)이라고 부른다. 존재는 타 존재의 그러한 충실을 북돋는 것이 아니라, "스스로 연관을 맺는 것"을 지속하면서 자기 자신을, 자기자신에게의 충실을 지키는 것이다. "뮤즈의 천후 가운데", 요컨대 모든 자연 존재가 자신의 음조를 정하고 자신의 바꿀 수 없는 목소리를 들려주는 시간에, 이 목소리들이 합쳐져 세계의 "교향곡"을 만들어내는 다성의 합창이 울려퍼진다. 이것은 별들에서 울려나오는 것이 아니라 살아 있는 존재들로부터 울려나오는 하나의 천상의 음악이다. 특권이 주어지는 시점, 구세의 징표, 왕 같은 돌고래가 생동감에 넘쳐 모습을 나타내는 시점, 자연의 경이이다. 자연의 하모니가 절정을 이루는 한순간, 정지한 듯 보이는 가운데 인간의 삶의 만개는 평화와 평온의 신기원으로 확장해나간다.

「가장 드높은 것」

핀다로스가 "법, 필멸의 자와 불멸의 자 모두의 왕"이라는 말로써 법의 포괄적인 효력만을 의미하고 있다면, 횔덜린에게는 "필멸하는 자"와 "불멸의 자", "인간"과 "신"의 상호관계가 중요하다. 즉 그에게는 유한한 것과 무한한 것이 어떻게 "만날 수 있으며", 또 만나야 하는가가 중요하다는 말이다. 그의 주장은 이렇다. 이들은 직접적으로 만날 수도 없고 그렇게 만나서도 안 되며, 오로지 간접적으로 만날 수 있고 만나야 한다. 그리고 이러한 필연적인 만남의 간접성은 법에 의해 조성된다. "엄격한 간접성은 그러나 법이다."

이에 대한 근거는 인간에 관련되는 한 인식론적이다. 인간은 인식의 불가피성으로 숙명 지워졌기 때문이다. 불가피한 인식자로서 인간은 서로 다른 세계를 구분해야만 하는데, 인식은 오로지 주체와 객체, 즉 자아와 타자의 "대조를 통해서만 가능하기 때문"이다. 인식자로서의 인간을 위해서 신과 인간은 구분되지만, 그럼에도 불구하고 "만나야" 하는 한, 이들 사이의 중재는 필요하다. 여기서 직접성은 인식론상 하나의 불가능성으로 드러난다.

지고한, 추상적인 중재의 최고 심급(審級)으로 생각되는 "법"이 신과 인간, 무한한 것과 유한한 것 사이의 중재를 실행하는 형식은 "기율, 그것이 인간과 신이 만나는 형태인 한, 교회와 국가의 법이며, 유산으로 물려받은 규칙들"이다. 그러니까 형태 없는 직접성을 통해서가 아니라, 그러한 "형태"를 통해서만 인간과 신은 "만날 수" 있다. 그리고 만남의 이러한 "형태"는 만남의 본질이기도 하다. 즉 만남 자체이다. 횔덜린은 기율, 교회와 국가의 법 그리고 유산으로 물려받은 규칙들이 그 안에서 시간과 더불어 민족이 만났고, 만나고 있는 생동하는 관계들을 확인하고 있다고 말하는 가운데 만남이라는 개념을 다시 한번 부각시키면서 받아들인다. "민족"에 이르기까지 만남이라는 표상이 확대되는 것은 이 형태들이 "생동하는 관계들"에게서 저들의 생명성을 빼앗거나 "시간"의 흐름을 거부함이 없이 전체를 향한 중재가 중요하다는 사실을 증언한다. 여기서 "확인"의 요구에 대한 특별한 강조가 눈에 띈다. "그것들은 예술보다 더 엄격하게 생동하는 관계들을 확인한다." 단편 「평온에 관하여」에 대한 주석에서도 "그런 다음에야 법들은 그 운명을 방해받지 않는 상태에서 확고히 붙들 수 있는 수단이 된다"고 언급한다. 그리고 다시금 "기율"의 형태에서 신과 인간의 만남이 문제시되는 단편 「안식처들」에 대한 주석에서도 "운명 가운데 옛 기율의 흔적을 통해서 자신을 만날 때까지, 어떤 안식도 발견하지 못할 때 자리를 잡는 것처럼, 신과 인간이 서로를 다시 알아보며, 원천적인 필요를 회상하면서 그는 **자신을 보존할 수 있는 곳에 있음을 기뻐한다**"(216쪽)고 말한다. 그러므로 이 주석은 "신과 인간이 짝짓는 무시무시한 일과 자연의 힘[= 신]과 인간의 가장 깊은 내면이 분노하는 가운데 일체가 되는" 직접성의 비극적 체험을 간파하고 있는 「오이디푸스 왕에 대한 주석」과 「안티고네에 대한 주석」에 대해 대칭적인 구상을 펼치고 있는 셈이다.

「노년」

이 단편은 횔덜린이 이용한 스테파누스 판본의 언급에 따르면 플라톤의 『국가(*Politeia*)』 제1권(331a)에서 유래한다. 횔덜린의 번역 첫 두 행은 플라톤에서는 소크라테스의 대화 상대자 케팔로스의 발언으로 되어 있는데, 사실은 케팔로스가 핀다로스를 인용하고 이 인용을 자신의 발언으로 통합했다. 휠덜린은 스테파누스 판본의 종합을 따르고 있다.

이 단편의 핵심은 휠덜린의 주석도 중점으로 삼고 있는 "희망"임에도 불구하고 제목을 「노년」이라고 한 것은, 그가 노년이라는 개념을 희망의 한가지 속성에 불과한 그리스어 표현 Ὑηροτρόφος, 즉 "노년을 부양하는" 또는 "노년을 돌보는"에서 차용하고 그것을 중점으로 삼았기 때문이다. 휠덜린은 이 부분의 번역을 피하고, 이 그리스어 표현을 "생을 오래 누리게 하면서"라는 말로 의역하고 이 부분을 "삶의 가장 아름다운 모습"이라고 주석했다. "결백한 습속"이 오래 보존되고 삶을 오래 누리도록 돕는 데에 이 아름다운 모습의 본질이 있다. 여기서 우리는 성경의 한 계명을 듣는 듯하다. "너희는 부모를 공경하라. 그래야만 너희는 하느님이 너희에게 준 그 땅에서 오래도록 살 것이다."(「출애굽기」, 제2장 12절) 모든 공적인 법의 설정에 선행하는 "결백한 습속"은 노년에 대한 그러한 존중에 본질을 두고 있다. 이러한 습속의 보호에서 나오는 "희망"은 아직은 피어나지 않은 채 잠재되어 있는 것의 만개를 약속한다.

삶의 이러한 연장의 특징은 "서두르는 가운데의 여유로움(eilende Weile)"이다. 다소 수수께끼 같은 표현으로 휠덜린은 자신의 텍스트 해석에 대해서 결정적인 암시를 준다. "천천히 서둘러라" 또는 "급할수록 천천히(festina lente, Eile mit Weile)"는 수에토니우스가 『카이사르의 생애(De Vita Caesarum)』에서 소개한 평화의 시대를 이끈 아우구스투스 황제의 모토이다. 충만의 순간은 지체되고 사건의 진행은 기다림 가운데 느리기 마련이다. 그런 가운데 휠덜린은 평화로 가득한 운명의 보상을 동시대인들과 함께 동경한다. 새롭게 출발하는 신세기가 다시금 희망을 키우고 르네빌 평화 협정

(1801)과 같은 평화를 위한 행동들이 새로운 전망을 여는 듯 보이는 시대를 바라보면서 횔덜린은 "결백한 습속"의 보존이 가져다주는 노년의 만족을 기대하는 것과 마찬가지로 "서두르는 가운데에서의 여유로움"의 예지가 가져다줄 평화를 믿고 기대한다.

「무한함」

횔덜린은 해석적 주석을 통해서 단편에 언급되어 있는 "정의"와 불의―"부정한 속임수"―사이의 대립에서 정의와 실용주의적인 영특함의 대립을 도출한다. 그리고 정의와 영특함이 "무한히(정확하게) 연관을 맺는" 제3의 영역에서의 이러한 대립의 지양을 추구한다. 제목「무한함」도 이런 의도의 반영이다. 이러한 제3의 영역이 무한하게 중재를 행한다. 이것이 "다의적인 심정"이다.

「안식처들」

이 단편에 대한 해석적 주석은 "법"이 모든 것 위에 위치하는「가장 드높은 것」에 대한 주석과 동일한 기본 사상을 바탕으로 삼고 있다. 그렇게 강조된 "법"을 이제는 정의의 여신 테미스가 대신한다. 횔덜린은 앞의 주석에서의 "기율"이라는 개념을 여기서 다시 끄집어낸다. 여기서는 더 이상 설명되지 않는 기율은 앞선 주석에서는 "인간과 신이 서로 만나는 형태, 교회와 국가의 법과 유산으로 물려받은 규칙들"이라고 정확하게 규정되었다. 여기서도 신과 인간의 만남이라는 표상은 본질적이다. 이제 신과 인간의 "옛 기율의 흔적을 통한" 재인식―"신과 인간이 다시금 서로를 알아봄"―이 언급된다.「가장 드높은 것」의 주석에서도 기율의 제 형식들이 우선 "인간들에게는 인식의, 해명의 가능성"(212쪽)이라고 했다. 이제 특별히 제기되는 확인의 획득이라는 표상 자체도 기율의 형식들—교회와 국가의 법과 유산으로 이어받은 규칙들—에 대해 언급될 때, "그것들은 예술보다 더 엄격하게, 생동하는 관계들을 확인한다"고 이미 기록되었다. 이러한 "옛 기율의 흔적"이라는 개념을 둘러싼 모든 진술로부터 "안식처"와 "피난처"가 무엇을 의미하는지 밝혀진다. 그것들은 똑같이 "옛 기율들의 흔적들", 말하자면 "교회와 국가의 법과 유산으로 물려받은 규칙들"이다. 이것들은 "평온"을 주고, "피난처"와 머물 곳을 제공한다. 이 단편에 대한 횔덜린의 해석은 정의의 여신 테미스가 평온과 안정을 제공하고, 그것이 없었더라면 자칫 고향을 잃고 말았을 인간에게 피난처를 제공하는 기관들인 교회와 국가의 법을 만들어냈다고 설명한다. 신화적으로 말하자면 테미스가 "안식처를 낳았다"는 것이다.

횔덜린은 "인간이 자리를 잡는 것처럼, 테미스의 한 아들"이라는 말로 주석을 시작하면서 한걸음 더 나간다. 테미스의 아들로서 인간은 태생적으로 정처를, "자리를 잡고 앉음"을 필요로 하고, 그 때문에 법칙적인 것과 규율을 필요로 한다. 여신 테미스(Themis)의 어원인 그리스어 동사 tithemi는 "놓다(독일어로 setzen)"를 의미한다. 횔덜린은 이러한 여신 테미스라는 이름을 "자리를 잡고 앉는" 인간이라는 표상과 결합시키고 있는 것이다.

안식처 또는 피난처(Asyl)는 횔덜린에게는 유쾌하지 않은 여운을 남긴 어휘이다. 송시 「하이델베르크(*Heidelberg*)」의 한 초안에 쓴 적이 있는 것처럼 "사람들과 책들로부터 도망치지" 않을 수 없었던 그는 종국에 "노래"만이 피난처로 남게 되었음을 송시 「나의 소유물(*Mein Eigentum*)」에서 고백한다.

그리고 나에게도, 나의 죽어야 할 가슴 구원하도록

다른 이들에게처럼 정처가 있기를,

또한 고향도 없이 나의 영혼이

삶을 뛰어넘어 먼 곳을 동경하지 않도록

그대 노래여, 나의 다정한 안식처이어라!(KA 1, 223쪽)

여기서 "영원한 장소/정처(bleibende Stätte)"라는 표상은 성서적 표현—히브리서 13장 14절, "우리에게는 이 땅 위에 영원한 도시가 없고"—이다. 횔덜린은 끝내 그의 마지막 상황, 피난처가 되고 만 튀빙겐 옥탑(Turm)에서의 생활에 가까워지면 질수록 그러한 장소에 대한 언급이 잦아진다. 이것이 이제 시작된 정신착란의 혼란스러운 충격에 대한 반영인지는 1802년 가을 뵐렌도르프에게 보낸 편지가 잘 보여준다. "영혼의 많은 동요와 감동 이후 나를 고정시키는 것이 한동안 나에게 필요했었소. 그리고 그사이에 나는 고향에서 살고 있소." 그리고 계속 말한다. "서로 다른 특성을 가진 자연의 한 지역에서의 만남,⋯⋯지금은 나의 기쁨이라오."(『서한집』, 495쪽)

여기에는 후기의 시 단편 「말하자면 심연으로부터⋯⋯(*Vom Abgrund nämlich*⋯⋯)」에서 마주치는 모든 것을 집중시키는 한 중심점에 대한 소망이 메아리로 울린다.

"프랑크푸르트는 그러나, 자연의 모습

인간의 형태에 따라

말할 수 있다면, 이 땅의

배꼽이다."(KA 1, 416쪽)

같은 소망을, "그곳은 어떤 낯선 것이 손댈 수 없다. 자연의 작용과 생명이 집중되어 있으며"(216쪽)라고 주석은 확언한다.

「생명을 주는 것」

횔덜린의 핀다로스 단편에 대한 마지막 주석 「생명을 주는 것」은 인류 문명사의 발원에 집중한다. 이 단편은 라피타이족의 왕 페이리토오스의 결혼식에서 일어난 그 유명한 소동의 신화를 인용하고 있다. 이 결혼식에 손님으로 초대받은 반인반마의 켄타우로스족이 포도주를 실컷 마시고 크게 취하여 결혼식에 참석한 여인들을 폭행하려 했고, 뒤따라 하례객들 사이에 격렬한 다툼이 일어났다는 신화이다. 횔덜린은 주석에서 단편에 인용된 이 설화를 전혀 모르는 척하고, 대신에 특정한 지역에서의 문명의 근원으로 일종의 문명사적인 원인을 짜 넣는다.

횔덜린은 이미 「안티고네에 대한 주석」에서 "신화를 도처에서 한층 더 **증명이 가능하게**"(199쪽) 표현해야 한다고 언급했다. 그는 신화로부터 문명사적 의미를 추출해내는 것이 중요하다고 한 괴팅겐 학파 하이네와 아이히호른의 탈신화화 프로그램을 관심을 가지고 다루고 있다. 이를 위해서는 신화적인 주역을 개념화하지 않으면 안 된다. 그런 뜻에서 "켄타우로스의 개념은 강의 정신의 개념이다"라고 주석한다. 이러한 주석은 대담하다. 그러나 결코 독창적인 것은 아니다. 횔덜린은 헤데리히의 『기본 신화 사전(*Gründliches mythologisches Lexikon*)』에 수집되어 있는 신화적인 편람 지식을 참고했다고 킬리가 지적한 바 있다. 이에 따르면 켄타우로스는 계곡으로 쏟아져 떨어지는, 그래서 바위를 뚫고 물길을 "찔러대는" 냇물 또는 강물의 힘을 대변한다. 어원상 그리스어 kentein은 "찌르다"이며, tauros는 "황소"인 것이 이를 말해준다는 것이다.

그런데 다음 주석은 수수께끼 같다. "그의 형상"은, 즉 켄타우로스의 형상은, "그렇기 때문에 바위와 동굴이 많은 강변이 있는 자연의 자리에 존재한다"고 말하기 때문이다. 이 구절은 휠덜린의 강의 찬가 「이스터 강(Der Ister)」의 한 구절, "그러나 바위는 찌름을 필요로 하고/대지는 쟁기질을 필요로 한다/지체함 없이는 깃들만한 것이 못 되리라"(KA 1, 364쪽)와 관계된다. 바위에 남아 있는 찌름의 흔적은 그 전에 "깃들 만한 곳이 못 되었던" 땅을 "깃들 만하게" 만들었던, 한때 있었던 켄타우로스의 편재를 밝혀준다. 앞 시구에서는 "강물들이 땅을/일굴 수 있도록 만들어주기 때문이다"(KA 1, 362쪽 16-17행)라고 읊었다. 여기서 강물이 지체하기 때문에, 달리 말하자면 "지체할 수밖에 없기" 때문에, 인간들에게도 "지체"하도록 기여하면서, 스스로도 "지체하는 자"인 장소가 생겨나는 것이다. 이처럼 휠덜린은 자연사에서부터 문명사로의 이전을 지질학적인 표지와 어원으로부터 해명한다.

켄타우로스의 "형상"은 지형이 어느 정도는 그의 편재를 나타내는 표지(또는 "옛 기율의 흔적")를 지니고 있다는 의미에서만 그러한 장소에 존재하는 것은 아니다. 지형이 오히려 켄타우로스의 형상을 모방한다. 즉 강물이 "지체함", "체류"와 "정지"을 통해서 "팔"을 얻었다면, 그것은 바로 켄타우로스가 음료를 마실 때 쓰는 "뿔로 만든 잔"을 흉내 낸 것이다. 우리는 슈미트가 확인하고 있는 대로, "옛 언어들은 강의 '팔'이 아니라 황소를 연상시키는 강의 '뿔'을 쓰기도 했다"(KA 2, 1313쪽)는 점을 함께 고려해야 한다.

지체를 통한 강물의 수동적인 머무름의 이러한 첫 단계에서 "연못의 곁에서처럼, 촉촉한 초원들과 동굴들이 젖을 빠는 짐승들을 위해 형성되고, 그

사이 켄타우로스는 거친 목동이었다." 이러한 정체된 상태에서 지형은 "단단히 뿌리박은 나무들과 풀숲들"의 이주와 더불어, 포도나무의 재배가 이루어지는 새로운 "방향"으로 넘어간다. "거친 목동"이 포도 재배자가 된다. "모양을 갖춘 물결은 연못의 안식을 쫓아내고, 또한 강변에서의 생활 방식도 바뀌었다."

목동의 현존에서 포도 재배자의 삶의 양식으로의 이동을 횔덜린은 켄타우로스들이 "꿀처럼 달콤한 포도주의 힘을 배우고자" "갑자기 하얀 우유와 식탁을 손으로 밀쳐버렸다"는 신화를 통해서 상징적으로 표현한다. 태고의 생활 양식─정처 없이 떠도는 목동의 생활─에서 한층 높은 문명으로의 이전이 우유에서 포도주로 넘어감으로 비유된다. 그것으로 횔덜린이 단편에 붙인 제목 「생명을 주는 것」은 향하는 듯이 보인다. 우유가 생명을 유지시킨다면, 포도주는 활력을 주고 생동하게 한다. 포도주는 감동시키고 매혹시킨다. 그런데 만유에 본질적으로 생명을 주는 것은 정신이다. 『판단력 비판』에서 칸트는 "정신이란 마음속에 생기를 주는 원리"라고 규정한다. 포도주를 우유와 구분하게 하는 것은 포도주 안에 들어 있는 감동 또는 매혹으로 이어지는 정신인 것이다.

세 번째 문단 "오시안의 노래들"에 대한 짧은 언급이 무엇을 의미하는지는 불분명하다. 오시안에 대한 감동은 오래된 소위 켈트족의 음유시들이 위조일 수도 있다는 의구심이 일어난 이래로 1800년대 이후 크게 가라앉았다. 그러나 횔덜린은 이에 대해서 공감하지 않았다. 횔덜린은 여전히 오시안의 노래가 가진 고대적인 특성을 믿는 듯하고 이러한 고대적 특성은 당연히 문명사적인 시발점에 위치한 만큼 "그리스의 케이론이 아킬레우스에게 가르쳤던" 노래들과의 비교를 가능하게 하는 시 양식을 증언하는 것처럼 보인다. 이렇게 케이론을 언급함으로써 이 「핀다로스 단편에 대한 주석」의 순환적인 구성 목표도 달성된다. 핀다로스 단편의 첫 번째 주석인 「지혜의 불충실」에 케이론이 이미 등장하고, 그의 제자 이아손의 입을 통해서 제4번 「피티아 송시」에서 그를 말하도록 했다. 이제 케이론은 마지막 단편에서도 "아킬레우스에게 칠현금 연주를 가르킨 자"로서 여운을 남기며 회상의 대상이 된다.

— 장영태

[부록]

「독일 관념론의 가장 오래된 체계 강령」에 관하여

헤겔의 육필로 작성된 이 미완성의 논고는 1913년 발견되어 로젠츠바이크에 의해 「독일 관념론의 가장 오래된 체계 강령(*Das älteste Systemprogramm des deutschen Idealismus*)」(이하 「체계 강령」)이라는 제목으로 1917년 출간되었다. 이후 이 텍스트의 저자를 놓고 격렬한 논쟁이 이루어졌다. 헤겔의 육필로 전해지기는 하지만 셸링이 저자이지 않을까 하는 견해가 설득력을 얻고 있으며, 내용 구상에 횔덜린이 관여했을 것으로 추측된다. 횔덜린은 셸링과 1795년 여름, 1795년 12월, 1796년 4월에 만남을 가졌다. 따라서 「체계 강령」이 집필된 것은 이르면 1795년 여름이나 늦어도 1796년 봄이며, 헤겔이 사본을 만든 시기는 1796년 6월에서 8월 사이로 짐작된다. 텍스트의 첫 부분은 소실되었으며, 한 편의 논고의 초안이라기보다는 한 권의 철학적 저서에서 다룰 만한 내용이 함축적으로 담겨 있다.

「체계 강령」은 이성의 분석적, 도구적 사용으로 인해 야기된 계몽주의의 결핍을 "이성의 신화", 즉 이념들의 신화화를 통하여 극복하고자 한다. 계몽주의에 대한 신랄한 비판에도 불구하고 이 텍스트는 궁극적으로는 "보다 높은 계몽"을 지향한다는 점에서 "계몽의 변증법"의 맥락에 놓여 있다고 할 수 있다. 「체계 강령」은 "모든 이념들의 완전한 체계"를 세우고자 시도하는데, 이를 통해 "윤리학"의 새로운 정초를 마련하고자 한다. 이 이념 체계는 "자아 혹은 자유"와 "자연 혹은 세계"라는 두 가지 토대 위에 세워진다. 「체계 강령」의 첫 번째 이념인 "절대적 자아"라는 표상과 자연의 이념에 근거한 새로운 자연(철)학에 대한 요구는 초기 낭만주의의 "새로운 신화" 이념에서 표명된 자의식의 동일성 문제와 사변적 자연철학을 선취하고 있다.

국가의 기계적인 지배 장치에 대한 "인류의 이념"에 근거한 「체계 강령」의 극단적인 비판은 이 텍스트가 포함하고 있는 정치적 의도를 분명히 보여준다. 이러한 비판은 새로운 공동체적 총체성을 가지는 "새로운 종교"에 대한 요구로 귀결된다. 이와 동시에 「체계 강령」은 "심미적 활동"을 "이성의 최고의 활동"으로 파악하면서 "미의 이념"을 이념 체계의 가장 최고의 이념으로 제시하고 있다. 따라서 시문학 혹은 예술이 인식론적 차원에서뿐만 아니라 공동체적 차원에 있어서도 통합을 이루어내는 심급이 된다. 그럼에도 불구하고 「체계 강령」이 궁극적인 목표로 내세운 것은 실천이성적 이념들의 심미화와 이념들 간의 심미적 중재이기에 "이성의 신화"라는 "새로운" 신화는 무엇보다도 이념들에 복무해야한 한다는 주장으로 결론을 맺고 있다. 「체계 강령」은 칸트적 이원론을 넘어서는 새로운 철학적 체계의 불가피성을 보여주고 있으며, "새로운 종교"라는 "새로운" 신화의 구현을 통해서 진정한 의미의 자유와 평등의 실현을 요청하고 있다. 이러한 새로운 총체성을 구현해내는 것은 그러나 "이성의 신화"를 통해서 뿐만 아니라, 초기 낭만주의의 "새로운 신화(neue Mythologie)" 이념이 보여주듯이, 시문학 혹은 예술을 통해서 가능하다는 점에서 「체계 강령」에 나타난 "새로운 신화"의 이념은 계몽주의적 한계를 가진다고 할 수 있다.

— 이영기

참고 문헌

1차 문헌

Hölderlin, Friedrich : *Sämtliche Werke und Briefe* in drei Bänden. Hg. von Jochen Schmidt. Frankfurt am Main 1994. [KA]

Hölderlin, Friedrich : *Sämtliche Werke.* Große Stuttgarter Ausgabe. Bd. 1-8. Hg. von Friedrich Beißner. Stuttgart 1943-1985. [StA]

Hölderlin, Friedrich : *Sämtliche Werke.* Hg. von Dietrich Eberhard Sattler. 20 Bände. Frankfurt am Main 1975-2008. [FHA]

Hölderlin, Friedrich : *Sämtliche Werke und Briefe* in drei Bänden. Hg. von Michael Knaupp. München 1992-1993. [MA]

2차 문헌

Adorno, Theodor W. : *Parataxis. Zur späten Lyrik Hölderlins.* In : Ders. : *Noten zur Literatur III.* Frankfurt am Main 1976, 156-209.

Bachmaier, Helmut : *Hölderlin. Transzendentale Reflexion der Poesie.* Stuttgart 1979.

Bartel, Heike : *Centauerngesänge. Friedrich Hölderlins Pindarfragmente.* Würzburg 2002.

Binder, Wolfgang : *Hölderlin und Sophokles.* Turm Vorträge 1992. Tübingen 1992.

Binder, Wolfgang : *Friedrich Hölderlin. Studien.* Hg. von Elisabeth Binder/Klaus Weimar. Frankfurt am Main 1987.

Birkenhauer, Theresia : *Legende und Dichtung : der Tod des Philosophen und Hölderlins Empedokles.* Berlin 1996.

Bothe, Hennig : *Hölderlin zur Einführung.* Hamburg 1994.

Brenner, Hildegard : *Die Verfahrungsweise des poetischen Geistes. Eine Untersuchung zur Dichtungstheorie Hölderlins.* Berlin 1952.

Buhr, Gerhard: *Hölderlins Mythenbegriff: eine Untersuchung zu den Fragmenten "Über Religion" und "Das Werden im Vergehen"*. Frankfurt am Main 1972.

Burdorf, Dieter: *Friedrich Hölderlin*. München 2011.

Constantine, David: *Hölderlin*. Oxford 1988.

Emmrich, Thomas: *Hölderlin*. Baden-Baden 2022.

Fink, Markus: *Pindarfragmente: neun Hölderlin-Deutungen*. Tübingen 1982.

Gaier, Ulrich: *Der gesetzliche Kalkül. Hölderlins Dichtungslehre*. Tübingen 1962.

Gaier, Ulrich: *Hölderlin. Eine Einführung*. Tübingen 1993.

Gaier, Ulrich: *Hölderlin-Studien*. Hg. von Sabine Doering u. a. Eggingen 2014.

Grimm, Sieglinde: *"Vollendung im Wechsel". Hölderlins "Verfahrungsweise des poetischen Geistes" als poetologische Antwort auf Fichtes Subjektphilosophie*. Tübingen u. a. 1997.

Henrich, Dieter: *Der Grund im Bewußtsein: Untersuchungen zu Hölderlins Denken (1794–1795)*. Stuttgart 1992.

Henrich, Dieter: *Hegel im Kontext*. Frankfurt am Main 1971.

Hölscher, Uvo: *Empedokles und Hölderlin*. Frankfurt am Main 1965.

Jähnig, Dieter: *Dichtung und Geschichte. Beiträge Hölderlins zur Geschichtsphilosophie und zur Philosophie der Künste*. Hg. von Dieter Rahn. Hildesheim u. a. 2019.

Jamme, Christoph/Schneider, Helmut(Hg.): *Mythologie der Vernunft. Hegels "ältestes Systemprogramm des deutschen Idealismus"*. Frankfurt am Main 1984.

Jamme, Christoph: *Mythos als Aufklärung. Dichten und Denken um 1800*. München u. a. 2013.

Kalász, Claudia: *Hölderlin. Die poetische Kritik instrumenteller Rationalität*. München 1988.

Konrad, Michael: *Hölderlins Philosophie im Grundriß: analytisch-kritischer Kommentar zu Hölderlins Aufsatzfragment "Über die Verfahrungsweise des poetischen Geistes"*. Bonn 1967.

Kreuzer, Johann: *Erinnerung: zum Zusammenhang von Hölderlins theoretischem Fragment "Das untergehende Vaterland..." und "Wenn der Dichter einmal des Geistes mächtig ist..."*. Königstein/Ts. 1985.

Kreuzer, Johann: *Einleitung und Anmerkungen*. In: Friedrich Hölderlin: *Theoretische Schriften*. Mit einer Einleitung und Anmerkungen herausgegeben von Johann Kreuzer. 2., überarbeitete und ergänzte Auflage. Hamburg 2020, VII–LVII.

Kreuzer, Johann(Hg.): *Hölderlin-Handbuch. Leben-Werk-Wirkung*. Stuttgart/Weimar 2002.

Kurz, Gerhard: *Mittelbarkeit und Vereinigung. Zum Verhältnis von Poesie, Reflexion und Revolution bei Hölderlin*. Stuttgart 1975.

Kurz, Gerhard: *Zu Hölderlins Dichtungstheorie*. In: *Philosophische Rundschau* 21(1975), 258–269.

Kurz, Gerhard: *Poetik und Geschichtsphilosophie der Tragödie bei Hölderlin*. In: *Text &*

Kontext 5. 2(1977), 15-36.

Lee, Young Ki : *Friedrich Hölderlins Mythopoesie als Neue Mythologie*. München 2007.

Link, Jürgen : *Hölderlin-Rousseau. Inventive Rückkehr*. Opladen u. a. 1999.

Lönker, Fred : *Welt in der Welt. Eine Untersuchung zu Hölderlins "Verfahrungsweise de poetischen Geistes"*. Göttingen 1989.

Ryan, Lawrence J. : *Hölderlins Lehre vom Wechsel der Töne*. Stuttgart 1960.

Schadewaldt, Wolfgang : *Einleitung*. In : Sophokles : *Tragödien*. Deutsch von Friedrich Hölderlin. Frankfurt am Main u. a. 1957.

Schmidt, Jochen : *Tragödie und Tragödientheorie. Hölderlins Sophokles-Deutung*. In : *HJb* 29(1994-1995), 64-82.

Schrader, Hans : *Hölderlins Deutung des Oedipus und der Antigone. Die Anmerkungen im Rahmen der klassischen und romantischen Deutungen des Antik-Tragischen*. Bonn 1933.

Seifert, Albrecht : *Untersuchungen zu Hölderlins Pindar-Rezeption*. München 1982.

Seifert, Albrecht : *Hölderlin und Pindar*. Eggingen 1998.

Strack, Friedrich : *Ästhetik und Freiheit. Hölderlins Idee von Schönheit, Sittlichkeit und Geschichte in der Frühzeit*. Tübingen 1976.

Szondi, Peter : *Versuch über das Tragische*. Frankfurt am Main 1964.

Wöhrmann, Klaus-Rüdiger : *Hölderlins Wille zur Tragödie*. München 1967.

장영태 : 「횔덜린—생애와 문학 · 사상」, 문학과지성사, 1987.

천병희 : 「횔덜린의 핀다르 수용에 관한 연구」, 삼영사, 1986.

횔덜린 연보

1770년

라우펜

3월 20일 : 네카어 강변의 라우펜에서 수도원 관리인 하인리히 프리드리히 횔덜린(1736년 생)과 요한나 크리스티아나, 처녀명 헤인(1748년 생) 사이의 첫아들로 태어남. 다음 날 요한 크리스티안 프리드리히라는 이름으로 세례 받음.

1772년

7월 5일 : 서른여섯 살의 나이에 부친 뇌출혈로 사망.
8월 15일 : 여동생 하인리케, 애칭 리케 출생.

1774년

10월 10일 : 모친, 전 남편의 친구이자 후에 뉘르팅겐의 시장이 된 요한 크리스토프 고크와 재혼. 뉘르팅겐으로 이사.

1776년

뉘르팅겐

뉘르팅겐의 라틴어학교에 다니기 시작함.
횔덜린을 성직자로 기르기로 작정한 모친은 개인 교습을 통해서 횔덜린이 수도원학교 입학의 조건인 국가시험에 대비하도록 함.

10월 29일: 의붓동생 카를 고크 태어남.

1779년

3월 8일: 폐렴으로 의붓아버지 사망.

1780년

피아노 교습 시작.

9월 중순: 1차 국가시험 치름.

1782년

뉘르팅겐 부목사인 나타나엘 퀴스트린에게 라틴어와 그리스어 개인 교습을 받음.

1783년

9월: 셸링과의 첫 만남. 당시 셸링은 친척인 퀴스트린의 집에 2년간 머물며 라틴어 학교에 다니고 있었음. 뷔르템베르크의 신교 수도원 학교에 입학할 자격을 주는 4차 국가시험을 치름.

1784년

뎅켄도르프

10월 20일: 뉘르팅겐 근처의 뎅켄도르프 초급 수도원 학교에 장학생으로 입학.

1786년

마울브론

10월: 마울브론의 상급 수도원 학교에 진학.

수도원 관리인의 딸인 루이제 나스트에게 애정을 느낌.

11월: 카를 오이겐 대공 부부의 튀빙겐 신학교 방문 때, 대공비 프란치스카에 바치는 개인적인 존경의 시 낭독.

1787년

연초 : 레온베르크 출신으로서 루이제의 사촌이며, 마울브론의 친척을 방문해서 머물고 있었던 임마누엘 나스트와 사귐.

3월 : 클롭슈토크, 슈바르트, 실러, 오시안, 영과 같은 시인 작가들의 작품 읽음.

여름 : 여러 차례 앓음.

1788년

튀빙겐

4월 : 실러의 『돈 카를로스』를 읽음.

6월 : 마차를 타고 브룩살, 하이델베르크, 슈파이어로 여행함.

10월 초 : 뎅켄도르프와 마울브론에서 쓴 시들을 이른바 "마르바하 4절지 노트"에 정서함. 루이제 나스트와 약혼함.

10월 21일 : 튀빙겐 신학교에 입학함. 슈투트가르트 출신의 장학생 중에는 헤겔도 있었음.

겨울 : 크리스티안 루트비히 노이퍼와 루돌프 마게나우와 친구가 됨.

1789년

3월 : 루이제 나스트와의 약혼 파기.

4월 : 출판인 크리스티안 프리드리히 다니엘 슈바르트와 고트홀트 프리드리히 슈토이틀린과 교유.

7월 14일 : 파리의 바스티유 감옥에서 폭동 발생.

여름 : 프리드리히 루트비히 두롱에게 플루트 교습을 받음.

11월 : 신학교 내에 공화주의적, 민주적 사상이 팽배하다는 소문을 접한 카를 오이겐 대공이 신학교에 대한 더욱 엄한 감시 감독을 시작함. 모친에게 신학 공부 면제를 하소연함.

1790년

연초 : 신학 예과 수료 자격을 위한 학습 보고서 「그리스인들의 순수예술의 역사」와 「솔로몬의 잠언과 헤시오도스의 일과 날들 비교」를 준비함.

3월 9일 : 노이퍼, 마게나우와 함께 클롭슈토크의 "학자 공화국"을 본떠 문학 서클 "독수리 사나이의 모임"을 결성함.

9월 17일 : 신학 예과 수료 자격시험.

10월 20일 : 15세의 셸링이 신학교에 입학함.

헤겔, 셸링과 함께 학습동아리를 맺고 우정을 나눔.

"특별히 철학" 공부가 횔덜린에게 "필요한 일"이 됨. 칸트에 열중함.

야코비의 저술 『멘델스존에게 보낸 편지에 담긴 스피노자의 학설에 관하여』를 집중적으로 읽고 초록을 작성함.

1791년

3월 : 횔덜린은 누이동생에게 "평온과 은둔 가운데에서 한번 살아보는 것―그리고 굶을 걱정 없이 책을 쓸 수 있는 것이 더 바랄 것 없는 소원"이라고 씀.

4월 중순에서 4월 말 : 친구 크리스티안 프리드리히 힐러, 프리드리히 아우구스트 메밍어와 함께 라인 폭포에서 취리히에 이르기까지 도보로 스위스 여행. 피어발트슈테터 호수, 뤼트리슈부어 지역의 여러 곳을 방문함.

9월 : 슈토이틀린의 『1792년 시 연감』에 초기의 튀빙겐 찬가들이 실림.

10월 10일 : 1777-1787년 호에나스페르크에 투옥되었던 슈바르트가 사망함.

연말 : 루소 독서, 천문학에 열중함.

1792년

4월 20일 : 오스트리아에 대한 프랑스의 선전포고. 프러시아의 전쟁 개입으로 7월 프랑스 공화국에 대항하는 연합전쟁 발발. 이 전쟁은 1797년까지 계속됨.

이 연합전쟁의 발발을 계기로 프랑스 혁명의 결과로 나타나는 정치적 상황 전개에 횔덜린의 관심이 증폭됨. 튀빙겐의 공화주의 사상을 가진 대학생 모임과 교류함.

5월: 서간체 소설 『휘페리온』 계획.

9월: 프랑스에서 혁명의 급진화가 진행됨. 장 폴 마라의 사주에 따라 9월 대학살, 왕정 폐지.

11월: 프랑스의 군사적 작전 성공. 11월 19일 국민회의가 자유로운 국가체제를 가지기를 원하는 모든 인민들에게 지원을 아끼지 않겠다고 선언.

1793년

3월: 슈토이틀린이 튀빙겐을 방문하고, 횔덜린은 그의 앞에서 소설 『휘페리온』 일부를 낭독함.

5월 13일: 카를 오이겐 대공 내외가 모두 참석한 가운데 신학교의 새로운 학칙이 공포됨.

6월: 졸업시험.

슈토이틀린과 노이퍼와 함께 튀빙겐을 방문한 프리드리히 마티손과 교유함.

7월: 플라톤의 작품들, 특히 「티마이오스」와 「향연」에 대한 감동을 술회한 편지를 노이퍼에게 씀. 『휘페리온』 집필 계속.

7월 13일: 샤를로테 코르데에게 마라가 암살당함.

7월 말: 쟈코뱅의 테러에 대한 나쁜 인상으로 프랑스 혁명에 대한 비판적, 거부적인 태도를 취함.

9월: 헤겔이 가정교사로 베른으로 떠나고 셸링과도 작별함. 홈부르크 출신의 법학도이자 단호한 민주주의자인 이작 폰 싱클레어와 사귐.

9월 말: 루트비히스부르크로 실러를 방문함. 이전에 슈토이틀린이 실러에게 횔덜린을 칼프 가의 가정교사로 추천함.

10월: 실러가 샤를로테 폰 칼프 가의 가정교사로 횔덜린을 추천함.

12월 6일: 슈투트가르트 종무국의 목사 자격시험에 합격함.

12월 10일경: 튀빙겐을 떠나서 28일 발터스하우젠에 도착, 칼프 가의 가정교사로 부임함.

1794년

발터스하우젠

1월: 발터스하우젠에서 친절한 영접을 받고 교육활동을 시작함. 현지 목사와 칼프 부인의 대화 상대자인 빌헬미나 마리안네 키름스와 우정을 나눔.

3월: 실러에게 보낸 한 편지에서 칸트의 계몽주의적인 인본사상과 루소의 교육 원리에 입각한 자신의 교육 활동을 설명함.

봄: 가정교사 생활에 만족하며 『휘페리온』 집필을 계속함. 초기 찬가 문학의 가장 의미심장한 작품인 「운명」을 실러에게 보냄.

3월 말-4월 초: 실러의 논문 「우미와 존엄에 관하여」를 읽고 감동함.

5월 21일: 동생에게 "현재 나의 거의 유일한 독서는 칸트이다. 점점 더 이 대단한 정신이 나에게 그 모습을 드러내고 있다"라고 씀.

8월: 샤를로테가 횔덜린을 위해 신청한 피히테의 주간 강의록 『학문 총론』 구독.

9월 말: 『노이에 탈리아』에 싣기 위해서 실러에게 『휘페리온 단편』 보냄.

10월: 소크라테스의 죽음을 다루는 한 비극에 대한 계획 세움. 제자 교육에 어려움이 차츰 더 커짐.

11월: 제자 프리츠를 데리고 예나로 여행함. 실러가 간행한 『노이에 탈리아』에 『휘페리온 단편』이 실림. 실러와 튀빙겐 신학교 시절부터 알고 지냈던 임마누엘 니트하머를 자주 방문함. 그곳에서 괴테를 처음 만남. 피히테의 강의를 정기적으로 듣고 감명을 받음.

12월 말: 샤를로테 부인과 그녀의 아들 프리츠와 함께 바이마르로 거처를 옮김. 거기서 괴테와 재회함. 헤르더와 사귐.

1795년

예나

1월: 가정교사로서의 교육 시도가 좌초되고 고용 관계 해지됨. 예나에 머물며 피히테의 강의를 듣고 그와 교류함.

3월: 실러의 추천으로 코타 출판사가 『휘페리온』 출판을 맡기로 함. 튀빙겐에서의 마지막 몇 개월 사이에 알게 된 싱클레어와 재회, 긴밀한 우정 관계 시작됨. 뷜렌도르프와 사귐.

3월 말–4월 초: 예나를 떠나 할레, 데사우, 라이프치히와 뤼첸으로 일주일 동안 도보 여행.

5월 말: 예나 대학교에서 싱클레어가 개입된 학생 소요가 일어남.

니트하머의 집에서 피히테, 노발리스와 회동함.

뉘르팅겐

5월 말–6월 초: 뉘르팅겐으로 떠나기로 갑작스럽게 결심함. 고향에 도착하자마자 예나를 떠난 것을 후회함. 쇠약해진 건강, 집필 작업에서의 침체를 스스로 느낌.

7월 말: 튀빙겐에서 셸링과 중요한 철학적 사유를 교환함. 12월 뉘르팅겐에서 이들은 한 번 더 재회함.

8월: 귀향하는 길에 6월 하이델베르크에서 만났던 의사이자 여행 작가인 요한 고트프리트 에벨이 프랑크푸르트의 은행가인 야콥 공타르 가의 가정교사 자리를 소개함.

가을: 심각한 위기. 9월 4일 실러에게 "저는 저를 둘러싸고 있는 겨울에 얼어붙습니다. 그처럼 저의 하늘은 강철처럼 완강하고, 그처럼 저는 돌처럼 굳어 있습니다"라고 씀.

「자연에 부쳐」를 포함한 시와 번역물을 실러에게 보냄. 실러는 횔덜린이 함께 보낸 서신에 답하지 않음.

연말까지 뉘르팅겐에 머물면서 『휘페리온』 집필 계속.

12월: 프랑크푸르트에 도착. 제자가 될 앙리을 만남.

1796년

프랑크푸르트

1월: 공타르 가에 가정교사로 입주하고 활동하기 시작.

봄: 다시금 서정시를 쓰기 시작함. 「디오티마」 초고의 단편, 「헤라클레스에게」, 6운

각 시행의 시 「떡갈나무들」을 씀.

4월: 프랑크푸르트에서 셸링과 또 한 번의 대화. 이 두 사람 간 생각의 교환 결과가 「독일 관념론의 가장 오래된 체계 강령」으로 보임.

6월: 니트하머의 『철학 저널』에 싣기 위해서 계획된 미학적 논고 집필 계속함. 문학 작품에서 디오티마로 불린 주제테 공타르에게 사랑 싹틈.

7월: 주제테 공타르, 세 딸의 가정교사인 마리 렛처, 횔덜린 그리고 그의 제자 앙리는 전쟁의 혼란에 카셀로 피난함. 가장인 프리드리히 공타르는 도시에 남음.

7월–9월: 작가 빌헬름 하인제, 주제테 공타르, 그녀의 아이들과 함께 카셀, 바트 드리부르크에 계속 머무름.

8월: 실러가 횔덜린이 봄에 쓴 세 편의 시를 받고서도 『크세니엔 연감』에 한 편도 실어주지 않음.

9월: 프랑스 공화파 군대의 퇴각, 슈토이틀린이 라인 강에서 투신자살.

10월: 카셀에 두 번째로 14일간 머물다가 프랑크푸르트로 귀가함.

11월: 어머니가 제안한 뉘르팅겐의 교사직을 거절함.

11월 24일: 오랜 침묵 끝에 실러가 편지를 보내옴. 그는 횔덜린에게 "철학적 소재"를 피하고 "감각적 세계에 더 가까이" 머물라고 조언함.

1797년

1월: 헤겔, 횔덜린이 소개한 프랑크푸르트의 포도주 상인이자 미술품 수집가인 요한 고겔 가의 가정교사로 부임함. 이후 헤겔과 자주 만남.

4월: 소설 『휘페리온』 제1권, 튀빙겐의 코타 출판사에서 출판.

8월: 비극 『엠페도클레스의 죽음』의 "자세한 계획"인 「프랑크푸르트 구상」을 씀.

8월 22일: 프랑크푸르트를 방문해 머물던 괴테를 예방함. 괴테는 "규모가 작은 시를 쓰고 모든 사람들에게 인간적으로 흥미를 끌 수 있는 소재를 택하라"고 조언함.

여름: 공타르 가에서의 점증하는 긴장. 압박을 느끼기 시작함.

10월 17일: 캄포 포르미오의 평화협정. 이로써 제1차 연합전쟁이 막을 내림.

11월: 입주 가정교사로서의 신분과 끊임없는 사교 모임에 대해 탄식함. "특히 프랑크푸르트에서의 가정교사는 어딜 가나 마차에 달린 다섯 번째 바퀴"(1799년 11월, 어머니에게 보낸 편지)라고 탄식함.

1798년

2월: 동생에게 "너는 나의 모든 불행의 뿌리를 알고 있느냐? 나는 나의 온 마음이 매달려 있는 예술을 위해서 살고 싶다. 그래서 나는 사람들 사이를 이리저리로 오가며 일하지 않으면 안 되는 것이다"라고 씀.
3월: 프랑크푸르트를 떠날 생각을 하기 시작함.
봄: 송시 「하이델베르크」 초고를 씀. 노이퍼가 6월 열두 편의 에피그램 형식의 송시, 8월에는 네 편의 짧은 시편을 받아서 거의 모두 『교양 있는 여성들을 위한 소책자』에 실음. 실러 역시 다섯 편의 송시를 받아 그중에서 두 편의 짧은 시를 그의 『시 연감』에 수록함. 「소크라테스와 알키비아데스」와 「우리의 위대한 시인들에게」가 그것임.
9월 말: 공타르 가에서의 소동 후에 횔덜린은 프랑크푸르트를 떠나 홈부르크의 싱클레어 가까이에 거처를 정함.

홈부르크

10월 4–5일: 주제테 공타르와의 첫 재회. 이후 1800년 6월까지 홈부르크에 머무는 동안 주제테 공타르와의 짧은 밀회, 서신 교환이 계속됨. 주제테 공타르의 편지들은 이별에서 겪는 슬픔과 밀회의 굴욕적 불안을 감동적으로 표현하고 있음.
가을: 『휘페리온』 제2권의 인쇄 회부용 원고 완성됨. 이 가운데는 「휘페리온의 운명의 노래」가 들어 있음. 『엠페도클레스의 죽음』 제1초고 집필 시작함.
10월 중순: 홈부르크 방백의 궁정 방문. 아우구스테 공주는 『휘페리온』을 읽고 횔덜린에게 연정을 느낌.
11월 말: 라슈타트 회의에 싱클레어와 동행, 그의 많은 공화주의 동료들을 만남.

1799년

상반기: 횔덜린은 무엇보다 앞서 『엠페도클레스의 죽음』 집필에 열중함. 또한 발행을 계획하고 있는 잡지에 실을 철학적, 미학적 논고를 집필함.

3월: 노이퍼의 소책자에 실린 시들에 대한 슐레겔의 찬사가 담긴 서평이 발표됨.

5월 10일: 싱클레어 및 뵐렌도르프가 "저에게는 여기 육신과 생명으로 공화주의자인 친구와 또 정신과 진리에서 공화주의자인 다른 한 친구가 있습니다"라고 씀.

6월: 노이퍼에게 독자적인 문학 월간지 발간을 위해서 슈투트가르트의 출판인 요한 프리드리히 슈타인코프에게 발행을 맡아줄 수 있는지 타진해달라고 부탁함. 이 제안을 받은 슈타인코프는 관심을 표명하면서도 괴테, 실러와 셸링 등 유수한 필진들의 동참을 조건으로 제시함.

늦여름: 횔덜린의 동참 요청을 받은 인사들의 냉담한 반응으로 잡지 『이두나』의 발간 계획은 무산됨. 송시 「아침에」와 「저녁의 환상」 씀.

초가을: 「나의 소유물」, 2행시 형태의 성찰시 「자신에게」. 이 시는 거의 마무리된 『엠페도클레스의 죽음』 첫 초고의 과제를 제시함. 『엠페도클레스의 죽음』의 새로운 집필에 대한 이론적인 근거를 제시함.

10월 말: 『휘페리온』 제2권 발행. "그대가 아니면 누구에게"라는 헌사와 함께 출간된 『휘페리온』 제2권을 주제테 공타르에게 건넴.

11월 28일: 홈부르크의 아우구스테 공주의 스물세 번째 생일 기념 송시 헌정.

12월: 「불카누스」에 대한 첫 번째 초고를 쓴 후 『엠페도클레스의 죽음』 세 번째 초고 등을 이른바 "슈투트가르트 2절지 원고철"에 쓰기 시작함.

1800년

연초: 시학 논고들을 씀. 자신의 작품을 향한 증오에 찬 이해할 수 없는 비판에 대한 반응으로 송시 초고 「소크라테스의 시대에」를 씀. 송시 「격려」 초고, 시 「아르히펠라구스」 초고 씀.

3월 2일: 불라우보일렌의 매제 브로인린 사망. 횔덜린의 누이동생은 자녀들과 함께 뉘르팅겐의 어머니에게 옴.

5월 8일: 주제테 공타르와의 첫 번째 이별. 송시 단편 「나는 나날이 다른 길을 가노라……」 씀. 생활비 고갈, 건강 악화, 싱클레어와의 우정 파탄. 그러나 이제 피할 길 없는, 오랫동안 약속했던 귀향을 한 달간 연기. 앞에 쓴 여러 시 작품들을 정리하고 에피그램 형식의 송시를 확장함. 이런 작업을 여름까지 계속함.

6월: 송시 초고 「사라져 가라, 아름다운 태양이여……」를 통해 볼 때, 주제테 공타르와의 마지막 상봉 후, 6월 10일 뉘르팅겐에 도착.

슈투트가르트

6월 20일: 개인 교습자로 슈투트가르트의 란다우어 가에 입주함. 그러나 보수는 생활비에도 미치지 못함. 찬가 초고 「마치 축제일에서처럼……」를 씀.

하반기: 슈투트가르트의 란다우어 가에 머무름. 집중적으로 창작에 전념하면서 개인 교습 활동도 병행함. 많은 송시를 씀. 또 일련의 비가도 씀. 그 가운데 「디오티마에 대한 메논의 비탄」, 「슈투트가르트」와 「빵과 포도주」가 있음.

초가을: 송시 「격려」, 6운각의 시 「아르히펠라구스」 완성.

가을: 일련의 송시 초고 및 개작. 「선조의 초상」, 「자연과 예술」을 포함하여 「에뒤아르에게」로 제목이 바뀐 화해를 구하는 시 「동맹의 충실」을 싱클레어에게 보냄.

1801년

하우프트빌

1월 15일: 스위스의 하우프트빌에 있는 곤첸바흐 가에 가정교사로 들어감.

2월 9일: 르네빌 평화협정. 이 평화협정은 횔덜린이 찬가 「평화의 축제」를 쓰도록 영감을 줌. 그러나 이 찬가는 1802년 또는 1803년에서야 완성됨. 스위스로 출발하기 전에 시작했던 핀다로스 작품 번역 중단.

뉘르팅겐

4월: 곤첸바흐로부터 해고 통보를 받음. 4월 중순 슈투트가르트를 거쳐 뉘르팅겐으로 돌아옴. 비가 「귀향」은 이때의 귀향을 미화해 노래함. 하우프트빌의 알프스 체험은 「알프스 아래에서 노래함」과 찬가 「라인 강」에 투영됨.

6월: 예나에서 그리스 문학을 강의할 수 있도록 해달라고 실러와 니트하머에게 보낸 편지에 두 사람 모두 답하지 않음.

8월: 코타 출판사와 1802년 부활절에 횔덜린 시집 출판 계약 체결.

가을: 체념하는 가운데 새로운 가정교사 자리를 찾아야만 할 필연성에 순응함. 프랑스 남부 보르도 주재 함부르크 영사 다니엘 크리스토프 마이어 가의 가정교사로 채용 통지를 받음.

12월 12일: 남프랑스 보르도를 향해 출발. 떠나기 직전 슈투트가르트의 친구 란다우어의 서른두 번째 생일을 맞아 시 「란다우어에게」를 씀.

1802년

보르도

1월 28일: 어려운 여정 끝에 보르도의 함부르크 영사 마이어의 집에 도착. 소포클레스의 비극 「오이디푸스 왕」 번역, 보르도로 출발하기 전에 대단원까지 이르렀음.

5월 초: 주제테 공타르의 고별 편지를 받음. 카를 고크가 전하는 바에 따르면, 그녀는 이 편지에서 "자신이 중한 병에 걸렸다는 소식과 그녀의 가까운 죽음에 대한 예감과 함께 그와의 영원한 작별을 예고했다"라고 함.

5월 중순: 10일자로 발행된 여권을 가지고 보르도를 떠나 파리를 거쳐 독일로 향함. 보르도를 떠나게 된 이유와 동기에 대해서는 아무것도 알려져 있지 않음.

슈투트가르트/뉘르팅겐

6월 말: 정신이 혼란된 모습으로 기진맥진하여 뉘르팅겐으로 귀향함. 잠시 뉘르팅겐에 머문 후 친구들을 찾아 슈투트가르트로 감. 그곳에서 주제테 공타르가 6월 22일 세상을 떠났다는 소식이 담긴 싱클레어의 편지를 받음. 이 소식으로 충격을 받은 채 뉘르팅겐으로 돌아옴.

9월 29일: 싱클레어의 초대로 영주회의가 열리는 레겐스부르크로 여행함. 헤센-홈부르크의 방백 프리드리히 만남.

10월 중순: 뉘르팅겐으로 돌아옴. 코타 출판사의 계간지 『플로라』에 휠덜린의 세 가지 시 형식에 걸친 네 편의 모범적인 시가 실림. 비가 「귀향」, 찬가 「편력」, 서로 모순되는 송시 「시인의 사명」과 「백성의 목소리」가 그것이었음.

12월: 휠덜린의 어머니와 싱클레어 간 편지 교환 시작. 휠덜린의 어머니는 지나친 긴장과 유리된 생활이 휠덜린의 정서적 상태에 부정적인 영향을 미쳤고, 회복에 대한 희망을 거의 용납하지 않는다고 피력함.

1803년

1월 30일: 헤센-홈부르크 방백의 쉰다섯 번째 생일을 맞아 싱클레어를 통해 찬가 「파트모스」를 헌정. 여름까지 소포클레스의 비극 「안티고네」 번역 작업. "홈부르크 2절지 원고철"에 실릴 다른 찬가를 구상.

3월 14일: 클롭슈토크 사망.

6월 3일: 프랑크푸르트의 출판인 프리드리히 빌만스가 휠덜린의 소포클레스 비극 번역 출판 의사를 알림.

6월 초: 무르하르트로 셸링 방문. 셸링은 헤겔에게 보낸 편지에서 휠덜린의 "완전한 정신이상"에 대해 씀.

6월 22일: 하인제 사망.

9월: 빌만스, 소포클레스 작품 번역의 출판을 결정함. 12월 초까지 휠덜린은 소포클레스의 두 편의 비극 번역을 퇴고하고, 「오이디푸스 왕에 대한 주석」과 「안티고네에 대한 주석」을 탈고함.

가을/겨울: 빌만스가 간행하는 『1805년 시 연감』에 실릴 여섯 편의 송시와 세 편의 찬가 보충 시편을 정리함. 「케이론」 등 아홉 편의 시를 그는 출판업자에게 "밤의 노래들"이라고 명명함. 동시에 "몇몇 큰 규모의 서정시 작품"으로 소위 "조국적 찬가들"을 예고함.

1804년

1월 말: 빌만스, 「밤의 노래들」 인쇄에 회부함.

4월: 번역 작품 『소포클레스의 비극들』 출판됨. 혹평받음.
5월 24일: 횔덜린의 어머니는 싱클레어에게 보낸 편지에서 횔덜린은 쇠약해진 정신상태 때문에 홈부르크에서의 궁정 사서 직무를 감당할 수 없을 것이라고 함.
6월: 싱클레어가 횔덜린을 슈투트가르트와 뷔르츠부르크를 거쳐 홈부르크에 데려감. 슈투트가르트에서 모반을 꾀하는 대화 있었음. 이 대화에는 횔덜린 이외에 복권 사기꾼 알렉산더 블랑켄슈타인도 참여함.

홈부르크

7월: 싱클레어의 제안에 따라 매년 200굴덴의 추가 급여가 횔덜린에게 지불됨. 헤센-홈부르크 방백은 횔덜린을 궁정 사서로 임명함. 연말까지 찬가를 계속 씀. 이 중에는 「회상」, 「이스터 강」의 초고도 들어 있음.
8월 6일: 싱클레어, 횔덜린의 건강 상태와 생활에 대한 어머니의 걱정을 진정시킴.
12월: 나폴레옹이 황제에 오르고, 싱클레어는 나폴레옹 대관식에 참석하기 위해 파리로 감.

1805년

1월: 블랑켄슈타인이 싱클레어를 혁명적인 모반의 우두머리로 밀고함. 이 모반의 첫 번째 목표는 뷔르템베르크의 선제후를 살해하는 것이라고도 함.
2월 26일: 선제후가 보낸 사람들에 의해 싱클레어가 뷔르템베르크로 압송됨. 다음 날 그에 대한 반역죄 재판이 열림.
3월 6일: 헤센-홈부르크 방백은 "수사에서 횔덜린의 말을 들어보면 횔덜린의 인도(引渡)는 피할 수 있을 것"이라고 함. 그 근거로 그는 횔덜린의 "극도로 비참한 감정 상태"를 듦.
4월 5일: 수사위원회가 헤센-홈부르크 당국에게 횔덜린의 감정 상태에 대한 정보 제공 요청함.
4월 9일: 홈부르크의 의사 프리드리히 뮐러는 진단서에 횔덜린의 정신착란이 "광기로 넘어갔다"고 기록함.

5월 9일: 실러 사망.

7월 10일: 싱클레어가 구속에서 풀려나 홈부르크로 돌아옴. 그는 곧이어 정치적인 사명을 띠고 베를린으로 감.

여름: 5월에 『예나 문학신문』에 빌만스의 『1805년 시 연감』에 실린 「밤의 노래들」에 대한 부정적인 비평에 횔덜린은 아홉 편의 「핀다로스 단편들」로 반응함.

11월 말: 싱클레어와 함께 투옥되었던 제켄도르프가 수정된 찬가, 비가들을 받아 『1807년 및 1808년 시 연감』에 실어 출판함.

1806년

1월 1일: 횔덜린의 어머니가 종무국에 횔덜린을 위한 지원 요청, 11월 4일 150굴덴의 지원 결정을 얻어냄.

7월: 헤센-홈부르크 영주국이 라인연맹의 수립과 함께 헤센-다름슈타트 대공국에 통합됨.

8월 3일: 싱클레어가 횔덜린 어머니에게 홈부르크에 있는 횔덜린을 데려가 달라고 요청함.

8월 6일: 신성로마제국의 종언.

9월 11일: 헤센-홈부르크가 대공국 헤센-다름슈타트 통치로 넘어감. 방백비 카롤린 네가 횔덜린의 강제 압송을 알림. "불쌍한 횔덜린이 오늘 아침에 이송되었다"고 씀.

튀빙겐

9월 15일: 튀빙겐의 아우텐리트 병원에 입원. 정신착란증 치료 시작

10월 21일: 유스티누스 케르너가 관리한 환자 기록부에 "산책"이라는 마지막 기록.

11월: 제켄도르프가 『시 연감』에 허락 없이 횔덜린의 시 여러 편을 수록해서 발행함. 「슈투트가르트」, 「편력」 그리고 「빵과 포도주」의 제1연이 그것들임. 1년 후에는 「회상」, 「라인 강」, 「파트모스」를 발행함.

1807년

5월 3일: 치료 불가로 판정받고 아우텐리트 병원 퇴원. 『휘페리온』을 읽고 감동한 횔덜린보다 두 살 어린 목수 에른스트 치머가 곧바로 횔덜린을 네카어 강변 자신의 집에서 돌보기로 결정함. 횔덜린은 1843년 세상을 떠날 때까지 여기에 머무름.

1815년

4월 29일: 싱클레어가 빈에서 사망. 싱클레어는 1806년부터 본명의 철자를 다르게 배열한 크리잘린이라는 가명으로 활동하며 시와 희곡을 출판한 바 있음.

1820년

8월 29일: 싱클레어의 친구인 프로이센 장교 하인리히 폰 디스트가 코타 출판사에 『휘페리온』의 재판과 횔덜린 시의 출판을 제안함. 홈부르크의 공주 마리안네와 아우구스테가 이를 지원함.

1822년

1월: 루트비히 울란트가 디스트가 정리한 원고를 기초로 해서 횔덜린 시집 발행을 맡겠다고 나섬.

5월 14일: 카를 고크와 코타 출판사 간 『휘페리온』의 재판과 횔덜린 시의 출판 계약 체결.

7월 3일: 빌헬름 바이프링거의 첫 방문. 그는 이 방문에 이어서 소설 『파에톤』을 씀. 횔덜린의 운명을 그대로 본뜬 이 소설은 끝머리에 횔덜린이 쓴 것으로 알려진 「사랑스러운 푸르름 안에……」를 담고 있음.

1823년

봄: 치머가 횔덜린의 어머니에게 횔덜린의 이례적인 맑은 정신상태와 외부세계에 대한 새삼스러운 관심을 알림. 횔덜린이 매일 자신의 『휘페리온』을 읽고 그리스 시를 읽는다고 전함.

6월 9일 : 바이프링거가 횔덜린을 외스터베르크의 세를 주고 얻은 정자로 처음 데리고 감. 여름 동안 격주로 여러 차례 이곳으로 동반 나들이.

1826년
6월 : 울란트와 구스타프 슈바프가 편집한 시집이 코타 출판사에서 출판됨.
10월 : 바이프링거 로마로 감.

1827년
횔덜린 전기 작성이 시작됨. 구스타프 슈바프가 『문학적 환담을 위한 신문』에 횔덜린에 관한 논설문을 발표하고, 바이프링거는 요약된 전기 『프리드리히 횔덜린의 삶, 문학 그리고 광기』를 씀.

1828년
2월 17일 : 뉘르팅겐에서 어머니 사망. 횔덜린이 튀빙겐에서 그녀에게 보낸 60통의 편지 중 마지막 편지는 "저를 돌보아주십시오, 시간은 문자 그대로 정확하고 대자대비합니다. 그간에도 당신의 공손한 아들 프리드리히 횔덜린 올림"이라고 끝맺음.

1829년
치머가 횔덜린의 누이동생에게 보낸 소식에 의하면, 횔덜린은 자주 산책하며 "노년의 나이에도 기력이 왕성하며 지금은 평온하고 회춘한 듯해 보인다"고 함.

1830년
1월 17일 : 바이프링거 스물다섯 살의 나이로 로마에서 사망. 이듬해 그의 『프리드리히 횔덜린의 삶. 문학과 광기』 발표됨.

1837년
여러 가지 뜻 모를 이름을 사용하기 시작. 부오나로티(Buonarotti)라고 서명하기도

하고, 나중에는 스카르다넬리(Scardanelli)라고도 서명함.

1838년

11월 18일: 치머 사망. 그의 부인인 엘리자베트와 1813년생 막내딸 로테가 횔덜린의 간호를 떠맡음.

1841년

1월: 14일 구스타프 슈바프의 아들 크리스토프 테오도르 슈바프의 첫 방문. 그는 1월 21일 세 번째 방문 때, 시 「한층 높은 인간다움」과 「더 높은 삶」을 횔덜린에게서 받음.

로테 치머가 횔덜린의 누이동생에게 "횔덜린은 잘 지내고 있으나 밤에 자주 불안해하는데, 그 증상은 이미 오래된 것이며, 번갈아가며 내보인다"고 전함.

1월-4월: 코타 출판사가 횔덜린의 약력을 앞에 실은 새로운 시집을 발행할 계획이라고 카를 고크에게 알려 옴. 고크는 구스타프 슈바프에게 사실에 입각한 생애기 작성을 부탁함.

1842년

봄: 구스타프 슐레지어가 횔덜린 전기를 위한 준비작업 시작. 구스타프 슈바프와 란다우어의 아들과의 대담을 통해 정보를 수집하고 편지의 대다수를 선별해 필사함.

1843년

1월 24일: 루트비히 울란트, 아델베르트 켈러, 크리스토프 슈바프의 방문.

6월 초: 두 편의 시 「봄(태양은 새로운 환희를 향해 돌아오고……)」과 「전망(인간의 깃들인 삶……)」을 씀.

6월 7일: 가벼운 감기 증세를 보였던 횔덜린은 밤 11시 "평온하게, 별다른 사투도 없이" 세상을 떠남.

6월 10일: 튀빙겐 공동묘지에 묻힘.

편역자 후기

이 책에는 시인 횔덜린이 남긴 철학적, 시학적 논고들과 그리스 문학에 대한 해석과 비평문 등 그의 의식 세계가 짙게 투영되어 있는 이론적 산문의 한국어 번역과 이 글들에 대한 편역자의 해제가 실려 있다.

횔덜린의 이론적 산문은 그의 시문학에 견줄 만큼 그의 작품의 핵심적인 부분을 이루고 있으나, 그것이 다루는 주제의 전문성—종교론과 새로운 신화론 등 철학적 주제와 비극론 등 시학 관련의 주제—때문에 일반 독자들에게는 낯선 영역에 머물고 있었던 것이 사실이다. 그러나 횔덜린의 이론적 산문들은 특유한 글쓰기 방식의 하나인 다각적인 연관성과 맥락적 의미의 추구를 통해서 이 표면적 전문성을 훨씬 넘어서는 넓은 사상계로 우리를 인도한다. 민족 문학의 좁은 범주를 넘어서 고전적 세계문학과의 대결 의지와 함께 우리로 하여금 문학이 역사, 철학, 종교, 정치와 맺는 관계를 숙고하게 함으로써 문학의 기능과 영향의 새로운 기대 지평을 열어주는가 하면, 당대의 철학적 논쟁의 핵심을 엿보게 해준다.

그의 이론적 산문 대부분은 자신의 창작 활동과 관련하여 비판적인 성찰을 담고 있다. 그는 창작 활동의 이른 시기부터 정신착란으로 펜을 놓아야 했던 시점에 이르기까지 창작의 과정에서 만났던 문제를 분명히 의식하고 이 문제들에 대한 해답을 추구하는 가운데 성찰적 산문들을 썼다. 시인으로서 그가 만난 가장 큰 문제는 독자들과의 소통이었다. 그것은 문학의 독자적인 정체성을 지키면서도 각기 다른 의식과 경험 세계를 살고 있는 독자들에게 무엇을 어떻게 전달할 수 있을 것인가에 관한 문제였다. 횔덜린의 시학적 논고와 그리스 문학에 대한 주석은 자기 성찰의 형식을 빌려서 "이해가 가능하고 파악 가능한" 문학의 성취 조건과 창작 과정을 다각적으로 논하고 있다. 말하자면 소재의 선택과 표현의 문제를 논하는 생산미학과 문학의 소통과 영향을 논하는 수용미학의 논점을 모두 포함하고 있는 것이다.

이 번역의 저본으로 삼은 슈미트 편집의 『횔덜린 전집』은 위의 논고들을 "설교문, 논고, 초록, 초안(Predigten, Aufsätze, Exzerpte, Skizzen)"으로, 비극 『엠페도클레스의 죽음』에 부속된 산문으로, 소포클레스의 비극과 핀다로스 단편의 번역과 함께 그것에 붙인 주석으로 분산해서 수록하고 있다. 편역자들은 이렇게 분산되고, 특정한 작품에 부속된 논고들을 생성 연대와 주제별로 재편집했다. 이 책의 목차에 제시된 대로 1) 대학 시절, 아주 이른 시기, 그의 앞으로의 관심 분야를 가늠케 하는 학습 보고서와 초록 형식의 산문, 2) 1792–1796년 사이, 특히 1795–1796년 예나 시절, 철학적인 문제에 경도된 관심을 드러내는 초기의 논고, 3) 1799년 수포로 돌아간 문예 잡지 『이두나』 발간을 위해 미리 쓴, 어느 정도는 대중성을 지닌 산문들과 1799년 가을에서부터 1801년까지 소위 "슈투트가르트 2절지 원고철"에 쓴 시학 관련의 여러 논고들, 4) 미완성의 비극 『엠페도클레스의 죽음』과 연관해서 쓴 「엠페도클레스에 대한 기초」와 특히 이 비극 집필의 마지막 단계에서 쓴 「몰락하는 조국……」 등 비극론, 5) 1804년에 발행된 소포클레스의 두 비극 「오이디푸스 왕」과 「안티고네」의 번역에 붙인 주석, 6) 1803–1805년 그리스 시인 핀다로스의 아홉 편의 단편의 번역과 각 시편에 붙인 유례없이 독특한 형식의 주석, 7) 횔덜린과 셸링이 참여한 것으로 알려져 있고, 1796년 헤겔의 육필로 작성된 소위 「독일 관념론의 가장 오래된 체계 강령」이 그것이다. 이리하여 소설 『휘페리온』의 서문과 서한을 제외하고 횔덜린이 쓴 산문 모두를 한데 모으게 된 셈이다. 이러한 재편집은 논고들을 창작 작업의 맥락에서 이해하고 논의된 한계를 넘어서 보편적 시학 논의의 장으로 옮기고, 횔덜린의 문학 사상의 변화 또는 발전 단계를 이해하고 평가하는 데에 도움을 줄 것이다.

횔덜린의 이론적 산문들의 논의의 스펙트럼은 넓고 깊다. 초기의 철학적 논고는 물론 중심을 이루는 시학에 관한 논고들에 포함된 철학적 의미도 작지 않다. 그렇다고 횔덜린의 철학이라고 규정할 만한 완결된 논의는 보이지 않는다. 단편으로 끝난 시학적 논고들도 적지 않다. 번역 과정에서 전후 맥락을 탐색하기 위해서 많은 시간이 필요했던 원인이다. 논고의 어느 구절에서 자신의 창작물이 독자들에게 이해 가능하고 파악 가능할 수 있기 위한 조건과 실천을 언급한 것과는 모순이지만 외국 문학도의 역량에 비추어 논고 대부분이 매우 난해했다. 그러나 많은 논고들이 공표할 의도에서가 아니라 자기 이해와 자기 확신을 위해서 썼기 때문에 그가 상정하지도 않은 독자로서 읽기가 수월할 리 없다는 점을 인정하고 스스로 위안하며 어려움을 감내했다.

나는 번역을 위해서 그리고 무엇보다도 난해하고 애매모호한 부분의 이해를 위해서 논고들에 관련한 연구서나 논문, 주석들을 두루 참고하면서 공부해야만 했다. 여기 편역자의 각주와 해제는 그런 과정에서 얻은 산물이다. 해제의 내용이 그 깊이에서 일관되지 못할지라도 힘이 닿는 데까지 비교적 자세하게 서술하려고 노력했다.

  이제 미진하다는 생각을 떨치지 못한 가운데 3년여에 걸친 휠덜린 산문의 번역과 해제 작업을 마친다. 휠덜린과 그의 문학에 관심을 가지고, 깊이 이해하고자 하는 독자들에게 이 책이 적게나마 도움이 되기를 바라고 독문학도를 포함한 인문학도들에게는 더 나은 번역과 해제와 탐구를 시도하는 하나의 계기가 되기를 기대한다.

  이 산문집은 두 사람의 공동작업으로 이루어졌다. 휠덜린의 새로운 신화론을 깊이 연구한 이영기 교수가 휠덜린 초기의 논고와 「독일 관념론의 가장 오래된 체계 강령」을, 장영태가 나머지 산문을 맡아 번역하고 해제를 달았다. 각 해제의 말미에 번역과 해제의 담당자를 밝혔다.

  이 산문집을 끝으로 거의 40년에 걸쳐 진행해온 휠덜린 작품 번역의 긴 여정은 막을 내린다. 어려운 출판 환경에도 불구하고 휠덜린 작품의 한국어 번역 출판 계획의 마지막을 이루는 이 산문집 출판을 선뜻 맡아준 까치글방의 박후영 대표께 편역자를 대표하여 마음 깊이 감사드린다. 그리고 난해한 글의 번역문을 인내를 가지고 꼼꼼히 읽고 정리해준 까치글방의 김나무 편집자의 노고에 대해서도 고마움을 전한다.

2025년 봄
구미동 우거(寓居)에서
장영태

인명 색인

고르기아스 Gorgias 30
괴테 Goethe, Johann Wolfgang von 148, 300
글라우키아스 Glaukias 28

노발리스 Novalis(Hardenberg, Friedrich Freiherr von) 245
노이퍼 Neuffer, Ludwig 255-256, 258, 263, 317
니체 Nietzsche, Friedrich Wilhelm 282

데모스테네스 Demosthenes 35
디오니시오스 Dionysios 17-18

라이프니츠 Leibniz, Gottfried Wilhelm 57-58, 147, 232-234
레싱 Lessing, Gotthold Ephraim 54-57, 148, 236
레오카레스 Leochares 35
로젠츠바이크 Rosenzweig, Franz 342
로젠크란츠 Rosenkranz, Karl 235

뢰스너 Loesner, Christian Friedrich 233
루소 Rousseau, Jean-Jacques 255
르 페브르 Le Fevre, Tanneguy 20
리시포스 Lysippos 35
리쿠르고스 Lycurgos 17

마게나우 Magenau, Rudolf 234
마닐리우스 Manilius, Marcus 16
마우솔로스(카리아의 왕) Mausolos 35
마이케나스 Maecenas, Gaius Cilnius 48
만스코프 Manskopf, D. A. 251
말라스 Malas 26
멘델스존 Mendelssohn, Moses 57
미론 Myron 34
미키아데스 Mikkiades 26
밈네르모스 Mimnermos 20

바르디리 Bardili, Christoph Gottfried 231
바르텔레미 Barthelemy, Jean-Jacques 19
바이스너 Beißner, Friedrich 112, 169,

283, 287-288, 317, 319
베르길리우스 Vergilius Maro, Publius 48-49, 246
볼프 Wolff, Christian 52, 232, 234
뵐렌도르프 Böhlendorff, Casimir Ulrich 185, 187, 201, 203
불라르코스 Boularchos 18
브리악시스 Bryaxis 35
블루멘베르크 Blumenberg, Hans 135
빌란트 Wieland, Christoph Martin 29-30
빌만스 Wilmans, Friedrich 292, 318
빙켈만 Winckelmann, Johann Joachim 12, 14, 25-27, 227-229, 231

사포 Sappho 21-22, 230, 255, 262
세르비우스 Servius, Maurus Honoratus 48-49
셸링 Schelling, Friedrich Wilhelm Joseph 239, 265, 342
소크라테스 Socrates 54, 333
소포클레스 Sophokles 27, 32, 150, 205, 230, 231, 255, 258, 262, 278-279
솔로몬 Solomon 16, 37, 39-45, 48, 231, 233
솔론 Solon 23, 25, 229
수에토니우스 Suetonius, Gaius Tranquillus 334
쉬츠 Schütz, Christian Gottfried 297
슈누러 Schnurrer, Christoph Friedrich 36, 231
(지크프리트)슈미트 Schmid, Siegfried 255

(요헨)슈미트 Schmidt, Jochen 112-113, 142, 153, 169, 200, 287, 318-319, 339
슈타인코프 Steinkopf, Johann Friedrich 256
슐레겔 Schlegel, Friedrich 245
스칼리거 Scaliger 38
스코파스 Skopas 34
스킬리스 Skyllis 26
스테파누스 Stephanus 328-329, 333
스토배우스 Stobäus 328-329
스토쉬 Stosch, Philipp von 26
스피노자 Spinoza, Baruch 54-58
시모니데스 Simonides 25
실라니온 Silanion 22
실러 Schiller, Friedrich 81, 240, 251, 257-258, 296, 300
싱클레어 Sinclair, Isaac von 261

아게노르 Agenor 28
아겔라다스 Ageladas 27-28, 34
아고라크리토스 Agoracritos 34
아나크레온 Anakreon 25
아르크티누스 Arctinus 17-18
아르킬로코스 Archilochos 18, 21
아리스토게이톤 Aristogeiton 27-28
아리스토클레스 Aristokles 18
아리스토텔레스 Aristoteles 190, 296, 300
아리온 Arion 19
아우구스투스 Augustus 23, 334
아이스킬로스 Aischylos 27, 29-30, 32,

196, 230, 255,
아이히호른 Eichhorn, Johann Gottfried 338
아펠레스 Apelles 35
안테르무스 Anthermus 26-27
안티마코스 Antimachos 18
알카메네스 Alkamenes 34
알카이오스 Alkaios 21-22, 230, 262
알크만 Alkman 20
야코비 Jacobi, Friedrich Heinrich 54-58, 234-239, 244, 269
에벨 Ebel, Johann Georg 291
에우리피데스 Euripides 32, 35, 196, 230, 246
에우멜로스 Eumelos 17-18
에우스타티우스 Eustatius 14
엘라다스 Eladas 27, 33
엠페도클레스 Empedokles 55, 156-163, 286-288, 307
오나타스 Onatas 28
오비디우스 Ovidius 21, 48
이솝 Aesop 24

자틀러 Sattler, Dietrich Eberhard 112-113, 135, 169, 288, 317-319
제욱시스 Zeuxis 35
줄처 Sulzer, Johann Georg 11, 99, 102

춘츠 Zuntz, Günther 317
츠빌링 Zwilling, Jacob 255
칭커나겔 Zinkernagel, Franz 61

칸트 Kant, Immanuel 52, 62-63, 66, 68, 220, 234-236, 239-241, 245-246, 254
코르시누스 Corsinus 17-18, 20-21
쾨니히 König, Josef 253
쾨펜 Köppen, Johann Heinrich Justus 15
크나우프 Knaupp, Michael 142, 250, 319
크로이처 Kreuzer, Johann 112
크세노파네스 Xenophanes 20, 54
크세르크세스 Xerxes 27
클레리코스 Clericus 38
클레오판테스 Cleophanthes 20
클레이스테네스 Kleisthenes 28
클롭슈토크 Klopstock, Friedrich Gottlieb 316
키루스 Cyrus 20
키케로 Cicero 16, 18
킬리 Killy, Walter 338

탈레스 Thales 97
테르판드로스 Terpandros 19
테아게네스 Theagenes 28
테오그니스 Theognis 24
테오도시우스 Theodosius 17
티르타이오스 Tyrtaios 18-19, 21
티모테오스 Timotheos 20, 35

파온 Phaon 21
파우사니아스 Pausanias 13-14, 33, 38
팜필로스 Phamphilos 35

페리클레스 Perikles 31-33
페이디아스 Pheidias 27, 33-34
페이리토오스 Peirithoos 338
페이시스트라토스 Peisistratos 24, 31
포스 Voss, Johann Heinrich 98
포킬리데스 Phokylides 24
폴리그노토스 Polygnotos 35
폴리크라테스 Polikrates 25
폴리클레이토스 Polykleitos 27, 28, 34
프락시텔레스 Praxiteles 34-35
프리스쿠스 Tarquinius Priskus 20
프톨레마이오스 Ptolemaios 35
플라톤 Platon 30, 231, 240, 251, 333
플루타르코스 Plutarchos 231, 322-323
플리니우스 Plinius 18, 20, 26, 33-34
피게노트 Pigenot, Ludwig von 287
피타고라스 Pythagoras 31
피히테 Fichte, Johann Gottlieb 68, 72, 117, 239, 242, 244-245, 265, 269
핀다로스 Pindaros 30-31, 136, 230, 262, 278, 316-327, 330-333, 338, 340, 350-351

하르모디오스 Harmodios 27-28
하이네 Heyne, Christian Gottlob 249, 338
헤겔 Hegel, Georg Wilhelm Friedrich 70, 117, 148, 235-236, 243, 253-254, 282, 314, 342, 351
헤데리히 Hederich, Benjamin 338
헤르더 Herder, Johann Gottfried 12, 47-48, 231
헤시오도스 Hesiodos 15-16, 21, 36-44, 47-48, 50-51, 64, 211, 227, 229, 233, 262
헬링라트 Hellingrath, Norbert von 287, 317
히파르코스 Hipparchos 24-25
호라티우스 Horatius 21, 29-30, 174, 255
호메로스 Homeros 14-17, 21, 23-24, 50, 90-91, 93, 97-101, 137, 229, 255, 260, 262